JN440687

로마제국쇠망사 Ⅳ

Edward Gibbon 著
金 永 振 譯

大 光 書 林

The History of the Decline and Fall of the Roman Empire

1776 – 1788

by

Edward Gibbon

율리아누스 황제

페르시아왕 사포르 2세

발렌티니아누스 황제1세
(좌)와 발렌스 황제

요비아누스 황제

페르시아 기병전투도(3세기말 – 4세기초)

성자상(5세기전반, 콘스탄티노플)

이교도상(4세기말, 오스티아)

그라티아누스 황제

테오도시우스 황제

발렌티니아누스 2세황제

엘리아·플라킬라황후(테오도시우 대제의 비)

참제 막시무스

황제와 정신들을 거느리고 대경기장에 입석한 테오도시우스 황제
(4세기, 콘스탄티노플의 오벨리스크)

성마리아·마조레 사원(4세기 중엽, 로마)

예수와 사도(4세기말 로마 성브덴티아나 사원)

한(漢)나라 무장 곽거병(霍去病)의 묘. 흉노를 짓밟는 말(기원전 1세기, 중국)

차 례

로마제국쇠망사 Ⅳ

제23장 율리아누스 황제의 종교-신교(信敎)의 전면적 자유-이교에 대한 부활과 개혁의 시도-예루살렘 신전의 재건을 위하여-기독교도에 대한 교묘한 박해-두 교도간의 광신과 비행

〈331~363〉

배교자(Apostate)라는 낙인은 틀림없이 율리아누스(Julianus, 재위 361~363)황제의 명성을 훼손시켜 왔고, 또한 그의 여러가지 장점에 일말의 암영을 던진 여러면에 대한 광열성(狂熱性)은 진짜와 가짜를 뒤섞어서 그의 결점을 과장하고 확대시켜 보이는데 한 몫을 해왔다. 알지도 못하면서 아는 체 하는 우리들의 무지성은 그를 지목하여 철인(哲人)황제, 즉 로마제국내 종교적 제 종파에 대하여 가능한 한 공정 공평하게 보호의 손길을 뻗쳐, 저 디오클레티아누스(Diocletianus, 재위 284~305) 황제에 의한 일련의 칙령 발포(수차에 걸쳐 내려진 그리스도교도 박해령을 말하는 것) 이래, 대사교 아타나시우스(Athanasius, Magnus, 296?~373. 니케아 공회의의 신경을 옹호했다는 이유로 전후 5회에 걸쳐 17년간 추방되었다. 알렉산드리아시 사교·교회박사·성인. 「정통신앙의 아버지, 교회의 주석」이라고 일컬어진다)의 유형(流刑)에 이르기까지 끊임없이 민심을 뒤숭숭하게 부추겨온 광신적인 신학논쟁의 불길을 꺼보고자 노력한 군주로써 그의 모습을 묘사할는지도 모른다. 그러나 그의 성격과 행동을 보다 정확히 고찰한다면, 이와 같은 호의적인 선입견은 반드시 지워져 버릴 것이 틀림없다. 그로서도 역시 시대풍조의 전면적인 영향에서 벗어날 수 있는 그런 인물은 결코 아니었다. 다만 우리 현대인으로서는 한쪽에서 열렬한 그의 찬미자들이 묘사한 율리아누스 황제상과 다른 한쪽에서는 그를 두고 불구대천의 원수로 지목한 반대자들의 손으로 그려진 그의 상(像)을 냉정하게 비교 고찰할 수 있다는 대단히 유리한 위치에 있음을 자각한다. 요컨대 율리아누스 황제의 사적은 그의 생(生)과 사(死)에 관한 공평한 관찰자였던 명민하고도 공정한

한 사가(암미아누스-마르켈리누스<Ammianus Marcellinus, 330?~400?>를 가리키는 것인지?)의 붓에 의하여 가장 충실하게 기술되어 있는 것 같다. 당시 사람들이 이구동성으로 남긴 증언은, 모두가 황제 자신이 공적 및 사적인 기회에 행한 발언에 의하여 훌륭하게 뒷받침되고 있는 동시에, 그의 유작인 각종 저작물들도 일관해서 그의 신교신조의 기조를 명확히 하고 있다. 그의 정책적 견지에서 본다면 일부러 자랑해 보이기 보다는 오히려 그런 티를 내지 않고 슬그머니 덮어놓는 쪽이 득책이라고 생각했을 터인데도 그렇지가 않았다. 예컨대 아테네(아테나이)와 로마의 여러 신들에게 충심으로 헌신할 것을 표명한 것 등은 명백히 그의 지배적 감정을 나타낸 것이다*. 개명적(開明的) 지능의 힘도 미신적 편견의 영향으로 가끔 배신당하고 또 손상되었는데, 다만 황제의 마음 속에서만 내내 살아 있던 각종 환영(이교의 여러신들을 말하는 것)이 제국통치에서 매우 해로운 현실적인 영향을 주는 결과가 되었다. 이런 전설적인 신들에 대하여 기독교도들은 애당초부터 거기에 예배하는 것을 멸시하여 그 제단까지 파괴했는데, 이런 광신성은 이들 기독교도와 그때까지도 황제 신민(臣民)의 대부분을 차지하던 이교도와의 사이에 결정적 단절의 적대관계를 조성하였다. 황제로서는 승리하려는 염원도 있었고, 또 반서(反噬, 배은망덕당한다는 뜻)당했다는 굴욕감도 있었을 것이며, 때로는 사려분별의 한계, 어쩌면 정의에 관한 규범까지도 짓밟고 싶은 유혹에 끌린 적도 없지 않았을 것이다. 그 자신이 자기의 적대자라 하여 버린 기독교도들이 승리한다는 것은 황제 이름에 굴욕의 오점을 찍는 것이었다. 그리고 나찌안주스(Nazianzus)의 사교 그레고리우스(Gregorius, 329?~389. 동방교회의 교회박사·성인. 율리아누스 황제하고는 아테네에서 수학할 당시 서로 알게 되었는데, 공교롭게도 일생동안 율리아누스를 공격 비난하는 입장에 서게 되었다)가 불어대는 낭랑한 나팔소리를 신호로 비방악매의 목소리가 도도히 흘러 나오는 것을 귀에 담을 때마다 좌절감에 빠진 기교자(棄教者)인 황제는 완전히 압도당했다. 겨우 2년이라는 이 행동형 황제의 짧은 치세기간 중에 집중된 흥미로운 제 사건의 성격은 사실 상세히 고찰할 가치가 있다. 종교사와 관련되는 한에서의 그의 동기·방책·행동 등에 대하여 기술하려는 것이 본장의 주제이다.

---

* 이 대목은 율리아누스의 『연설』 제7인 「견유 (犬儒) 헤라클레이오스를 반박한다」에서 인용한 것이다. 여기에는 이교신에 대한 율리아누스 황제의 존숭(尊崇)이 강조되어 있다. 왜냐하면 헤라클레이오스가 대중 앞에서 이교의 신화를 조소했기 때문이다.

숙명적이라고도 할 수 있는 그의 기괴한 배교동기는 그가 어릴 적에 천애의 고아로 남겨졌고, 더욱이 그의 일가를 살해한 하수인 당자들의 손으로 양육되었다는 사실로까지 소급추정할 수 있을 것으로 생각된다. 그리스도의 이름과 콘스탄티우스 2세 황제의 이름 그리고 예속이라는 사실과 신앙문제가 머지않아 감수성이 가장 예민한 소년의 상상력 속에서 하나로 결부된 것이다. 유아기의 교육은 니코메디아(Nicomedia)의 사교 에우세비오스(Eusebios/Eusebius, 341〈42〉 사망. 아리우스파 신학자. 339년 콘스탄티노플의 총 주교로 취임) 손에 맡겨졌다. 이 에우세비오스는 그의 어머니쪽과 먼 친적관계에 있었던 것이다. 이리하여 그는 20세가 될 때까지 그리스도교 교사들로부터 영웅으로서가 아니라 성자로서의 교육을 받았다. 콘스탄티우스 2세 황제 자신은 천상의 왕관보다는 기실 지상의 왕관 쪽에 보다 집념이 강했으므로, 자신은 다만 세례지원자(Catechimenus)라는 중동무이의 자격만으로 만족하면서도, 콘스탄티누스 대제의 조카들, 즉 4촌 동생 2명(갈루스와 율리아누스)에게는 적극적으로 세례받는 특권을 부여하였다. 그것 뿐이 아니다. 하급성직자의 지위에 취임하는 것까지도 허용하였다. 율리아누스에 이르러서는 니코메디아 교회 신도들 앞에서 성서를 낭독하는 일까지 하였다(후년의 일이지만, 그는 20세경까지는 독실한 그리스도교도였다고 알렉산드리아 시민에게 보낸 서한 중 하나에서 쓰고 있다. 로브판 서한 제47). 이리하여 이 두 형제는 열심히 그리스도교 연구에 정려함으로써 신앙과 봉사활동에서 가장 훌륭한 성과를 올리는 것으로 보였다. 그들은 기도하고 단식하며 빈자들에게 시여(施與)하고 성직자들에게는 선물하였고 또 순교자들의 무덤에는 기진하는 등 모두가 열성을 보였다. 케사리아(Caesaria)시에 있던 성 마마스(St. Mamas)의 장려(壯麗)한 건조물은 갈루스와 율리아누스 두 형제의 합동작업으로 건설되었거나 적어도 착수된 것이다. 또한 성스러운 덕망을 갖춘 것으로 이름 높은 사교들과도 친밀하게 경건한 대화를 여러번 가졌고, 나아가서는 캅파도키아(Cappadocia)에서 금욕고행 생활을 하고 있는 수도승이나 은자들에게 축복의 기도를 드려주도록 간청한 일도 있었다. 이윽고 성년기가 다가오자 이 두 공자는 신앙태도면에서 뚜렷이 성격의 차이성을 나타내기 시작하였다. 즉 둔중하고 완고한 갈루스의 오성(悟性)은 눈에 띄게 행장(行狀)을 바꾸거나 또 자기 감정을 좀처럼 제어하지 않았지만, 그러면서도 암묵리에 그리스도교 교의만은 열심히 준봉하였다. 한편 유화한 성격의 율리아누스 쪽은 복음서의 가르침에 별로 강한 반발심을 나타내지 않았을 뿐만 아니라 오히려 그의 왕성한 호기심은 신의 신비적인 본질을 설파하고, 다시 눈에 보이지 않는 미래세계에의 무한한 전망을 열어주는 신학적 교의에 크게 만족감을 느끼는 것처럼 보였다. 그러나 어찌하리오, 그의 불기독행(不羈獨行)하는 정신은 교만하고 건방진 성직자들이, 신앙의 이름으로 요구하는 무저항 맹종을 강력히 거부한 것이다. 사실 이 성직자들은 그의 사변적(思辯的) 견해를 마치 절대율법이나 되는 것처럼 강요했을 뿐만 아니라, 만일 거부라도 하면 곧 영겁의 벌이 내릴 것이라고 위협하면서 그것을 지키고자 했다. 이처럼 그들이 이 젊은 공자의 사상·언어·행동까지 엄격한 규범을 지시하면서 반대견해는 모두 억압하고 질문의 자유조차 엄격히 제한하는 사이에, 이 천재소년은 기실 이 신앙 도사(導師)들의 권위성까지 남몰래 깊은 불신감을 품게 되었다. 그는 때마침 소아시아에서 일고 있던 추악한 아리우스파 논쟁의 와중에서 교육을 받았었는데, 그때 동방 사교들의 맹렬한 항쟁, 조석변하는 그들의 신경(信經), 그들의 이런 행동을 촉구하고 있는 듯한 세속적 동기 등등의 여러가지 사실을 견문하는 과정에서, 그들은 결과적으로 현재 격렬하게 항쟁하고 있는 그 종교자체조차 실제로는 이해하고 있지 않으며 또 믿고 있지 않은 것이 아닌가 하고, 의심스럽게 보기 시작한 율리아누스의 편견을 부지불식간에 조장시킨 것이다. 호의적인 태도를 가지고 임함으로써만 비로소 무게를 더하게 되는 기독교의 여러가지 검증에도 그는 열심히 귀를 기울이지 않았을 뿐만 아니라, 이미 확고한 혐오감까지 품게 된 교의인 만큼, 깊은 회의적인 이념만을 가지고 그것을 들었고 또 예리하고도 집요한 반론을 가하게 되었다. 때마침 극렬화된 교의논쟁과 관련하여 형인 갈루스와 함께 그 어느 쪽이든 견해표명을 요구받았을 경우에도 율리아누스는 언제나 자신을 이교도편이라고 명확히 언명하였다. 즉, 그는 자기의 학식이나 재능이 약자의 변호자가 됨으로써만 훨씬 더 유효하고도 유리하게 발휘되리라는 것이 그의 그럴듯한 구실이었다.

머지않아 갈루스가 먼저 부황제 지위로 등용되자, 율리아누스도 비로소 자유와 문예물에 접하며 또 이교의 공기를 호흡하는 것이 허용되었다. 이 젊은 공자의 기호와 관후성에 크게 매력을 느낀 궤변가들이 재빨리 그리스의 학예와 종교를 그에게 아주 긴밀하게 결합시켜 나가면서 영향을 주었다. 예컨대 호머(Homer/Homeros. *Iliad*와 *Odyssey*의 저자)의 서사시는 천재적 인간이 만들어 낸 독창적인 작품으로 찬양하는 것이 아니라 아폴론(Apollon/Apollo, 올림포스 12신의 하나)신이나 뮤즈(Muse)여신들의 영감으로 이룩된 것이라고 사뭇 진지하게 주장하였다. 불멸의 시성(詩聖)에 의하여 묘사된 올림포스 신들에 관한 것이 도대체가 미신적인 경신성(輕信性) 따위와는 아무런 인연도 없는 사람들의 마음에까지 그대로 새겨진 것이다. 우리들에게도 이미 친숙해진 이 공허한 존재의 이름·성격·자태·속성 등에 관한 모든 지식이 마치 현실적인 실체나 되는 것 같은 착각을 심어준 것이다. 그리고 이 기분 좋은 매력이, 원래라면 경험으로부터 도저히 승복할 수 없는 가공적인 신화전설에까지, 일시적 또는 불완전하다고는 하지만 우리들의 이성으로 하여금 승인을 주게 하였다. 율리아누스 시대에는, 예컨대 그리스와 아시아의 웅장한 신전, 그의 시성들이 창출한 공상의 신들을 그대로 그림이나 조각으로 표현한 예술가들의 작품, 축제와 공희(供犧)의 성대한 구경거리, 가끔 적중하는 점복술 또는 신탁이나 이상(異象)을 둘러싼 여러가지의 민간전통 등, 어쨌든 2,000년의 역사를 가진 옛부터의 관행과 온갖 사정이 상술한 망상적인 신앙을 격려하고 또 그것을 연명케 하는데 도움을 주었으며, 다신교가 가진 약점까지가 이런 주장을 얼마간 억제시킴으로써 어느 정도 정당화시켰는데, 여기서 이교도들의 신앙헌신과 방자한 회의주의가 양립하는 것을 가능케 한 것이다. 대저 그리스의 신화를 신봉하는 사람들의 마음의 모든 영역을 지배하리 만큼 불가분으로 정연하게 세워진 체계 따위는 전혀 없었고, 말하자면 융통무애라고나 할까, 신축자재로운 무수한 부분으로 구성되어 있었으며, 신들에 대한 봉사자라 하여도 그들의 신앙 정도나 척도는 각자가 제멋대로 결정할 수 있었다. 사실 율리아누스가 자기 자신에게 부과한 신조도 큰 폭을 가진 다면적인 것이었는 바, 참말로 기묘한 모순이지만 그는 복음서가 부과하는 건전한 멍에는 단호하게 거부하면서도 유피테르(Jupiter) 신이나 아폴론 신들의 제단에는 자진하여 그의 이성(理性)을 제물로 바쳤던 것이다. 그가 행한 연설(보통 연설 제5「신들의 어머니에 대한 찬가」로 불리우는 것으로서, 산문에 의한 찬가이다)의 하나는 신들의 어머니인 큐벨레(Cybele) 여신에게 바쳐진 것이지만, 이 큐벨레 여신이란 일찍이 저 프류기아(Phrygia)의 소년(아티스〈Attis 또는 Atys〉라고 한다), 광기어린 짓이라고는 하지만, 너무 서둘러서 해치웠던 것과 똑같은 피의 희생을 유미(柔媚)스런 그녀의 신관(神官)들로부터 부단히 요구한 여신이다*. 그런데 앞서 인용한 율리아누스 황제의 연설은 이 여신상이 페르가무스(Pergamus)의 강기슭에서 멀리 티베리스강 하구까지 선박에 실려왔을 때의 이야기지만, 그때

영접 나갔던 사자들이 먼 곳에서 바다 위로 운반되어 왔다는 하나의 흙덩어리에 갑자기 생명력과 사고력, 게다가 신통력까지가 주어졌다는 놀라운 기적을 현실적으로 목격하였는데** 이 때문에 로마시의 원로원이나 시민들도 이것을 믿게 되었다는 따위를 아무런 부끄러움도 느끼지 않고 아주 진실하게 말한 내용의 것이다. 더욱이 이런 이상(異象)이 진실이라는 것을 그는 로마시에 남아 있는 기념상까지 증거물로 내세워서 강조하는 한편, 조상들의 신성한 이 전승을 불손 경망스럽게 웃어 넘기려는 타기할 지적(知的) 악취미를 거의 신랄하다고 하리 만큼 크게 공격하고 있다.

이와 같은 민간의 미신을 성실하게 신봉하고 그것을 열심히 장려까지 한 독신자(篤信者)이며 철학자인 황제(율리아누스를 가리키는 것)도 그 자신을 위해서는 오히려 매우 자유로운 해석상의 특권을 보류시키고 있었다. 그리고 제단 아래에서 조용히 물러나오면, 그대로 신전의 지성소(至聖所)에 틀어박히는 것이었다. 왜냐하면 그리스 신화의 황당무계성은 문자 그대로 명백한 것인데, 적어도 경건하게 지적 탐구를 행하는 학자를 자처하는 이상, 그대로 문자면의 이해만으로 놀라거나 만족하는 것이 아니라 한발자국 더 나아가 고대인의 심려가 언뜻 보기에 어리석은 전설 신화의 가면 밑에 숨겨진 신비롭고도 현묘한 지혜를 탐구하고자 노력하는 일이야말로 자기의 책무라고 생각한 까닭이다. 사실 신플라톤파의 철학자들인 플로티노스(Plotinos/Plotinus 205~269<70>. 그리스 철학자로서 신플라톤

---

* 큐벨레(Cybele 또는 Kybelē)는 그 옛날 소아시아와 아나토리아 지방에서 널리 존숭(尊崇)되고 있던 대지풍요의 여신이다. 프류기아의 미소년 아티스(Attis 또는 Atys)는 큐벨레신에게 사랑받았는데, 후에 아티스가 다른 여성에게 마음을 옮겨 그녀와 결혼하려 하자, 큐벨레가 이 결혼을 저지시키고자 그를 발광케 하였다. 이때 그는 자기의 생식기를 스스로 잘라버리고 죽었다. 본문에 「너무 서둘러서 해치웠던 것과 꼭같은 피의 회생」이란 이것을 가리키는 것이다. 후회한 여신의 간절한 소망으로 아티스는 소나무가 되었고 그의 피에서는 제비꽃이 생겨 났는데, 이것이 식물생멸의 상징적인 신인 것이다. 큐벨레 여신에 대한 숭배는 기원전 5세기에 그리스에 전파되었고, BC 204년에는 로마에도 전해졌다.

** BC 204년에 상기 큐벨레 여신상이 티베리스강 하구에 있는 오스티아시에 도착했을 때의 이야기다. 이때 배가 갑자기 좌초했으므로 클라우디아(Claudia)라는 여성이 솔선하여 선두에 나서 분투함으로써 무사히 이 여신상을 상륙시키는데 성공했는데, 바로 그때에 생명력·사고력·신통력이 부여되는 기적이 일어났다는 것이다. 이 검은 돌은 신성한 돌로 여겨져 여신상과 함께 팔라티누스(Palatinus) 언덕 위에 있는 「승리의 여신 신전」에 모셔졌다. 그때는 마침 로마가 제2의 포에니전쟁 중에 있었으므로 이 기적은 특히 상서로운 징조라 하여 로마시가 온통 떠들었다. 요지는 리비우스(Livius, Titus, BC 59~AD 17)의 『로마사(Ab urbecondita libri)』(전 142권) 제29권 14절에도 나온다.

파, 즉 플로티노스파 또는 알렉산드리아 학파의 창시자)·포르피리오스(Porphyrios/Porphyrius, 232〈33〉~305? 그리스 출신 알렉산드리아 학파 소속 철학자)·얌블리코스(Iamblichos/Iambrichus, 250?~325? 그리스 철학자) 등은 이런 종류의 풍유학(諷喩學, allegorical science), 즉 이교(異敎)가 가진 기형적 양상을 유화시키고 또 조화시키는데 힘쓴 연달된 학자들로서 존경을 받고 있었다. 율리아누스 자신도 역시 얌블리코스의 후계자로 알려진 석학 에데시우스(Aedesius)의 지도를 받았는데, 엄숙한 그의 서언(誓言)을 그대로 믿는다면, 그는 세계제국보다도 그 이상가는 보배인 이 신비로운 식견(識見)을 얻기를 열망하였던 것이다. 다만 그것은 감정자(鑑定者)의 평가 여하에 따라 비로소 가치가 생겨나는 보배라고나 할까. 주위에 흩어진 쇠똥 속에서 겨우 귀중한 원광석을 추출해 냈다고 자부하는 기술자마다 그렇듯이 그들도 각각 평등의 권리를 주장하며, 또 각자가 자기가 좋아하는 이름과 형태를 제멋대로 지어내는 것이었다. 앞서 말한 바, 아티스와 큐벨레 여신에 관한 설화같은 것도 이미 포르피리오스가 자기 나름대로의 설명을 가하고 있었다. 이에 관한 그의 해석은 오히려 율리아누스의 경건한 탐구열을 한층 더 부추겼는데, 한편 율리아누스는 똑같은 이 신비로운 고대설화에 대하여 어디까지나 자기 자신의 해석에 의한 풍유적인 의의를 도출하여 그것을 발표까지 하고 있다. 해석의 자유야말로 신플라톤파 철학자들의 긍지감을 만족시켰을지 모르지만, 한편 이것은 명백히 그들 학문의 공허성을 나타내는 것이기도 하였다. 이런 현자(賢者)들의 주장 — 그들로 하여금 말하게 한다면, 우주조직을 자기들이 해명했다고 하지만 기실 이처럼 기괴하기 이를 데 없는 그의 인유(引喩), 견강부회적인 어원해석, 다만 장중할 뿐 알맹이는 보잘 것 없는 사소한 교설, 게다가 전혀 의미를 알 수 없는 회삽성(晦澁性) 등은 지루하다고 느껴질 만큼의 장황한 해설이라도 곁들이지 않는 한, 오늘날의 독자제현에게는 올바른 모습을 전하기가 불가능한 것이다. 원래 이교신화의 전승은 실로 여러가지 형태로 이야기되어 온 만큼, 이른바 신성한 해석자들은 각자가 가장 유리한 해석만을 멋대로 고를 수 있는 것이다. 예컨대 부호 하나만 해도, 그들은 실제 제멋대로 해석을 내리기 때문에 어떠한 설화에서 어떤 편리한 의미도, 그들이 신봉하는 종교와 철학체계에서 각자의 생각에 거기에 가장 적합되는 해석을 도출할 수 있는 것이다. 베누스(Venus) 여신의 알몸뚱이라는 음탕한 자태가 그대로 어떤 정신적 교훈 내지 육체적 진실의 계시나 되는 것처럼 왜곡해설된 예가 있는가 하면, 또한 아티스 소년의 자가궁형(自家宮刑)만 해도, 그것이 그대로 남북회귀선 사이를 오르내리는 태양의 왕복이나 또는 인간영혼의 죄악과 과오로부터의 해탈을 의미하는 풍유나 되는 것처럼 설명된 사례도 있다.

율리아누스 황제의 신학체계에는 확실히 자연종교가 가진 고원하고도 기본적인 제원리가 일단 포함되어 있는 것으로도 보인다. 그러나 계시에 기초를 두지 않는 신앙인 이상, 그것은 아무런 확실한 보증도 가질 수 없으며, 따라서 자칭 플라톤의 제자인 이 율리아누스 또한 어리석게도 민간속신(民間俗信)의 습속에 빠지지 않을 수 없었다. 그의 경우 실천과 저작 그리고 정신에서조차 그의 신관(神觀)에는 철학적 관념과 속간신앙(俗間信仰)의 그것이 심히 혼동되어 있었던 것 같다. 이 경건한 철인황제는 우주의 「영원인(永遠因)」을 인정하여, 이것을 존숭했을 뿐만 아니라 나아가서는 지능이 부족한 사람의 눈에는 보이지 않고 또 그런 지력(知力)으로써는 도저히 파악할 수도 없다는 소위 무한 자연의 모든 완전성의 인(因, 근본동기)을 이 「영원인」에 귀결시켰다. 여러 신들, 악마(daemon/demon), 영웅 그리고 인간으로, 연쇄적으로 이어지는 종속적인 여러 정령(精靈)은 요컨대 이 지고신에 의하여 창조되었는데, 플라톤식의 용어를 빌린다면 이것들은 만들어진 것에 불과하다는 것이다. 그러므로 그 존재의 연원을 직접적으로 이 「제일인(第一因)」에서 찾는 일체의 피조물은 모두 불멸이라는 자질을 선천적으로 향수하고 있는 바, 이것은 이처럼 귀중한 특권인 만큼 좋지 못한 목적을 위하여 함부로 낭비하지 말도록, 예를 들어 인간의 육체를 창출한다든가, 또는 동물계·식물계·광물계 등 그런 세계의 아름다운 조화를 가져오는 일 모두를 창조신이 하급신들의 능력과 익숙한 솜씨에 위임하고 있다는 것이다. 따라서 이 지상 현세의 지도 통제 따위도 당연히 그것들의 창조신인 상술한 하급 신령들에게 일임하게 되는데, 원래가 결함 많은 그들의 통제능력인 만큼 거기서는 불화알력이 생기고 또 잘못도 저지르게 된다. 현실적으로 이 지구와 그 주민들은 상호분열 상태에 있으며, 마르스(Mars, 로마의 군신. 그리스의 Ares에 해당), 미네르바(Minerva. 공장〈工匠〉의 여신. 그리스의 Athene 신에 해당), 메르쿠리우스(Mercurius/Mercury. 상업의 신. 그리스의 Hermes 신에 해당), 베누스(Venus, 미와 사랑의 여신. 그리스의 Aphrodite에 해당하는 여신) 등의 성격별 유래도 결국은 그것들을 신봉하는 신도들의 법 및 습속 속에서 뚜렷이 그 자취를 더듬어 볼 수 있다. 우리들의 불사의 영혼이 죽게 마련인 육체라는 감옥 속에 갇혀 있는 한, 하늘에 계신 여러 신들의 애고(愛顧)를 구하며, 그의 노여움을 모면하도록 비는 일이야말로 우리들의 의무인 동시에 또한 이익이기도 하다. 생각컨대 신들의 자랑은 우리네 인간의 예배에 의하여 비로소 만족하는 것이고, 한편 그들 내면의 비굴한 천성은 피어오르는 희생의 연기 속에서 그것의 영양분을 섭취하는 것으로 생각하였다. 하급신들은 때로는 그들을 위하여 바쳐진 신상(神像)에 신들리는 일도 있거니와 또 그 신전에 그대로 정주하는 일도 있다. 때로는 지상을 방문하는 일도 있지만, 그러나 그들의 영광된 본연의 자리와 심벌은 천상에 있다. 이것은 율리아누스의 성급한 독단이지만, 해와 달 그리고 별들이라는 이 불변의 질서야말로 그들의 영원한 존재를 증명하는 것으로 단정하였다. 그리고 그들의 영원성이라는 속성에서 말하더라도, 그것들은 결코 하급신 따위에 의하여 창출된 것이 아니라 어디까지나 전지전능하신 천제(天帝)의 창조임을 증명하는 확증이라고 하였다. 플라톤 학파의 교설에 의하면, 가시적인 물상은 모두가 불가시적 세계의 모사(模寫)이며, 신이라는 영혼이 깃들어 있는 한, 모든 천체는 그대로 예배대상으로서 가장 적합한 것으로 생각했는 바, 그것도 무리는 아니었다. 따라서 인자심 많은 그런 작용이 전 우주에 가득 차고 또 현실적으로 이것의 확고한 뒷받침이 기도한 태양신이야 말로, 당연히 전 인류에 의하여 예배받아 마땅하다. 이것은 로고스(Logos)의 빛나는 상징, 환언하면, 전지 전능하신 아버지 신의 인자심 넘치는 활발한 이성적 형상(理性的 形象)이어야만 한다는 것이다.

언제나 어느 시대나 마찬가지지만, 일단 참된 영감(靈感)이 사라지면 강렬한 광신에서 생겨나는 환상과 원숭이 흉내내기 같은 가짜 예배 등등이 이에 대체되어 등장하게 마련이다. 율리아누스 황제 시대에도 이들 가짜 예배의식을 행하는 자들이 이제 조락단계에 들어간 그들의 종교를 지탱하고자 안간힘을 다하던 이교도 제사(祭司)들에 한정되어 있었다면, 이것은 그들 신관직(神官職)으로서의 이해관계와 관습면을 고려할 때, 어느 정도 참작할 여지는 있을 것이다. 그런데 적어도 철학자들까지도 인류의 미신적 경신성을 기화로 이것을 조장하는데 협력한다든가, 신플라톤주의자들의 마법이나 요술로써 그리스의 제반 비의(秘儀)를 지지한데 대해서는, 놀랍기도 하거니와 치욕으로 보아야 할 것이다. 두려울 정도로 주제넘는 일이지만, 사실 그들은 자연법칙을 지배하고, 미래과학을 탐구하며, 하급 정령들을 자유롭게 구사하는 한편으로 상급신들과도 친밀하게 교제하면서 그들과 말을 주고 받을 뿐만 아니라 영혼을 그 육체적 질곡에서 해방시킴으로써 불사의 그 영혼과 무한의 대신령과의 재결합조차 성취할 수 있는 듯이 자부했던 것이다.

두려움을 모르는 율리아누스 황제의 독신적(篤信的)인 호기심은 철학자들로 하여금 자파의 승리가 용이할 것임을 기대케 하였다. 이제 이 젊은 개종자(율리아누스를 가리키는 것)의 지위와 환경을 고려할 때, 그것은 중대한 결과를 가져오게 할는지도 모를 일이었기 때문이다. 맨 처음에 율리아누스에게 신플라톤학파의 학설을 불어넣은 것은 박해와 방랑 끝에 페르가무스(Pergamus)에서 학교를 개설한 에데시우스였다. 그러나 이 석학의 철학자도 이미 연로하여 몸이 노쇠해짐으로써 이 젊은 제자의 열의와 호학심 그리고 준민한 지력에 충분히 부응하지 못했으므로 그 자신의 희망도 있고 해서 이 스승의 최대의 고족제자인 크리산티우스(Chrysanthius)와 에우세비오스 두 사람이 스승을 대신하여 강독하게 되었다. 이 두 사람은 각각 있는 지식을 다 기울여서 이 젊은 공자를 계발시켰는데 때로는 현묘한 암시에 의하여, 또 어떤 때는 현학적인 논의를 구사함으로써 교묘하게 이 청년 구도자의 왕성한 지식욕을 자극했고, 최종적으로는 율리아누스를 그들 동지의 한 사람이며, 특히 대담하고 교묘한 주마학(呪魔學, Theurgic science)의 스승인 막시무스(Maximus)에게 위탁하였다. 이리하여 율리아누스는 에페수스(Ephesus)라는 곳에서 이 막시무스로부터 비밀리에 입문의 비의(秘儀)를 받았는데 그때 그의 나이 20세였다.

이에 더하여 그의 아테네 유학은 더욱더 이 철학과 미신의 부자연스럽기 이를 데 없는 결합을 공고히 하는 결과를 가져왔다. 즉, 엘레우시스(Eleusis)에서 행하는 엄숙한 밀교제의(密敎祭儀)에 참가할 수 있는 특권까지 부여 받았는데, 이 밀교제의만은 그리스에서의 이교예배가 전면적으로 쇠퇴하고 있던 와중에서도 여전히 그의 원초적인 성의(聖儀)의 모습을 계속 유지하고 있었다. 그런데 율리아누스의 이에 대한 집념은 대단하여, 후에는 드디어 이러한 신비로운 의례와 공희(供犧)로써 오로지 자기 자신의 성화(聖化)를 완성시키려는 한가지 목적만을 위하여 일부러 엘레우시스의 대제사(大祭司)를 갈리아의 궁정에까지 맞아 들인 바 있다. 이런 밀의(密儀)는 모두가 깊은 야밤이나 동굴 속에서 행해졌다. 그것은 조직에 가입한 동지들의 신중한 배려에 의하여 절대적으로 비밀이 지켜졌는데, 이때 미신에 취약한 구도자들의 이목과 상상력 앞에 제시된 가공할 소리와, 불길과도 같은 빛나는 환상 등으로 구도자들은 마치 천래의 광명이라도 본 것 같은 생각으로 곧 환희와 식견과의 환각 속에서 법열(法悅)과도 같은 것을 느끼는 모양이었다. 그러나 이와 같은 상세한 문제에 대하여 기술하는 것은 저자로서는 이제 그만 삼가하고자 한다. 어쨌든 율리아누스의 마음은 에페수스와 더불어 엘레시우스 동굴 안에서 행한 성의에서 마음으로부터 신지핀 것과 같은 부동의 법열을 체험한 것이다. 하기야 이와 같은 율리아누스지만, 그 역시 때로는 양심적인 광신자들 속에서 볼 수 있던 바, 어쩌면 이것이 일종의 신앙적 사기술이나 위선이 아닌가 하는 의심이 일어나자 몇 번인가 동요를 일으킨 일도 있었다. 그러나 어쨌든 그때 이래 그는 오로지 신들에 대한 봉사에 자기 생애를 바치기로 결심하였다. 그리하여 계속된 전쟁과 통치 그리고 연학(硏學)이 그의 매일 매일의 전 시간을 차지하는 것으로 보인 그런 바쁜 일과 속에서조차, 그는 깊은 밤중의 몇 시간을 반드시 이 밀실에서 예배에 바쳤던 것이다. 무인으로서 또 철학자로서 그의 엄숙한 생활을 관통시키고 있던 절제는 명백히 엄격한 종교적 금욕계율(그 중에는 실로 시시한 계율도 들어 있지만)과도 깊이 관련되어 있었다. 예컨대 특정일에는 모종의 음식물을 특히 금식으로 하였는데, 그 이유는 요컨대 그것들이 수호정령인 판(Pan, 아르카디아의 신으로서 삼림·목축·수렵의 신. 로마인은 Faunus신과 동일시 했다) 신·메르쿠리우스 신·헤카테(Hekate/Hecate. 전쟁·평화·경기·마술〈馬術〉·농경 등의 여신) 여신·이시스(Isis. 그리스 신화에서는 여성 생식력의 상징. 그녀에 대한 숭배는 밀의교적(密儀敎的)으로 이루어졌고, 이것은 로마에도 퍼졌다) 여신 등의 노여움을 살 염려가 있다는 배려에서였다. 사실 율리아누스는 가끔 천래의 힘에 의한 이런 신들의 방문을 받고 있었는데, 그런 경우에 대비하여 감성과 지성을 갖추어 놓고자 자진하여 이와 같은 정진을 행하였다. 율리아누스 자신은 겸허하게 이것을 숨기고 있었지만, 우리는 그의 성실한 사우(師友)였던 웅변가 리바니오스(Libanios/Libanius, 314~393?)의 붓에 의하여 알 수 있게 되었다. 즉, 그는 끊임없이 신들과 여신들과의 영적인 교류 속에 살아 왔는데, 이들 여러 신들도 역시 사랑하는 이 영웅과의 대화를 즐기기 위하여 멀리 지상에까지 강림했다고 한다. 때로는 그의 손이나 두발을 부드럽게 만져 그를 잠자리에서 깨웠고, 또 위험이 닥쳐왔을 때는 사전에 그것을 경고해 주는 등, 하여튼 생애에 걸쳐 그들은 틀림없는 지혜로써 그의 행동일체를 유도해 왔다고도 하였다. 하늘에서 내려오는 이런 손님들과의 그의 영적인 교류는 매우 친밀했으므로, 그는 즉석에서 유피테르 신의 목소리와 미네르바 여신의 목소리도 분간할 수 있게 되었고, 또 아폴론 신의 모습과 헤라클레스 신의 모습도 곧 분별할 수 있게 되었다고 한다(이상의 밀의신앙에 대하여 율리아누스 자신은 거의 언급한 것이 없지만, 리바니오스의 추도연설 〈로브판이라면 171~173절〉 등에 기술되어 있다). 백일몽의 환각이든 또는 꿈 속의 그것이든 간에, 그것들은 금욕생활과 광신에서 생겨나는 지극히 통상적인 현상이겠지만, 다만 그것이 황제의 체험이고 보면, 황제의 위신은 거의 이집트 수도승과 똑같은 수준으로까지 타락하는 것이 된다. 사실 성 안토니우스(Antonius, Eremitus, 은수사, 가축 및 돼지 사육자의 수호성인. 251?~356?)와 성 파코미우스(Pachomius, 292?~346) 등은 모두가 이와 같은 공허한 정신수양 속에서 쓸모없는 일생을 마쳤던 것이다. 하기야 율리아누스의 경우는, 일단 어떤 비상사태라도 일어나면 언제든지 이런 미신의 꿈에서 깨어나 곧 싸움을 향하여 일어설 수 있었다. 그리고 일단 제국의 적대자를 전쟁터에서 격파하고 나면, 또다시 조용한 막영생활로 돌아가, 국가를 위하여 현명하고 인자한 법령을 구술한다든지 문학·철학의 우아한 연찬에 그의 천분을 바쳤던 것이다.

율리아누스의 배교(背教)라는 중대비밀은 신성한 우정과 신앙기반에 의하여 굳게 맺어진 결사동지들에 의하여 지켜졌지만, 고대 이교에 대한 신봉자들에게는 더할나위 없는 낭보였던 만큼, 그들 사이에서는 퍽 조심스럽게 입에서 입으로 전해지고 있었다. 그리고 그가 장차 황제지위에 오르는 것이 각 속주내 모든 이교도들의 한결같은 기대·기원 그리고 예언의 대상이었다. 이제 새로 개종한 공자의 열렬한 신앙과 그의 미덕을 알게 되자, 이교도들은 그에게 아주 달콤한 기대를 걸었다. 즉, 그에 의하여 반드시 일체의 죄악은 교정되고 그대신 모든 축복이 또다시 재래(齎來)될 것이라고 말이다. 게다가 율리아누스 자신도 그들의 소망에 반대한 것이 아니라, 그 언젠가는 조국을 위하여 그리고 종교를 위하여 도움을 주게 될 지위로까지 올라설 날이 오기를 바라고 있다고 매우 솔직하게 표명하고 있었다. 이와 같은 그의 신앙은 콘스탄티누스 대제 후계자(콘스탄티우스 2세 황제를 말하는 것)의 눈으로 보면 당연한 이야기지만 적대시할 표적이었다. 원래가 변덕장이 황제인 만큼, 그는 어떤 때는 율리아누스의 생명을 구해 주었는가 하면, 때로는 그것을 위협했다. 마술과 점괘 따위를 극도로 겁내던 그의 전제정부는 이런 것을 엄중히 금지하였다. 만일 이것이 단순히 일반 이교도들에 의한 미신수행(迷信修行)에 지나지 않는 것이라면 불만스럽기는 하지만 그나마 묵인 정도는 받았겠으나, 율리아누스와 같은 신분지위 쯤 되면, 아무리 전반적 신교자유령이 있다 해도 이것의 적용에서 제외된다는 것은 차라리 당연한 조치일 것이다. 더욱이 이 배교자 율리아누스는 머지않아 제위(帝位)의 정통적인 상속자로 예상된 것이다. 사태가 여기에 이르니 그의 죽음만이 기독교도들의 당연한 괘념을 진정시키는 길이었는지 모른다. 한편 이 젊은 공자는 순교자로서의 영광보다는 영웅으로서의 영광 쪽을 바랐다. 따라서 자기의 신앙을 줄곧 감춤으로써 오로지 일신의 안전을 도모하였다. 바로 다신교 신앙의 안이성도 있고 해서, 그는 내심으로 경멸하는 그리스도교 예배에 참가하는 일도 공공연하게 승인하였다. 사실 리바니오스 같은 사람도, 벗이며 제자이기도 한 율리아누스의 위선을 비난하기는 커녕 오히려 칭찬하는 메시지까지 주었는데, 그것은 이렇게 쓰여 있었다. 「한번은 더러운 오물이 끼얹어졌던 신들의 상(像)이 또다시 장엄한 신전에 안치되는 것과 마찬가지로, 진리의 미는 그가 받은 교육의 오류치우(誤謬痴愚)로부터 정화된 다음에 이제 율리아누스 마음속 깊은 곳에 안치된 것입니다. 그의 사상은 일변했습니다. 다만 그런 것을 표명하는 것이 위험할는지 모르기 때문에 행동은 여전히 전과 마찬가지입니다. 사자의 생가죽을 가지고 자기의 정체를 위장했던 저 아이소포스(Aisopos/Aesop) 우화에 나오는 당나귀하고는 아주 정반대로, 우리들의 사자는 당나귀의 생가죽 아래 자기의 몸뚱이를 감추는 수밖에 없었습니다. 이성이 명령하는 것을 가슴 깊이 간직하면서 신중성과 필요한 규칙에 복종하는 길밖에 없었던 것입니다.」(리바니오스 추도연설 19절. 저자 기번은 원문을 약간 개작하고 있다. 즉, 「추도연설」 원문에는 「아마도 아이소포스라면 당나귀가 사자의 가죽을 뒤집어 쓴 것이 아니라 사자가 당나귀의 가죽을 뒤집어 썼다는 우화를 만들었을 것이다. 즉 그(율리아누스)는 올바른 식견을 가졌었지만, 다만 좀 더 안전한 지식의 소유자 임을 가장하고 있었던 것이다」라고 되어 있다.)

율리아누스의 가면을 쓴 이중생활은 에페수스에서의 비밀결사 가입으로부터 내전이 발발할 때까지 10년 이상이나 계속되었다. 이 내전에의 궐기를 계기로 그는 비로소 자기가 기독교와 콘스탄티우스 대제에게 있어 불구대천의 원수임을 만천하에 성명하였다(361년 4월의 일). 장기간에 걸친 이런 자기억제가 자기의 이교신앙을 한층 더 굳게 한 것으로 생각하였다. 적어도 국가적 축제 등에는 참석하여 그리스도교도들의 집회를 돕는 의무만은 다하지만, 그런 행사가 끝나자마자, 그는 마치 여인을 그리워하듯 초조한 마음을 안고 돌아오면 곧 사저안에 마련된 예배당에 급히 들어앉아 유피테르신이나 메르쿠리우스신에게 마음껏 향불을 태웠다. 그러나 원래 의태가면(擬態假面) 쓴 사람의 행동이란 정직하고 솔직한 정신의 소유자에게는 몹시 고통스런 법이다. 율리아누스 또한 예외가 아니었다. 표면상 섣불리 기독교 신앙을 표명했다는 것은 그의 마음의 자유를 억압할 뿐만 아니라 인간에게 갖추어진 가장 고귀한 속성, 즉 성실과 용기라는 미덕으로부터 가장 타기할 행동을 강요해 온 종교에의 혐오감을 더욱 조장시켰던 것이다.

율리아누스는 백부인 콘스탄티누스 대제가 로마제국 내에 그리스도교를 공인하고, 따라서 율리아누스 자신도 일단은 세례의 성사를 거치고는 있었지만 선천적인 지향으로부터 볼 때, 본심은 이 새 신앙을 좋아하기 보다는 오히려 저 호메로스(호머) 작품에 나오는 신들과 또 스키피오(Scipio, 고대 로마귀족의 명문가. 공화정 초기부터 유명한 많은 인물들이 나왔다) 일가가 신봉한 그런 신들 쪽을 좀더 깊이 사랑한 것으로 생각된다. 한편 철학자로서는 이미 수많은 개종자들이 연이어 발표한 갖가지 예언, 놀랄만한 기적, 그리고 결코 무시하는 것을 허용하지 않는다는 증험(證驗)을 믿고 또 그런 것을 지지했었지만, 어째서 자기가 이런 기독교를 버렸는지에 대하여, 이것만은 꼭 정당화시켜 보여야 할 의무가 있다고 느꼈던 것이다. 그가 한편에서 페르시아 전쟁을 한창 준비할 당시에 썼다는 고심의 노작(그가 쓴 갈리아인들을 반박한다 를 말하는 것)이야말로, 그가 다년간에 걸쳐 가슴속 깊숙히 품고 있던 그런 논거의 핵심을, 여기에 그대로 토로한 것으로 생각해도 좋을 것이다. 다행스럽게도 이것의 단편이 아이러니칼하게도 그의 맹렬한 논적이던 알렉산드리아의 키릴루스(Cyrillus Alexandrinus, 5세기 전반기의 호교신학자. 후에 알렉산드리아의 총대사교가 되었다. 이단인 네스토리우스〈Nestorius, 451? 사망. 콘스탄티노플 총대사교《428~431》. 에페조 공회의에서 이단자로 선언되었다〉파에 대한 논박으로 특히 유명하지만, 본문에도 있듯이 율리아누스에 대한 호교반론도 썼다)에 의하여 복사된 것이 남아 있는데, 이것은 참말로 모두가 기괴한 기지와 학식, 궤변과 광신의 혼재성을 보여주는 것이다. 그러나 그 문체의 우아성과 저자의 신분이 정제(正帝)였다는 데서, 그의 저작은 널리 사회의 주목을 받았다. 그리고 율리아누스 황제의 뛰어난 이론과 그의 명성 앞에서는 반그리스도교의 논객들을 열거한 독신적(瀆神的)인 리스트 가운데서 저 유명한 포르피리오스(Porphyrios/Porphyrius. 앞서 나온 신플라톤주의자의 한 사람. 기독교를 공격한 15권의 시리즈인 그리스도교도 논박(Kata christianon) 이 있다. 단 이것은 테오도시우스 2세 황제의 명령으로 분서처분되어 지금은 단편만이 남아 있다)의 이름까지 말살되어 있는 것이다. 충실한 기독교도들의 마음은 확실히 이에 의하여 미혹되거나 화를 냈고 또 공포감까지 가지게 되었지만, 한편 이교도들 가운데서도 때로는 당해내기는 힘들겠지만, 그래도 그에게 논쟁을 거는 자도 나타난 바, 이들은 동지인 황제가 대중을 상대로 쓴 저작물들 중에서 얼마든지 반격자료(그것들에는 잘못된 곳이 많았다)를 발췌할 수 있었다. 이와 같이 신학적 연구에 몰두하고 있는 사이에 율리아누스 황제 자신도 논쟁적 신학자의 상례로서 점차 비관용적인 편견과 감정으로 흐르게 되었다. 자기 자신의 신앙신념을 끝까지 견지하고, 나아가서는 그것을 널리 선포해야 한다는 불퇴전의 결의를 다지게 되었다. 이것을 위하여 구사한 논전무기의 교묘하고도 강력한 활용성에 대해서는 그 자신도 남몰래 자랑스럽게 생각할 정도였지만, 동시에 이성에의 호소와 웅변의 힘에 대해서도 완고하게 저항하는 논적들에게는 그의 성실성을 의심하고 또 지력(知力)을 경멸하고 싶은 생각까지 품게 되었다.

율리아누스 황제의 배교를 불안과 공포심으로 보고 있던 그리스도 교도들의 참된 두려움이란 그의 논거보다도 권력이었다. 그의 이교 신앙심이 매우 열렬함을 알게된 이교도들은 금방이라도 신들의 적대자들에게 박해의 불길이 불타오를 것이고, 그렇게 되면 워낙 재치가 종횡무진한 율리아누스 황제인 만큼, 아마도 그의 증오심은 선인들의 난폭미숙했던 분노 따위는 도저히 상상도 못했던 정교 치밀한 고문이나 처형방법까지 반드시 창안해 낼 것이 틀림없다고 학수고대하고 있었다. 그러나 이 두 교파의 불안과 기대는 모두가 현명한 황제의 인도주의적 정신에 의하여 완전히 의표를 찔렸다. 즉, 그의 관심은 오로지 자기의 명성과 국가의 평화, 그리고 정당한 인권문제에만 있었던 것이다. 역사의 성찰로부터 깊이 배운 바 있는 율리아누스 황제의 신념은, 이것이 만일 육체상의 질환이라면 어쩌면 때로는 현명한 충격요법으로 치유하는 일도 있겠지만, 그러나 적어도 정신력인 유견(謬見)이고 보면, 이미 어떠한 철화(鐵火)를 가지고도 근절시키는 것이 불가능하다는 사실이었다. 발버둥치며 반항하는 희생의 제물을 제단 밑에 까지는 끌고 갈 수 있겠지만, 그의 손이 범하는 독신행위를 내심은 어디까지나 혐오할 것이 틀림없었다. 신앙상의 완미성은 탄압에 의하여 오히려 한층 더 견결해지는 것이 보통이고, 일단 박해의 폭풍우가 멎으면 전향자들은 곧 회개한다고 하면서 원래의 신앙으로 돌아가고, 이와는 반대로 끝까지 저항했던 사람은 성도 내지 순교자로서 찬양되는 것이 또한 상례이다. 만일 율리아누스 황제가 일찍이 디오클레티아누스 황제(Diocletianus, 재위 284~305)와 그의 공치제가 시행하여 실패했던 그런 잔학한 탄압정책을 취한다 해도, 그것은 다만 그의 유명에 폭군이라는 오점을 남길 뿐이고, 한편 이교도 행정관들의 폭정으로 오히려 교세의 확대와 단결을 공고화 시켜온 가톨릭 교회를 위하여 또다시 새로운 영광을 첨가해 주는데 지나지 않는다는 사실을 그는 잘 알고 있었다. 그런 이유와, 게다가 아직 안정적인 정권이라고는 말할 수 없는 자기 치세의 평화를 교란시키면 안된다는 괘념도 있고 해서, 율리아누스 황제는 여기서 정치가 또는 철학자로서 부끄럽지 않은 하나의 칙령을 발포함으로써 오히려 세상을 깜짝 놀라게 하였다. 즉, 그는 로마세계내 전체 주민들에게 자유평등의 신교적 관용의 은전을 확대시킨 것이다. 그리고 기독교도들에게 부과한 유일한 어려운 문제라고 한다면, 그것은 그들이 지목하여 우상 숭배자 또는 이단의 무리라고 낙인찍는 동포시민들에 대해 그들이 박해하는 권능을 일체 박탈한다는 한가지 뿐이었다. 한편 이교도들에게는 그들의 신전을 모두 재개해도 좋다는 우악한 허가라고나 할까, 하여튼 특별 명령을 내렸다. 이리하여 그들은 콘스탄티누스 대제와 그의 자식 황제들의 치하에서 받아온 일체의 탄압법과 자의적인 박해로부터 단번에 해방되었다. 동시에 아리우스파의 군주(콘스탄티우스 2세 황제를 가리키는 것)에 의하여 추방의 쓰라림을 겪고 있던 사교들과 성직자들도 모두 그들의 유배지로부터 소환되어 각자가 봉직하던 교회로 돌아갈 수 있었다. 즉, 도나투스(Donatus, Karthago에서 4세기 초에 활동한 기독교의 성직자)파, 노바티아누스(Novatianus. 3세기의 가톨릭교 성직자. 이교도 세례의 무효를 주장한 재세례주의자. 3위일체설에서는 오히려 정통파에 가까운 엄격파였으나 결국 이단으로 규정되었고, 그 자신도 순교사했다)파, 마케도니우스 (Macedonius, 4세기 전반기 콘스탄티노플의 사교인 마케도니우스의 주장에서 발단된 반〈半〉 아리우스파적인 이단. 하나의 이단파로 형성된 것은 그의 사후인 것 같다)파, 에우노미오스(Eunomios/Eunomius, 393? 사망. 키지코스〈Kyzikos〉의 사교지만 극단적으로 아리우스파의 주장을 지지했기 때문에 추방되었다)파와 다행스럽게도 운이 좋아서 추방되지 않고 끝까지 니케아 공회의의 신경(信經)을 견지해 온 성직자들도 모두가 이번 은전의 혜택을 받았다. 황제로서는 그들의 신학적 논쟁 내용을 충분히 알고 있었고, 그렇기 때문에 그들을 경멸하고 있었는데, 어느날 그는 이들 대항 각 교파 지도자들을 황궁 안으로 초청한 바 있었다. 그들의 맹렬한 논쟁모습을 보고 즐기고 싶었던 것이다. 사실 소연한 그들의 논전양상은 그로 하여금 가끔 자기도 모르게 큰 소리를 내게 했을 정도였다. 그는「과인의 말을 들으시오! 프랑크족도 내말을 들었고 알레만니족도 내말을 들었소!」하고 외쳤다. 그러나 곧 알게 된 것은 현재의 상대자가 야만족 이상으로 완미하고 옹고집의 적대자들이라는 한가지 사실이었다. 그 자신도 줄곧 웅변을 구사하여 비록 의견일치를 가져오게 할 수는 없더라도, 어떻게 해서든지 서로 평화리에 살아가게 하고자 설득했지만, 마지막으로 그들을 황궁에서 물러나게 할 때까지는, 기독교도의 단결 통일 따위는 이미 전혀 겁낼 것이 못된다는 것을 완전히 파악하게 되었다. 공평한 사가인 암미아누스-마르켈리누스(Ammianus Marcellinus, 330?~400?) 등도 황제의 이와 같은 의태적인 관용이, 결국 기독교회 내의 내부분열을 겨냥한 의도에서 나온 것에 불과한 것으로 보고 있다. 사실 기독교를 그 기반으로부터 무너뜨리려는 교활하기 이를 데 없는 이 방책은 한편으로 고대 이교의 회복을 명확히 선언하고 있던 율리아누스 황제의 열의와 절대 불가분리의 관계에 있었다고 생각해도 무방하다.

정제(正帝)로 즉위하자마자 율리아누스 황제는 선임 황제들의 관례에 따라서 최고대신관(pontifex maximus)직에 취임하였다(이것은 전통이교의 최고 제사직으로서 사실 기독교에 귀의한 콘스탄티누스대제 등도 처음에는 역시 이 칭호를 받고 있었다. 다만, 후에는 로마교황까지도 Pontifex Maximus라고 불리우게 되지만). 이것은 단순히 황제의 위대성을 표시하는 영예칭호일 뿐만 아니라 존엄신성한 최고 요직, 즉 자기의 의무를 오로지 경건한 정려(精勵)로 수행하겠다는 결의를 다짐하면서 취임하는 직무인 것이다. 국무가 다망한 점도 있고 해서 황제는 매일 신민들의 일반예배에는 참가할 수 없으므로, 그는 자신의 수호신인 태양신을 위하여 황궁 안에 그 예배당을 새로 세웠다. 그리고 정원에는 이르는 곳마다에 신들의 상(像)과 제단을 만들었고, 황궁내 방이란 방은 모두가 흡사 장려한 신전과도 같이 꾸몄다. 매일 아침, 광명의 아버지인 신 앞에는 희생의 제물이 바쳐졌고, 또 태양이 서산에 떨어질 시각에도 다시 희생의 생피가 흘러내렸다. 달과 별 그리고 밤의 수호신령들도 각각 그에 상응하는 시각에 끊임없이 황제의 예배를 받았다. 더욱이 국가의 축제일쯤 되면, 그날에 해당하는 각 신들이나 여신들이 모셔진 신전에 참배하여 그 자신이 먼저 신앙의 모범을 보임으로써 관리들과 시민들의 신앙심을 북돋우도록 노력하였다. 그의 경우는 화려한 자의(紫衣)를 걸친다든가, 친위병들의 금빛 방패로 둘러싸임으로써 황제의 위신을 과시하는 것이 아니라 그보다도 신들에 대한 예배에 도움이 되는 일이라면 아무리 천한 역할이라 해도 자진하여 그것을 맡고 나서 국궁여(鞠躬如) 하고 그 일을 해내는 일로써 대신했던 것이다. 자기 자신을 신전에 봉사하는 일에 바쳤다고는 하지만, 몹시 행실이 나쁜 제사들이나 하급신관들 또 무희들 속에서도, 율리아누스 황제는 스스로 장작을 나르고 신화(神火)를 지피며, 심지어 식칼을 휘둘러 희생의 제물을 도살하여 죽음에서 발버둥치는 그 짐승의 뱃속에 피묻은 양손을 넣어 심장이나 간장 등을 집어냄으로써 마치 장복사(腸卜師, haruspex. 희생의 제물로 바칠 동물의 내장 또는 자연현상으로 점치는 점술사. 옛날 에트루리아〈Etruria. 옛날 이탈리아 서부에 있던 나라〉시대부터 있는 독점적 비법이다) 찜쩌먹을 훌륭한 솜씨를 보이면서 미래의 예상(豫象)을 점치는 것이 보통이었다. 사려분별의 한도조차 초월한 것으로 보이는 이와 같은 극단적인 미신행위에 대해서는 이교도들 중 현명한 사람들에 속하는 인사들로부터도 비난의 목소리가 울려 나왔다. 사실 엄격한 긴축정책을 여행(勵行) 하는 군주치하에서 이런 예배를 위하여 충당되는 비용이 국가재정에서 커다란 부분을 차지하고 있었으며, 세상에서도 아름다운 희귀조류가 끊임없이 먼 나라에서 선박으로 운반되어 와서는 이런 신들의 제단 위에서 그것의 피가 바쳐졌던 것이다. 하루에 100두의 황소가 희생의 제물로 도살되는 일도 결코 드물지 않았다. 이리하여 머지않아 다음과 같은 농담의 말도 사람들의 입에 오르내리게 되었다. 만일 황제가 페르시아 전쟁에서 승리하고 돌아오기라도 하면, 뿔가진 가축류는 의심할 바 없이 모두 도살되어 절멸될 것이라고. 그러나 이와 같은 출비도 이것을 황제 자신의 손이나 그의 명령으로 로마세계 전역에 걸친 저명한 신전들에 바친 훌륭한 헌납품이나, 또 다년간에 걸쳐 황폐한 대로 방치되었거나, 근년간에 기독교도들의 약탈로 황폐화된 고대신전들에 대한 수복비와 장식비 지출에 비하면 거의 새발의 피 정도였다. 신앙심 두터운 황제의 이런 수범과 권고, 그리고 막대한 기진예를 본 각지의 도시와 가정들도 오랫동안 잊고 있던 이교제사를 다시 올리게 되었다. 이교신앙의 부활을 미칠듯이 기뻐한 리바니오스는 이렇게 외치고 있다. 「이제 세계에는 이르는 곳마다에서 고대신앙의 승리가 과시되고 있다. 환하게 타오르는 제단의 불, 생피가 뚝뚝 흐르는 산 제물, 좋은 향에서 피어오르는 향기, 그리고 아무런 두려움이나 신변의 위험도 느끼지 않고 길게 이어지는 제사와 예언자들의 장엄한 행렬-

이런 것들은 모두가 전도양양한 이교신앙의 미래번영을 말해주는 것이었다. 멀리 올려다 보이는 높은 산 꼭대기로부터는 기도소리와 아름다운 음악이 들려오고, 희생의 제물로 바쳐졌던 황소는 그대로 곧 환희에 넘친 신도들의 석식으로 제공되었다」(이교 재흥에 관한 정경을 묘사한 문헌은 율리아누스 자신이 쓴 「미소포곤〈Misopogon〉」을 비롯하여 리바니오스·암미아누스-마르켈리누스·나찌안주스〈Nazianzus〉의 그레고리우스〈Gregorius〉 등 많다. 여기에 인용한 것은 리바니오스의 「추도연설」 126절의 요지를 영역한 것 같다).

율리아누스의 재능과 권력을 가지고도 이미 신학적 교의와 도덕적 계율, 게다가 성직적 규율까지도 없어졌고, 급속한 쇠퇴와 해체일로를 달린 나머지, 이미 강력하고도 일관된 개혁 따위는 바랄 수 없게 된 종교에 대하여 그것의 재흥을 기도한다는 것은 도대체가 불가능한 일이었다. 최고 대신관으로서의 지배권한은, 그것이 황제의 통치권과 일체화된 다음부터는 틀림없이 로마제국 전 영토에 미치게 된 것만은 사실이다. 따라서 율리아누스 황제는 자기의 대구상의 실현을 지향함에 있어 가장 유력한 협력자로 생각한 제사(祭司)들과 철학자들을 자기의 대행관으로 임명하여 각 속주에 파견하였다. 오늘날까지도 남아 있는 그의 목회서한(牧會書翰)은 (이런 호칭이 타당한지 어떤지는 의문이지만) 그가 무엇을 바라며, 무엇을 의도했는가를 명백히 해 주는 매우 기묘한 스케치를 제공해 주었다. 즉, 그는 전체 도시에 명령하기를, 문벌의 고하나 재산의 유무는 일체 묻지 않고, 어쨌든 신들과 인간에 대한 사랑에서 가장 현저하다고 생각되는 그런 인물들로서 신직자 집단을 조직할 것을 촉구하고 있다. 그것은 계속하여,「가령 그들이 모종의 파렴치죄를 범했다면, 그것은 물론 상급신관에 의하여 견책되거나 강직처분을 받는 것은 당연하겠지만, 다만 그들이 그 지위에 머물러 있는 한, 그들은 정당한 권리로서 행정관과 국민들의 존경을 받을 자격이 있다. 또한 가정내에서는 수수하게 옷차림을 하거나 겸억성(謙抑性)을 나타내는 것은 좋지만, 일단 법의를 걸치면 어디까지나 위용을 갖추고 그의 권위를 나타내어야 한다. 당번이 돌아와 제사를 봉행하게끔 호출받았을 때 등은 정해진 그 기간 동안 한발자국도 신전 경역에서 바깥으로 나가는 것이 허용되지 않으며, 또 단 하루라도 국가의 번영과 국민의 번영을 빌기 위한 기도와 희생의 제물을 바치는 일을 태만하는 것도 허용되지 아니한다. 이런 제사를 지내기 위해서는 신심이 공히 절대적으로 깨끗해야 함이 요구된다. 설사 신전으로부터의 퇴출이 허용되어 일상생활로 돌아갔다 해도, 그의 덕행예절에서는 일반시민들보다 훨씬 모범적이어야 한다. 신들에게 봉사하는 제사(祭司)로서 극장이나 술집에의 출입은 일체 엄금할 것이며, 면담은 언제나 점잖고 깨끗하고, 식사는 검소하며, 교우는 명문(名聞)이 바른 사람들만으로 한정시켜야 한다. 때로는 대광장(Forum)이나 황궁을 방문하는 일이 있다 해도 그것은 다만 재판이나 은사(恩赦)에서 패배한 사람들의 변호역을 수행하기 위해서 출두할 때에 한정되어야 한다. 학문이나 연구도 모두가 신성한 성직에 걸맞는 것에 한정된다. 추잡스런 이야기물, 희극, 풍자문학 등은 일체 그의 장서에서 추방할 것이며, 독서는 모두가 역사서나 철학서적만으로 한정하되, 역사서라 해도 그것은 진실에 입각해서 쓰여진 것만이어야 하고, 철학서적도 신앙과 관계되는 것으로 한정시켜야 한다. 에피쿠로스파(Epikouros 派, 에피쿠로스는 BC 342〈41〉~271〈70〉의 그리스 철학자)나 회의파(懷疑派, Sceptics) 등의 독신적인 설교는 엄격하게 모멸적 태도로 꺼려야 하겠지만, 한편 피타고라스(Pythagoras, BC 582?~497〈96〉. 그리스의 종교가·수학자·철학자)와 플라톤(Platon/Plato, BC 427~347), 스토아파(Stoics) 등의 학설은 이와는 반대로 부지런히 학습에 힘써야 한다. 왜냐하면 이들의 학설은 한결같이 신들의 실재와, 세계는 이런 신들의 섭리에 의하여 지배되고 있으며, 신들의 선성(善性)이야말로 현세적인 모든 행복의 원천이며, 이 신들은 인간영혼을 위하여 신상필벌의 미래상까지 준비하고 있음을 가르쳐 주기 때문이다」라고 명령하고 있다. 이리하여 황제 겸 최고대신관인 율리아누스 황제는 매우 설득력 넘치는 말로써 덕행인애(德行仁愛)의 의무를 설유하는 동시에, 하급신관들에게도 남김없이 이와 같은 갖가지 덕행의 실천을 널리 요구하고 있다. 또한 그들의 생활상 빈곤에 대해서는 국고로부터의 보조금 지급을 공약했고, 다시 각 도시에는 모두 병원을 건설할 의도임을 성명하고 있다. 즉, 빈곤한 모든 사람은 태어난 나라라든가 신교와 같은 불쾌한 차별 따위를 일체 무시하고, 이런 시설에 수용하거나 이용케 해야 한다고 하였다. 율리아누스 황제도 그리스도 교회가 확립해 온 현명하고도 인도적인 제도에는 남몰래 질시하는 눈초리까지 보였는 바, 기독교회가 이런 자비와 선행의 독점적 실행에서 얻고 있는 칭찬과 이점을 오히려 자기 손아귀에 탈취하려는 의도까지 매우 솔직하게 표명한 바 있다. 이와 같은 장점을 적극적으로 본받고자 한 그의 정신은 이외에도 각종 교회제도 — 이것의 유효성 및 중요성은 이른바 교적(敎敵)들의 성과에 의하여 이미 실증된 만큼 자신도 기꺼이 이런 제도를 채용할 생각이었는지도 모른다. 설사 이와 같은 상상(想像)상의 개혁구상이 현실적으로 이루어졌다 해도, 무리하게 이루어졌을 이 불완전한 모방은 아마도 기독교의 명예를 오히려 높여주었을 뿐, 결코 이교도측을 이롭게 했을 것으로는 생각되지 않는다(율리아누스에 대한 대표적인 논적이던 나찌안주스의 그레고리우스 사교는 황제의 이런 원숭이식 모방행위를 맹렬히 비웃고 있다). 선조들의 관습을 다만 잠자코 지켜나가기만 하는 이방인(Gentiles)의 눈으로 보았을 때, 그들은 이제 이방인의 풍습이 도입된데 대하여 놀라기는 했지만 기쁨 따위는 느끼지 않았다. 사실 율리아누스 황제는 매우 짧은 그의 치세기간 중에도 여러번 자기편인 이교도들의 신들에게 바치는 열의가 부족하다는 것을 한탄하지 않으면 안되었다(율리아누스 황제의 서한 제18, 제20 등 참조).

율리아누스의 열렬한 이교신앙은 유피테르신을 신앙하는 친구들을 마치 개인적인 친구나 형제라도 되는 듯한 친애감을 가지고 대우하였다. 신앙심이 견고하다는 기독교도들의 장점을 편협한 생각에서 보아넘긴 율리아누스 황제지만, 군주의 총애보다도 차라리 신들의 총애를 선택한다는 이방인들의 알뜰한 인내력에 대해서는 경탄의 마음을 가지고 후한 보상을 주었다. 만일 그들이 그리스 종교 뿐만 아니라 그 문학까지도 닮았더라면, 이에 더하여 그의 우정까지도 획득할 수 있을 것이다. 왜냐하면 그는 무사(Musa/Muse 학예·음악을 관장하는 아홉 여신 중의 하나) 여신들까지도 자신의 수호신 속에 넣고 있었기 때문이다. 그가 신봉한 이교에서 신앙과 학문은 거의 동의어였다. 그의 황궁에는 시인·수학자·철학자들이 무리지어 참집함으로써 이들은 죽은 콘스탄티우스 2세 황제의 경신성에 아부하여 모여들었던 사교들이 추방된 그 빈자리를 메꾸었다. 즉, 율리아누스 황제는 혈족혈연 관계에서 오는 인연보다도 동신(同信)의 그것을 훨씬 더 신성한 것으로 여겼기 때문이다. 따라서 그의 총신(寵臣)들은 주로 마법이나 점복술 등 그런 신비현묘한 학문(occult sciences)에 정통한 현자들 중에서 선정되었다. 때문에 자기야말로 미래의 비밀을 밝힐 수 있는 능력의 소유자라는 소문을 퍼뜨려 놓기만 하면, 아무리 사기꾼같은 자라 해도 곧 알현이 허용되었고 또 영예와 부도 얻어질 수가 있었다(율리아누스의 신비로운 취미나 흥미에 대해서는 암미아누스-마르켈리누스의 「역사」 제22권 12장 7절에 상당히 구체적으로 기술되어 있다). 철학자로서는 막시무스(Maximus)가 황사(皇師)로서 최고의 신뢰와 우정이 주어졌는 바, 그에게만은 무조건적 신임이라고나 할까, 어쨌든 내전의 귀추도 알 수 없는 불안한 와중에 있었지만, 율리아누스는 그의 행동·사색· 나아가서는 신교정책의 구상까지도 남김없이 그에게 털어놓고 있었다(율리아누스 황제의 서한 제8 참조. 이외에도 서한 제12, 제59 등에도 막시무스에게 보낸 편지가 남아 있다). 그리고 콘스탄티노플 황궁에 입성하자마자 곧 열렬한 초청장을 그에게 보냈다. 당시 막시무스는 동문수학한 친구인 크리산티우스(Chrysanthius)와 함께 리디아(Lydia)에 있는 사르데스(Sardes)시에 살고 있었는데, 미신을 전적으로 믿지만 사려 깊은 크리산티우스 쪽은 점을 쳐본 결과, 점괘가 대흉(大凶)으로 나왔다는 이유로 콘스탄티노플에의 여행을 단념하였다. 한편 막시무스는 겁없는 광신도였던 만큼, 몇 번이고 점을 다시 친 끝에 결국은 자기와 황제의 희망을 가(可)한 것으로 윤허하는 것 같은 대답을, 말하자면 신들에게 강요한 형태로 받아냈다. 이리하여 소아시아의 여러 도시들을 거친 막시무스의 새수도로의 여행은 그대로 철학적 허영심의 승리를 과시한 것이었는데, 거쳐가는 도중의 각 지방 장관들은 이 군주의 친구를 환영한다는 명목으로 서로 앞다투어 환대했던 것이다. 이 막시무스의 도착소식을 들었을 때, 황제는 마침 원로원의원들을 앞에 놓고 일장의 연설을 하던 중이었는데, 이 연설도 곧 중단하고 서둘러 그를 맞아들였을 뿐만 아니라, 열렬한 포옹을 끝내자 그의 손을 잡고 그를 회의장 중앙에로 인도하여, 평소에 이 철학자의 가르침에서 받아온 여러가지 은혜에 대하여 새삼스럽게, 그리고 공개적으로 감사하는 말을 늘어놓았다. 이리하여 막시무스는 미구에 황제의 두터운 신임을 얻는 동시에 각의의 결의조차 좌지우지할 정도의 막강한 세력을 가지게 되었지만, 그러는 사이에 기실 그도 부지불식간에 궁정생활의 유혹에 침식되어 갔다. 복장은 날마다 화려해지고, 행동거지는 점점 더 존대해졌다. 그러나 후계황제인 요비아누스(Jovianus, Flavius<Claudius>, 331~362. 재위 363~364) 치하가 되자 그는 곧 수치스러운 사문회에 회부되는 신세가 되고 말았다. 적어도 플라톤의 제자로 자처하는 사람이 극히 짧은 기간 동안의 군주총애하에 그 얼마나 부당하기 이를 데 없는 거부가 될 수 있었는지, 그 수단에 관하여 철저히 사문받은 것이다*. 이외에도 율리아누스 황제의 특채와 또 막시무스의 영달 덕분으로 궁중에 영입된 철학자와 궤변가들이 적지 않았지만, 오랫동안 자기의 청렴성을 유지하고 또 명성을 지켜나간 사람은 거의 열 손가락으로 꼽을 정도도 못되었다. 금전·토지·저택 등이 아무리 활수하게 하사되어도 그런 것만으로는 탐욕스럽기 그지없는 그들의 욕망을 충족시키지 못했다. 백성들의 분노가 당연히 높아졌다. 종전의 그들의 극빈한 생활상과, 원래가 무사무욕(無私無欲)이어야 할 그들의 지적(知的) 직업의 성격을 절대로 잊지 않았던 까닭이다. 이와 같은 타락에 율리아누스 황제의 눈이 반드시 언제나 기만당하고 있던 것만은 아니다. 다만 상대방은 그가 그의 재능을 높이 평가하여 등용했던 사람들인 만큼, 그들의 품성까지 천시할 생각이 없었을 뿐이다. 그들의 등용을 둘러싼 자기의 경솔성과 불명성 그리고 군주로서의 신임의 변전이라는 이중의 비방만은 어떻게 해서든지 그로서는 모면하고 싶었으며, 또 이런 일로 해서 학문과 종교의 명예까지 일반민중 앞에서 실추시키는 것을 몹시 걱정했다(리바니오스 추도연설 에 이 막시무스와의 관계가 상세히 쓰여 있다).

율리아누스 황제의 은고(恩顧)는 조상 이래의 예배를 굳게 지켜온 이교도들에 대해서나, 또 빈틈없이 새 군주에게 봉사하기 위하여 이교로 재개종한 기독교도들에 대해서도 거의 공평하게 베풀어졌다. 새로 개종한 신도를 얻을 때마다 그의 지배적 심정, 즉 미신적인 신앙심과 허영의 긍지감은 크게 만족을 느꼈다. 이에 대해 그는 마치 전도자와도 같은 정열로 공언한 일도 있었다. 그는 말하기를, 만일 나의 노력으로 국민 한사람 한사람을 미다스왕(Midas, 그리스 신화에 나오는 프류기아의 왕. 디오뉴소스〈Dionysos〉로부터 손 닿는 모든 것이 황금으로 변하는 소원을 이루어 받은 데서 먹는 음식물까지 황금으로 화함에 이르러, 자기의 잘못을 깨닫고 디오뉴소스의 용서를 받아 황금화 힘에서 벗어났다는 왕) 이상가는 부자로 만들고, 모든 도시를 바빌론 이상가는 대도시로 번영케 한다 해도, 동시에 불사신들에 대한 불신의 반역을 저지른 신민들을 개종시킬 수 없다면 자기 자신을 인류의 은인 따위로 자처할 값어치가 없다고 한 것이다. 인간성 연구에 일관해 온 군주, 그리고 전 로마제국이라는 대 보물창고를 장악한 황제로서, 그는 모든 계층의 그리스

＊ 막시무스(Maximus)는 소아시아 지방 리디아의 에페수스에서 태어난 신플라톤주의자다. 틀림없이 율리아누스 청년시절의 스승이지만, 원래 위인이 권세욕이 강하고 책모하기를 즐겼는데, 율리아누스가 황제자리에 오를 것임을 일찍부터 예언한 탓으로 중용되었다. 그의 영향은 반드시 바람직한 것이라곤 말할 수 없었다. 율리아누스 황제가 죽은 뒤에도 얼마 동안은 발렌스 황제(Valens, Flavius, 328~378. 재위 364~378)의 신임도 얻고 있었지만, 최후는 오히려 발렌스 황제 암살음모에 가담했다는 용의로 370년에 체포 처형되었다. 한편 율리아누스 황제의 초청을 점괘가 좋지 않다는 이유로 거절했던 크리산티우스에 대하여 한 마디 주석을 단다면, 그도 역시 리디아 속주의 사르데스 지방 출신으로서 그 후 이 리디아 속주의 대제사로 등용되었으나, 권력을 탐내지 않는 신중한 인물이었던 탓으로, 그 뒤에 온 그리스도교 부흥이라는 반동기에 들어와서도 무사하여 평온하게 일생을 마쳤다.

도 교도들을 다시 이교도로 만들기 위하여 자기의 이론·공약·은상 등등을 교묘하게 적합시킬 수 있었다. 따라서 적당히 재개종만 잘하면 그 공으로 관리지망자로서의 실격 조건도 상쇄되거니와, 범죄인으로서의 죄과조차 말소되었다. 절대 권력기구에서 가장 강력한 조직은 항상 군대인 이상, 율리아누스 황제가 특히 중점을 둔 곳도 당연히 군인들의 재개종이었다. 확실히 진심에서 우러나오는 그들의 동심협력(同心協力)을 얻지 못하는 한, 어떠한 시책도 위험하며 또 실패로 끝날 것이 명백하기 때문이다. 그러나 원래 장병들의 성정이란 매우 단순하기 때문에 이처럼 중대한 기도였지만, 이것은 아주 간단하게 극복되었다. 먼저 갈리아의 각 군은 상승지휘관(율리아누스 황제를 가리키는 것)의 의향이 그렇다는 것만 알게 되면, 그의 운명은 물론이거니와 신앙이라는 점에서도 곧 헌신할 것을 맹세한 것이다. 따라서 이것은 아직 콘스탄티우스 2세 황제가 살아 있었을 때의 일이지만, 율리아누스는 이미 만족한 마음으로 그의 벗들에게 다음과 같이 말한 바 있다. 즉, 이들 갈리아 군단은 거듭 진중에서 행해진 바, 살찐 소 100마리라는 대공희 제사에도 열렬한 독신성(篤信性)을 보이면서 참가하였고, 그 뒤에는 이들 희생의 제물을 맹렬한 식욕을 보이면서 걸신들린 사람들처럼 먹어댔다고 하였다(율리아누스 서한 제8. 암미아누스-마르켈리누스의 「역사」 제22권 12장 등). 한편 동방의 제 군단, 즉 콘스탄티우스 황제와 그의 십자정기 밑에서 훈련받은 직속군단에 대한 설득에는 훨씬 더 많은 돈이 들었고 또 지혜를 짜낸 교묘한 방법이 필요하였다. 우선 국가적인 축제일이면 황제는 관례에 따라 군대로부터 엄숙하게 표경례(表敬禮)를 받았다. 이런 때는 황제도 임시상여금(d-onatium)을 하사하여 그들의 수고에 보상하는 것이 상례인데, 율리아누스 황제의 옥좌 주위는 로마와 그 국가를 상징하는 군기가 수풀처럼 둘러싸곤 하였다. 문제는 예의 십자가 대군기(Labrum)였는데, 어느덧 여기서는 신성한 그리스도의 이름이 지워지고 그 대신 전쟁과 제권(帝權), 나아가서는 이교신앙을 나타내는 표장이 실로 교묘하게 도입되고 있었다. 따라서 만일 표경례 대열 속에 충실한 기독교도의 신하가 군주나 그의 상(像)에 대하여 직접 경례했다면, 이것이야말로 바로 우상 예배의 죄를 범한 것이 되는 셈이었다. 여기서 장병들은 연이어 행진하면서 황제의 열병을 받게 된다. 그런데 그때마다 각자는 계급과 공훈에 따라 많은 액수의 상여금을 황제 자신의 손으로부터 직접 받게 되지만, 이에 앞서 그들은 싫든 좋든 간에 제단 앞에서 불타고 있는 불길 속에 몇 알의 향을 던져서 분향하여야만 했다. 사실 공공연하게 기독교도 임을 공언한 장병들 가운데는 이에 저항한 사람도 있었을 것이고, 또 개중에는 이런 행동을 후회한 사람도 있었겠지만, 그러나 훨씬 많은 대다수 병사들은 황금의 유혹에 눈이 어두어졌거나 또는 황제의 위용에 위협을 느낀 나머지 결국 범죄적인 재개종을 약속했던 것이다. 그런 뒤에는 의무감과 이해의식 등 여러가지 배려도 있어서 그대로 신들에 대한 예배가 강요형태로 계속되었다. 이와 같은 술책이 여러 번 반복되었고, 게다가 그만한 양의 돈이라면 스키타이(Scythia) 여러 민족의 절반 이상도 능히 용병화시킬 만큼의 막대한 돈이 소비된 결과, 장병들에게는 환상이긴 하지만, 신들의 비호라는 확신과 또 황제 자신을 위해서라면 유효하고도 확고한 로마 제 군단의 지지를 확보하게 되었다. 이와 같은 이교의 재흥과 그것의 장려는 뜻하지 않게도 수많은 위장 그리스도교도들이 존재했음을 명백히 하였다. 즉, 그들의 경우는 다만 현세적 이익이라는 동기만으로 선제인 콘스탄티우스의 신앙에 추종했었으며, 따라서 율리아누스 이후의 제 황제가 또다시 기독교 신앙을 표명하자, 아주 똑같은 융통 자재성을 발휘하여, 이번에는 더 간단하게 원래의 기독교 신앙으로 되돌아간 것이다.

열렬한 이교신앙에 귀의한 율리아누스 황제는 어떻게 하면 조상 전래의 종교를 회복하고 또 홍법(弘法)시킬 것인가에 대하여 노력하는 한편, 다시 예루살렘 신전의 재건이라는 터무니없는 계획도 생각하였다. 전국 각 속주에 널려 있는 유태민족 사회집단들에 보낸 공문서한 속에서(『유태인들에게』라는 제목의 이 서한은 어느 쪽이냐 하면 차라리 칙서라고 해야 할 성격의 것이었다. 362년 말 내지 363년 초에 안티오크시에서 발송된 것), 그는 유태인들의 불행을 가엾게 생각하는 동시에 그들에 대한 탄압자들을 격렬하게 비난하면서 그들 신앙의 견고성을 찬양했을 뿐만 아니라 자기 자신을 그들의 비호자라고 공언하면서 페르시아 전쟁에서 개선해 오는 그때에는 자기도 성도 예루살렘에서 전능의 신에게 감사의 기서(祈誓)를 바치는 것을 허가해 달라고까지 기술하고 있었다. 철학자적 황제인 그로서는 이 불운한 유망민족(流亡民族)의 맹목적인 미신이나 비굴한 노예적인 신세 따위에는 차라리 모멸감을 자아내게 할 터인데도, 다만 그들이 그리스도의 이름을 불구대천의 원수로 증오하고 있다는 사실만으로도 율리아누스 황제의 친애감을 돋굴 값어치가 있었던 것이다. 황폐화한 유태교회(Synagogue)는 자기들로부터 반역하여 떨어져 나간 기독교회의 번영을 증오하고 또 질시하였다. 물론 유태인은 자기들의 힘만으로는 맺힌 원한을 갚을 길이 전혀 없었다. 그러나 비밀리에 배교자를 살해하는 문제에서는 최고 지도자인 유태교의 율법학자(rabbi)들조차 묵인하였고(다만 콘스탄티누스 대제는 특히 법령을 제정하여, 기독교로 개종한 유태인들의 유태교도로부터의 박해에 대하여 보호하였다. 「테오도시우스 법전」 제16권 8장 1조), 또 소요로까지 발전할지도 모를 그들의 강경한 호소는 가끔 타면(惰眠)에 빠졌던 이교도 행정관들을 일깨워 주었다. 일찍이 콘스탄티누스 대제 치하에서 있었던 일이지만, 유태인들은 드디어 자기들로부터 배반하고 떠나갔던 그런 사람들의 자손들에게 예속되는 처지가 되었고, 미구에는 내정적 폭압의 고난을 경험하지 않으면 안되게 되었다. 일찍이 세베루스(Severus, 재위 193~211) 황제로부터 주어졌고 확인도 받았던 시민적 제 면죄특권도 그 뒤는 점차 그리스도교 황제들에 의하여 박탈되었고, 그 중에서도 특히 팔레스티나에 살고 있는 유태인들이 일으킨 성급한 폭동은 콘스탄티우스 황제 궁정의 사교와 환관들이 착상했던 바, 세입증대 정책을 그들이 반대한데 대하여 이것은 탄압할 참말로 절호의 구실을 주었던 것 같다(마그넨티우스〈Magnentius〉 참제로 인한 내전시기에 있었던 일. 따라서 4세기 중엽에 있었던 것 같다. 세크스투스 빅토르, 『케사르 열전』의 「콘스탄티우스 황제소전」 42절 참조). 다만 그들의 족장들만은 여전히 티베리아스시(Tiberias 市. 갈리라야해 서안에 임한 고대도시)에 거주하면서 불안정하지만 그래도 얼마간은 그의 족장권의 행사가 허용되었고, 또 부근에 있는 팔레스티나 여러 시, 읍에는 아직도 어리석은 미련을 「약속의 땅」에 품고 있는 잔류 유태인들이 많이 살고 있었다. 그러나 미구에 또다시 하드리아누스 황제(Hadrianus, 재위 117~138)의 칙령이 부활되고 여행됨에 이르러, 그들은 이미 멀리 성도(聖都)의 외벽을 바라볼 수 있는 처지로 되었을 따름이다. 그러나 그들의 눈으로 볼 때, 그것은 이미 십자가의 승리와 기독교도들의 신앙으로 더렵혀진 성벽에 지나지 않았다.

돌맹이 투성이의 불모의 땅 한가운데 위치한 예루살렘시의 외벽은 그 둘레가 약 3마일인데, 타원형 시역(市域) 안*에는 시온(Zion) 및 아크라(Acra)라고 불리우는 2개의 언덕이 있다. 남쪽에 치우친 시온산 중복에는 산 쪽에 가까운 거리와 다비데왕(David/Dawid. 이스라엘의 제2대왕. 재위 BC 1010~971. 구약성서에도 다채로운 인물로 많이 나오며, 성모 마리아와 그녀의 남편 조세프의 조상이라고 한다)의 요새가 있고, 북쪽에 치우친 곳에는 번화가의 지붕들이 넓은 아크라산 꼭대기까지 덮고 있었다. 또한 모리아(Moriah)라는 이름으로 알려진 바, 명백히 인력으로 개척된 산의 일부에는 유태민족의 당당한 신전이 건립되어 있었다. 그러나 티투스(Titus, 재위 79~81)와 하드리아누스의 로마군들에 의한 철저한 파괴(전자는 70년, 후자는 132~135년 간에 있었던 일)가 있은 후에는, 영구적인 금교(禁敎)의 증거처럼 이 성역은 완전히 농경지화 되고 말았다. 시온산도 황폐화되어 번화가 일대의 공지에는 신식민지로서 엘리아(Aelian)주민의 공공 및 사적인 건물이 세워졌고 이런 건물들의 끄트머리는 이접한 칼바리(Calvaly) 언덕(예수가 십자가에 못박힌 곳. Golgotha라고도 한다. calvary는「해골」이라는 뜻)까지 뻗쳐 있다. 성적지(聖蹟地)라는 성적지는 모두가 우상종교의 기념건조물로 더렵혀졌는데, 고의인지 또는 우연인지는 모르나 그리스도의 죽음과 그의 부활에 의하여 성별(聖別)되는 이 장소에는 베누스(Venus)여신에게 바친 예배당까지 세워져 있었다. 사실 놀랄만한 이런 사태는 그 후 약 300년을 거쳐, 우선 이 베누스 여신의 부정한 예배당이 콘스탄티누스 대제의 명령으로 파괴되었는데, 그때 토석류를 제거해 보았더니 뜻하지 않게도 성묘(聖墓)가 나타났다. 그리하여 이 신비의 땅에는 이 또한 콘스탄티누스 대제의 명령으로 장대한 교회가 세워졌다. 게다가 이것도 같은 황제의 경건한 기진으로 똑 같은 교회건설이 유태인 족장이나 예언자 및「신의 아들」의 발자취로서 성별된 모든 지점에까지 확대되었다.

인류속죄의 원점이라고도 할 수 있는 여러 기념 영조물을 친히 참배하려는 열렬한 소망은 수많은 순례자군을 예루살렘시로 모여들게 하였는데, 그들은 서방은 대서양 연안의 각지로부터, 그리고 동방은 멀리 동방제국으로부터 모여든 것이다. 이와 같은 그들의 신앙은 모후인 헬레나(Helena, 콘스탄티누스 대제의

---

* 예루살렘(Jerusalem). 기번은 아마도 4세기말, 율리아누스 황제가 신전 재건을 기획했을 무렵의 상황을 사료에 의하여 기술했겠지만, 물론 1~2세기인 티투스와 하드리아누스 두 황제의 이스라엘 정복 당시에는 철처하게 파괴된 나머지 거의 폐허와 마찬가지 모습이었음이 틀림없었을 것이다. 본문에도 있듯이 하드리아누스 황제에 이르러서는 예루살렘시의 폐허도 남기지 않고 바로 그 자리에 아엘리아 카피톨리나(아엘리아<Aelia>는 하드리아누스의 씨족명인 Aelius에서, 그리고 카피톨리나<Capitolina>는 Capitoline Hill에 있는 Jupiter신전과 관련시킨 것 같다)라고 부른 신시가지까지 창건했다고 한다. 권말에 일단 예루살렘시의 추정도를 게재하였지만, 기실 20세기 이래 거듭된 발굴에도 불구하고 여전히 밝혀지지 않는 문제들이 수없이 남겨져 있는 모양이다. 예컨대 솔로몬왕<Solomon, 구약전서 에 의하면, BC 971?~932? 생존. 다비데의 아들>의 신전위치와 제1차 성벽의 라인 정도는 대략 확실하게 알려졌지만, 제2차 성벽, 제3차 성벽에 이르면 정확한 그것의 라인이 밝혀지지 않는 점이 많은 바, 이 추정도 역시 몇 종류의 추정상상도 중 하나임을 독자는 알아 두어야 한다.

생모)의 수범에 의하여 한층 더 권위지어졌다. 여기에는 당시의 풍조였던 신앙열도 있었고, 게다가 헬레나의 경우는 개종 직후의 열렬한 신앙심도 첨가되었던 것 같다. 그리고 이런 고대의 지혜와 영광을 나타내는 잊지 못할 정경의 자취를 찾았던 현자와 영웅들은, 일제히 이 땅의 정신에서 받은 영감에 대하여 고백하였다. 더욱이 친히 성묘(聖墓)앞에 꿇어 엎드렸던 그리스도 교도들은 자기의 열렬한 신앙과 강렬한 헌신결의를 오로지 이 신령에게서 받은, 보다 직접적인 감명에 의한 것으로 여겼다. 한편 예루살렘에 살고 있는 성직자들도, 신앙열심이라고나 할까, 어쩌면 욕심에서 나온지는 모르지만, 이와 같은 기특한 순례를 커다란 덕행으로 칭찬하면서 이런 순례자를 증가시키기에 힘썼다. 그들은 절대 확실한 전승(傳承)이라고 하면서 명기하여야 할 사건 장면을 남김없이 결정지었고, 또 그리스도 수난시에 사용되었다는 기구류까지 전시해서 순례자들에게 보여주었다. 예를 들어 그리스도의 손, 그리스도의 발, 그의 옆구리를 관통했다는 못과 창, 나아가서는 머리 위에 얹혀졌던 가시나무 관, 그를 붙들어 매고 매질했던 기둥, 특히 심한 것은 그가 매달리었다는 십자가까지 전시관람에 제공되었다. 그들의 설명에 의하면 이 모든 유물은 로마군단의 정기(旌旗)에 비로소 그리스도교의 심벌을 붙이게 된 황제들의 시대가 되자, 뜻하지 않게도 땅속에서 발굴되었다는 것인데, 그렇기로서니 놀랍게도 이런 장기간에 걸친 완전 보존과 그리고 시기 적절한 이 발견을 설명하는데 필요하다고 생각된 기적담들은, 그 후에도 아무런 반론을 받지 않고 점차 전파되어 나갔다. 이른바 이「참되고 거짓 없는 진짜 십자가」(그것은 부활절의 일요일에는 일반 시민에게도 엄숙하게 공개되었다)는 그것의 보관을 예루살렘 사교에게 위임하고 있었으며, 그 사교만이 이것의 조그만 조각을 깎아내어 순례자들에게 선물함으로써 그들의 신앙심을 기묘하게 만족시킬 수 있었다. 그리고 순례자들도 이와 같은 나무 조각을 황금이나 보석박은 대에 끼워서 의기양양하여 자기 고향으로 가지고 갔던 것이다. 그런데 그렇게 해서 커다란 돈벌이가 되는 이 신규장사도, 당연히 곧 품절이 될 것이므로, 여기서 생각해 낸 편리한 구실이 이 놀랄 만한 목재에는 모종의 비밀스런 생육력이 있어서 아무리 깎아내도 본체는 원래 그대로 남아서 조금도 감모되는 일이 없다는 변명이었다. 뭐니뭐니 해도 장소가 워낙 성지인데다가 거기서는 또 부단한 신앙상의 기적이 일어나는 일도 있고 하니, 이런 일들로 해서 사람들의 신앙 뿐만 아니라 그들의 덕성

위에도 모종의 좋은 영향이 미칠 것으로 기대했던 것 같다. 그런데 사실은 바로 이런 기대와는 정반대로 나타났다. 가장 존경할 교회 사가의 한 사람까지도 공공연하게 인정하지 않을 수 없었던 사실이지만, 이 때문에 예루살렘의 거리거리는 끊임없이 장사와 일락 소동으로 가득 찼을 뿐만 아니라, 간통·절도·우상배례·독살·살인 등등 온갖 악덕이 이곳 성도 주민들에게 물들게 된 것이다. 예루살렘 교회의 부와 그 우위성은 곧 정통파와 아리우스파 두 사교 지망자들의 야심을 복돋게 하였다. 그리고 사후에 성자의 반열에 올려진 키릴루스(Cyrilus/Cyril)의 고덕(高德) 등도 그가 총대사교의 높은 직위를 획득했다는 그 자체보다도 오히려 그 후에 그가 실천한 조치 속에서 훌륭하게 발휘된 것이다.

어리석다고나 할까, 율리아누스 황제의 야심은 고대 예루살렘 신전의 영광을 그대로 회복시키려는 데 있었던 것 같다. 모세 율법에 대해서는 이미 영구적·전면적인 금제로 발령된 것으로 그리스도 교도들은 믿고 있었으므로, 이 철학자 황제로서는 아마도 이 계획의 결과를 가지고 그들이 품고 있는 예언신앙과 계시가 의미하는 진실성을 부정하는 절호의 반박논거로 삼고 싶었던 모양이다. 유태교회에서 행하는 영적예배에 대해서는 황제도 깊은 불쾌감을 품고 있었지만, 한편 고대 이집트의 제식(祭式)과 의례(儀禮) 등은 반드시 기피하지 않았고, 또 그것의 대부분을 적극적으로 채용하고 있던 모세율법의 체제 그 자체에는 차라리 호의적이었다. 유태인들만의 신은 비록 지방신 또는 민족신에 불과했지만, 아직도 진심으로 이것을 숭배하는 다신교 신도들이 현실적으로 있었으므로, 황제로서는 다만 신들의 수를 늘리고 싶었을 따름이었다. 이에 더하여 피의 희생을 구하기에 몹시 서둘렀던 율리아누스 황제로서는, 일찍이 예루살렘 신전 헌당제를 올리는 날에 무려 2만 2천마리의 황소와 12만마리의 양을 희생의 제물로 바쳤다고 일컬어지는 솔로몬왕의 신앙심을 상기하고(「구약전서」「열왕기상」 8장 62~63절), 여기서 자연스럽게 경쟁심이 부추겨진 모양이었다. 틀림없이 이와 같은 고려가 황제의 계획시행을 촉구했겠지만, 원래 선천적으로 성급한 율리아누스 황제인 만큼 즉각적으로 이 계획을 실행에 옮기는 것의 중요 이점을 생각하자, 그는 장차 멀리 떨어진 페르시아에서의 불확실한 전쟁의 결과 따위를 도저히 기다릴 수 없었다. 여기서 그는 곧 지세와 지형이 좋은 고지인 모리아(Moriah)와 바로 이웃한 칼바리(Calvary) 언덕 위에 얼마 전에 높이 세워진 부활 교회의 장려한 건물보다 훨씬 능가할 만큼 아름답고 웅대한 신전을 짓고,

또 대제사단을 창설하기로 마음을 굳힌 것이다. 그는 생각하기를 이렇게 하면 아마 그들도 자기의 이해관계를 고려하여 교적(敎敵)인 기독교도들의 책모를 재빨리 간파할 것이며, 또 그들의 야망에 항거하는 점에서 열의를 나타낼 것이다. 게다가 유태인 식민자들을 유치하면 그들의 엄격한 광신적인 신앙은 끊임없이 이교적 통치를 행함으로써 기독교를 적대시하는 자기의 정책을 지지할 것이며, 심지어 그것을 촉구까지 할 것이 틀림없다고 생각한 것이다. 사실 황제의 친구들(만일 황제라는 칭호와 벗이라는 호칭이 양립할 수 있다면) 중에서도, 맨 처음에 중용한 것은 고덕의 석학 알리피우스(Alypius)였다. 알리피우스라는 인물은 인덕(仁德)을 두루 갖춘 사람일 뿐만 아니라 매우 엄격한 정의감과 의연한 용기를 가진 인사였다. 예컨대 앞서 브리타니아 속주의 민정을 위탁받았을 때는 소신껏 자기의 재능을 발휘했는가 하면, 한편 삽포(Sappho, BC 612경에 출생한 그리스의 여류시인) 풍의 서정가(ode)와 몇 편의 유미(柔媚)한 가락까지 멋지게 흉내낸 일도 있다(사실 그에게는 음악에 관한 저술도 있는 바, 이것은 지금도 고대 그리스 음악의 악전지식〈樂典知識〉을 얻는데 귀중한 자료로 되어 있다). 이 중신에 대해서만은 황제도 그의 가장 중요한 국무로부터 아주 엉뚱한 일상적인 조그마한 문제까지 남김없이 또 숨김없이 터놓고 상의했는데, 바로 이 알리피우스에게 예루살렘 신전의 재건, 그것도 원형 그대로의 미관을 재현시키려는 대역사를 위탁한 것이다. 알리피우스가 보여준 첫번째 정려성(精勵性)은 가장 필요한 팔레스티나 총독의 열렬한 지지를 얻어내는데 성공한 것으로 나타났다. 유태인들은 위대한 구제자인 황제의 호소에 호응하여 제국의 전 속주에서 자기 조부들의 성산(聖山)으로 계속 모여들었다. 그러나 이 승리에 교만해진 그들의 모습은 예루살렘에 살고 있는 그리스도 교도들에게는 일대 위협인 동시에 그들을 몹시 화나게 한 결과가 되었다. 원래 신전의 재건은 모든 시대를 통하여 이스라엘 민족의 열렬한 소망이었다. 이제 이에 대한 절호의 기회가 주어지자, 남자들은 그의 욕심을 잊어 버렸고, 여자들 또한 그녀의 숙부드러움성 따위도 잊고 노역에 참가하였다. 부자들은 허세였는지는 모르나 은제 괭이와 곡괭이를 공출하였고, 흙무덤을 자기들의 보랏빛 비단으로 지은 거죽옷으로 운반하기도 했다. 돈주머니란 돈주머니는 모두 열어서 아낌없이 헌금했고, 인부들은 자진하여 이번 신전건설 노역에 봉사할 것을 지원하였다. 이와 같이 위대한 이 황제에 의한 명령은 전 유태민족으로부터의 열광적인 협력으로 추진되었다.

그럼에도 불구하고 이번의 경우, 권력과 열광적인 신앙에 의한 협력사업도 결국은 실패로 끝났다. 지금은 그 자리가 회교대사원(Mahometan mosque, 이것은 제2대 칼리프인 우마르〈Umar ibnu'l-Khauab 644 사망〉에 의하여 건설되었다. 유태교회 전 건평면적을 커버하는 장대한 사원으로서 면적 700Toises, 주위가 1로마 마일〈1620 야드〉이나 된다고 한다)으로 되었지만, 이것이 세워질 때까지 원래의 유태교 신전자리는 여전히 폐허황량의 교훈을 보여주는 경관 그대로 남겨져 있었다. 돌격적으로 맹렬히 공사를 추진시켰음에도 불구하고, 어째서 이것이 좌절로 끝났는지에 대해서는 먼저 황제 자신의 부재와 그의 죽음, 나아가서는 후계자가 된 그리스도교 황제에 의한 새로운 정책이 이유였을 것이다. 어쨌든 율리아누스 황제가 이 세상에 살아 있던 기간이란 이 난공사가 착공된 이후 6개월 뿐이었다. 한편 기독교도들 측에서는 당연히 모종의 기대감을 가졌을 것이다. 즉, 이런 중대한 종교간의 항쟁에서 자기들의 신앙면목은 반드시 모종의 현저한 기적에 의하여 입증될 것이 틀림없을 것이라는 생각이었다. 사실 당시의 뚜렷한 증언들은 얼마간 상이한 점은 있지만, 어쨌든 이 새 신전의 기초를 단번에 뒤집어 엎은 것은 지진이며, 선풍이고, 또 분화였다는 것을 명확히 말해주고 있다. 예컨대 밀라노의 사교 암브로시우스(Ambrosius, 333?~397. 교회박사·성인)도 그런 사람 중의 하나인데, 그는 테오도시우스 대제(Theodosius I, 재위 379~395)에게 보낸 서한 － 그것은 아마 유태인의 분노를 살 것이 틀림없는 내용이었지만 － 에서 이런 사회적 이변에 대하여 언급하였고, 또 저 웅변가인 크리소스토무스(Chrysostomus)도 그런 사람의 하나인데, 그의 경우는 안티오크시 교회의 장로급 신도들에게 호소한 것이었다. 또한 나찌안주스의 사교 그레고리우스도 그런 사람 중의 한 사람이다. 그의 경우는 그 사건이 일어난 바로 그 해안에 이미 이 기적담을 공간(公刊) 형태로 발표하고 있다. 그는 특히 대담하게 말하기를, 이 초자연적 이상(異象)에 관한 한 불신 이교도들 중 어느 누구도 이론(異論)을 제기한 사람이 없었다고 명확히 기술하고 있다. 더욱이 얼마간 기이하다고 생각될는지 모르지만, 이 증언에 대해서는 암미아누스-마르켈리누스조차 확고하게 뒷받침하고 있다. 철학자이며 무인이기도 한 이 역사가는 솔직 공정하게 저술한 당대사(그의 대저 역사〈Rerum Gestarum Libri〉를 말한 것. 다음의 인용구는 동서 제23권 1장 3절에 있는 것이다)에서, 예루살렘 신전의 재건을 저지시킨 그 이상현상에 대하여 다음과 같이 쓰고 있다. 「속주총독의 지원을 받아 알리피우스가 전심전력 공사완수를 독려하고 있는 사이에, 갑자기 가공할 불덩어리가 주춧돌 부근에서 솟아올랐는데, 더욱이 그것이 여러번 계속되었으므로, 토목공들이 화상을 입거나 날아가 버릴 정도였다. 그러므로 사람들이 현장에 접근할 수조차 없었던 일이 여러번 있었다. 천지자연까지도 이처럼 집요하게, 마치 의지가 있는 사람처럼 그들을 내내 거부했기 때문에 이 공사는 끝내 포기되고 말았다.」이와 같은 권위 있는 발언은, 신앙심이 두터운 사람들을 당연히 납득시켰고, 또 믿지 않는 사람들도 놀라게 했음이 틀림없지만, 좀 아쉬운 것은 적어도 철학자로 자처하는 사람이라면, 당연히 좀더 공평하고도 지적(知的)인 목격자들의 증언을 직접 취했어야 할 것이라는 점이다. 왜냐하면, 이와 같은 중대한 위기에 처하여 무엇인가 조금이라도 이상한 자연현상이 일어나면, 그것이 마치 진실된 이상(異象)이나 되는 것처럼 직선적으로 생각하기 쉽고, 또 이에 따른 효과까지 초래시키는 것이 상례이기 때문이다. 현실적으로 이처럼 영광이라고도 할 수 있는 유적 보존으로 결과된 연속적인 이상현상은 예루살렘 성직자단에 의한 즉각적이고도 교묘한 전도방법과 또 기독교도들의 왕성한 경신성으로 분식되고 과장된 바 있다. 이리하여 그로부터 불과 20년 뒤의 일이지만, 한 로마인 사학자가 신학논쟁 따위에는 일체 무관심함에도 불구하고, 자기의 저술 가운데서 이번의 이상(異象)을 마치 기적인 양 그럴듯하게 묘사한 것이다(이 로마인 사가가 누구인지는 알려지지 않았지만, 생각컨대 위에 인용한 저자인 암미아누스-마르켈리누스가 아닌가 한다. 문제의 이상현상을 언급한 그의 『역사』 제23권이 쓰여진 것은 대략 380년대 말기라는 것이 확실하므로, 이것은 「20년 후」라고 표현한 본문의 서술과도 일치되기 때문이다. 거기에는 「천지자연까지도 집요하게 이 공사를 저해하였다」라고 쓰여 있다).

유태교 신전의 재건계획은 기실 암암리에 기독교회를 황폐케 하려는 문제와도 밀접히 관련되어 있었다. 율리아누스 황제의 신교관용정책이 과연 그의 정의감에서 나온 것인지 또는 인자한 마음에서 출발한 것인지 이 점은 명백하지가 않지만, 어쨌든 종교예배의 자유라는 그의 방침에는 시종일관 변함이 없었다. 즉, 생애의 가장 중요한 일이라고도 할 수 있는 문제에 대하여 일대 과오를 범하고 있던 불행한 기독교도들에게 그는 마치 가엾게 생각하는 태도를 지어 보였지만, 이윽고 그런 연민의 정은 멸시로 바뀌었고 그 멸시는 뒤이어 증오심으로 더욱 심각화되었다. 이와 같은 그의 견해가 말로 표현되어 발설되면 그때마다 아무래도 심각한 치명상을 입히지 않고는 무사해지지 않는, 맹렬한 풍자적 기지(機智) 형태를 취하여 확산되기 마련이다. 황제는 기독교도들이 자기들의 「구세주(Redeemer)」인 예수의 이름을 찬미하고 자랑한다는 것은 잘 알고 있었다. 그렇기 때문에 그는 그들을 일괄하여 일부러 「갈리레아인(Galilaean))」이라는 멸칭(蔑稱)으로 불렀고 또 이것의 사용을 강제하는 법령까지 발포한 것 같다. 어쨌든 그는 이렇게 공언하였다-갈리레아인들의 어리석은 행동으로(사실 그는 이들을 광신도 집단으로 부르면서 사람들로부터는 업신여기고, 신들의 눈으로는 차마 눈뜨고 보지 못할 더러운 물건이라고 생각하고 있었다), 이제 제국은 멸망 직전의 빈사상태에 놓여 있다 고. 또한 한 칙서에 의하면, 미친 정신병 환자는 때로는 폭력에 의하여 오히려 치유되는 경우가 있음을 암시하기도 하였다. 율리아누스 황제의 심의(心意)나 의도에는 기독교에 대하여 명백히 편협된 차별의식이 존재하고 있었다. 즉, 종교의식의 차이에 따라서, 그의 신하라 해도 어떤 일부 사람들이야말로 군주의 총애와 친애로운 대우를 받을 값어치가 있을지 모르지만, 그 나머지 부분의 신하들에게는 그들이 온순하게 순종하는 한에서는 황제의 정의감에서 거부하지 못할 범위내의 공공적 이익은 그렇다 치고, 그 이상의 요구 권리는 일체 없다고 생각한 것이다. 또한 그는 악의와 탄압정신이 가득찬 방침에 따라, 종래에는 콘스탄티누스 대제와 그의 후계자가 자기들의 신앙에 입각하여 기독교회에 주고 있던 국고로부터의 풍부한 하사금 제도의 운영을, 이번에는 황제와 신앙을 같이 하는 이교도 신관들의 손에 이관시켜 버렸다. 뿐만 아니라 대단한 고생과 노력 끝에 겨우 제정을 보았던 기독교 성직자들에 대한 영예권과 각종 면제특권도 그 모두를 단번에 폐지했고, 또 콘스탄티누스 대제의 유언서에 지정되었던 하사금에 대한 희망도 엄격한 법령규정을 만듦으로써 중단시키고 말았다. 이제 기독교 성직자들은 가장 비천한 하층 빈궁민들과 다를 바 없는 모습으로 전락되었다. 이런 규정들이 이 때는 성직자들의 야망과 욕심을 억제시키는데 틀림없이 필요하다고 보였겠지만, 그 뒤에는 정통파 그리스도교 황제들까지 현명하게도 이 제도를 그대로 본받게 되었다. 원래 정책적 고려에서 부여되었고, 또 미신적인 신앙결과가 오히려 남발형태에서 인정되었던 성직자단에 대한 특별대우였던 만큼, 이것은 당연히 국가적 종교에 봉사하는 사제들에게 한정시켜야 한다는 것이었다. 대저 입법자의 의지에는 편견과 감정이 섞이게 마련인데, 이번의 경우도 배후에 있던 율리아누스 황제의 의도는 명백히 기독교도들을 세상사람들 앞에서 과연 훌륭한 인간으로 보이게 하는 일체의 현세적인 명예와 특권류를 남김없이 그들로부터 박탈하려는 것이 목적이었다(이 법령에 관한 것은 율리아누스 자신의 서한에도 보이거니와, 나찌안주스의 그레고리우스 사교의 연설 그리고 소조메노스〈Sozomenos /Sozomenus, Salamanes Hermeias, 376이후-447? 그리스의 초대교회사가〉의 『교회사』에도 언급되어 있다).

기독교도들에 대한 문법과 수사학의 교수까지 일체 엄금했다는 법률에 대해서는 당연한 이야기지만 격렬한 비난이 가해졌다(암미아누스-마르켈리누스, 『역사』 제22권 10장). 편견에 가득찬 이 탄압조치에 대하여, 율리아누스 황제 자신이 이의 정당성을 주장한 이유들은 그의 재세 중에는 노예들을 침묵시켰고 또 아첨분자들의 칭찬을 받을 수 있었는지는 모르지만, 그것은 그리스인들의 언어와 종교에도 공평하게 적용되어서 마땅한 일부 용어의 애매성을 부당하게 남용한 것이라고 볼 수 있다. 예를 들어 맹종적인 신앙의 공적만을 올리려는 그런 사람에게는 학문의 우위성을 요구하거나 그것을 향수할 자격이 털끝만큼도 없다고 그는 경멸의 정을 담아서 말하였고, 또 호메로스(호머)나 데모스테네스(Demosthenes, BC 384~322. 그리스의 웅변가·정치가)가 열거한 신들에의 예배를 거부한다면, 이런 인물은 마땅히 갈리레아인들의 교회에서 「마태복음」이나 「누가복음」을 풀어 나가는 것으로 만족해야 할 것이라고 득의 만면으로 주장하였다. 로마제국내 모든 도시에서 청소년에 대한 교육은 모두가 문법과 수사학 교사들에게 일임되었는데, 이런 교사들은 행정장관들에 의하여 선정되며, 국가로부터 급여를 받고, 또 갖가지 영예로운(동시에 돈이 되지만) 제 특권이 허용되었다. 율리아누스 황제의 이 칙령에 의하면, 의사와 기타 모든 학술문예 (liberal arts) 분야를 직업으로 하는 학자들도 이 안에 포함되어 있던 모양인데, 이런 교사지망자들의 채용여부에 관한 결정권을 장악하고 있던 황제는 석학이라는 이름에 해당하는 기독교도 학자들의 종교적 지도까지도, 혹은 더럽히거나 처벌할 수 있는 권능을 이 법에 의하여 공공연하게 허용받고 있었다. 이리하여 경골의 교사들은 연이어 사표를 내던지고 물러남으로써 이교도 출신 수사학자들이 교육계를 독점하게 되었는데, 황제는 곧 다음 세대를 짊어지고 나갈 청소년들을 모조리 국가재정으로 운영되는 여러 무료학교에 수용하였다. 그는 이들의 거의 전부가 아직 철없는 소년들 뿐이므로, 이들이라면 의심할 바 없이 우상숭배의 이교문헌도 손쉽게 받아들일 것으로 확신한 까닭이다. 여기서 만일 기독교를 믿는 청소년들의 대다수가, 그들 자신의 양심의 가책이라든가 양친의 권고에 의하여 이런 위험한 교육법에서 뒷걸음질치는 일이라도 있으면, 그것은 동시에 교양교육의 혜택일체를 포기하지 않으면 안되는 행위로 되었다. 이런 일이 수년간 계속되기라도 했다면, 교회는 아마도 또다시 원시적인 무지상태로 되돌아가게 됨으로써, 지금이야말로 당대의 학문과 변론술에 상당한 역할을 수행하고 있는 신학자들도, 미구에는 무지몽매한 광신도들에게 모든 것을 계승해야 할 운명에 처해질 것이 틀림없었다. 그렇게 되면, 이미 자기 교의의 진리성을 옹호하거나 다신교가 가진 여러가지 결함을 지적할 수 있는 사람이 없어질 것이라고 율리아누스 황제가 기대한 것도 생각해 보면 당연하였다.

기독교도들로부터는 부와 지식 그리고 권력 등의 우위성을 남김없이 박탈하려는 것이 명백히 율리아누스 황제의 희망이요 계획이었다. 그러나 그들을 모든 신임직(信任職)과 이권직(利權職)에서 배제하려는 이런 부당한 조치는 직접적으로 실정법에 의거한 결과라기 보다도 황제 개인의 전반적인 방침에 입각한 결과였던 것 같다. 그리스도 교도 중에서도 특히 뛰어난 인재는 특별한 예외로 우대받는 케이스도 있었지만, 대부분은 정부와 군대 그리고 속주의 관직에서 점차 배제되어 갔다. 그리고 장차 이러한 분야에서 활동하려는 지망자들도 황제 자신의 공공연한 편파적인 조치, 즉 기독교도는 정의를 위해서나, 전쟁을 위해서도 절대로 검을 사용하는 일은 불법이며, 그런 의미에서 군대막사와 법정은 모두 우상숭배를 나타내는 표장류로 장식함으로써 그런 곳을 굳게 지킨다는, 이른바 적대의식에 가득찬 의지표시로, 그들로 하여금 자기의 희망을 완전히 포기하지 않을 수 없게 하였다. 정부의 모든 권한은 이교도 손아귀에 위임된 바, 그들은 물론 조상들의 종교에 대한 열렬한 신앙을 표명하였다. 더욱이 황제에 의한 인재간발(人材簡拔)은 흔히 점괘의 결과로 이루어졌기 때문에, 신들의 가납이라는 이유만으로 선발되는 총신들이 반드시 세상 사람들의 지지를 받는다고는 말할 수 없었다. 이리하여 기독교도들은 말하자면 교적(敎敵)들의 시정(施政)하에 놓여진 셈이다. 따라서 그들의 고난은 대단하였고 불안감은 이보다 더 컸다. 물론 율리아누스 황제 자신의 성격은 결코 잔인한 것을 좋아하지 않았고, 게다가 전 세계의 주시하에 여론이라는 것도 고려했던 만큼, 철학자 황제로서 극히 최근까지만 해도 자기 자신이 확약했던 정의와 관용의 법까지 파기하는 그런 일만은 자제하고 결코 시행하지 않았다. 그러나 한단계

넘어가서 황제권한을 대행하는 속주의 관료배에 이르면, 이들은 거의 눈에 띄지 않는 존재였다. 그런 만큼 그들은 독단전결의 권한을 자유롭게 행사함으로써 주권자의 명령을 시행한다기 보다도 그 의향에 영합하는 일에 앞장섰다. 기독교도에게 순교의 영예를 주는 일만은 엄금되어 있었지만, 그 대신 그들에 대한 은밀한 전단적인 포학행위는 적극적으로 행하였다. 황제의 명의로 행해진 이런 비인도적 행위에 대해서는 황제도 알고 있었지만 가능한 한 모르는 체 했다. 그러나 여론이 좋지 않았으므로 이런 관리들의 행위에 대하여 율리아누스 황제도 자기의 본래 취지를 밝히지 않을 수 없었다. 여기서 황제는 표면상으로 그들을 처벌했지만, 그것은 가벼운 견책을 부과하는 정도였고, 한편 이면적으로는 오히려 많은 은상을 내려서 은근히 격려했던 것이다.

그들이 가장 유효한 탄압수단으로 사용한 것은 선제인 콘스탄티우스 시대에 파괴했던 신전들에 대하여 이른바 만전의 보상을 기독교도들에게 의무화시킨 법령이다. 한때는 승리를 구가하던 교회인 만큼, 설마 그의 신앙이 국가권력에 의하여 제재를 받으리라고는 절대로 생각하지 않았다. 따라서 일종의 면죄의식에서 안심하고 있던 사교들은 여러번 신도무리의 선두에 나서서 이른바 암흑세계를 지배하는 왕의 아성인 이교신전을 차례차례로 습격하여 그것들을 파괴해 버렸던 것이다. 이로 말미암아 신전이 소유하고 있던 성역은 모두 황제와 성직자들의 세습재산에 편입되어 있었는데, 그랬던 만큼 이런 신전령(神殿領)은 뚜렷이 알려져 있었으므로 그런 것은 회복도 매우 용이하였다. 다만 문제점은 이들 신전령이나 신전자리에 가끔 기독교도들이 그들 자신의 교회 등을 세웠다는 점이다. 따라서 신전을 재건하려면 먼저 이런 교회건물의 철거가 필요했는데, 이때 이교도측이 황제의 정확한 재단과 신앙을 찬양한 반면에 기독교도측은 일제히 그의 신성모독적인 폭거를 외치면서 저주의 목소리를 높인 것이다. 그런 이유로 해서 교회 등이 철거된 뒷자리는 정지는 되었지만, 완전히 파괴되고 말았던 장대한 신전과 기독교 취향으로 전용된 값비싼 장식류 등의 복원문제에 이르면 그것은 당연히 막대한 보상액이 소요되었다. 더욱이 이것을 파괴했던 기독교도들에게는 그렇게 많은 액수의 배상요구에 대하여 지불능력도 없었거니와 또 지불의사도 없었다. 만일 이것이 공정하고 현명한 입법자라면 상호 대립하는 배상청구와 고충신청과의 중간에 나서서 당연히 공평 온당한 조정안을 제시하는, 자기의 지혜를 과시해 보이는 입장에 섰겠지만, 이와는 반대로 성급하게 내린 황제의 연이은 칙령은 전 로마제국, 그 중에서도 특히 동방의 여러 속주를 일대혼란에 빠뜨리고 말았다. 이교도 행정관들도 광신과 복수심에 불탄 나머지 지불능력이 없는 채무자에 대해서는 부족한 재산 대신에 육체로서 상환시킨다는 엄혹하기 그지없는 로마법의 특권을 남용하기 시작하였다. 당시는 아직 콘스탄티우스 2세 황제의 재세시대였지만, 아레투사(Arethusa, 고대 시리아에 있던 소읍. 마케도니아에도 같은 이름의 시가 있었지만 그것과는 별도)의 사교에 마르코스(Markos)라는 사람이 있었다. 그는 교구내 민중의 개종을 종용함에 있어 설득이상으로 유효한 수단으로서 직접적인 폭력을 사용하였다. 그런데 세상이 바뀌자 이교도 행정관들은 일찍이 비관용적이던 그의 광신이 파괴해버린 신전의 부흥비로서 그 전액을 그에게 요구한 것이다. 그러나 그의 반곤상을 잘 알고 있으므로 감히 금전적인 상환은 받지 못하고 하다못해 가벼운 보상으로서 그의 불굴의 정신만이라도 굴복시키려고 생각하였다. 즉, 이 노사교를 체포하여 얼마간의 태형(笞刑)을 가했을 뿐만 아니라 그의 수염을 뽑아 버렸다. 그리고 다시 발가벗긴 다음 전신에 벌꿀을 바르고 그물에 싸서 하늘 높이 매달아 시리아의 뜨거운 햇빛 아래 꿀벌들이 쏘는 대로 방치했던 것이다. 그러나 그는 이처럼 공중 높이 매달려 있으면서도 여전히 자기가 저지른 죄를 자랑하였고, 박해자들의 무력한 분노를 오히려 비웃었다. 결국 그는 그들의 손에서 해방됨으로써 자기 신앙의 승리를 만끽했다고 한다. 신심 두터운 이 증성자(證聖者)의 용기에 대해서는 아리우스파 사람들까지 크게 찬양하였고, 가톨릭파 역시 그를 동지로서 열렬히 추거하였다. 한편 이교도들도 과연 수치감과 후회심을 느꼈던지 그 후는 두번 다시 이런 무익한 잔인행위로 나가는 일만은 그만두었다. 율리아누스 황제도 그의 생명만은 구해주었다. 그러나 만일 유아 때의 율리아누스의 생명을 구해준 사람이 바로 이 아레투사의 사교였다고 한다면(이것의 사실 여부는 알려지지 않았다. 기번의 원주에 의하면 그레고리우스의 연설 중 하나에서 이 말이 나온다고 하였다), 이번의 이 조명(助命) 사태를 후세인의 눈으로 보면, 이것은 황제의 인자성을 찬양하기는 커녕, 오히려 그의 배은망덕성을 책하는 일인지도 모른다.

안티오크시에서 5마일 정도 떨어진 교외에 일찍이 마케도니아계 시리아왕들이 아폴론신을 위하여 바쳤다는, 이교 세계에서도 보기 드문 아주 우아한 성역의 하나가 있었다. 빛의 신에게 바쳐진 장려한 신전은 하늘 높이 솟아 있었고,

그곳의 넓은 본전(本殿)은 황금과 보석으로 장식되었으며, 그리스인 명공들의 절묘한 솜씨로 조각된 아폴론신의 거대한 조각상이 거의 전 공간을 압도하듯이 세워져 있었다. 이 아폴론상은 약간 앞으로 구부린 자세였고, 한쪽 손에는 황금의 잔을 들었는데 여기에 담긴 신주(神酒)를 이제 막 대지에 붓고 있는 모습으로 만들어져 있었다. 그리고 이것은 아폴론신이 노모신(老母神)인 대지를 향하여 저 쌀쌀맞게 구는 아름다운 소녀 다프네(Daphne, 님프〈nymph, 妖精〉의 하나)가 자기의 양팔에 안겨주도록 마치 간절히 바라고 있는 그런 모습이기도 하다. 원래 이 장소는 신화의 전승에 따라 성지로 간주되었는데, 사랑에 관한 이 이야기는 시리아 시인들의 공상이 저 멀리 떨어져 있는 페네우스(Peneus)강 기슭(그리스에는 이런 이름의 강이 2개 있는데, 이것은 에게해로 흘러드는 텟사리아의 강이다. 강 이름은 강의 신인 페네이오스〈Peneios〉에서 취하였다. 이 강의 딸 중 하나가 다프네라고 한다)에서 이 오론테스(Orontes)강 기슭(안티오크시를 흐르는 강. 이 신화전설은 그리스로부터 멀리 떨어진 이곳 시리아까지 전해졌다는 이야기가 된다)에 전해진 것이다. 말하자면, 이곳 안티오크시의 식민지 왕실이 그리스의 옛 제식(祭式)을 그대로 모방했다는 이야기이다. 즉 그의 진실성, 또는 그 명성에서 저 델포이 신탁(Delphic oracle, 이곳 아폴론 신전에서 받는 신탁)과도 맞먹는 예언의 흐름이 카스탈리아(Castalia)의 그것(델포이에 가까운 파르나소스산 기슭에서 솟아나는 샘. 카스탈리아는 원래 요정의 이름이다. 이것이 샘의 이름으로 된 것이다)과도 닮은 다프네의 샘에서 이 지방에까지 이르고 있었다. 이 부근의 벌판에는 안티오크시가 가진 특권으로 건설된 대경기장이 있었다. 그 특권이란 엘리스시(Elis 市, 펠로폰네소스 반도 서부에 같은 이름의 지방에 있던 시. 그 남쪽 올림피아에 위치한 제우스 신묘제에 거행되던 이른바 올림픽 경기를 그것의 창시〈기원전 8세기〉이래 주관해 온 것은 바로 이 엘리스시였다)로부터 돈을 주고 산 것인데(즉 경기개최권을 돈으로 구입한 것. AD 44년의 일), 이로써 시의 경비로 올림픽 경기가 개최되었을 뿐만 아니라 매년 영국화폐로 3만 파운드라는 큰 돈이 시민들의 오락을 위해 투하되고 있었다. 1년 중 내내 순례자와 관광객의 발길이 끊기는 일이 없었는데, 언젠지도 모르게 이 신전 가까이에는 다프네라고 불리우는 인구도 적지 않은 당당한 마을이 새로 형성되었다. 이곳은 비록 공식명칭이 속주시(屬州市)는 아니었지만, 그 장려성(壯麗性)에서는 능히 시격(市格)이었다. 신전과 마을은 월계수와 측백나무의 울창한 숲으로 덮여 있었는데, 그 주위가 10마일이나 되었고, 아무리 삼복 더위의 찌는 듯한 여름에도 서늘한 냉기를 느낄 정도의 짙은 그늘을 드리워 주었다. 이 주변의 모든 언덕에서는 몇백을 헤아리는 맑은 샘물이 솟아나왔는데, 이 때문에 대지에는 사시사철 푸르름이 끊기지 않았고, 대기온도도 항상 일정하였다. 귀에는 상쾌한 음향이 들려오고, 코는 향기로운 냄새를 맡게 되는 정말 평화로운 이 숲은 건강과 환희 그리고 일락과 사랑에 봉사하고 있었다. 건강하고 원기왕성한 젊은이들이 아폴론처럼 자기들의 욕망의 대상을 뒤쫓아 다니면, 수줍음 많은 처녀들도 다프네의 비운(쿠피도〈Cupido〉의 황금의 화살을 맞은 아폴론이 다프네를 사랑하게 되었지만, 한편 다프네는 쿠피도의 납화살을 맞았기 때문에 아폴론의 구애를 싫어하게 되어 도망쳐 다니던 중 제우스신에 의하여 월계수로 만들어졌다는 것. 쿠피도의 황금 화살을 맞은 사람은 열렬한 사랑을 느끼고, 납화살을 맞은 사람은 사랑을 혐오하게 된다는 전설이다)을 생각하여 어설피 나이를 잊은 함수(含羞)의 어리석음을 반복하는 일이 없었다(이것은 아주 손쉽게 남자에게 이끌렸다는 뜻. 위의 할주에서도 말했거니와, 다프네가 어설피 아폴론신의 구애를 거절했기 때문에 월계수로 만들어진 전철을 밟지 않기 위하여 처녀들은 남자들의 구애를 곧 받아들였다는 뜻). 다만 군인과 철학자들만은 이 낙원에서의 관능적인 유혹을 현명하게도 피하였다. 여기서는 종교형태를 취한 쾌락이 부지불식간에 남성적인 기백을 좀먹어 갔기 때문이다. 그럼에도 불구하고 다프네의 이 숲은 그 후에도 장기간에 걸쳐 시리아인과 나그네들에 의하여 깊은 존숭을 받았고, 역대 황제들의 극진한 비호도 있고 해서, 성역의 특권은 점점 더 확대되었고, 시대의 흐름과 더불어 신전의 장려성에는 다시 새로운 장식류가 첨가되어 갔다.

마침 연례대제를 지내는 날이었다. 율리아누스 황제가 아폴론신을 예배하기 위하여 이 신전을 찾아왔다. 그때 그의 신앙심은 바야흐로 그 정점에 있었는데, 학수고대하던 초조한 마음으로 달려왔던 것이다. 왕성한 그의 상상력이 그렸던 광경은, 눈을 사로잡을 정도의 장관을 이룬 공희(供犧)와 헌주(獻酒) 그리고 훈향 등의 성대한 제사상이요, 또 무구(無垢)의 상징인 하얀 옷을 입은 소년소녀들의 길다란 행렬, 무수히 운집한 참배인의 소란스러운 모습 등등이었다. 그러나 기독교 황제에 의한 지배체제가 확립된 이래 안티오크시의 이교신앙열의는 완전히 변화되어 있었다. 부유한 시민층으로부터 시의 수호신에게 바치도록 되어 있던 살찐 소 100두의 공희라는 관례는 없어졌는지, 100두는 커녕, 율리아누스 황제가 제단 위에 올려진 제물을 본 것은, 황폐한 신전경내의 부속건물에서 살고 있는 단 한사람이 자기 호주머니의 돈을 털어서 샀다는 거위가 단 한마리 올려진 것 뿐이었다. 제단은 오랫동안 황폐화한 그대로 방치되었고, 신탁은 전혀 들을 수 없으며, 성역 또한 기독교식 장례식의 도입으로 완전히 더렵혀져 있는 실정을 보고 그는 한탄하였다. 데키우스 황제(Decius, 재위 249~251)에 의한 기독교도 박해 당시에 옥사한 안티오크시의 사교 바빌라스(Babylas)의 유해가 매장된지 1세기 가까이나 지난 뒤의 이야기지만, 그 유해가 갈루스 부황제의 명령으로 새삼스럽게 이곳 다프네 숲, 그것도 숲 한복판에 이장되어 있었다(이장된 것은 351년이다. 성 바빌라스의 순교는 250년 경이라고 한다). 그리고 그의 유체가 누워 있는 무덤 위에는 장대한 교회가 세워졌을 뿐만 아니라 이 성역의 일부는 성직자단의 생계용지로 떼어졌고, 또 일부는 사교 바빌라스가 누운 발밑에 자기 자신도 매장될 것을 바라는 안티오크시 기독교도들의 매장지로 빼앗기고 있었으며, 아폴론신을 섬기던 제사들은 여기에 놀라고 또 분노한 신도들과 함께 모습을 감추고 있었다. 그러나 이제 새로운 변혁이 이교의 앞날을 다시 밝게 비춰주는 것처럼 보이자, 그들은 재빨리 성 바빌라스교회를 파괴해 버리고, 일찍이 시리아 역대왕의 신앙으로 건립됐던 노후한 신전에 더하여 몇 채의 새로운 건물을 증축하였다. 그러나 무엇보다도 율리아누스 황제의 최대 관심사는 억압된 그의 아폴론신을 사자와 생자를 불문코 일체의 기독교도들, 즉 자기들(예컨대 율리아누스 자신과 리바니오스 등)의 종교를 허위 또는 광신으로 보고 비난했던 자들의 목소리를, 이처럼 보기좋게 암살해 버렸던 그들과의 동거(同居)로부터 어떻게 해서든지 구출해 내는 일이었다. 이리하여 더럽혀진 경역은 옛 제식에 따라서 정화되었고 일반사체는 적당히 이장했으나, 성 바빌라스의 유체만은 성직자들의 손에 의하여 안티오크시 성안의 원래 무덤으로 다시 옮겨가는 것이 허용되었다. 만일 여기서 기독교도들이 좀더 겸억적(謙抑的)인 태도를 취했던들 아마도 이교도 정부도 기독교도에 대한 그들의 경계심을 완화시켰겠지만, 이때 기독교도들이 보인 광신성은 완전히 이렇게 하는 것을 잊게 하였다. 성 바빌라스의 유체를 운반하는 훌륭한 영구차에는 그 뒤와 양옆에 수많은 신도들이 따랐고, 이 유체를 맞는 묘지에도 마찬가지였다. 더욱이 그들은 우상과 우상숭배자에 대한 통렬하기 이를 데 없는 멸시의 정을 가득담은 다비데 왕의 시편을 하늘에까지도 닿으라는 듯이 소리높여 계속 낭송하였다. 이리하여 성도의 원묘소로의 귀환은 곧 개선이요, 이 개선은 그대로 황제의 종교에 대한 모욕이었다. 물론 황제에게도 자랑이 있었다. 그러나 어떻게 해서든지 그들의 이런 행동에 대한 자기의 노여움만은 감추려고 애썼다. 그런데 이 불근실한 장례행렬이 끝난 바로 그날 밤이었다. 다프네의 신전이 갑자기 불이 붙어서 아폴론신상까지 불에 타면서 땅으로 떨어져 버렸다. 화재가 있은 뒤 끝에는 외벽만이 남아서 보기에도 무참한 폐허로 되어 있었다(362년 10월 22일의 일). 안티오크시의 기독교도들은 신앙에 입각한 확신을 가지고 단언하기를, 이것이야말로 성 바빌라스의 강력한 손이 천화(天火)를 신전옥상에 명중시킨 것이라고 하였다. 한편 율리아누스 황제로서는 이것을 방화죄로 말미암아 저질러진 것이 아니면 기적이라고 믿는 도리밖에 없었다. 여기서 그는 조금도 주저 없이 확증은 없지만, 다만 그런 공산이 크다는 이유만으로 이 괴이한 불이야말로 갈리레아인들의 보복행위라고 단정해 버렸다. 이리하여 그는 안티오크시 대교회의 즉각 폐쇄와 교회재산의 몰수를 명령하였다. 그러나 이런 폭거가 충분한 죄증(罪證)이 있어서 그렇게 했더라면 차라리 당연한 조치라고 수긍되었을는지 모른다. 여기서 소요와 방화 그리고 교회재산 은닉의 범인들을 색출하기 위하여 몇몇 성직자가 체포되어 고문을 받았다. 그 중에서도 테오도렛(Theodoret)이라는 사제 등은 동방군에 의한 판결을 받고 참수형에 처해졌다. 그러나 이런 성급한 처단에 대해서는 황제도 이번 재판관계자들의 책임을 물어야만 하였다. 생각컨데 황제로서는 그 신료들에 의한 무분별한 충성이 오히려 그의 치세에 기독교박해라는 오점을 남길 우려성이 있다고 생각하여 진심에서인지 또는 형식 뿐이었는지, 어쨌든 심히 비통한 제스추어를 해보였다.

고관들의 충성심은 황제의 이러한 불쾌스러운 얼굴표정을 보고 곧 억제되었다. 그러나 국부인 황제가 몸소 이교도들의 선두에 설 것을 선언하고 있는 이상, 일반민중에 의한 분격의 폭발은 그렇게 간단히 억제될 수도 없거니와 또 일관해서 처벌만 해나갈 수도 없었다. 사실 황제가 직접 기초한 공문서 등은 그의 지시를 받자마자 갈리레아인들의 무덤을 파괴해버린 시리아 제 도시의 신앙심과 충성심을 찬양하고 있었고, 다만 신들이 받아온 부당한 멸시에 대한 보복행위에서 황제가 좋다고 허용한 한도 이상의 광포한 수단을 사용했던 일에 대해서만 가볍게 나무라고 있을 따름이다(율리아누스, 「미소포곤 p. 485 〈로브판〉). 그러면서도 부득이하게 행한 이 고통스럽고 어중간한 고백은 오히려 이하에서 기술하는 교회 측의 제 기록을 뒷받침하는데 지나지 않는다. 즉, 가자(Gaza)·아스칼론(Ascalon)·케사레아(Caesarea)·헬리오플리스(Heliopolis) 등등의 제 도시에 있는 이교도들은 참말로 철없는 짓이라고나 할까, 인정사정없이 그들의 득세시기를 남용하였다. 그들의 잔학행위의 대상으로 된 사람들은 죽음에 의해서만 비로소 고문에서 해방되었다. 또한 토막쳐진 그들의 유체는 온거리를 끌려다닌 뒤끝에 요리인이 불고기를 구울 때 꿰는 꼬챙이나 또는 여인네들이 물레질할 때 쓰는 물레가락 같은 것에 꿰였다고 한다(요컨대 그들의 광포성은 전시〈全市〉에 걸쳐 이처럼 잔인했다고 한다). 게다가 기독교의 사제와 처녀들의 내장은 피에 굶주린 이런 광신자들에 의하여 맛을 본 연후에 보리와 섞어서 부정한 짐승들에게 던져져 먹이가 되게 하였다. 이와 같은 종교상의 광기어린 광경은 도대체가 인간성의 가장 추악한, 그리고 가장 타기할 일면을 나타내는 것인데, 게다가 알렉산드리아시에서 발생한 학살사건에 이르러서는 이것이 사실의 확실성, 희생자들의 신분의 고귀성 그리고 영광된 이집트 속주 수도에서 일어난 사건이라는 데서 한층 더 주목할 만한 가치가 있었다.

사교인 게오르기우스(Georgius)는 그의 양친의 태생때문인지, 아니면 그 자신이 받은 교육때문이었는지, 항상 「캅파도키아인의」라는 통칭으로 불리웠지만, 사실은 킬리키아(Cilicia) 속주 에피파니아(Ephiphania) 태생으로서 모직물 마무리공의 아들이었다. 이와 같은 비천한 출신으로부터 말하자면 식객 특유의 재능을 발휘하여 점차 입신출세의 길을 밟아서 승진하였다. 비호자들에게는 갖은 아첨과 아부를 다했으므로, 그들은 보잘 것 없는 이 기식자를 위하여 군대에의 베이컨 군납이라는 돈벌이가 매우 좋은 직업을 주선해 주었다. 이것 역시 장사치곤 매우 천한 직업이었지만, 그의 상투적인 수단이 이것을 한층 더 악명높은 것으로 만들었다. 즉, 무릇 생각할 수 있는 온갖 부정수단과 뇌물방법을 총동원해서 거부가 되었는데, 그 방법이 너무도 악랄했기 때문에 드디어 사직당국의 추구에서 모면하지 못하게 되었다. 그러나 이러한 굴욕(명예건 무엇이건 모든 것을 버리고, 오직 그의 재산만을 무사히 건진 모양이지만)을 겪고난 뒤에, 그는 본심에서인지 또는 단순한 위장을 위해서인지 어쨌든 갑작스레 아리우스파 교의의 열렬한 신봉자로 변신하였다. 그리고 이것도 참된 학문애인지, 아니면 단순한 눈비음인지 그것도 불분명하지만, 하여간 역사서·수사학서·철학서·신학서 등을 놀랄 정도로 대량 수집하기 시작하였다. 그리고 당시의 주류파였던 아리우스 교의의 철저한 지지자가 되었는데, 예의 대 아타나시우스(Athanasius, Magnus. 296?~373. 알렉산드리아의 사교·교회박사·성인. 니케아 공회의의 교의를 옹호한 죄로 전후 5회에 걸쳐 17년간 추방됐던「정통신앙의 아버지, 교회의 주석〈柱石〉으로 불리운 사람)가 추방된 후, 이「캅파도키아의」게오르기우스가 콘스탄티노플 당국의 추천으로 알렉산드리아의 대사교좌로 밀어 올려진 것이다. 이 새 대사교의 알렉산드리아시 입성행차는 마치 정복자인 만족의 왕과도 같이 거창하였다. 그리고 그의 재임 기간은 잔학과 탐욕이라는 오탁(汚濁) 행위의 연속이었다. 이리하여 알렉산드리아시와 이집트 속주의 가톨릭파 신자들은 그의 천성이나 교육으로 보아 과연 박해자로서는 최적임자라는 폭군적 사교의 손에 맡겨진 것이 되었다. 과연 그의 탄압은 어떤 의미에서는 이 광대한 교구내 주민들에게 공평하고도 모든 구석구석까지 행해졌다.

이제 이 이집트 속주의 수좌대사교는 사실 자기의 고위직책에 상응되게끔, 전적으로 위용과 존대성을 과시하였지만, 그의 천박한 출신 신분과 교양에서 오는 갖가지 악덕행위는 유감없이 노정되었다. 예를 들어 알렉산드리아시의 상인들은 그가 장악하고 있던 초석(硝石)·소금·종이·장례 등등 분야에 대한 거의 전면적이라고도 할 수 있는 불법독점권에 의하여 완전히 빈곤화되었다. 뿐만 아니라 모든 주민의 영부(靈父)여야 할 이 인물은 밀고자의 밀고에 따라 국민 대다수를 괴롭히기 위하여 도대체가 타기할 술책까지 부렸다. 즉 그가 시내 모든 가구에 새로 부과할 것을 생각해 낸 혹세를 둘러싸고 소동이 크게 벌어진 것이다. 그런데 이 세금이란 일찍이 이 나라의 시조였던 왕이 자기의 후계자들인 프톨레마이오스(Ptolemaios)가의 역대왕과 케사르(Caesar)들에게 전승한 권리라는, 실로 고색 창연한 영대 토지 소유권에 부과하려는 새로운 세금으로서, 참말로 알렉산드리아 시민들도 이것만은 도저히 잊을 수도 또 용납할 수도 없는 것이었다. 자유와 관용에 대하여 헛된 기대를 걸고 있던 이교도들은 요컨대 이것이 끝없는 그의 욕심을 부추킬 따름임을 알게 되었다. 알렉산드리아시의 부유한 신전들은 이 교만한 대사교의 손에 의하여 남김없이 약탈당하거나 모욕당하는 피해를 입었다.「이런 묘소 따위가 언제까지 존재가 허용될 것으로 생각하는가」하고 그는 의기양양하게 큰소리쳤다. 아직도 콘스탄티우스 황제 치세기의 일이지만, 그는 한때 시민들의 분노라기 보다도 기실 정의의 재판에 의하여 추방처분을 받은 일이 있었다. 이 때는 겨우 속주내의 국가행정적 권력과 무력을 총동원하여 어쨌든 일단은 권위를 회복하는데 성공하였고 또 마음껏 보복심을 만족시킬 수 있었지만, 그래도 퍽 격심한 투쟁을 벌인 뒤끝에야 비로소 그렇게 했던 것이다. 그런데 이윽고 새 황제인 율리아누스의 즉위를 알리는 사절이 알렉산드리아시에 도착하자, 그것은 동시에 대사교의 실각파멸에 관한 선고이기도 하였다. 이리하여 게오르기우스는 그의 간신배 2명, 즉 독군(督軍)인 디오도루스(Diodorus)와 조폐창 장관인 드라콘티우스(Dracontius)와 함께 체포되어 수치스럽게도 결박당한 채 감옥으로 연행되었다. 그런지 24일째 되는 날, 날짜만 질질 끄는 재판에 참다못한 신도대중의 분노는 끝내 감옥의 문을 부수고 난입하여 신들과 인류의 적으로 규정된 이 세 사람을 능욕 끝에 잔인하게 죽여버리게 했다. 게다가 이들의 유체는 낙타 잔등에 실리어 거리거리를 끌려 다녔는데, 이것을 다만 방관만하고 있던 아리우스파의 태도는 오히려 복음적 인종(忍從)을 보여준 훌륭한 귀감이라 하여 높이 찬양되었다. 이 범죄인들의 유해는 끝으로 바다 속에 던져졌다. 그리고 이 폭풍의 수괴들은 공공연하게 자기들의 결의를 선언하였는 바, 그것은 기독교도들의 신앙을 반드시 좌절시켜 보일 것이며, 지금까지도 수많은 선례가 있지만, 적어도 교적이며 자기들의 손으로 처형된 자들을 장래에는 두번 다시 「순교자」 따위의 영예가 주어지는 것을 결단코 저지시켜 보이겠다고 하였다(이 대목은 암미아누스-마르켈리누스의 「역사」 제22권 11장 10절을 거의 축어 인용한 것이다). 사실 이교도들의 걱정은 적중되었는 바, 그들이 취한 예방책도 별로 무효과였다. 즉, 대사교인 게오르기우스의 이번 죽음은 그가 생전에 저지른 악독한 짓들을 훌륭하게 잊게 하였다. 아타나시우스의 대항적이었다는 것만으로도 아리우스파에게는 귀중하고도 신성한 존재였다. 그리고 머지않아 동파의 신도들이 위장이기는 했지만 연이어 전향하자, 그에 대한 숭배는 그대로 가톨릭파 교회에도 영향을 주었다. 즉, 그 당시의 현지사정이 모두 은폐되면서 타기할 이 이방인 사교도 완전히 순교자·성도·기독교의 영웅이라는 가면으로 위장되기에 이르렀다. 이 파렴치하기 그지없는 「캅파도키아의」 게오르기우스는 그 언제부터인지도 모르게 저 유명한 잉글랜드의 수호성자이며, 무용과 기사도의 전형인 동시에 가터훈장(the Garter, 국가원수나 특별한 기사에게만 수여하는 영국의 최고 훈장. 1348년경, 에드워드 3세가 제정한 것)의 대부이기도 한 성 조지(St. Geoge)로 완전히 변신되어 있었다(이 대사교 게오르기우스=성 조지설은 본 『로마제국 쇠망사』에서 저자 기번이 범한 최대의 오류로서 유명하다. 다만 이처럼 잘못된 전승〈傳承〉은 십자군 원정〈11세기 말부터 1270년대 초에 걸쳐 유럽의 기독교도가 성지 예루살렘을 셀주크 터키로부터 회복하기 위하여 전후 일곱 차례나 일으킨 전쟁〉과 관련하여

6세기 경부터 특히 잉글랜드에서 믿어지게 된 것이라고 한다).

이 알렉산드리아시에서의 폭동에 관한 보고를 율리아누스 황제가 받은 것과 거의 때를 같이하여 그는 또한 에뎃사(Edessa)시로부터도 기독교도 내분에 관한 모종의 정보를 입수하였다. 에뎃사시에서는 주로 부유한 계층으로 형성된 아리우스파 신도들이 발렌티아누스파(Valentianus 派. Valentianus는 100경~165이후까지 생존한 그리스도교 그노시스파의 대표자. 알렉산드리아에서 출생하여 136~165년경, 로마를 내왕하면서 많은 신봉자를 얻었으나 끝내 로마시에서 추방된 후 키프로스섬을 중심으로 발렌티아누스파를 형성했다. 호교론자인 테르툴리아누스〈Tertullianus, Quintus Septimius Florens, 160경~222〉의 반〈反〉발렌티아누스론」 등이 있다)의 약점에 대하여 격심한 모욕을 가한 바, 이 때문에 적어도 법치국가에서는 도저히 방치할 수 없는 혼란을 야기시키고 있다는 것이었다. 몹시 화를 낸 황제는 완만한 재판수속 따위는 기다릴 수 없다고 생각했었는지, 갑자기 에뎃사시 당국에게 직접 지령을 내렸다. 그것은 교회의 전재산을 몰수하되 그 중 현금을 모두 군대에게 분배하고, 토지는 공유지에 편입시키라는 것이었다. 더욱이 이 탄압령은 신랄하기 이를 데 없는 야유가 섞여 있어서 한층 더 통렬하게 되어 있었다. 「과인은 갈리레아인들의 참된 벗임을 여기에 증명하노라. 경탄할 만한 그들의 율법은 현실적으로 가난한 사람들에게 그의 천국을 약속하고 있다. 따라서 과인의 원조로 현세에서의 재산보유라는 무거운 짐을 모면케 하는데 더하여 그들로 하여금 다시 미덕과 구원의 길로 정진케 함이 좋을 것이로다」라고 하였다. 게다가 한층 더 심각성을 더하여 「너희들이 과인의 인내심과 인자성에 도전하는 데에는 마땅히 명심함이 좋을 것이다. 만일 이대로 소요를 계속한다면 과인은 반드시 너희들 신민의 죄를 행정관들로 하여금 보상케 할 것이니라. 단지 재산몰수와 유형을 겁내야 할 뿐만 아니라 불과 검에 의한 벌도 각오해야 할 것이니라」라고 위협하였다. 알렉산드리아시에서의 소요사태는 그 잔인성과 위험이라는 점에서 확실히 에뎃사의 그것보다 훨씬 더 무서운 것이었다. 어쨌든 한 사람의 그리스도교 사교가 이교도들의 손으로 학살된 것이다. 그 일을 생각할 때, 율리아누스 황제의 이런 공적 서한은 그의 통치정신이 그 얼마나 편향으로 충만되어 있었는가를 훌륭하게 입증하는 것이었다. 사실 알렉산드리아시 민중에 대한 황제의 비난에는 오히려 그들의 행동을 좋게 평가하면서 그것을 위로하는 내용조차 암시하고 있었다. 즉, 이번의 폭거가 그들이 고대 그리스인의 후예임을 증명하는 관후하고도 온화한 습속으로 보면, 확실히 일탈한 것이라 하여 슬퍼하고 있었을 뿐이다. 정의와 인도라는 기준에서는 이들의 죄과를 엄격하게 비판하고 있지만, 한편 그들이 괘씸하기 이를 데 없는「캅파도키아의」게오르기우스의 폭압하에 다년간 참을 수 없는 갖가지 도발을 용케 참아온데 대해서는 눈에 보이리 만큼 만족하다는 듯 이것을 자세히 이야기하고 있었다. 대저 민중의 난폭하고 오만한 행동에 대해서는 현명하고 강력한 정부가 적절히 응징의 결단을 내려야 하는 것이 원칙임을 그도 승인하고 있었지만, 다만 알렉산드리아시의 창설자인 알렉산더 대왕(Alexandros Ⅲ Magnus/Alexander the Great, 재위 BC 336~323)과 시의 수호신인 사라피스(S-arapis/Serapis. 고대 이집트의 프톨레마이오스 1세〈Ptolemaios I. Soter, 재위 BC 323~285〉에 의하여 그리스인과 이집트인을 하나의 신앙에 결합시키기 위하여 창조되어 이집트에 도입한 신. 오시리스〈Osiris, 이집트의 유명계에서 죽은 영혼을 재판하고, 죽은 자를 부활시키는 신〉신에 제우스신·하이데스신〈Haides, 그리스의 명부의 신〉·아스클레피아데스신〈Asklepiades, 명부의 신〉·아스클레피오스신〈Asklepios. 그리스의 醫神〉들의 성격을 가미시킨 신으로서 알렉산드리아의 그리스인 사이에서 숭배되었으나 이집트인은 이를 받아들이지 않았다)에 생각이 미쳤을 때, 이 범죄적인 도시에 대해서는 일부러 관대한 특사조치를 주기로 한 것이다. 그는 이 알렉산드리아시에 대하여 형제와도 같은 친근감과 애정을 느끼고 있었다(율리아누스 서한 제10. 암미아누스-마르켈리누스, 역사 제22권 11장에도 이에 관한 서술이 있다).

알렉산드리아시의 소요가 평온으로 돌아오자, 아타나시우스가 시민들의 환호리에 저 저열했던 교적(게오르기우스를 가리키는 것)의 실각으로 공석이 된 대사교직 자리로 또다시 복귀하였다. 그러나 이 무렵의 아타나시우스는 이미 종전의 맹렬한 신앙열도, 사려분별에 의하여 어느 정도 완화되어 있었으므로 그의 권위 행사모습도 민중의 마음을 선동하기 보다는 오히려 그들과의 화해를 구하는 방향으로 기울어지고 있었다. 그 전도활동도 좁은 이집트만으로 한정될 수 없게 되었다. 오히려 전 기독교 세계의 현상 쪽이 적극적이고도 기우(氣宇) 광대(廣大)한 그의 마음의 당면한 관심사였다. 더욱이 그의 연령과 실적 그리고 명성은 이런 중대 위기에서 영적 세계의 지도자가 될 만한 충분히 가치 있는 인물로까지 성장시키고 있었다. 무지에 의해서인지 또는 뜻하지 않게 그랬는지는 모르나, 어쨌든 서방사교의 대다수가 리미니(Rimini)공회의(359년의 일)에서의 회전신조(悔悛信條)에 서명한 이래 아직 3년이 지나지 않고 있었다. 확실히 아리우스파 신도들도 회개할 것을 표명하고 정통신앙을 신봉하기에 이르렀지만,

그러나 가톨릭파 교우들의 뜻밖의 엄혹성에 겁을 먹게 되었다. 만일 그들의 자부심이 그의 신앙보다 좀더 강력했던들 공중 앞에서의 회전(悔悛)고백 등, 이름도 없는 평신도의 입장으로까지 그들을 헐뜯는 것으로 되는 그런 굴욕을 모면하기 위해서도 차라리 아리우스파 쪽에 그대로 몸을 의탁했을지 모른다. 거의 같은 무렵이지만, 신격(神格)문제에 관한 견해대립이 가톨릭파 신학자들 사이에서도 상당히 격렬하게 논쟁을 벌이고 있었다. 이 형이상학적 논쟁이 이대로 진행된다면 그리스 교회와 라틴 교회와의 사이에는 항구적인 분열조차 생길는지 모를 그런 심각한 양상으로 사태가 발전하고 있었다. 그러나 때마침 소집된 특별공회의-이것이 아타나시우스의 이름과 그의 임석으로 말미암아 대공회의급의 권위가 인정되어, 자기도 깨닫지 못하는 사이에 과오를 범하고 있던 사교들도 이 공회의가 보여준 현명한 조치의 덕택으로 다만 니케아 신경(Nicene Creed)에의 서명이라는 간단한 조건만으로 끝나고, 그 뒤는 과거의 오류에 대한 공식고백을 요구당하거나 신학적 견해에 관한 엄밀한 정의 등을 요구당하는 일 없이 아주 간단하게 교우(敎友)로 인정받게 되었다. 갈리아·스페인(히스파니아)·이탈리아·그리스 등의 성직자단 역시 사전에 이집트 대사교(아타나시우스를 말하는 것)로부터의 사전교섭적인 권고가 있었기 때문에 이 모든 현명한 조치를 받아들일 마음의 준비가 이미 되어 있었던 것이다. 일부 광신적인 사교들의 반대가 있었지만, 그러나 여기서 공동의 적을 겁내는 심리가 기독교도간의 평화와 화해를 촉구한 것이다.

이집트 수좌대사교의 수완과 노력은 훌륭하게 평화로운 한 시기를 가져오게 했는데 바로 그런 일이 있은 직후에 황제의 그리스도교 탄압령이 내려졌다. 원래 기독교도를 멸시하는 율리아누스이긴 했지만, 다만 아타나시우스에 대해서만은 일종의 특별한 대우, 말하자면 마음속으로부터의 증오감을 가지고 중시하고 있었다. 그 결과는 적어도 황제의 종래 성명에서 보게 되는 정신으로 말한다면, 이것은 명백히 그것과 배치되는 전단적인 이 특례조치 하나만을 위해서 취한 것이었다. 예를 들어 황제는 다수의 갈리레아 사람들을 그들의 유배지로부터 풀어서 소환하고 있었는데, 그렇다고 해서 이런 대사령으로 그들에게 각자의 교회 소유권까지 인정하는 것은 아니라는 것이 황제의 주장이었다. 그리하여 지금까지 역대 황제들의 판단에 의하여 여러번 단죄되어 온 범죄인(아타나시우스를 가리키는 것)이 이제 법의 존엄성을 모욕하면서 오만 불손하게도 군주의 명령조차 기다림이 없이 알렉산드리아 대사교좌로 복귀했다는 것은 도대체가 언어도단이라고 생각하니 그도 새삼스럽게 놀란 것이다. 그리하여 거짓말처럼 이 죄과에 대한 처벌로서 황제는 또다시 그를 알렉산드리아시에서 추방하였다 (역시 362년 10월의 일). 황제로서는 이런 재단을 충실한 신하들로부터 당연히 크게 환영될 것으로만 생각하여 홀로 만족하고 있었다. 그러나 뒤이어 곧 일어난 시민들로부터의 맹렬한 청원운동에 의하여 비로소 알게 된 일이지만, 알렉산드리아 시민의 대다수가 기독교도이며, 더욱이 이들의 대부분이 자기가 탄압하고 있는 대사교의 강력한 편이라는 사실이었다. 그러나 그들의 그런 감정을 눈치채고도 황제는 그 추방령을 철회하기는 커녕, 오히려 이와는 반대로 추방령의 적용범위를 이집트 전역으로 확대시켰다. 이에 더하여 신도대중에 의한 열의의 발로가 황제를 한층 더 격노시켰다. 대담무쌍하여 어떠한 일에도 놀라지 않는 이 민중지도자를 정세불온한 수도의 요직에 머물게 하는 위협을 그는 겁낸 것이다. 자기의 노여움을 표명한 그의 언사에는 아타나시우스의 용기와 능력에 대하여 그가 품고 있던 견해가 실로 노골적으로 표시되어 있었다. 그러나 황제의 이 명령시행은 이집트 주장관인 엑디키우스(Ecdicius)의 신중성이라고나 할까, 아니면 태만에 의해서인지는 모르나 여전히 집행을 연기시켜 오던 중, 황제로부터 엄중한 질책을 받고서야 비로소 겨우 무거운 엉덩이를 들어올리는 형편이었다. 율리아누스는 다음과 같이 쓰고 있다. 「설사 여타문제에 관한 보고는 차지한다 해도, 적어도 신들의 원수인 아타나시우스에 대한 처지에 관하여 보고하는 일만은 귀관의 의무여야 한다. 과인의 의향은 오래 전에 이미 전달했을 터이다. 위대한 사라피스신에게 걸고 말하노니, 만일 12월 초하루(calends)까지는 아타나시우스가 알렉산드리아시, 아니 이집트주 전역에서 추방되어 있지 않은 사태라도 되어 있으면, 귀관의 부하관리들은 황금 100파운드의 과태료를 지불해야 한다. 과인의 기질에 대해서는 귀관도 잘 알고 있을 것이다. 단죄에서도 신중하지만, 사면에 대해서는 더욱더 신중하느니라」. 그리고 이 서한에는 황제 자신의 친필로 다음과 같은 짧은 추신까지 첨가되어 있었다. 「모든 신들에게 표시된 경멸에 대하여 과인은 만강의 슬픔과 분노를 느끼고 있다. 이집트주 전역으로부터의 아타나시우스의 추방은 과인에게 이같은 쾌심의 낭보는 없으며 또 그런 광경도 없을 것이다. 언어도단의 발칙한 놈 같으니! 과인의 치하에서 그리스 최상류급 숙녀 수명이 세례를 받은 일은 명백히 그에 의한 박해의 결과로 밖에는 생각되지 않는다」. 그런데 율리아누스 황제는 아타나시우스의 처형까지 명확히 명령한 것은 아니다. 그러나 이집트 주장관으로서는 분노심으로 불타고 있는 황제의 명령을 사보타지하기 보다는 차라리 이참에 한 발자국 더 나아가 적극적인 조치를 취하는 편이 자기 신상에 보다 유리할 것으로 생각하였다. 그러나 대사교도 빈틈없는 사람인지라, 현명하게도 사막의 수도원으로 미리 피신함으로써 교묘하고도 솜씨 있게 적의 함정에서 벗어났다. 이리하여 갈리레아인 교파의 모든 병독(病毒)이 전적으로 이 아타나시우스 한 사람에게 집중되라고 무서운 저주의 말까지 공개적으로 내뱉았던 황제 자신(율리아누스 황제)이 한줌의 흙으로 변해버린 뒤까지도 아타나시우스는 승리의 생애를 오랫동안 살았던 것이다.

이상에서 저자는 율리아누스 황제가 박해자라는 죄명이나 비난을 피하면서 결과적으로 그것의 실질만을 거두고자 채용해 온 교묘한 수법을 될 수 있는 한 충실하게 서술해 온 것으로 자부한다. 만일 광신이라는 그의 가공할 정열이 이 덕망 있는 군주인 율리아누스의 심정이나 사상까지도 왜곡시켰다면, 그것은 동시에 기독교도 수난의 실상이라는 것 역시 인간적인 정념과 종교적 광신으로 심히 선동되고 또 증폭되었다는 사실도 공평하게 인정하여야만 한다. 초대 복음사도들의 특색이던 유화와 인종의 미덕은 그 후계자들의 한결같은 모범과 칭찬의 표적이었지만, 이것이 반드시 고스란히 포기된 것은 아니었다. 이제 40년 이상이나 제국의 민정과 영계(靈界)의 지배권을 계속 장악해 온 기독교도들은 벌써 융성에 수반된 오만한 악덕과, 이 지상의 통치권을 가질 사람은 오로지 성자 뿐이라는 사고습성을 몸에 지니게 되었다. 따라서 율리아누스 황제의 그리스도교에 대한 적대시가 콘스탄티누스 황제의 은혜로 주어진 제 특권을 성직자들로부터 박탈하자마자, 그들은 곧 이것을 냉혹하기 이를 데 없는 탄압이라고 비난한 것이다. 그리고 우상숭배자들과 이단자들이 향수하고 있는 신교자유가, 역으로 정통파 교회측으로서는 불만과 악평의 대상이 되었다. 이미 폭력행위는 물론 심지어 관헌까지도 배제하고 있었음에도 불구하고 민중의 광신은 여전히 이것을 행하였다. 현실적으로 페시누스(Pessinus)시에서는 큐벨레 모신(Cybele 母神, 그리스 신화상의 농업의 여신. 매년 4월 4일부터 10일까지, 메갈레시아라는 제전이 바쳐졌다)의 제단이 하필이면 황제의 눈앞에서 뒤집어 엎어졌고, 또 캅파도키아의 케사리아시에서도 포르투나 여신(Fortuna 女神, 풍요와 운명의 여신)의 신전,

즉 이교들에게 남겨졌던 유일한 예배소인 이 신전까지도 미친 듯한 민중의 봉기로 파괴되고 말았다. 이런 경우에도 율리아누스 황제는 신들의 명예에 대하여 깊이 슬퍼하면서도 여전히 정의의 재단(裁斷)이라는 길을 폐쇄하지 않았다. 그러나 이런 방화죄에 해당하여 처벌될 광신도들이 수난의 죽음을 당함으로써 오히려 순교자의 영광을 받게 될 것임을 생각했을 때, 황제의 마음은 더욱 분노로 불탔다. 율리아누스 황제 치하의 그리스도 교도들은 황제의 마음이 기독교에 대하여 깊은 적대감으로 가득차 있는 것을 확신하고 있었다. 때문에 의심하기 시작하면 모든 것이 다 의심스럽고 또 무서워진다는 격으로 불안하다고나 할까, 어쨌든 율리아누스 황제의 통치행위 모든 것이 불만과 시의(猜疑)의 원인이었던 것이다. 통상적인 법시행으로 보면 국민의 대다수를 차지하는 기독교도들은 당연히 몇 번이고 이미 처단되어야 했겠지만, 바로 여기에 교우(教友)들인 관헌의 관대성과 감싸줌으로 말미암아, 애초부터 죄과의 유무 따위조차 일체 검토됨이 없이 그들은 무죄로 단정되었고, 한편 그들의 불평은 모든 것을 인정받았는가 하면, 역으로 심판자(여기서는 율리아누스 황제를 가리키는 것)의 엄격성에 대해서는 종교적 박해에 입각한 편향적인 악의에서 나온 것이라고 하였다. 그리고 지금의 이런 고난이 견디기 어려운 것으로 보일는지 모르지만 이것도 머지않아 틀림없이 찾아올 여러가지 커다란 재액의 겨우 서막에 지나지 않는다는 식으로 생각한 것이다. 확실히 기독교도들의 입장에서 보면, 율리아누스 황제는 잔인하고도 노회한 폭군으로 밖에는 생각되지 않았다. 얼마 동안 자기의 보복행위를 중지하고 있지만, 그것은 다만 페르시아 전쟁에 승리하고 귀환할 때까지 일 것이다. 외적에 대한 승리만 거두는 날이면, 곧 귀찮은 위장가면 따위는 벗어버리고, 아마도 각지의 원형투기장(amphitheatrum)은 은자와 사교들의 유혈로 물들 것이며, 여전히 신앙표명을 고집하는 신도들이라면 자연과 사회가 부여하는 인간공유의 은혜까지도 모두 박탈될 것으로 각오하고 있었다. 이리하여 「배교자(Apostate)」(율리아누스를 말하는 것)의 명성을 헐뜯는 온갖 비방이 교적들의 불안과 증오로 말미암아 아주 간단하게 사실로 믿어지게 되었다. 그리고 경솔하기 짝이 없는 이런 비난의 목소리가 원래 신하된 사람으로서는 존경만이 그들의 의무요, 또 아부만이 신상에 이로워야 할 군주의 마음을 더욱더 초조하게 만들었다. 기독교도들은 여전히 단언하기를, 그리스도를 믿지 않는 이와 같은 폭군에 대항하는 유일한 무기는 오직 기도와 눈물이 있을 따름이요,

이런 폭군의 머리는 그것을 노여워하는 신의 재판에 위임하는 도리밖에 없다고 하였다. 동시에 그들은 이런 굴종이 그의 허약성 때문은 결코 아닌 바, 인간의 용기에는 아무리 한도가 있다지만, 주의와 신념에 입각한 인종인 이상, 마지막에는 박해로 말미암아 울화통이 터질 날이 반드시 있을 것이라고 사뭇 고민에 가득찬 결의로써 암시적으로 말하고 있었다(예컨대, 나찌안주스의 그레고리우스의 연설 제4, 제19 등). 율리아누스 황제의 이교적인 광신이 과연 어디까지 그의 양식과 인간성을 압도하고 있었는지 거기까지는 판단하기가 불가능하지만, 당시의 교회의 실력과 정신을 진지하게 고려할 때, 대략 확신을 가지고 먼저 말할 수 있는 것은, 만일 그가 참말로 그리스도교를 근절시킬 수 있었다 해도 거기에는 이에 앞서 먼저 제국 자체를 가공할 내전의 참화 속으로 빠져들게 하는 수밖에 없었을 것이라는 점이다.

제24장 율리아누스 황제의 안티오크시 체류-페르시아 원정에서의 초전승리-티그리스강의 도하-율리아누스 황제의 후퇴와 사망-요비아누스 황제의 즉위-굴욕적 화의에 의한 로마군의 구출

〈362~363〉

「황제향연」(Caesars. 통상적으로는 Convivium 또는 Caesares라고 불리운다. 원래는 그리스어에서의 산문풍자라는 뜻)이라는 표제하에 율리아누스 황제가 저술한 철학적 우화는 고대 풍자정신이 산출한 가장 유쾌하고도 교훈에 가득찬 작품 중의 하나로 평가되는 것이다. 그 내용을 간단히 소개하면 다음과 같은 장면이 있다. 때마침 사투르날리아 축제(Saturnalia 祝祭, 로마신화상의 사투르누스〈Saturnus〉신을 축복하는 제전으로서 그는 농업의 신인데, 그리스의 크로노스〈Kronos〉신과 동일시된다. 로마인은 12월 17일에 이 신에게 제사를 올렸다)가 한창 벌어졌을 때, 자유와 평등을 찬양하는 외침소리가 들려오는 가운데서 로물루스(Romulus, 로마시의 전설적인 건설자. 치세 BC 753~716) 왕은 그를 덕성 높은 동료로 선정해준 올림퍼스(Olympus. 그리스 북쪽에 있는 높은 산. 이 산정에 여러 신이 살았던 것으로 신화는 엮어진다)의 신들과, 또 그의 상무(尙武)의 백성들은 물론이거니와 정복당한 제 국민 위에까지 군림해 온 역대 로마황제들을 초청하여 일대 연회를 베풀기로 하였다. 신들은 하늘 위에 마련된 옥좌에 서열대로 좌정하였고, 황제들의 식탁은 저 멀리 달나라 아랫쪽 허공에 마련되어 있었다. 그리고 신들과 사람들과의 교제를 더럽힐 위험성이 있다고 생각되는 폭군들은 모두 가차없이 네메시스 여신(Nemesis, 그리스 신화에서 응보천벌을 내리는 여신. 그리스 각지에 모셔졌지만 특히 아티카의 람누스가 유명하다)에 의하여 타르타루스(Tartarus, 지옥 밑에 있는 밑도 끝도 없는 연못)의 나락 지옥에로 거꾸로 내려꽂혀진다. 그리고 다른 황제들도 연이어 그 자리에 나오게 되는데, 그들이 통과할 때,

각자는 그의 치세기간 중에 노출시켰던 악덕·결함·오점의 여러가지를, 박코스 신(Bacchos/Bakchus 神, 한국에서는 흔히 「박카스」라고 한다. 일명 디오뉴소스〈Dionysos/Dionysus〉라고도 한다. 종교적 도취와 열광을 그의 특징으로 하고, 통상 주신(酒神)으로 알려진 신)을 섬기는 제사(祭司)로 위장한 철학자적 지혜자인 노 실레누스(Silenus, 그리스 신화에서 산이나 숲에 사는 늙은 요정)가, 비웃는 도학자의 입을 통하여 심술궂게 지적하는 순서를 밟게 된다. 그리고 향연이 끝나자마자 메르쿠리우스신(Mercurius 神, 使者神인 동시에 웅변가·장인·상인·도둑의 수호신으로 되어 있다)의 목소리가 올림퍼스의 지배신인 유피테르 대신(Jupiter 大神)의 의향, 즉 하늘에서 내리는 제관(帝冠)은 탁월한 인물의 머리 위에 포상(褒賞)으로서 마땅히 올려져야 한다는 내용을 큰 소리로 전한다. 그리하여 율리우스 케사르(Caesar, Julius)·아우구스투스(Augustus, 재위 BC 27~AD 14)·트라야누스(Trajanus, 재위 98~117)·마르쿠스-아우렐리우스(Marcus Aurelius, 재위 161~180)와 같은 여러 황제들이 가장 유력한 후보로 거명되고, 이어서 얼마간 우유(優柔)하기는 하지만 콘스탄티누스 대제(Constantinus I, 재위 306~337)도 일단 영광스러운 콘테스트의 일원으로 넣어진다(기독교를 공인한 탓이었는지는 모르지만, 원래 율리아누스는 백부인 콘스탄티누스 대제에 대하여 별로 호감을 표시하지 않는 것이 보통이었다). 게다가 알렉산더(알렉산드로스)대왕 또한 이들 로마의 영웅들과 함께 영광스러운 이 상을 겨루도록 초대받고 있었다. 맨 처음 각 후보들은 각자가 이룩한 자기 공업의 의의에 대하여 장황하게 설명하는 것이 허용되었는데, 다만 신들의 판정에서는 의기양양해서 진술하는 경쟁자들의 장광설보다도 시종일관 얌전하게 침묵을 지킨 마르쿠스-아우렐리우스 황제의 그것이 훨씬 강력한 주장임을 인정하고 있었다. 뒤이은 이 엄숙한 판정자들의 심사가, 심정(心情)에 대한 심의와 행동의 동기에까지 미치게 되자 이 스토아 철학자적인 황제(마르쿠스-아우렐리우스 황제를 가리키는 것)의 탁월성은 점점 더 현저하고도 결정적인 것으로 보였다. 이렇게 되자, 알렉산더 대왕도, 율리우스 케사르나 아우구스투스 황제, 트라야누스 황제, 그리고 콘스탄티누스 대제할 것 없이 모두가 틀림없이 자기들의 공업의 최대 목적이 명예욕·권력욕 그리고 쾌락욕이었음을 부끄러운 얼굴표정을 지으면서 솔직히 인정하는 것이었다. 이에 반하여 옥좌에 앉아 있으면서 철학의 가르침을 실천하였고, 인간으로서의 불완전성을 가지면서도 신의 덕성을 본받기에 전심전력해 온 유덕(有德)의 인물(역시 마르쿠스-아우렐리우스를 가리키는 것)에 대해서는 여러 신들까지도 깊은 경의와 애정어린 눈으로 보고 있었다. 그런데 유쾌한 이 한편의 작품(황제향연 을 말하는 것)은 저자가 워낙 높은 지위와 신분을 가진 사람이라는 점에서 한층 더 높이 평가되고 있다. 즉, 역대 선황들의 악덕이나 미덕의 모두를 기탄없이 묘사하는 동시에, 기실 저자인 황제 자신의 몸가짐에 대한 자기 반성과 평가도 모두 그 한줄 한줄의 글 속에 담겨져 있기 때문이다.

냉정한 자기반성의 순간에는 틀림없이 그도 마르쿠스-아우렐리우스 황제에게서 보는 그런 인자함과 유용의 덕성을 충심으로 갈구하고 있었다. 그러나 동시에 대망에 넘치는 그의 정신은 알렉산더 대왕의 영광을 생각하고는 다시 불타올랐고, 동시에 현명한 사람들로부터의 존경과 대중으로부터의 갈채도 똑같은 열의로서 희구하고 있었다. 아직도 신심이 모두 왕성한 정력으로 불타는 시기였던 만큼, 일찍이 게르마니아인과의 전쟁에서 얻은 경험도 있거니와 또 그런 전쟁의 승리로 말미암아 의기가 높아진 율리아누스 황제로서는 이참에 무엇인가 좀더 빛나는 획기적인 공업을 세움으로써 자신의 치세를 두드러진 것으로 역사에 남기고자 마음먹었다. 인도 대륙과 세일론(스리랑카)섬에서 파견되어 온 동방의 사절들은 이미 로마 황제 앞에서 공순(恭順)의 예를 올린 것이다. 서방의 제 국민도 화전 양면에서 과시된 율리아누스 황제의 개인적인 재능에 대하여 높은 경의와 깊은 외포감을 가지고 있다. 그에게 있어 고트족과의 전쟁에서 승리한 일 따위는 대수로운 공적이 아니었고, 또 다뉴브강 유역에 사는 탐욕스러운 만족들도 자기의 위명에는 공포심을 품고 있는가 하면, 트라키야와 일리리쿰의 변경지대에는 많은 방채를 증축해 놓은 이상, 그곳 만족들도 당분간은 조약에 대한 의무를 파기하는 일은 좀처럼 없을 것이라는 기대는 매우 그를 만족시키는 것이었다. 그렇다면 경쟁상대로서 그의 무력에 대항할 수 있는 유일한 인물은 저 큐로스왕(Kyros/Cyrus 王)과 아르탁세르크세스왕(Artaxerxes 王)의 후예왕(여기서는 페르시아의 샤포르 2세〈Shapur Ⅱ〉를 가리킨다) 뿐이었다. 그는 차제에 페르시아를 철저하게 정복함으로써 다년간에 걸쳐 로마제국의 위엄성과 권력에 저항하면서 멸시해 온 이 오만 불손한 민족에 대하여 응징의 철퇴를 내리기로 결심한 것이다. 한편 페르시아 왕측에서도 콘스탄티우스 2세 황제가 죽은 뒤에 전혀 이질적인 성격의 군주가 제위에 올랐다는 보고를 받자마자, 처음에는 술책으로, 다음에는 아마도 본심에서 그랬을 것으로 생각되지만, 화해하기를 제안하는 저자세로 나왔던 것이다. 그러나 율리아누스의 단호한 결심에 부딪히자 사포르왕은 크게 충격을 받았다. 확실히 율리아누스 황제는 메소포타미아의 여러 도시가 전화와 폐허로 남아 있는 한 평화회담의 개최란 어불성설이라 하여 일언지하에 거부했을 뿐만 아니라 사절단에 의한 담판 따위도 필요없는 바, 이유는 머지않아 황제 자신이 페르시아 궁정을 찾아갈 결심이기 때문이라는 내용을 경멸하는 웃음까지 띄우면서 첨가했던 것이다. 여기서 만사를 성급하게 서두르는 황제인 만큼, 그는 곧 원정군을 발진시킬 준비를 갖추도록 독려하였다(362년의 일). 각 군단의 사령관도 임명되고, 놀랄 만한 대병력이 이 중대한 원정을 위하여 차출되었다. 율리아누스 황제 자신은 수도 콘스탄티노플을 진발하여 소아시아의 여러 속주를 거쳐, 이윽고 안티오크시에 도착하였다(362년에 7월?경인가). 콘스탄티우스 황제가 이곳에서 죽은 지 겨우 8개월 후의 일이다. 물론 황제의 염원은 단번에 페르시아 왕국의 심장부를 찌르는 일이었으나, 이것은 제반 사정으로 말미암아 부득이 일시 중지하기로 하였다. 즉, 그렇게 하려면 먼저 제국내의 정세를 조정 정리해 놓을 필요가 있었고, 또 신들에 대한 예배를 부활시키고 싶다는 숙원도 있었기 때문이다. 게다가 현명한 몇몇 측근들의 진언도 있었다. 그것들에 의하면 멀리 갈리아 속주에서 전진(轉進) 해 옴으로써 피로곤비(疲勞困憊) 해 있는 각 군단의 사기와 또 동방군의 군기나 전의를 회복시키려면, 역시 겨울 동안을 이 땅에서 보내면서 막영휴양을 시킬 필요가 있다는 것이었다. 황제도 이런 권고에 따랐지만, 주위는 모두가 적개심으로 가득찬 시민들 뿐이어서 그의 성급함을 비웃는 사람이 있었는가 하면, 또 이와는 반대로 황제가 우물쭈물 지체하는데 대해 악평하는 사람도 있었는바, 어쨌든 다음해 봄까지는 안티오크시에 머물기로 결심하였다.

만일 이때 율리아누스 황제가 그와 이 동방수도와의 개인적 관계(사부로 받드는 리바니오스의 출생지이며, 또 거주하는 곳이라는 뜻인지?)를 고려하여, 이것이 그와 시민들 사이에 서로 만족감을 자아낼 것이라는 따위의 자만심을 가졌었다면, 그것은 터무니없는 착각이며 자기 자신의 성격도 모르거니와 안티오크시의 민정도 알지 못하는 대단한 계산 착오였다. 일년 내내 온화하고 따뜻한 기후는 토박이들의 마음을 오로지 태평과 부유한 생활에 대한 끝없는 추구와 탐닉에 빠지게 했을 뿐만 아니라 또한 그리스인들의 왕성한 방종성과 시리아인들의 유전적인 온유성을 훌륭하게 융합시키고 있었다. 앞의 장에서도 언급했듯이 안티오크 시민들에게는 유일하게 시대의 유행이 곧 법도요, 쾌락이 관심사이며, 의상과 가장집물의 호화성이 또한 자랑이었다. 호화사치를 위한 창의고안만이 존중될 뿐, 진지한 남성적인 미덕 따위는 모두가 비웃음의 대상이었다. 부인네의 숙덕(淑德), 노령자에 대한 존경심 등도 우습게 여겨졌는데, 이 모든 것이 이곳 동방수도의 전반적인 타락성을 나타내는 것들 뿐이었다. 게다가 구경거리를 좋아하는 것은 시리아인의 취미라기 보다도 차라리 광기어린 짓으로까지 보였다. 명인으로 일컬어지는 예능인들이 부근의 여러 도시로부터 불리어 왔는데, 이와 같은 대중오락을 위하여 막대한 돈이 시의 재정으로부터 지출되고 있었다(도시마다 차출하는 출연자의 종류는 대개 정해져 있었다. 예컨대 라오디케아〈Laodicea〉는 경주용 전차를, 티레〈Tyre〉와 베리투스〈Berytus〉는 코메디언을, 케사레아〈Caesarea〉는 팬터마임을, 헬리폴리스〈Helipolis〉는 가수를, 가자〈Gaza〉는 검투사를, 아스칼론〈Ascalon〉은 레슬링 선수를, 카스타발라〈Castabala〉는 줄타기 광대를 보내는 따위였다). 극장이나 대경기장〈circus〉에서 보는 연기나 경주 등의 호화성이 그대로 안티오크 시민의 영광이며 행복으로 생각되었다. 도대체가 이런 영광을 타기하였고, 또 이런 행복감에는 불감증에 걸렸던 율리아누스 황제의 시골뜨기와도 같은 성격은, 이와 같은 시민들의 유약성을 곧 혐오하게 되었는가 하면, 한편 유타유약(遊惰柔弱)해진 동방사람들 쪽에서도 황제가 시종일관 지켜온(때로는 일부러 자랑해 보이기까지 하면서) 엄격하기 그지없는 간소한 생활 따위는 도시 본받으려고도 하지 않았거니와 칭찬도 하지 않았다. 옛부터 내려오는 관습에 따라서 신들을 위하여 바쳐지는 축제일 등이, 율리아누스 황제에게는 그의 철학자적 엄격한 수행(修行)을 늦추는 유일한 기회였지만, 한편 안티오크의 시리아인의 입장에서 말하면, 이 축제들만이 겨우 쾌락에의 유혹을 멀리하는 유일한 날들이었다. 하기야 이곳 시민들의 대부분도 그리스도라는 이름의 영광만은 인정하고 있었다. 그들 자신의 조부들이 창설한 것이었기 때문이다(예수의 사후, 그의 제자들은 안티오크에서 처음으로 크리스찬〈Christian〉이라고 불리우게 되었다. AD 40~44경인 것 같다. 「신약전서」 「사도행전」에는 「제자들이 안티오크에서 비로소 그리스도인이라 일컬음을 받게 되었더라」(11:26) 라고 쓰여 있다). 그들은 종교의 도덕계율 따위는 일체를 무시하여 조금도 꺼리지 않았지만, 다만 그의 사변적 교의문제에 이르면 귀찮을 정도로 세부적인 문제까지도 거리끼었다. 이리하여 안티오크 시의 교회는 이단과 분파로 몹시 혼란되어 있었는데, 다만 그들의 공통의 적(이교의 신들을 가리키는 것)에 이르면 아리우스파나 아타나시우스파 또는 멜레티우스파(Meletius 派)나 파울리누스파(Paulinus 派) 할 것 없이 모두가 같은 신앙에 입각하여 일제히 증오의 불길을 태우는 것이었다.

가장 격렬한 혐오의 창끝은 상대가 배교자라는 것, 즉 무수한 각 교파의 신도들로부터 사랑받았던 황제(콘스탄티우스 2세 황제를 말하는 것)의 후계자되는 인물이 지금은 자기들의 적이라는 사실에 견주어졌다. 특히 이 안티오크시 교외의 다프네 숲 속에 누워 있던 성 바빌라스 유체이장이라는 행위는 율리아누스 황제 그 사람에 대한 씻을 수 없는 반감을 선동하였다. 이에 더하여 그 해는 흉년작이었다. 때문에 여기에는 미신에 입각한 분노라고나 할까, 기근까지 황제를 뒤쫓아 수도 콘스탄티노플에서 이곳 안티오크시까지 따라왔다고 떠벌이면서 시민들은 일제히 불만의 목소리를 높였다. 게다가 그들의 궁핍상을 구제하고자 취한 조치가 졸렬했기 때문에 굶주린 백성들의 불만은 한층 더 심각화되었다. 기후불순이 시리아 속주의 수확에 커다란 피해를 준 결과, 안티오크 시내에 있는 시장에서의 빵값은 물론 소맥의 품귀현상과 비례해서 크게 올랐다. 그러나 이것만이라면 그래도 당연한 일이라고 할 수 있었지만, 머지않아 그것의 공정한 비율까지 깨버린 것은 악랄하기 이를 데 없는 매점매석의 장사속이었다. 즉, 지주측은 토지로부터의 생산물을 자기들의 독점재산으로 주장하여 매석했는가 하면, 장사꾼 측은 전적으로 이것을 이윤 높은 상품으로 이용한 것이다. 그런데 일반 소비자들에게는 문자 그대로 이것이 일상적이며 생명의 필수적인 식량인 만큼, 이와 같은 불공정 경쟁 속에서 당연히 중간상인들의 마진이 힘 없는 소비자들의 머리 위에 모두 무겁게 내리 덮친 것이다. 그리고 소비자들의 이런 궁핍상은 다시 그들 자신의 애태움과 불안감으로 한층 더 가중되는 형편이었다. 그리고 식량결핍이라는 이 불안성은 서서히 전반적인 기근양상을 형성해 나갔다. 사치와 과소비 풍조에 빠졌던 안티오크 시민들이 조류와 어패류 값의 앙등에 대하여 불평을 토로했을 때의 이야기지만, 율리아누스 황제는 곧 포고령을 내려 말하기를, 현재 궁핍절약 중의 도시인 이상, 시민들은 마땅히 술과 기름 그리고 빵 등은 정기적인 배급량 만으로 만족해야 한다고 하였다. 동시에 백성들의 생활유지를 위해 필수물자의 보급이야말로 군주된 자의 책무임을 인정하였다. 이런 인정적(仁政的)인 견지로부터 황제는 억지로 곡물가격을 법권(法權)으로 통제한다는 아주 위험하고 효과도 지극히 의심스러운 정책을 시행키로 한 것이다. 즉, 흉년이 계속되는 한 곡물류는 모두 일정한 가격-사실 그것은 최대로 풍년이 든 해에도 거의 볼 수 없을 만큼 싼 값으로 판매하도록 이것을 법령으로 규정한 것이다. 그리고 황제 자신이 먼저 수범적으로 법의 권위를 높이고자 히에라폴리스(Hierapolis)·칼키스(Chalcis), 심지어 이집트의 곡창지대에서까지 강력한 명령으로 집하(集荷)해 온 소맥 42만2천 모디우스(modius/modii)*를 법정가격으로 시장에 방출하였다. 그 결과는 대략 예상할 수 있었지만, 머지않아 사실 그대로 나타났다. 즉, 이런 황제의 특별 배려로 방출한 소맥을 매점한 것은 모두 부유한 호상들 뿐이었고, 한편 지주나 곡물보유자들은 시민에 대한 관행적인 공급량까지 보류시키고 말았다. 그리고 시장에 나온 극소량의 곡물도 모두 비밀리에 불법적인 비싼 값으로 팔리는 형편이었다. 그럼에도 불구하고 율리아누스 황제 자신이 여전히 자기의 정책만 예찬할 뿐 전혀 시정조치를 취하지 않은데 대하여, 시민들의 원성은 이것을 저 잘난 체하는 자의 배은망덕행위로 받아들였다. 안티오크시 당국자에게는 율리아누스 황제 역시 그의 피 속에는 형인 갈루스 부황제의 잔인성까지는 아니더라도, 그의 완미성(頑迷性)만은 그대로 이어받고 있다고 밖에는 생각되지 않았다. 따라서 시 참사회에서의 간언도 다만 그의 완고한 마음을 더욱 자극했을 따름이었다. 아마도 사실이겠지만, 간단하게 그가 믿어버린 것은, 안티오크 시 참사회 의원들도 모두가 지주든가 상업에 종사하는 사람들 뿐으로서, 이 사람들 자신이야말로 오히려 이 국토의 재난을 조성한 장본인들이라고 생각한 그것이다. 그러므로 그들이 행한 괘씸한 간언도 필경은 공공의 의무라기 보다도 사리사욕에 대한 관심을 중요시한 불순한 동기에서 나온 것으로 판단한 것이다.

여기서 황제는 부유한 상류계급 시민들로 구성된 200명의 참사회 의원 전원을 감시하에 황궁으로부터 감옥으로 송치시켜 버렸다. 물론 전원은 그날 중으로 귀가가 허용되었다. 이처럼 참사회 의원들만은 간단하게 면죄받았지만, 다만 가장 중요한 황제 자신은 시민들로부터 면죄받지 못하였다. 똑같은 불만은

---

* 이 곡물수집 대목은 율리아누스 황제의 「미소포곤」 pp. 505~507(로브판)에 상세하다. 다만 본문에 소맥 42만2천 modii로 되어 있는 것은 어쩌면 기번의 계산 잘못이 아닌가 생각된다. 왜냐하면 「미소포곤」에 의하면 전후 4회에 걸쳐 44만 2천 modii의 구휼 소맥을 준 것으로 읽을 수 있기 때문이다. 여기서 modii란 라틴 세계에서 곡물류에 사용한 용량 단위로서 후세에 정해진 바, 부셸(bushel, 1부셸은 36리터, 또는 8갤론)의 약 1/4에 해당한다. 율리아누스 황제는 이런 소맥을 빈부의 차와 계절 변화에 따라 3단계 가격을 설정해서 판매케 하는 일종의 사회정책을 시행했던 것 같다.

여전히 똑같은 수소(愁訴)로서 계속 나타났는데, 이것들은 시리아계 그리스인들의 기지와 경박성의 좋은 먹이가 되어 재빨리 시민간에 만연되었다. 예를 들어 교만방자성이 극에 달했던 사투르날리아 축제가 진행된 며칠 동안, 안티오크시 거리 거리에서는 불평 불만의 노래소리가 넘쳐흘렀는 바, 그것들의 가사는 승리자인 율리아누스 황제의 법과 신앙, 게다가 사사로운 행동으로부터 심지어 구레나룻까지도 빈정대는 내용의 것이었다. 더욱이 이런 행위를 시 당국도 단속치 않고 묵인했으므로 민중은 모두가 관헌에게 갈채를 보내는 형편이었는데, 이것은 명백히 안티오크시 모든 시민의 감정을 노골적으로 표현하는 것이었다. 이들 민중으로부터 이런 모욕을 받자, 그렇지 않아도 감수성이 예민한 성격에다 절대권력까지 장악한 군주인지라, 보통사람 같으면 그도 격한 나머지 감정에 사로잡혀 즉각 보복행위로 나갔겠지만, 여기가 바로 성인 철학자 소크라테스를 스승으로 숭앙하는 율리아누스 황제였던 만큼, 그런 행위는 굳게 거부하였다. 만일 이것이 폭군이라면 아마도 안티오크의 시민들은 한 사람도 남김없이 생명과 재산을 무차별적으로 빼앗겼을 것이고, 한편 싸우기를 싫어하는 시리아인들도, 황제에게 충성을 다 바치는 갈리아군단의 음욕(淫慾)과 탐람(貪婪) 그리고 잔인한 만행에 대하여 인내성 강하게 참는 수밖에 없었을 것이다. 설령 그 처단이 좀더 관대했다 하여도, 그것은 아마 이 동방수도(안티오크시를 말하는 것)의 명예와 제 특권을 모두 박탈했을 것이고, 그렇게 되면 이것이야말로 바로 국가 최고의 사정관된 사람의 위신을 보여주는 정의의 결단이라 하여 정신(廷臣)들은 물론 온 국민이 한결같이 칭찬의 목소리를 높였을 것이 틀림없다. 그럼에도 불구하고 본당자인 율리아누스 황제는 자기가 받은 일신상의 모욕에 대한 보복으로서 결코 국가권력을 동원하거나 남용하지 않았다. 그러면서 감히 이런 곡예를 해낼 수 있는 군주는 다시 없으리라고 생각케 할 만큼 참말로 평화적인 보복 수단을 취하는 것으로 만족하였다. 즉 그는 자기가 자신을 풍자하는 노래와 비방하는 벽보로 모욕당한 셈이므로, 이런 방법에 대하여 그 역시 『미소포곤(Misopogon)』(「구레나룻 혐오」라는 뜻)이라는 타이틀로 한편의 풍자문을 써서, 이로써 자기 자신의 결점을 아이러니칼하게 고백하는 한편 안티오크 시민들의 방자나약(放恣懦弱)한 습속에 대하여 신랄하기 이를 데 없는 풍자의 화살을 쏘아서 보복하였다. 심지어 황제 자작의 이 회답문을 황궁 궐문 앞에 공공연히 내붙이게 하였다. 이 『미소포곤』이라는 한편의 글은 율리아누스 황제의 분노와 기지 그리고 인간성과 경솔성을 나타낸 극히 특이한 기념물로 남겨졌다. 언뜻 보아서 웃어버릴 그런 형식을 취했지만, 그로서는 안티오크 시민을 도저히 용서할 수 없었던 것이다. 황제는 이런 시민을 다스리는 데에는 그야말로 적재적소로 보이는 인물을 주총독으로 새로 임명하고, 이로써 안티오크시에 대한 만강(滿腔)의 경멸을 표시하는 동시에 얼마간은 보복심을 만족시켰다(이 시리아주 총독의 이름은 알렉산드로스〈Alexandros〉다. 잔혹한 인물이었지만 안티오크시의 악풍을 엄중히 단속하고 그것을 바로 잡는 면에서는 적임자였다고 암미아누스-마르켈리누스의 『역사』와, 리바니오스의 『연설』 제15 등에 언급되어 있다). 그리고 이 배은망덕의 도시와는 영구히 관계를 끊는다는 의미도 포함시켰는지 그는 다가오는 겨울을 킬리키아 속주의 타르수스(Tarsus)시에서 보낼 작정임을 선언하였다.

그러나 이런 괘씸한 안티오크시에도 그의 고상한 정신과 높은 덕망으로 능히 이곳의 온갖 악업과 어리석은 행위를 보상하고도 남을 만한 시민이 적어도 한 사람은 있다고 율리아누스 황제는 평가하고 있었다. 그 사람은 소피스트인 리바니오스로서 이 동방 수도에서 태어나 니케아·니코메디아·콘스탄티노플·아테네 등 여러 도시에서, 그리고 만년에는 다시 이곳 안티오크시에서 수사학과 웅변술을 가르치고 있었다. 그의 학원에는 그리스인 청년의 입문생이 많았는데, 때로는 80명이 넘었다고 하는 그의 제자들은 비할 데 없는 최고의 스승이라고 한결같이 그를 찬양하고 있었다. 따라서 그의 경쟁자들은 당연히 리바니오스에게 격심한 질투심을 불태우고 있었는데, 이 때문에 그는 박해를 받아 이곳 시에서 저곳 시로 옮겨 다니면서 살지 않을 수 없었다. 바로 이 사실 자체가 그가 얼마나 탁월한 학문의 재능을 훌륭하게 발휘하고 있었는가를 나타내는, 말하자면 인기가 최고라는 확실한 증거였다. 사실 청년 율리아누스의 사부들도 성급한 결정이라면 그만이지만 하여튼 자기들의 적인 이 리바니오스의 강의에만은 절대로 참가하지 않겠다는 엄중한 서약까지 사전에 율리아누스하고 맺고 있었다. 그러나 이 젊은 공자의 그에 대한 호기심은 억제당하면 당할수록 더욱 불타 올랐다. 위험하다는 이 철학자의 저작을 남몰래 입수하여 탐독했는데 이리하여 그의 문체를 완전히 모방한다는 점에서는 점차 그가 데리고 있는 직제자(domestic pupil)들의 발전속도를 훨씬 능가하고 있었다. 그는 이제 제위에 오르자 어떻게 해서든지 이 시리아 태생 그리스인 철학자를 따뜻이 맞아 들여서 그의 은공에 보답하고 싶은 간절한 소망을 공공연히 입에 담게 되었다. 생각컨대 리바니오스야말로 타락하고 퇴폐화한 시대에 그리스인적인 취미와 그 습속, 나아가서는 그 종교까지도 내내 지켜온 인물이었다(리바니오스는 이교도로서, 기독교에 대하여 구래의 신앙을 기회 있을 때마다 변호하였다). 더욱이 자부심 높은 철학자의 신중한 긍지를 알게 되자 그에 대한 황제의 경모심은 날로 높아 갔으며, 자기의 정당성에 대해 한층 더 확신을 가지게 되었다. 즉, 앞다투어 콘스탄티노플 황궁에 문안드리러 찾아드는 무리들과는 달리, 이 리바니오스는 안티오크시에서 조용히 황제의 도착을 기다리고 있었던 것이다. 더욱이 맨 처음에 황제에게서 자기를 대하는 태도가 얼마간 싸늘하고 무관심하다는 느낌을 받게 되자 곧장 궁전에서 퇴출하고, 그 이후는 입궐하라고 부를 때는 반드시 정식 초청장을 보내줄 것을 요구하였다. 다만, 황제에게 사후(伺候)할 때마다 그는 반드시 귀중한 교훈을 일러줌을 상례로 하였다. 예컨대 명령만으로 신하의 신종을 강제하는 것이 가능할는지는 모르지만, 참된 우정을 얻으려면 먼저 거기에 해당하는 인간이 되어야 한다는 것이었다. 적어도 철학자라고 불리울 정도의 인간이라면, 그는 언제 어느 시대에도 문벌, 재산 등 우연한 인간차별 요소는 전적으로 멸시하거나 최소한 멸시하는 것처럼 가장하는 것이 상례이고, 참된 인간평가는 자기 자신이야말로 충분히 혜택받은 사람들이라고 생각하는 그런 정신적 우월성에서 판단하는 법이다. 율리아누스 황제도 오직 자의(紫衣)를 우러러 받들 뿐이라는 이욕본위(利欲本位)의 정신들의 칭찬 따위는 오히려 혐오의 정을 가지고 들었지만, 그렇기 때문이야말로 황제의 특별한 보살핌조차 거절하면서 오로지 황제 그 인간을 사랑하고, 그의 명성을 축복하며, 후세에 남을 유명까지 배려해주는 이 불기독립(不羈獨立)의 철학자로부터의 찬사와 훈계, 그리고 그의 직간이나 선망(羨望)만은 스스로 기쁘게 받아들였다. 리바니오스의 저작은 오늘날에도 막대한 양이 남아 있지만, 그것의 대부분은 단지 언사(言辭)의 학문만을 연구하는데 일생을 바친, 한 웅변가의 공허하거나 쓸모없는 작품에 지나지 않는다. 환언하면, 당대 사람들의 문제 등에는 일체 무관심하고, 오로지 트로이 전쟁이라든가 아테네 공화국에 관한 이야기만을 써 놓은 은둔자적 학자의 정신이 낳은 산물에 지나지 않는다. 그러나 이 안티오크시 출신 철학자도 때로는 그의 공상적인 가공의 높은 곳에서 지상에 내려오는 일도 있었는 바, 그런 의미에서는 실로 여러가지의, 그것도 노작으로 볼 수 있는 서한류를 많이 남기고 있다. 그런 서한류에 의하면 그는 당대의 미덕을 찬양하고도 있었지만, 이와 반대로 공사(公私) 생활상의 폐풍악덕을 실로 대담하게 규탄하고 있다. 그리고 안티오크시에 대한 율리아누스 황제와 테오도시우스 황제(Theodosius I, 재위 379~395)의 당연한 분노에 대하여 그는 오히려 시(市) 측에 서서 그것을 크게 변호하는 글을 쓰고 있다. 노령자들에게서 볼 수 있는 공통적인 불행은, 본래 늙은 것이 바람직한 것으로 보여지는 장점들의 여러 가지를 오히려 상실한 데 있는 바, 이런 기준에서 볼 때, 리바니오스에게는 그만이 경험하지 않을 수 없었던 특이한 불행이 있었다. 그것은 그가 자기의 온갖 정성을 다 바쳐 정진해 온 종교와 학예부문이 모두 시들고 망해버린 뒤 끝에도 아직 살아 있지 않으면 안된다는 그것이었다(그의 생애는 314~393년 간으로서 80세 가까이나 장수하였다). 율리아누스 황제의 마음의 벗이던 그는 이윽고 기독교의 승리를 분노로 들끓는 가슴을 안은 채 조용히 방관하는 도리밖에 없었다. 그가 본 세계의 장래는 전적으로 어두운 사회로 밖에는 생각되지 않았다. 편협하고 고루한 그의 편집성은 하늘의 영광과 행복에 관해서도 이미 밝은 희망 따위를 가지는 것을 허용하지 않았다.

비육지탄(髀肉之嘆)을 품고 있던 율리아누스 황제의 군사적 초조감은 봄이 오자 곧 출진을 진행케 하였다. 안티오크시 당국도 황제의 출진을 시 경계선까지 시 참사회 의원들로 하여금 배웅시키고자 했지만, 여기서 황제는 오히려 질책에 가까운 경멸의 태도로 그들을 되쫓아 버렸다. 이미 두번 다시 이곳을 찾을 생각이 없음을 굳게 마음 먹었던 까닭이다. 2일 간에 걸친 난행군 끝에 3일째에는 베뢰아(Beroea, 아렛포)시에 도착하였는데, 여기서도 그는 심각한 고민에 싸여야만 하였다. 즉, 베뢰아시 참사회는 전원이 거의 남김없이 기독교도임을 알았기 때문이다. 이교의 사도임을 자처하는 황제의 열렬한 설교에도 그들은 다만 냉정하게 형식적인 표경(表敬)의 반응만을 나타냈을 따름이었다. 게다가 이런 일까지 있었다. 이 도시에서도 최고 명문가의 자제라는 사람이, 이욕(利欲)을 위한 생각에서였는지 또는 본심으로부터 그랬는지, 어쨌든 황제의 이교를 신봉하게 되었는데, 이것이 그의 아버지의 노여움을 사서 폐적(廢嫡)되었다. 황제는 이 부자 두 사람을 함께 식사에 초대하였다. 그리고 황제 자신이 두 사람 사이에 끼어 앉고는 줄곧 관용의 가르침을 실례까지 들어가면서 설득하여 화해시키려 했으나 결과는 완전 실패로 끝났다. 부자간의 자연스러운 애정도, 신하로서의 의무도 모두 잊어버린 것처럼 보이는 이 늙은 기독교도의 광신성에는 황제도 일단 조용하게 그의 주장에 귀를 기울였고 또 이해한다는 것까지 보여 주었지만, 드디어 마지막에는 고민하는 그 아들을 돌아보고 이렇게 말했다.「과인을 위하여 그대는 아버지를 잃었으니 금후에는 과인이 아버지의 대역을 맡는 것이야말로 과인의 의무여야 할 것으로 안다.」그러나 다음 거리인 바트네(Batnae) - 히에라폴리스시에서 약 20마일 쯤 떨어진, 측백나무 숲에 둘러싸인 쾌적한 작은 읍 - 에서는 훨씬 따뜻한 환영을 받았다. 거리의 주민들은 수호신으로서 유피테르와 아폴론신을 숭배하는 모양인지 빈틈없이 이런 신들에게 바칠 엄숙한 공희를 준비하고 있었다. 그러나 그들의 소란스러운 환영 모습은 오히려 황제의 깊은 신앙심을 상하게 하였다. 제단에서 피어오르는 향연이 신앙의 훈향이라기 보다도 차라리 아부의 그것에 가까운 것임을 너무도 뚜렷이 알 수 있었기 때문이다. 몇 세기 동안에 걸쳐 히에라폴리스시를 장식해 온 장려한 고대 신전은 이미 간 곳이 없고, 300명 이상되는 제사단(祭司團)을 충분히 양육하고도 남았다고 일컬어지던 신전소유 재산은 오히려 헛되게 신전의 붕괴를 재촉하는 역할을 했을 뿐이었다. 그러나 율리아누스 황제는 여기서 철학자이며 벗이기도 한 한 사람을 발견하고 크게 만족하였다. 이 인물이 표시한 신앙의 견고성은 콘스탄티우스 황제와 갈루스 부황제(이들은 히에라폴리스시를 지나갈 때 항상 그의 집에서 머물렀다)의 거듭된 집요한 요청에도 불구하고 완강히 그것을 거절해 왔던 것이다. 전쟁준비에 정신없이 바쁜 나날이나 또는 그의 가신(家信)에서 보듯이 퍽 느슨한 기분으로 편안하게 있을 때도, 율리아누스 황제의 열렬한 신앙심은 조금도 변함없이 발랄하였다. 이제 그는 중대하고도 곤란한 전쟁에 돌입하게 되는데, 그 결과에 관한 불안때문인지 매우 사소한 징조에 대해서까지 그의 마음은 한층 예민해져서 그런 것을 일일이 기록에 남기도록 하였다. 생각컨대 점복술의 이법(理法)에 의하면, 미래에 관한 일체의 지견(知見)은 모두 이런 징조에서 도출할 수 있는 것으로 확신하고 있었기 때문이다. 히에라폴리스 시까지의 행군도정에 대하여 그는 리바니오스에게 멋진 서신을 보내어 그것의 상세한 내용을 알리고 있는데(율리아누스,「서한」제58 〈로브판〉), 이 서한이야말로 대단히 뛰어난 그의 문재(文才)와 더불어 이 안티오크시의 철학자에게 따뜻한 우정을 실로 훌륭하게 나타낸 것이라고 볼 수 있다.

히에라폴리스시는 유프라테스강 거의 강가에 면한 도읍인데 로마군은 이곳을 전군의 집결지로 지정하고 있었다. 여기서 그들은 사전에 준비해 놓은 선교(船橋)를 이용하여 곧 도하작전을 완수하였다. 만일 율리아누스 황제의 성격이 선제인 콘스탄티우스의 그것과 닮았더라면, 아마도 중대한 이 활동계절을 사모사타(Samosata)시의 대 경기장이나, 에뎃사(Edessa)시의 교회 등에서 헛되이 보냈겠지만, 바로 여기가 콘스탄티우스 황제와 달라서 알렉산더 대왕을 사표(師表)로 삼는 율리아누스 황제인 만큼 그대로 곧장 카르레(Carrhae)시를 향하여 진격을 계속하였다. 이곳은 히에라폴리스시로부터 약 80마일 정도 떨어져 있는 메소포타미아 지방에서도 가장 오래된 도시의 하나였다. 월신(月神)의 신전이 황제의 신앙심을 퍽 북돋았지만, 그것도 불과 며칠 동안의 체류에 지나지 않았고, 모든 것을 페르시아 전쟁을 위한 준비를 끝내는데 바쳤다. 그런데 이때까지 그는 이번 페르시아 원정에 관한 모든 전략 전술의 비책을 자기 혼자만의 가슴속에 간직하고 있었으나, 이 카르레시가 2대 가도의 분기점이기도 하거니와, 앞으로 사포르왕의 페르시아령에 대한 주공격방향을 티그리스강 쪽으로 정할 것이냐, 아니면 유프라테스강 쪽으로 할 것인가에 대하여 더 이상 작전계획을 비닉할 수 없게 된 것이다. 여기서 황제는 먼저 3만의 별동부대를 편성하여 이에 대한 지휘를 집안사람 중 한 사람인 프로코피우스(Procopius)와 한때는 이집트 속주의 독군 직위에 있던 세바스티아누스(Sebastianus)의 두 사람에게 위임키로 하였다. 그리고 그들에게는 곧 니시비스(Nisibis)시를 향하여 진격해서 티그리스강에서의 도하작전을 결행하기에 앞서, 먼저 변경지역 일대를 확보함으로써 적의 게릴라전식 침입을 저지시키도록 하라는 명령을 내렸다. 그 이후의 행동에 대해서는 모든 것을 두 지휘관의 판단에 일임하였는데, 이들에 대한 황제의 기대는 그들이 연이어 메디아(Media), 아디아베네(Adiabene) 등 풍옥한 지대를 병화로 유린해 버리고, 한편 황제 자신도 유프라테스강 안을 따라 대략 같은 행정으로 진격하여 이윽고 페르시아 왕국의 수도(크테시폰 〈Ctesiphon〉)를 포위공격할 무렵에는 그들도 같은 수도 성벽 밑에서 합류하게 될 것이라는 계산이었다. 하기야 이처럼 교묘한 작전계획의 성패여하는 무엇보다 아르메니아왕의 강력한 지원을 곧 얻을 수 있느냐 없느냐에 크게 달려 있었다. 아르메니아왕은 자국 영토의 안전을 걸 것도 없이 기병 4천과 보병 2만 정도의 원병은 능히 차출할 수 있을 것이었기 때문이다. 그런데 우유부단한 아르메니아왕인 티라누스(Tiranus, Arsaces)는, 그의 아버지인 코스뢰스(Chosroes)도 마찬가지였지만,

더 올라가 저 위대한 시조왕인 티리다테스(Tiridates)의 상무정신에서는 멀리 떨어진 수치스럽고 용렬한 인물이었다. 담력이 작고 겁이 많은 이 아르메니아왕은 위험하거나 영광된 사업 등이라면, 모든 것을 까닭 없이 싫어했던 것인데, 이번의 율리아누스 황제의 원군 파견요청에 대해서는 자기의 겁나(怯懦)와 무기력함을 호소하기 위한 구실로 종교·감은(感恩)이라는 그럴듯한 이유까지 들고 나와서는 완곡하게 거절한 것이다. 즉, 그가 민정총독 아블라비우스(Ablavius)의 딸인 올림피아스(Olympias)를 아내로 삼을 수 있었던 것도 오로지 선제인 콘스탄티우스의 은혜에 의한 것이라고 하면서 선제에 대한 깊은 경애의 정을 명확히 말하였다. 사실 콘스탄스 황제의 황후로 예정해서 교육 받아온 여성과 결혼할 수 있었던 것은 이 만족왕의 위신을 크게 높여 주었다. 게다가 그는 그리스도교를 공공연하게 믿었고 영내의 백성들도 모두가 기독교도였다. 그렇기 때문에 기독교회를 멸망시키는 결과를 초래하게 될 그런 전쟁의 승리를 위해 협력한다는 것은, 양심상으로나 또 이해관념상으로도 크게 꺼리는 것으로 설명되었다. 그렇지 않아도 로마제국에서 이반되어 가던 티라누스왕의 마음은, 이 아르메니아왕을 마치 자기의 노예나 또는 신들의 적대자인양 취급해 온 율리아누스 황제의 경솔한 행동에 대하여 한층 더 그를 원망하고 노여운 마음을 더 깊게 가지게 된 것이다. 위협과도 같은 황제의 고압적인 명령이 왕의 내심의 분노를 자각케 하였다(이 명령서 같은 것이 남아서 공포되었는데, 오늘날에는 위작〈僞作〉인 것으로 평가되고 있다). 지금은 비록 굴욕적인 예속관계에 있다지만, 근본을 따지자면 역대 동방의 왕자이며, 로마황제의 대항적이던 고대 아르사케스 왕통의 후예라는 것을 그는 지금도 결코 잊지 않고 있었다.

율리아누스 황제의 작전의도는 적측 밀정들을 교묘하게 기만하여 사포르왕의 주의를 다른 곳으로 돌리게 함에 있었다. 확실히 로마군단의 진격은 니시비스시와 티그리스강을 목표로 하는 것처럼 보였다. 그런데 갑자기 그들은 오른쪽으로 방향을 바꾸어 평탄하고도 무방비의 카르레 평야를 횡단하여 사흘째는 이미 유프라테스 강변에 이르고 있었다(3월 27일의 일). 여기에는 일찍이 마케도니아왕들이 창건한 바, 별명이 칼리니쿰(Callinicum)인 니케포리움 (Nicephorium)이라는 견고한 방색도시(防塞都市)가 있었는데, 황제는 이곳을 지나 다시 유프라테스강의 구부러진 수로를 따라 90마일 이상이나 더 진격을 계속하여, 안티오크시를 진발한 때부터 약 1개월 후에는 벌써 로마제국 영토의 최동단인 키르케시움(Circesium)시의 망루군을 멀리서 바라볼 수 있는 지점에까지 이르고 있었다. 생각컨대 이번 원정군은 일찍이 로마 황제들이 대 페르시아 전쟁에 동원한 원정군으로서는 최대의 병력일 뿐만 아니라 그것은 훈련이 완벽하게 이루어진 6만 5천의 정강병으로 편성되어 있었다. 각 속주에서 엄선된 로마인과 만족으로 구성된 모두가 노련한 기병부대와 보병부대들이지만, 그 중에서도 특히 그의 충성심과 무용면에서 한층 더 우수한 부대는 사랑하는 황제의 신변과 옥좌를 경호하며, 정한(精悍)하기가 비할 데 없는 갈리아 군단이었다. 또한 스키타이인들로 편성된 가공할 보조군도 파송되어 있었는데, 이들은 마치 낯선 타향의 별세계에서 온 것이나 다를 바 없었지만, 이들도 이제 종전에는 이름도 위치도 몰랐던 자기들의 고향과는 멀리 떨어진 다른 나라를 침공하려는 것이었다. 게다가 그의 호전성과 약탈욕 때문에 로마군의 정기 밑으로 달려온 얼마간의 사라센인과 유목생활을 하던 아랍인 부족도 있었는데, 율리아누스 황제는 이들을 자기의 지휘 하에 편성시키고는 있었지만 관례에 따른 보상금 지불만은 완강히 거부해 오고 있었다. 넓은 유프라테스강의 수로는 로마군 진격에 수행하면서 그의 보급요구에 부응하는 대소 선단 1,100척에 의하여 꽉 메꾸어져 있었다. 전투용 함대는 무장 갤리선 50척에 지나지 않았지만, 이것들은 언제나 같은 수 만큼의 평저선(平底船)을 수항(隨航)케 하여 필요할 때는 곧 선체를 연결하여 임시로 선교(船橋)를 만들 준비를 갖추고 있었다. 나머지 선박은 모두가 일부는 목조이고, 또 일부는 생우피를 씌워 만든 것들로서, 여기에는 거의 무진장이라고 할 정도로 무기·공성구(攻城具)·집기류·식량 등을 만재하고 있었다. 조그마한 일에도 세심한 배려를 돌리는 율리아누스 황제인 만큼, 그는 병사들의 식용으로서 식초와 비스켓류까지 대량으로 준비하는 것을 잊지 않았다. 다만 음주만은 엄격히 금지하여 주류는 가져오지 못하게 하였으며, 또 원정군 후미를 따라오게 하려던 쓸모 없는 낙타군의 대행렬도 금지시켰다. 키르케시움시는 카보라스(Chaboras)강이 유프라테스강과 합류하는 지점에 위치하지만, 여기서도 예에 따라 로마군은 진군나팔이 울려퍼지자마자 곧 양대국을 경계짓는 이 조그마한 강을 단번에 건넜다. 이런 경우에 고대 군대의 관행에 의하면, 도하작전이 있기 전에 먼저 총사령관이 연설하기로 되어 있는데, 율리아누스 황제도 여기서 자기의 웅변술을 과시할 기회를 포착하는 데는 언제나 빈틈이 없었다. 이때도 그는 부조들의 불굴의 용기와 영광스러운 승리의 실례들을 들어 설레고 날뛰는 전군의 사기를 더욱 고무하였다. 그는 페르시아인들의 오만불손성을 생생하게 묘사함으로써 그들의 분격을 부추키는 동시에 이런 배신자들이며 불충실한 국민을 단번에 섬멸하든가, 그렇지 않으면 조국을 위하여 일신의 생명도 여기에 걸고 있는 자기의 굳은 결심을 그들도 본받아 줄 것을 간절히 요망하였다. 또한 그의 웅변은 모든 병사들에게 은화로 130매의 임시상여금을 지출할 것을 공약함으로써 한층 더 설득력을 가중시켰다. 그리고 카보라스강을 건너고 나면 다리는 곧 파괴될 것인 즉, 자기 한 몸의 안전을 기하고자 한다면 우리 군의 승리에 의거하는 수밖에 없다는 각오를 전군에게 철저화시켰다. 그러나 율리아누스 황제의 심려(深慮)는 단순히 그것 뿐이 아니었다. 끊임없이 적성 아랍인들의 침구 하에 노출되어 있던 먼 변경지역의 방위까지 굳건하게 하였다. 이를 위하여 키르케시움시에는 4천의 병력을 잔류 시켰는데 이로써 이 중요한 요새도시를 지키는 정규 수비병력은 실로 1만에 이르게 되었다(암미아누스-마르켈리누스, 역사 제23권 3-5장, 율리아누스 황제 서한 제58, 리바니오스 「추도연설」 등 참조).

행동력과 책략성이 모두 뛰어난 로마군은 적국의 영내에 들어서자마자 진격 태세를 3개 종대로 재편성하였다. 먼저 보병부대(이것은 당연히 전군의 주력으로 생각해도 좋았지만)는 총사령관 빅토르(Victor)의 직접 지휘 하에 군의 중앙에 배치되었다. 우익은 용감한 장수인 네비타(Nevitta)가 통솔하는 수개 군단이 유프라테스강을 따라서 진격하였는데, 이 부대는 당연히 거의 끊임없이 선단을 자기들의 시계 내에 멀리 바라보면서 진격하였다. 전군의 좌익을 지키는 것은 기병대의 임무였다. 이 기병부대의 사령관으로는 호르미스다스(Hormisdas)와 아린테우스(Arinthaeus)의 두 사람이 임명되었는데, 그 중 호르미스다스의 기묘한 경력에 대해서만은 얼마간 언급해 둘 필요가 있을 것으로 생각한다(그는 페르시아 왕실의 왕족으로서 사포르 2세 왕하고는 재종 4촌 이상의 먼 친척간이다. 기구한 운명의 생애는 대략 본문과 같지만, 상당히 거짓도 섞여 있는 것 같다). 원래 그는 페르시아 왕족의 한 사람이며 더욱이 사산조(Sasan 朝, 226년 Ardashir Ⅰ세가 창건하고 651년 아라비아인에 의하여 멸망된 이란 왕조)왕족 출신이다. 지금의 사포르왕이 아직 소년이던 시절에 국내 분쟁이 일어나자 그는 투옥된 몸이었지만, 용케 탈출하여 콘스탄티누스 대제의 궁정으로 도망쳐 보호를 요청하였다. 처음에는 새 군주인 로마 황제들의 동정을, 나중에는 그의 신임을 받게 되었는데, 그의 무용과 충성심은 로마군의 요직으로까지 승진케 하였다. 기독교도였지만, 한쪽에서는 자기를 저버린 조국에 대해 모욕당한 한 신하의 원한이 그 얼마나 위험한 적으로 될 수 있는가를 보여 주겠다는 생각을 남몰래 품고 있었던 것 같다. 그건 그렇다치고, 주력부대의 3개 종대 배치상황은 대략 이상과 같다. 전면 및 좌우 양익의 엄호와 수색을 담당한 것은 루킬리아누스(Lucilianus)인데, 그는 1,500명의 경장비병으로 편성된 유격대를 이끌고 있었다. 이 루킬리아누스 부대의 민첩한 경계활동은 만일 적이 접근하는 것을 보면, 아무리 먼 곳이라 해도 그들의 징후를 알아내어 곧 보고하곤 하였다. 후미군의 지휘는 다갈라이푸스(Dagalaiphus)와 오스뢰네(Osrhoene) 속주의 독군인 세쿤디누스(Secundinus)가 담당하였는데, 치중부대는 이런 종대열 사이에서 안전하게 전진하도록 되어 있었다. 더욱이 실익을 위해서인지, 아니면 병력과시를 위해서였는지, 어쨌든 매우 넓게 거리간격을 취했으므로 전군의 총연장거리는 거의 10마일이나 뻗어 있었다. 다음은 황제 자신의 위치였는데, 통상이라면 대개 중앙 종대 맨 앞에 위치하는 것이 상례이다. 다만 군주의 입장이라기 보다도 일개 장수로서의 책무를 훨씬 중요시한 그로서는 소수의 기병부대를 호위로 따르게 할 뿐, 어떤 때는 선두에, 어떤 때는 후진, 또 어떤 경우는 양익에 그 모습을 나타내어 군의 진격을 고무격려하였고, 또 그의 출현이 도움이 될 상황에는 언제든지 그런 곳으로 신속히 이동해 가곤 하였다. 카보라스강에서 앗시리아의 농경지대에 이르기까지의 사이는 이미 아라비아 사막의 일부로 간주해야 할 곳인데, 이곳은 완전히 건조불모의 국토로서 아무리 온갖 수단방법을 총동원하여 경작노력을 집중한다 해도 도저히 개간이 불가능한 황무지이다. 지금 막 율리아누스 황제가 진격하고 있는 이 국토는 일찍이 700년 훨씬 이전인 그 옛날, 젊은 큐로스(Kyros, BC 424경~401. 다레이오스 2세〈Dareios Ⅱ. Nothos, 재위 BC 424~405〉의 막내 아들. 소아시아 총독이었으나 형인 아르탁세르크세스 2세〈Artaxerxes Ⅱ. 재위 BC 404~358〉의 왕위를 빼앗고자, 페르시아병과 그리스 용병을 규합하여 쿠나크사〈Kunaxa〉에서 형의 군대와 크게 회전했으나 전패사한 사람)가 그의 발자취를 남겼던 곳과 같은 지역으로서, 그 당시 원정군의 동행자 중 한 사람이 바로 저 영웅적인 철학자 크세노폰(Xenophon, BC 430경~354. 그리스의 군인·역사가. BC 401년, 1만의 그리스 용병과 함께 큐로스의 반역적 원정에 참가했으나 큐로스가 전사한 후, 패전한 그리스 용병을 이끌고 천신만고 끝에 메소포타미아에서 흑해로 나간 다음 해로로 BC 399년에 겨우 그리스로 돌아온 사람. 이때의 원정기가 〈Anabasis〉 이다)인데, 그는 이 지역에 대하여 이렇게 쓰고 있다.「이곳은 망망대해와도 같이 일망무제의 평탄한 벌판이다. 바라보는 한 향쑥(쑨쑥) 만이 있다 하면, 모두가 향기가 너무 강하여 코를 찌를 지경이고, 교목은 한 그루도 보이지 않았다. 동물이란 들기러기·타조·영양·야생당나귀류 뿐이었다. 이것들을 사냥하는 재미만이 장도행군의 피로를 잊게 해 주었다」(아나바시스, 제1권 5절). 건조한 사막의 모래는 바람 때문에 자주 황사현상이 되어서 하늘에서 춤추었는데, 뜻하지 않았던 폭풍에 한번 맞닥뜨리면 수많은 병사들이 들어 있는 천막과 함께 갑자기 대지 위에 내동댕이쳐지는 일도 드물지 않았다.

이처럼 메소포타미아의 대사막 평원은 영양과 야생 당나귀 등 사막성 동물만의 서식지로 되어 있지만, 일단 유프라테스 강안지대나 또 강의 수로로 말미암아 여러 곳에 만들어진 섬들에는 주민이 많은 여러 거리와 부락이 아주 한가롭게 형성되어 있었다. 그런 것들 중에서 아랍 족장(族長, emir)의 거주지로 되어 있는 아나(Anah) 또는 아나토(Anatho)시는 두 줄기의 기다란 거리로 형성되어 있었는데, 이곳은 천연의 요새로서, 그 경계선 안에는 유프라테스강 중류에 있는 조그마한 섬 하나와 또 그 양안에 전개된 녹지대 2개소가 들어 있었다. 그런데 호전적인 이곳 아나(아나토) 시민들은 어떻게 해서든지 로마군의 진격을 여기서 저지시키기로 결의하고 있었다. 그러나 그들의 위험한 이런 전의(戰意)도 상기한 바, 기병부대의 한 사령관인 호르미스다스의 온건한 선무공작도 있었거니와, 다가온 로마군 육해군의 엄청난 위용에 축기가 들었는지, 결국은 생각을 바꾸어 오히려 율리아누스 황제의 자비를 간청함으로써 용서받았다. 즉, 황제는 모든 주민을 시리아 속주의 칼키스(Chalcis)시에 가까운, 매우 유리한 새 식민지로 이주시켰을 뿐만 아니라 그의 지도자인 푸세우스(Pusaeus)에게는 황제의 부하로서의 명예로운 지위와 우호의 표장까지 수여하였다. 한편 난공불락을 자랑하던 틸루타(Thilutha) 요새는 로마군의 공략경고 따위는 처음부터 코웃음쳐 물리치고 있었다. 만일 황제가 앞으로 페르시아 오지에 있는 여러 주까지 정복하는데 성공한 그때라면 우리 틸루타 요새로서도 그 이상 정복자인 황제의 승리에 첨화축복하는 일을 거부하는 행동으로는 나가지 않겠다는 무례하기 이를 데 없는 굴욕적인 서약만으로 황제도 만족하는 수밖에 방법이 없었다. 그러나 문제는 이 요새 밖에서 무방비 상태의 거리에 살고 있는 일반주민들이었는데, 그들은 저항능력도 없거니와 그렇다고 해서 항복하지도 않겠다고 했으니, 결국은 급히 도망치는 수밖에 다른 방법이 없었다. 여기서 약탈품과 양식으로 가득찼던 그들의 집들은 순식간에 로마 병사들의 손으로 점거 약탈되었고, 미처 도망치지 못한 맨손의 부녀자들은 인정사정 없는 병사들에 의하여 모두 학살되고 말았다. 이와 같은 진격 중에도 페르시아군의 장수, 즉 수레나스(Surenas, 단 이것은 기번의 착오라고 한다. 즉, Surenas는 將帥·將領·將軍이 아니라 원래 페르시아의 명문 가문의 이름이라고 한다)와 저 갓산족(Gassan 族, 시리아 속주의 변경지역에서 옛날부터 살아온 아랍인 부족. 한때는 다마스커스까지 남하하여 이곳을 지배한 시기도 있었다)의 이름 높은 족장인 말레크 로도사케스(Rodosaces, Malek) 등은 어디까지나 로마군 주변에 출몰하면서 낙오병을 보면 포로로 잡았고, 소부대라고 보면 곧 공격하는 등 게릴라전을 전개한 바, 사실 저 용감한 호르미스다스조차 이들의 기습을 받고 겨우 그들로부터 탈출한 일도 있었을 정도였다. 그러나 이 만족들도 마지막에는 끝내 격퇴되었지만, 한편 지형조건은 날이 갈수록 기병대 활동에는 불리해가기만 하였다. 그리고 로마군이 마케프락타(Macepracta)까지 도달했을 때, 거기서 본 것은 그 옛날 앗시리아의 여러 왕들이 미디아인(Medes)의 침구로부터 영토를 지키기 위하여 구축한 성벽이었는데, 그것은 폐허화된 유적뿐이었다. 율리아누스 황제 원정군에 의한 이와 같은 서전단계는 대략 15일 간이 소요되었는데, 키르케시움 요새로부터 마케프락타 성벽까지의 행정은 300마일 조금 못되는 것으로 볼 수 있었다.

티그리스강 피안에서 저 멀리 메디아 산맥까지 펼쳐진 앗시리아의 옥토는 이곳 마케프락타의 옛 성벽으로부터 바스라(Basra)지방에 이르기까지, 즉 이 지역에서 유프라테스와 티그리스의 두 강이 합류하여, 그대로 페르시아만으로 흘러들게 된 데서 형성된 셈인데 그 사이가 약 400마일에 이른다. 이런 국토야말로 메소포타미아(Mesopotamia, 그리스어로 두 강 사이에 있는 땅이라는 뜻)라는 호칭에 걸맞는 지역으로서 이 두 강 사이의 거리간격은 결코 50마일을 넘는 일이 없는데, 특히 바그다드와 바빌론 사이에서는 불과 25마일 미만의 근거리로 좁혀져 있다. 토양은 지극히 연약하여 파는 것이 매우 용이하기 때문에, 거의 무수(無數)할 정도로 많은 인공운하가 이 두 강을 연결시키고 있으며, 또 앗시리아 평원을 그물코처럼 종횡으로 촘촘하게 누비고 있었다. 이 운하들의 용도는 실로 다목적이고도 중요했다. 이 두 강이 각각 범람기를 맞으면 남는 물을 한쪽에서 다른 쪽으로 떨굴 수 있고, 또 이 두 큰 강 자체가 무수한 작은 지류들로 구성되어 있기 때문에 그것들에 의하여 건조된 땅을 언제든지 축축히 관수

시킬 수 있거니와, 비가 적게 오기라도 하면 부족수량을 서로 보충시킬 수도 있었다. 게다가 평화시에는 교역을 용이하게 했고, 반대로 전시에는 언제(堰堤)를 언제든지 무너뜨릴 수 있었으므로 갑작스런 인공홍수로 침략군의 진격에 대항하면서 앗시리아인의 절망감에 용기를 불어 넣을 수 있었다. 원래 앗시리아의 토양과 기후는 자연이 주는 그의 최선의 은혜, 즉 포도·올리브·무화과 등의 생육을 견결히 거부해 왔지만, 다만 인간생명을 지탱해 주는 식물류, 그 중에서도 소맥과 대맥에 대해서만은 무진장의 풍부성으로 이의 생산을 보장한 바, 종자만 뿌리면 농민들은 씨앗의 200배, 때로는 300배가 넘는 수확을 올리는 일도 결코 드물지 않았다. 국토 전반에는 무성한 종려림이 점점히 무성한데, 부지런한 토민들은 이런 종려나무의 줄기·가지·잎·수액·열매 등 모든 부분을 교묘히 가공하여 실로 360종류에 달하는 이것의 이용법을 혹은 시(詩) 형태로, 혹은 산문형식으로 찬양하고 있었다. 각종 제조업, 그 중에서도 특히 피혁과 마포(麻布) 생산에 종사하는 근면한 주민도 많았는 바, 이들이 만든 제품은 외국무역에서 귀중한 상품으로 되어 있었다. 다만 그런 교역을 전문적으로 행한 것은 모두가 이방인이었던 것 같다. 그 옛날의 바빌론시는 이미 왕실정원으로 바뀌어 있었지만, 폐허화된 이 옛 수도 가까이에는 연이어 새 도시가 건설된 바, 이런 도시가 그 얼마나 인구가 조밀했던가 하는 것은, 가옥은 햇볕에 말린 흙 벽돌을 쌓아 올려서 지으며, 그리고 역시 바빌론 지방의 자연토양으로 만든 특산의 역청(瀝靑, 고체의 아스팔트를 말하는 것)으로 굳힌 거리와 마을들이 거의 무수하게 형성된 것으로도 알 수 있었다. 큐로스의 후계왕들이 아직도 소아시아 지역을 통치하고 있던 무렵이지만, 이곳 앗시리아 지방의 생산물만으로도 산해진미의 호화판으로 차리곤 했던 대왕의 식탁과 대왕 일가의 그것을 적어도 1년에 3분의 1에 해당하는 기간은 충분히 꾸려 나갔다고 한다. 왕의 애완용인 인도산 개들을 키우기 위해서만도 상당히 넓은 부락이 네 군데나 지정되어 있었고, 또 왕실 마구간에는 종마 800두와 암말 1만 6천마리가 줄곧 국비로 사육되었다고 한다. 날마다 각 주의 태수로 하여금 바치게 하는 공납금이 영국화폐로 해서 은 1부셸(bushel, 36리터 또는 8갤론)이나 되었다고 하니 앗시리아주의 연간세입은 역시 영국화폐로 120만 파운드 이상이나 되었던 것으로 생각된다.

이렇게 풍요로운 앗시리아 평원이 율리아누스 황제에 의하여 이제 전화의 와중에 휩쓸리려고 하였다. 더욱이 이 철학자적 황제는 일찍이 페르시아의 왕들이 오만불손하게도 로마제국의 여러 속주 안에서 행한 약탈과 잔인행위에 대한 보복을, 이제 죄 없는 무고한 주민들에게 분풀이하려는 것이다. 공포에 질린 앗시리아인들은 그의 구원책을 양대하에 구하여 자기들의 손으로 국토의 황폐화작전을 실시하기로 하였다. 즉, 도로는 모두를 사용불가능하리 만큼 파괴하였고, 범람한 물은 막영 안에까지 흘러들게 하였다. 이후 며칠 동안은 율리아누스 황제군도 아주 불필요한 악전에서 고투하는 수밖에 없었다. 그러나 워낙 견인불굴하며 노고와 위험에도 완전히 익숙한 로마군단인 만큼, 이윽고 모든 장해를 극복함으로써 그들의 사기는 총지휘관인 황제의 정신에 의하여 오히려 높이 진작되어 있었다. 파괴흔적도 점차 복구되고, 가득찼던 물도 본래의 수로로 되돌려졌다. 종려 숲은 남김없이 벌채되어 파괴된 도로보수에 사용되었다. 그리고 로마군은 공기주머니로 지탱되는 뗏목부교를 만들어 넓고도 깊은 여러개의 운하를 무사히 건넜다. 앗시리아인의 불과 2개 도시만이 로마군에게 대항전을 전개했으나, 그들은 자기들의 경솔한 행동에 대하여 곧 엄혹한 보복을 받았다. 페르시아 수도인 크테시폰(Ctesipon)에서 50마일 밖에 안되는 지점에 페리사브르(Perisabr), 또 다른 이름을 안바르(Anbar)라고 부르는 도시가 있었는데, 이곳은 앗시리아주내 제2의 큰 도시로서 인구도 많고, 도시 주위는 견고한 2중 성벽을 쌓아 올린데다가 다시 유프라테스강 지류의 하나가 마치 해자처럼 거의 완전하게 이 도시를 둘러싸고 있었다. 더욱이 다수의 정강한 수비대까지 배치되어 있었다. 그들은 호르미스다스로부터의 투항권고를 모욕멸시하는 말로써 단호히 거부하였다. 자기 자신이 페르시아 왕족의 한 사람임을 잊고, 다른 나라의 군대를 이끌고 들어와 조국과 그 왕에게 반역행위를 한다는 것이 웬말이냐 하는 당연한 비난은 필시 이 페르시아 왕족의 귀에도 따가웠을 것이었다. 이와 같이 앗시리아인들은 교묘하고도 강력한 방위전을 계속함으로써 자기들의 충성심을 계속 지켰다. 그러나 마지막으로 파성추(破城槌)에 의한 일격이 행운을 로마군에 가져다 주어, 성벽의 일각을 무너뜨리면서 거대한 돌파구를 열었기 때문에 수비대는 부득불 급히 내성의 망루로 후퇴하였다. 로마병은 노도와 같이 시내로 난입하여 마음껏 그들의 약탈욕을 충족시킨 다음, 전 시를 완전히 불살라 버렸을 뿐만 아니라 다시 내성을 향하여 온갖 공성구를 동원하여 아직도 타다 남은 불이 연기를 내고 있는 집들의 폐허위에 거치하였다. 적아 쌍방이 끊임없이 쏘아대는 날아가는 무기의 공방전이 여전히 계속 되었다. 노궁(弩弓, balistae)이나 노포(弩砲, catapultae) 등, 로마군의 기계력에 의한 무력의 우위성도 방어군 측이 차지하는 지형의 이점 때문에 심히 감쇄되고 있었다. 그러나 결국은 방위군 측의 가장 높은 누벽(壘壁)과 같은 높이로 이동식 공성대(攻城台, Helepolis)의 조립이 완성되자마자, 움직이는 망루라고도 할 수 있는 이 가공할 공성구 앞에는 이미 저항의 가망성도, 또 하늘의 도움을 받을 기대도 사라짐으로써 무릎을 꿇지 않을 수 없었다. 이것은 율리아누스 황제가 페리사브르(안바르)시 성문 앞에 나타난지 불과 이틀 후의 낙성이었다. 남녀 2,500명의 잔존시민에게는 무사히 퇴거하는 것이 허용(그처럼 번영하던 도시였음을 고려할 때, 이것은 정말 보잘 것 없는 적은 숫자지만)되었고, 한편 막대한 양이 저장된 곡물창고·병기고·집기창고 등의 저장품은, 그 중 일부는 병사들에게 분배되고 또 일부는 공공용으로 남겨졌다. 그리고 나머지 소용없는 저장품은 모두 소각되거나 아니면 유프라테스 강물 속에 던져졌다. 이리하여 아미다(Amida)시가 받은 비운(제Ⅲ권 19장 pp 147~150 참조)은 이 페리사브르(안바르)시의 완전파괴로서 멋지게 보복한 셈이다.

다음은 마오가말카(Maogamalcha)인데, 이곳은 시라고 할까, 아니면 차라리 요새라고 부르는 것이 적당할 정도로, 수도 크테시폰으로부터 불과 11마일이라는 아주 가까운 거리에 위치하고 18개소의 높은 탑과 깊은 해자, 그리고 벽돌과 역청(아스팔트 같은 것)으로 굳건히 쌓은 2중 성벽으로 방위되는 명백히 페르시아국 수도의 방위를 위한 요새도시로 건설된 성시였는데, 이런 강력한 요새를 뒤에 남겨두고 전진한다는 것은 당연히 황제로서는 불안하였다. 여기서 즉시 공략전에 들어갔는데, 그러기 위하여 황제는 전체 로마원정군을 3개 지대로 나누었다. 즉, 기병대와 중장비한 보병의 한 지대는 빅토르 장군이 지휘하여 티그리스 강안으로부터 크테시폰시 근교에 이르기까지의 소탕전을 전개케 하였다. 공성 자체의 지휘에는 황제 자신이 직접 임하기로 하였다. 그가 전적으로 신뢰한 것은 성벽과 정면해서 배치한 각종 공성구의 위력이었지만, 동시에 그는 병력 일부를 차출하여 시내 깊숙히 잠입시키는 보다 유효한 방법도 남몰래 생각하고 있었다. 이 지휘를 맡은 것은 네비타와 다갈라이푸스 두 장군인데, 이들은 상당히 먼 거리로부터 갱도를 굴착하여 전진하였다. 그리하여 점차 바깥쪽 해자 연변에까지 도달하게 되었다. 바깥쪽 해자는 눈 깜짝할 사이에 메꾸어지고, 다시 주야겸행으로 파던 갱도는 병사들의 노력으로 드디어 성벽 바로 밑에까지 이르게 되었는데, 그 사이에는 적당한 간격을 두고 연이어서 나무기둥이 세워졌다. 이렇게 해서 공사가 끝나자 특히 선발된 보병 3개 연대(cohorts, cohort는 legion의 1/10되는 병력으로서 300명 내지 600명)가 일렬이 되어 위험한 이 암흑의 갱도를 오로지 묵묵히 전진하였다. 드디어 두려움을 모르는 이 별동대의 지휘관으로부터 전령이 와서, 이제 시내로 돌입할 준비가 되어 있다는 보고를 비밀리에 황제에게 올렸다. 그러나 율리아누스 황제는 좀더 이 작전의 성과를 확실히 하기 위하여 조급히 서두르는 그들을 억제시키는 한편 적 수비군의 주의를 다른 곳으로 돌리기 위하여 즉각적으로 맹렬한 총공격을 개시하였다. 아무런 효과도 없는 이 총공격을 냉소적인 태도로 성벽 위에서 내려다 보고 있던 페르시아 병사들은 승리의 노래를 소리높이 부르면서 사포르왕의 영광을 찬양했을 뿐만 아니라 난공불락의 이 마오가말카시가 공략당하는 것을 바라기 보다는 차라리 천상높은 별좌에 계시는 오르무즈신(Ormuzd/Ormusd 神. 별칭은 아후라마즈다〈A-huramazda/Ahura Mazda〉. 배화교〈조로아스타교〉의 선신으로서 빛·광명·불 등으로 상징되며, 악신인 아흐리만〈Ahriman〉과 대립하여 최후의 승리를 거두었다)의 신전에 오를 것을 기대하는 쪽이 더 확률이 높을 것이라고 황제에게 호언하였다. 그러나 바로 그때 시가지 그 자체는 이미 로마군에게 점령되어 있었다. 갱도를 빠져나와 텅빈 높은 탑에 맨 먼저 올라간 병사의 이름은 역사에까지 기록되어 있다. 게다가 앞다투어 그를 뒤따르던 동료 병사들은 그 갱도를 더 넓혀나갔다. 이리하여 1,500명에 달하는 로마병이 이미 시내 중심부에까지 돌입하고 있었다. 깜짝 놀란 수비병들은 성벽은 물론이거니와 유일한 안전장소였던 본거지까지 포기하고 도망쳤다. 곧 성문이 파괴되자, 로마병의 복수의 일념은 잠깐 동안 정욕과 물욕을 만족시키는 행위가 그것을 잊게 한 이외에는, 곧 무차별 학살이라는 형태로 충족되었다. 관대한 조치를 취하겠다는 공약을 믿고 항복한 시장도 며칠 뒤에는 생체로 화형에 처해졌다. 그의 죄목은 공자인 호르미스다스에게 그의 명예를 헐뜯는 발언을 했다는 것이 이유였다. 이리하여 요새는 완전히 파괴되고, 마오가말카시가 일찍이 존재했었다는 사실에 관한 흔적은 아무것도 남지 않았다. 수도 크테시폰 주변에는 장려한 3대 궁전이 있었는데, 그것들은 동방군주의 자랑과 사치심을 만족시키는데 충분한 온갖 진귀품으로 빈틈없이 장식되어 있었다. 게다가 티그리스 강변의 명승지를 골라서 조원(造園)된 여러 정원들은 이것 또한 페르시아인적인 취미랄까, 좌우 대칭적으로 정연하게 설계된 화단·

분수대 그리고 정원수 사이에 낸 산책로 등이 훌륭한 경관을 이루었고, 또 광대한 외원(外苑)에는 언제나 곰·사자·멧돼지 등이 무리지어 놀고 있었는데, 이런 것들은 모두가 왕이 즐기는 사냥의 대상물로서 막대한 국비로 사육되고 있었다. 그러나 이런 외원의 외벽도 모두 파괴되어 맹수들은 한 마리도 남지 않고, 모두가 로마병들의 투창목표로 되어서 쓰러져 갔다. 그리고 사포르왕의 궁전도 율리아누스 황제의 명령으로 남김없이 불태워졌다. 원래 개명된 문화시대에는 세련된 예지의 선물이라고나 할까, 아무리 적대관계에 있는 군주간이라 해도 거기에는 옛부터 내려오는 자연스러운 문명의 규칙이라는 관행이 확립되어 있어서, 이런 영조물은 파괴하지 않는 법이다. 그러나 이때 율리아누스 황제가 취한 행동은 그가 그 얼마나 이런 규칙에 무지했으며, 또 무관심 했던가를 이런 궁전의 방화소각으로 입증한 것이었다. 이처럼 심한 만행을 저질렀다 해서 반드시 우리가 연민의 정을 가지거나 격심한 분노를 불태울 필요는 없다. 한 그리스인 조각가의 손으로 만들어진 매우 소박단순한 나상(裸像) 하나가 깨지지 않고 남아 있었는데, 이것은 기실 이곳 만족들의 근로의 결과를 전하는 값비싼 건조물 따위보다도 이 한개의 나상이 진실된 가치로 볼 때 훨씬 더 높을 것이다. 만일 우리가 왕궁의 폐허에는 깊은 감개에 잠겨도, 한 채의 민가가 불탄데 대해서는 별로 마음이 움직이지 않는다면, 그것은 우리네 인생의 비참성이라는 문제에 대하여 아주 잘못된 평가를 가지는 것이라고 말하지 않을 수 없다.

페르시아 사람들에게 있어 율리아누스 황제는 그야말로 공포와 증오의 표적이었다. 자기 조국에 대한 이 침략자를 그린 페르시아인 화공들은 한결같이 그의 모습을 입에서 불을 내뿜는 영맹한 사자상으로 묘사하였다. 한편 그의 친구나 로마병사들의 눈에 비친 이 철학자적 영웅의 인간상은 이보다 훨씬 좋은 사람이었다. 그리고 그가 가진 장점이 가장 현저하게 발휘된 것은 바로 그의 마지막 시기에 있었던 가장 행동적인 한 시기에서였다. 즉, 그의 연래의 미덕이던 극기성과 침착 의연함이 매우 자연스럽게 그것도 그의 장점으로 생각케 하지 않으면서도 훌륭하게 실천행동으로 발휘된 것이다. 신심 모두를 인간 예지의 절대통제하에 놓는다는 지상명령에 따라, 그는 인간의 자연적인 욕망만족까지도 엄격히 자기 자신에게 거부해 온 것이다. 사치풍조에 익숙해진 사람들의 마음을 자칫하면 온갖 관능을 만족시키는 데로 유혹하는, 기후가 온난한 앗시리아 풍토에서조차 이 젊은 정복자 황제는 시종일관 자기의 순결성을 완전히 지켜나갔고, 또 단순한 호기심이라는 이유로부터도 포로들 가운데 섞여 있는 절세의 미녀들을 찾아보는 유혹 따위는 단 한번도 느끼지 않았다. 그녀들로서는 그의 강요가 있다면, 저항하기는 커녕 오히려 명예스러운 일이라 하여 그의 포옹을 앞다투어 요구했을 것이었는데도 그는 그런 짓을 하지 않았다. 또한 그는 애욕의 유혹에 끝내 이겨낸 것과 똑같은 의연성을 가지고, 군사작전 업무의 고난과 곤고(困苦)에도 견뎌냈다. 홍수 하의 앗시리아 평원을 진격했을 때는 군주인 그가 맨 앞에 서서 도보로 건너면서 병사들과 노고를 같이 나누었는데, 이로써 그들의 사기를 고양시켰던 것이다. 즉, 고생 많은 임무에는 그의 모습이 곧 그 현장에 나타나 솔선수범함으로써 그 임무완수에 힘을 주었던 것이다. 그가 입은 자의(紫衣)는 최하급 병사들의 값싼 천으로 지은 군복과 똑같은 천으로 지어졌을 뿐만 아니라 그것 역시 병사들의 군복과 마찬가지로 언제나 물과 진흙으로 더렵혀져 있었다. 상술한 두 차례의 공략전에서는 그 자신이 여러번 개인적인 무용을 과시할 기회가 있었는데, 그것들은 오늘날과 같이 군사기술이 현저하게 향상된 시대에는, 적어도 사려 깊은 장수라면 대체로 모방하는 일이 거의 없을 것으로 보이는, 그런 전황속에서도 맨 앞에 나서서 싸운 것이었다. 예를 들어 페리사브르(안바르)시의 공략전 때도, 황제는 극도의 위험성도 잊고 성새(城塞)정면에 나서서 철문 파괴작전을 독려하고 있었는데, 그것은 당연히 그를 겨냥하여 우박처럼 쏘아대는 날으는 무기와 투석의 목표가 되어 거의 신변의 안전이 위험했을 정도였다. 또 한번은 마오가말카 요새 주변을 순찰점검 중에 일어났던 일이지만, 상대방 역시 조국애에 불타는 페르시아 병사 2명이 갑작이 나타나 언월도(偃月刀, 또는 新月刀라고도 하며, 초생달처럼 굽은 칼. scimitar/scimetar)를 휘두르면서 덤벼들었다. 황제는 반사적으로 방패를 높이 들어 교묘히 타격을 받아 넘겼을 뿐만 아니라 익숙한 멋진 솜씨로 반격의 칼을 휘둘러 적의 한 명을 곧 발 밑에 베어 넘어뜨렸던 것이다. 이상에서 말한 것처럼 자기 자신이 추거하는 무인의 미덕을 자신이 먼저 수범해 보이는 황제인 만큼, 당연히 황제로부터의 칭찬은 용맹스러운 부하 장병들로서는 그대로 최고의 포상으로 느꼈던 것이다. 이런 솔선수범으로 획득한 율리아누스 황제의 권위는 미구에 고래의 엄격한 군율을 회복케 하였고 또 그것을 요구하는 것을 가능케 하였다. 어느 때인가 그의 기병 3개 소대가 행동을 잘못하여 페르시아군 장군

(Surenas)이 지휘하는 부대와의 조그마한 조우전에서 완패하여 면목을 잃었음은 물론, 심지어 군기까지 잃어버린 사건이 있었는데, 황제는 이 부대의 패배에 대하여 사죄(死罪) 내지 명예박탈의 벌로서 보상시켰다. 그 대신 마오가말카시의 성벽을 뛰어넘는데 있어 선두를 달려갔던 병사들의 무용에 대해서는 풀잎관(草葉冠, Obsidionalis)*이라고 불리우는 무공훈장을 수여하여 크게 표창하였다. 한편 페리사브르(안바르)시 공략전을 끝낸 뒤의 일이지만, 불손하기 이를 데 없는 군의 욕심에 대해서는, 여기에도 의연한 태도로 자기의 진면목을 발휘해 보였다. 즉, 그들의 충실한 근무에 대한 임시상여금(donatium)으로 겨우 은화 100매밖에 나오지 않은데 대하여 군이 크게 불평을 터뜨리자 이에 대한 황제의 당연한 노여움은 과연 로마인다운 다음과 같은 장중웅경(莊重雄勁)한 말로 표명되었다. 즉, 「제군의 바람은 부(富)일 것이다. 그런데 그 부는 바로 페르시아인들의 수중에 있다. 풍옥한 이 국토가 가져다 주는 전리품은 남김없이 모든 것이 제군들의 용기와 군기의 보상으로 제공되어 있는 것이다」라고. 그는 계속해서 말했다. 「알겠나, 일찍이 우리 로마국가는 막대한 부를 보유했으나, 지금은 그것이 궁핍과 비참의 구렁텅이로 영락되는 처지에 놓인 것이다. 이렇게 된 것은 결국 우리네 역대 황제들이 무능하고 사욕에만 눈이 어두운 각료들의 진언으로 정책을 잘못 쓴 탓이었다. 가령 만족들의 귀순에는 금은보화로 보상해 왔는데, 이것도 그런 자들의 말에 동의한 데서 나온 것이었다. 이제 국고는 피폐고갈했고, 여러 도시는 황폐의 극에 달했으며, 각 속주는 심한 인구 과소화 상태로 되어 있다. 과인 자신에 대하여 말한다면, 과인이 조상들로부터 물려 받은 유일한 유산은 두려움을 모르는 얼, 그것 하나 뿐이다. 그렇지만, 참된 우위성이란 바로 정신에 있다고 확신하는 한, 과인은 영예로운 청빈을 수치스러운 일로 볼 생각은 추호도 없다. 생각컨대 저 고대 미덕이 꽃피던 시대

---

* 이것은 근본적으로 잘못된 것이다. obsidionalis를 「풀잎관(草葉冠)」으로 가역(假譯)했지만, 정확히는 corona obsidionalis이다. 명칭 그대로 풀잎을 본뜬 관이라는 뜻인데, 이것은 원래 사령관이 병사에게 수여하는 것이 아니라, 이와는 반대로 포위 공격전에서 능숙한 지휘로 전투를 승리로 이끈 사령관에게 사병들이 바친 현출(顯出) 찬양하는 감사패와도 같은 것이었다. 한편 사령관이 휘하 사병들의 무공을 찬양하여 수여한 관은 corona muralis라고 하며, 이것은 글자 그대로 성벽의 작은 망루를 본뜬 형태의 관이다. 따라서 본문은 obsidionalis로 할 것이 아니라 muralis로 표현했어야 마땅하다. 이것은 원저자 기번의 잘못이 아니라 그가 참고한 원전을 쓴 암미아누스-마르켈리누스(『역사』 제24권 4장 24절)가 잘못했기 때문에 이런 착오가 생긴 것이라고 한다.

의 나날에서 청빈은 오히려 파브리키우스-루스키누스(Fabricius Luscinus, Gaius, BC 4~3세기 로마의 무장. 역전의 승리자였고 청렴결백하고 강직의 모범으로써, 후세부터 로마적 미덕의 모범으로 숭앙받게 되었다)의 영예로 생각된다. 만일 제군이 하늘로부터의 목소리 또는 제군 자신이 통솔자로 떠받드는 사람의 목소리에 귀를 기울일 의사만 있다면, 상술한 영예와 미덕은 그대로 제군 자신들의 것이기도 하다. 그러나 만일 제군이 소견머리 없이 수치스러운 소요라는 연래의 악례를 남기면서 또다시 그런 일을 되풀이 하려는 결심이라면 그것도 괜찮으니 그렇게 함이 좋을 것이다. 사람들 가운데서 최고 지위에 있는 황제로서의 인격에 어울리게끔 과인에게는 언제든지 죽을 각오가 이미 되어 있다. 언제 뜻하지 않던 열병으로 쓰러질지도 모를 그런 덧없는 이 생명 따위는 홍모(鴻毛)처럼 가볍게 버릴 준비가 이미 되어 있는 것이다. 만일 과인에게 지휘통솔자로서의 자격이 없다고 한다면, 과인은 긍지와 기쁨을 가지고 제군들에게 말하지만, 제군 가운데는 이 중대한 전쟁을 수행할 가치 있는 사람으로서, 재간과 경험을 지닌 이 임무를 완수할 수 있는 장수가 많을 것이다. 과인의 치세방침이 시종일관 이상과 같은 방향에서 관철되어 온 이상, 언제든지 과인은 조그마한 후회도 없이, 또 아무런 불안감도 없이 일개 시민의 신분으로 되돌아갈 생각이다.」 이상과 같은 겸허한 결의표명은 로마 병사들의 만장의 환호와 충심으로 신종하겠다는 결의로 받아들여졌다. 이 영웅군주에게 통솔되어 싸우는 한 승리는 따놓은 당상이라는 확신을 전군은 한 가지 목소리로 표명한 것이다. 이때도 황제가 자주 입에 담는 단호한 발언(생각컨대 그것은 그의 소원의 서사〈誓詞〉이기도 했지만), 「신이여, 원컨대 저 페르시아인들을 나의 멍에 밑에 놓이게 하소서!」 라든가 「이리하여 또다시 조국의 실력과 그 영광을 회복시킬 날이 있기를!」 등등의 말에 의하여 그들의 사기는 갑자기 하늘을 찌를 듯이 크게 올랐다. 확실히 명성욕(名聲欲)은 율리아누스의 얼이 바라던 열렬한 정념이었다. 그러나 그가 「이로써 이제 겨우 나의 스승인 안티오크시의 석학에게 바칠 수 있는 얼마간의 선물을 얻게 되었다」고 비로소 호언장담할 수 있었던 것은 그가 마오가말카시의 폐허에 발을 들여 놓았을 때 부터이다.

확실히 율리아누스 황제의 용기는 크테시폰시 성문에로의 진격을 저지시키던 장해물 일체를 완전히 배제하는 데서 승리를 쟁취하였다. 그러나 막상 수도 자체에 대한 공략에 이르러서는 포위 공격전의 개시조차 아직 전도요원하였다.

여기서 우리는 머지않아 황제의 대담하고도 교묘하기 이를 데 없는 작전무대가 될 이 지방일대에 관한 지식을 완전히 파악하지 않고서는 그의 군사지도 모습을 완전히 이해하기란 불가능할 것이다. 후세에 호기심 많은 여행가들의 견문담에 의하면, 바그다드시 남쪽 20마일 지점인 티그리스강 동쪽강안 일대에서 지금은 폐허화됐지만 크테시폰시 궁전들의 일부를 볼 수 있었다고 한다. 율리아누스 황제 시대에 이곳은 매우 번영하던 대도시가 형성되어 있었다. 바로 가까이에 있던 고대 셀레우키아(Seleucia)시는, 지금은 그 이름도 영광도 영원히 사라졌고, 또 그리스인의 식민지였던 극히 일부만이 앗시리아어와 그 풍속을 병합하여 코케(Coche)라는 옛이름으로 돌아가 다시 도시를 이루었다고 한다. 원래 코케는 티그리스강 서안에 있었으므로 그것은 자연스럽게 크테시폰시의 교외로 간주되었고, 항구적인 선교(船橋)에 의하여 크테시폰시와 연결되어 있었던 것 같다. 이 양자를 합한 것이 페르시아어로 통칭 알 모다인(Al Modain, 복합시라는 뜻)이라고 불리었는데, 동방 사람들은 이것을 사산조 역대 왕의 겨울 동안의 거주지라는 호칭으로 사용하였다. 이 수도 주변은 티그리스강의 흐름과 높은 성벽, 게다가 횡단이 불가능한 소택지로 둘러싸여 있어서 수도는 이와 같은 장해물로 강력히 방어되고 있었다. 여기서 황제는 먼저 셀레우키아시 폐허 가까이에 막영을 설치한 다음, 정한하고 우세한 코케시 수비대의 반격에 대해서는 참호를 파고 흉벽을 쌓아서 방위를 튼튼히 하였다. 워낙 풍옥하고도 쾌적한 지방이니 만큼 로마군은 식수와 식량에 전혀 부족함이 없었고 군의 행동을 저지시킨 몇 개의 페르시아군 보루들도 얼마간의 저항을 시도했지만, 결국은 모두 로마군의 무력공격 앞에 연이어 항복했던 것이다. 이어서 로마군의 선단은 유프라테스강 본류에서 떠나 그것의 지류를 이루는 인공운하 중 하나에 진입했지만, 이 운하도 수량이 풍부하여 항행이 충분히 가능했는데, 그것은 크테시폰시로부터 얼마간 하류지점에서 티그리스강으로 흘러드는 것이었다. 만일 로마군 선단이 이대로 그 운하(이름은 나하르-말카〈Nahar-Malcha. 왕실운하라는 뜻〉)를 따라 전진했다면 과연 어떻게 되었을까. 바로 그 중간에 위치한 것이 코케시였던 만큼 율리아누스 황제의 선단과 육군은 완전한 분단상태에 빠졌을 것이었다. 만일 로마군이 성급하게 티그리스강의 소항(遡航)을 감행했다면, 그대로 적측 수도의 중앙부를 강행돌파하지 않는 한 아마도 로마수군은 전멸당했을는지도 모른다. 그러나 황제의 예지는 이 위험성을 예견하여 대책까지 강구하고 있었다. 즉, 일찍이 이 지방에서 트라야누스(Trajanus, 재위 98~117) 황제가 전개했던 작전도 자세히 연구하고 있었으므로 곧 머리에 떠오른 것이, 저 트라야누스 황제가 코케시를 우안(右岸)으로 보면서 지나간 부근에서 상술한 나하르-말카 운하의 물을 반대로 알 모다인시의 약간 상류로부터 단번에 티그리스강 본류에로 유입시키는 새로운 대운하를 파게 했던 사실이다. 여기서 율리아누스 황제도 농민들로부터 수집한 정보에 의하여 계획적인지, 또는 우연지사에 의한 결과인지, 어쨌든 거의 매립된 이 구운하의 흔적을 확인할 수 있었다. 그런뒤에 병사들은 유프라테스강의 물을 끌어 들이는 폭도 넓고 수심도 깊은 새 운하를 금세 완성시켰다. 그리고 나하르-말카의 흐름을 도중에서 막기 위하여 강력한 언제를 구축했기 때문에, 이제 풍부한 그 수량은 격류를 이루어 새 운하로 유입하게 되었다. 이리하여 로마군 선단이 의기양양하여 티그리스강으로 진출함으로써 그들의 통과를 저지시키고자 크테시폰시의 페르시아군이 구축하고 있던 장해물 등은 완전히 헛수고가 되고 또 웃음거리로 된 것이다.

다음은 로마군 자체가 티그리스강을 건널 필요가 있었는데, 여기서도 다시 새로운 곤란한 문제가 제기되었다. 노고야말로 그 전의 원정행에 비하면 적었는지 모르지만 위험정도는 훨씬 컸다. 즉, 흐름은 넓고 또 급한데 더하여 대안에의 상륙은 가파르고 험준하여 매우 곤란하였다. 대안의 제방을 따라 구축된 참호에는 흉갑중기병대와 숙달된 궁시대(弓矢隊), 게다가 거대한 코끼리부대 등의 대군이 쭉 배치되었는데, 그 중에서도 특히 코끼리 부대는, 리바니오스의 서술에 의하면 좀 과장되었는지는 모르나, 로마군단 따위는 한 마지기의 밀밭과 마찬가지로 순식간에 짓밟아 버릴 만큼 강적이었다. 이런 적을 눈 앞에 두고 가교공사를 추진시킨다는 것은 도저히 불가능하였다. 그러나 워낙 불굴의 황제인지라, 그는 유일이라고도 할 수 있는 한 방책에 생각이 미치자, 드디어 실행에 옮길 그 순간까지 만족에게는 물론이거니와 자기 군대, 아니 심지어 자기의 장수들에게까지도 일체를 밝히지 않고 비밀에 붙여 놓고는 넌지시 무기·양초(糧草) 등을 점검한다는 그럴듯한 구실만으로 80척의 선단으로부터 점차 그의 태짐의 양륙을 명령하였다. 한편 특히 선발된 장병들로써 한 부대를 편성하여, 표면상으로는 모종의 은밀행동을 전개케 한다는 것이 그 이유였지만, 사실은 신호만 주면 즉각 전투행동으로 나가도록 명령해 두었다. 물론 황제에게도 내심 근심이 없지 않았지만, 그것은 처음부터 끝까지 자신감과 만족의 미소로써 위장해 나갔다. 그리고 적국 국민에 대한 모욕이라고도 할 수 있는 바, 일부러 코케시 성벽 밑에서 전투행동의 경기까지 개최해 보임으로써 상대방 측을 즐겁게 해주기도 했다. 이렇게 해서 이 하룻동안은 내내 즐겁게 끝났지만, 저녁식사 시간이 지나자마자 황제는 모든 지휘관들을 자기 막사안에 모아놓고, 오늘밤이야말로 도하작전 결행의 디데이(D-day)임을 비로소 밝혔다. 이 말을 들은 순간 일동은 어안이 벙벙하여 말 없이 황제의 얼굴만을 올려다 볼 뿐이었다. 그러나 이윽고 존경할 만한 살루스티우스(Sallustius)가, 먼저 나이가 많다는 특권으로 나온 것인지는 모르나 입을 열어 간언을 드렸고, 나머지 장수들도 모두가 살루스티우스의 신중을 기해야 한다는 발언을 일제히 지지하였다. 그러나 황제는 이에 반대하여 말하였다.「승리와 안전은 오로지 이번 작전에 있다. 적의 병력은 앞으로 감소되는 것이 아니라 오히려 점점 더 증원군을 받아서 증대될 것이 명백하니, 이 이상으로 작전을 연기시키면 강폭을 좁히거나 제방높이를 낮추는 것이 아니다」라고. 이리하여 전투돌입의 신호가 곧 올려지고 전군도 이에 따랐다. 정규군단 중에서도 특히 무공 세우기를 서두른 부대가 곧 강기슭에 매였던 경주(輕舟) 다섯 척에 뛰어오르자, 그 뒤는 혼신의 힘을 다하여 힘껏 노를 젓고 또 저어서 몇분 뒤에는 벌써 밤의 어둠 속으로 모습을 감추어 버렸다. 이윽고 대안에 불길이 오르는 것을 본 황제는, 그것이 상륙을 시도한 선발선단에게 적군이 불을 쏘아올린 불길임을 재빨리 그리고 명확히 알아차렸다. 바로 이런 위기에 대응하는 것이 능수능란한 황제인 만큼 그는 이 중대한 위기를 오히려 멋지게 승기(勝機)에로 전변시킨 것이다. 여기서 그는 전군에게 소리높이 외쳤다.「보아라. 전우들은 이미 대안의 점거를 끝마쳤다. 약속된 봉화가 오르지 않았는가. 우리도 뒤지지 말고 한시바삐 그들의 용기를 도와 주어야 한다.」 이리하여 후속의 대선단도 일제히 빠른 물살을 가르면서 맹렬히 전진하여 놀랄 만한 속도로 티그리스강 동쪽 기슭에 도착하자, 먼저 적이 지른 불길을 끄는 임무를 완수한 다음에 선발로 적진에 뛰어들었던 모험적인 자기들의 전우를 구출하였다. 다만 가파르고 험준한 안벽을 기어 오르는 일은 중장비를 운반해야 하는 노고와 더불어 어두운 밤이라는 조건이 겹쳐서 매우 곤란하였다. 공격군의 머리 위로부터는 돌덩어리와 투창·화전(火箭)이 빗발치듯 날아왔으나, 그들은 격렬한 악전고투 끝에 겨우 암벽 등반에 성공함으로써 흉벽 위에 서서 개가를 올렸다. 도대체가 경무장한 보병 한 대를 이끌고 스스로 공격의 선두에 나서 싸우던 율리아누스 황제였던 만큼, 이제 적과 대등한 발판에 서게 되자, 그는 백전연마의 눈을 빛내면서 다시 한번 대열 사이를 둘러 보았다. 호머(호메로스)의 전훈(戰訓)에 따랐다고나 할까, 그는 그의 최정강 부대를 선봉군과 후미군으로 배치하고 있었다. 로마군은 일제히 진군나팔을 불어대었다. 병사들은 크게 함성을 지른 다음 용감하고 씩씩한 군악에 맞추어 질서정연하게 진격에로 넘어갔다. 먼저 가공할 투창의 비를 뿌린 다음에 일제히 장검을 빼어들고 맹렬한 돌격전으로 나갔다. 단김에 육박전으로 나감으로써 적의 우세한 비행도구를 앞세운 반격을 봉쇄하려는 것이었다. 전투는 무려 12시간 이상이나 계속 되었다. 그러자 점차 페르시아군이 괴멸상태에 빠지면서 마지막으로 패주상태에 들어갔다. 이 수치스런 패주의 모범을 맨 먼저 보인 것은 다름아닌 주된 지휘관들, 특히 장령(將領, Surenas) 자신들이었다. 이리하여 로마군은 적을 추격하여 크테시폰시 성문 앞에까지 쫓아갔다. 만일 이때 장군인 빅토르가 유시(流矢)로 중상을 입었을 뿐만 아니라, 이와 같은 폭진(暴進)을 중지하도록 요청하지 않았던들 아마도 승세를 타고 로마군은 혼란에 빠진 시내까지 단번에 돌입했을는지도 모른다. 빅토르 장군이 그렇게 요청한 것은 만일 실패라도 하면 치명적인 차질을 가져올 수 있을 것으로 보았기 때문이다. 그런데 로마군 측의 숫자에 의하면, 이 전투에서의 전사자는 불과 75명이라는 것이 그의 공인손실이고, 이에 대하여 페르시아군 측의 전사자는 전쟁터에 남겨진 유기사체만도 2,500(또는 6,000이라는 숫자도 있다)인데, 그것도 적군의 가장 정한한 병사들 뿐이라는 것이 로마군 측의 주장이었다. 노획품에 이르러서는 부와 사치성을 다해서 만든 동방군의 막영만도 바야흐로 기대했던 것처럼 막대한 것이었다. 엄청난 양의 금은보화, 훌륭한 무기와 마구류, 거대한 은제 침대와 식탁 등등. 한편 승리를 거둔 황제 쪽은 무훈에 대한 은상으로서 다만 떡갈잎관·흉벽관(胸壁冠)·선수관(船首冠) 등의 영예표장*을 각각 수훈을 세운 장병들에게 수여했을 따름이었다. 생각컨대 이런 영예로운 관의 의의를 아시아의 거대한 부(富) 이상으로 높이 평가한 사람은 율리아누스 황제 -아마도 율리아누스 한 사람 뿐이었을 것이다. 이어서 군신(軍神)에 대한 공희제(供犧祭)도 엄숙히 집전되었는데, 다만 그 공희에서 나타난 괘는 대흉의 징조를 보이고 있었다. 그는 또 다른 명백한 전조(前兆)에 의해서도 이제 자신의 명운이 승운(昇運)의 한계에 도달해 있음을 미구에 알게 된다.

이 전투에서 승리한 후인, 그 다음날에는 요비우스(Jovius)와 헤르쿨리우스(Herculius) 군단 등의 친위부대를 비롯하여 나머지 부대들(이것이 전군의 대략 3분의 2정도를 차지하고 있었다)도 모두 무사히 티그리스강의 도하작전을 완료하였다(전승한 날 밤부터 다음날에 걸쳐 도하를 끝마친 것은 수륙의 선봉부대 뿐이고, 뒤에 요비아누스〈Jovianus, 후일의 황제〉를 포함한 친위부대들이 도하를 끝마친 것은 제3일째라는 설도 있다). 페르시아 병사들이 크테시폰 성벽 위에서 황폐화해 버린 주변의 경관을 살피고 있을 무렵에 율리아누스 황제는 불안한 눈초리로 여러번 북방하늘을 쳐다보고 있었다. 왜냐하면 황제 자신은 이제 사포르왕의 수도까지 승리의 돌입을 했지만, 한편 세바스티아누스와 프로코피우스의 두 장군이 지휘하는 별동부대도 자기와 마찬가지로 용감성과 정려성을 발휘하여 이 땅으로 진격하여 여기서 합류하는데 성공해 줄 것으로 줄곧 학수고대하고 있었기 때문이다. 그러나 이러한 기대는 아르메니아왕의 배신행위와 또 두 장군 사이의 불화알력으로 완전히 배신당하였다. 즉, 아르메니아왕은 그의 보조군에게 로마군 진영으로부터의 탈락을 허용하고 있었고(이것은 아마도 그의 지시에 의한 것 같지만), 한편 두 장군들은 명백히 불화가 원인이 되어 서로 작전계획을 상의하는 일도, 또 협력작전을 실시하는 것도 불가능했던 까닭이다. 그런 이유로 해서 황제도 이 중요한 증원부대의 도착에 대해서는 이미 체념하지 않을 수 없게 되었으므로, 여기서 새삼스럽게 군사회의를 열고 충분히 토의한 결과이긴 했지만, 크테시폰 시에 대한 이대로의 공략전은 무익하고 심지어 위험하기까지 하다고 반대하는 장수들의 주장을 황제도 드디어 수용하기로 하였다. 그러나 바로 이 점이 우리가 이해하지 못하는 대목이다. 일찍이 세번씩이나 로마 황제들에 의하여 공략점령당한 선례도 있는 이 수도가 그 후 어떤 방위수단이 강구되었길래 난공불

---

* 이것은 암미아누스-마르켈리누스의 「역사」 제24권 6장 16절에서 기번이 그대로 원용한 것인데, 거기에 의하면 이 3종류의 영예표장의 원어는 corona ciuica(영어로는 civic crown), corona castrensis(영어로는 mural crown), corona navalis(영어로는 naval crown으로 번역)로 되어 있다. corona ciuica는 전쟁터에서의 수훈, 특히 전우를 도운 공훈으로 주는 것(평시에는 시민의 생명을 구한 병사에게 수여)으로서 떡갈나무잎을 엮어서 만든 관이기 때문에 「떡갈잎관」으로 가역(假譯)하였다. corona castrensis는 적진 내지 적성벽에 맨 먼저 돌진하여 공을 세운 용사에게 주어지는 것으로서 이것은 성벽을 본뜬 것이었다. 이것도 가역으로 「흉벽관」으로 해보았다. 끝으로 corona navalis는 해전에서 승리한 사령관 등에게 주는 것으로서 형상이 뾰족한 선수부분을 본뜬 관이기 때문에 역시 가역으로 「선수관」이라고 이름 붙여 보았다. 이상은 우리나라의 무공훈장격이다.

락의 견고한 도성이 되었다는 말인가. 더욱이 공략전에 나선 로마군은 백전연마의 용장에 의하여 통솔되고 있었으며, 선단·양초·공성구·병기 등등 모두가 충분히 장비된 6만이라는 대군이었는데도 말이다. 하기야 강렬한 영예욕과 위험멸시를 본분으로 하는 율리아누스 황제의 성격으로 보아, 이 공략전의 단념이 단지 하잘 것 없는 사소한 곤란성이나, 예상되는 장해만으로 결정된 것이 아니라 함은 대략 확언할 수 있을 것 같다. 예를 들면 이 크테시폰시에 대한 공략전을 단념했을 때, 페르시아 측으로부터 곧 비굴하기 그지없는 화평교섭의 제안이 있었지만, 그는 단호히 이를 거부했던 것이다. 그때까지는 질질 끌면서 허세만 부렸을 뿐 실태는 도무지 진척되지 않았던 콘스탄티우스 황제와의 절충에만 익숙했던 사포르왕은 이제 처음으로 맞상대하게 된 그의 후계자인 율리아누스 황제의 불굴의 적극성을 보고 새삼스럽게 놀랐다. 즉각적으로 멀리 떨어져 있는 인도와 스키티아(Scythia)의 변경지역 제 주에 이르기까지 모든 태수들에게 명령을 내려 곧장 그의 병력을 규합하여 왕에게 증원군을 보내도록 촉구하고 있었지만, 그들의 전비는 계속 지연되었을 뿐만 아니라 행동도 지극히 느렸다. 그리고 사포르왕 자신이 막 출진하려 할 때는 벌써 연속해서 패전의 비보, 즉 앗시리아가 유린되고, 별궁들은 파괴되었으며 티그리스강을 지키던 최정예 부대까지 전멸했다는 비통한 보고를 받았던 것이다. 왕으로서의 긍지는 땅에 떨어졌다. 그는 식사까지도 땅바닥에 앉은 채로 하였고, 흩어진 머리는 그대로 그의 마음의 슬픔과 불안감을 나타내고 있었다. 예컨대 그의 영토의 절반을 잃고 하다못해 나머지 절반의 확보만으로도 화평조약을 맺고 싶었던 것이 아니었을까. 만일 이 화평조약만 성립되면, 설사 정복자인 로마황제의 충실한 예속적인 우방이라는 조건이라도 그는 아마 기꺼이 서명했을 것이라고까지 생각된다. 표면상으로는 개인적인 용무라는 구실을 내세웠지만, 그는 남몰래 한 심복의 고위관리를 호르미스다스에게 파견하여 그의 두 무릎을 껴안고, 어떻게 해서든지 율리아누스 황제와의 회견을 실현시켜 주도록 탄원자의 말을 가지고 제의케 하였다. 호르미스다스도 자존심 내지 측은한 정을 느꼈다고나 할까, 아니면 그의 출신을 생각했거나 사산왕족의 한 사람이라는 입장상의 책임감에서였는지, 어쨌든 우선은 페르시아 왕국의 참화를 종식시키는 동시에 다른 한편으로는 로마제국의 승리를 확정시키고자 만전의 방책을 추진시켜 보겠다는 생각에서는 사포르왕과 같았다. 그러했던 만큼 율리아누스 황제의 부동의 결의를 알았을 때는 그도 놀랐다. 이것은 결국 율리아누스 황제 자신에게도, 또 그의 조국인 로마제국에게도 매우 불행한 결과가 되지만, 황제는 저 알렉산더 대왕의 전례, 즉 그가 다레이오스왕(Dareios/Darius Ⅲ Kodomannos, BC 4세기반 경 아카이메네스〈Achaimenes〉왕조 최후의 왕. 재위 BC 336~330)의 화의제안을 시종일관 거부했던 역사적 사실을 새삼스럽게 상기했던 것이다. 동시에 그는 명예로운 화평에의 희망이 군의 사기를 저하시킬 우려가 있음을 잘 알고 있던 만큼 호르미스다스에 대해서는 어떻게 해서든지 그 페르시아왕의 특사를 비밀리에 물러가도록 할 것이며, 또 군대에는 이런 위험한 유혹 따위를 일체 누설시키지 말도록 간절히 요청하였다.

율리아누스 황제의 생각으로는 체면상 또는 이해타산으로 볼 때, 크테시폰시 성벽 밑에 빈둥거리면서 허송세월하는 것은 금물이었다. 수도방위의 만족군에 대하여 그는 여러번 야전에 의한 결전을 도전했지만, 그때마다 페르시아 방위군 측에서 되돌아온 회답이란, 현명하게도 그처럼 황제가 자기의 용감한 무위를 발휘할 장소를 바란다면 차라리 사포르왕의 본대를 찾아서 일전을 벌이는 것이 좋을 것이라는 것이었다. 황제는 이것을 모욕으로 생각하고 기꺼이 그 권고를 받아들였다. 즉, 이대로 무기력한 진격을 유프라테스와 티그리스 두 강의 강안지대만으로 한정시키지 않고, 여기서 한번 알렉산더 대왕의 모험정신을 본받아 곧 오지 깊은 곳까지 진격을 감행하되, 그것은 아마도 아르벨라(Arbela) 평원(오늘날의 엘빌. 티그리스강 상류의 니네베 유적지 동남쪽에 해당한다)쯤이나 될까. 여기서 적대자인 사포르왕을 상대로 단번에 아시아 제국의 쟁탈을 거는 일대결전을 벌이기로 결심하였다. 그러자 황제의 흉금대도(胸襟大度)를 극찬하는 페르시아 귀족의 한 사람이 갑자기 나타났는데, 본당자로서는 조국을 위해서라면 위험·허위·오욕 등에 가득찬 역할도 기꺼이 떠맡았는지는 모르지만, 그렇기로서니 황제는 이 인물의 술책에 넘어가 완전히 배신의 쓴 잔을 마시게 되었다*. 즉, 그는 충실한 자기 수하병력의 일부까지 이끌고 로마군 진영에 이르러 투항하면서 그 자신이 받은 학대의 여러가지를 실로 교언영색(巧言令色)으로 말했을 뿐만 아니라 사포르왕의 포학성, 국민의 불만, 왕국으로서의 약점까지를 침소봉대로 늘어 놓았던 것이다. 그리고 그 자신은 인질이 되어 로마군의 길잡이 임무를 수행함으로써 자기의 진실성을 보여줄 수 있다고까지 제안하였다.

상식적으로 생각해도 미심쩍은 이야기이므로, 저 노련하고 현명한 호르미스타스는 충분히 그의 진술의 의심스러운 점을 말하면서 그의 말을 믿지 말기를 간절히 간하였으나 효과가 없었다. 완전히 진실이라고 받아들인 황제는 이 배신자를 신용하여, 누가 생각해도 그의 지혜와 사려를 의심할 뿐만 아니라 일신의 안전까지 위태롭게 하는 경솔하기 이를 데 없는 그런 명령을 내렸다. 즉, 이때 황제는 막대한 노력·재력 심지어 유혈적 희생까지 치루면서 멀리 500마일 이상되는 원거리를 항행해 온 그의 전 수군의 함선을 곧 소각해 버린 것이다(이것이 유명한 율리아누스 황제의 배수의 진이라는 것이다). 남겨진 것이라곤 겨우 12척, 조그마한 보트까지 합쳐도 기껏해서 22척의 소형선박에 불과하였다. 이것마저 운반차량에 실어서 진격에 동반시키기는 했지만, 그 용도라는 것이 다만 필요에 따라 도하용 선교를 가설할 때 쓰기 위한 것이었다. 양초류도 남긴 것이란 군대용으로 20일분 뿐이었다. 나머지는 모두 티그리스강가에 계류시켰던 선박 1,100척과 함께 절대명령에 의하여 불태워지고 말았다. 사교 그레고리우스와 아우구스티누스(전자는 나찌안주스의 그레고리우스이고, 후자는 힙포의 아우구스티누스를 가리키는 것인지?)는 이것을 가지고 배교자의 미친 짓이라고 비웃고 있다. 말하자면 자기 손으로 신의 재판을 스스로 집행한 것이나 마찬가지였기 때문이다. 이러한 비판은 어쩌면 군사지식이 빈약한 사교들의 그것인 만큼 권위는 별로 없을는지 모르지만, 사실 이런 것들이 불타는 광경을 직접 눈으로 보고서는 병사들

＊ 이 인물의 기괴한 행동에 대해서는 다음에도 계속되며, 또 이 사실은 당대의 몇 가지 문헌에도 나오지만 유감스럽게도 그 이름이 알려지지 않았다. 다만 기번은 주석에서 「제2의 조퓨루스(new Zopyrus)」라고 쓰고 있다. 퍽 흥미 있는 이야기이므로 얼마간의 보충주석을 달고자 한다. 조퓨루스란, 헤로도토스(Herodotos/Herodotus, 그리스 사가로서 「역사의 아버지」로 불리운다. 생존연대는 BC 484경~425경)의 저작인 Historiai (통상 역사_로 번역되나 원뜻은 연구_. 이것은 페르시아-그리스의 대립항쟁을 뼈대로 하되, 자기의 여행에서 채록한 방대한 자료를 풍부히 섞어서 페르시아 전쟁을 상술하여 BC 479년에 이른 저작이다) 제3권 153~160절에 나오는 페르시아 정부의 한 고관 이름이다. 고대 페르시아왕 다레이오스(Dareios/Darius I. BC 558경~486)가 바빌론시의 공략을 기도했을 때, 조퓨루스는 거짓으로 바빌론 쪽에 망명투항한 다음 신임을 얻었지만, 기실 다레이오스왕과 내외적으로 공모하여 페르시아군을 내부로부터 유도입성케 하여 결국 바빌론성을 공략케 하였다. 이 배신수법이 멀리 시대를 달리 한다고는 하지만, 모두가 똑같은 페르시아인의 옛 지혜에서 나온 것이므로, 이것을 기번은 new Zopyrus라고 표현한 것 같다.

의 불만의 목소리를 나무랄 수 없었다고 한 노련한 무인의 냉정한 판단 역시 위에서 말한 사교들의 비판을 그대로 뒷받침해 주고 있다. 그렇지만, 황제의 이 결심에는 어느 정도 수긍되는 확고한 근거가 없었던 것도 아니다. 왜냐하면 유프라테스강을 거슬러 올라갈 수 있는 상한선으로서의 상류지방은 바빌론시이고, 마찬가지로 티그리스강의 그것은 오피스(Opis)시였기 때문이다. 오피스시와 로마군 진영과의 거리는 매우 가까웠을 뿐만 아니라, 황제로서도 이 큰 강의 몇 개소가 자연적 내지 인공적인 여울목으로 되어 있어서 그런 곳들에 의하여 저지되면 이런 급류를 헤치면서 대선단을 소항(遡航)시키는 무모한 시도를 일찌감치 단념하였음이 틀림없었다. 돛대나 노의 힘만으로는 부족하였다. 그렇다면 흐름을 거슬러 올라가는 배를 예인하는 수밖에 없는데, 그러면 2천이라는 병사들의 체력을 마치 노예의 고역처럼 쓸데없이 소모시킬 참이었다. 만일 이대로 티그리스강변을 따라 진격을 계속한다면, 그것은 결국 지휘관의 능력과 무운의 이름에 걸맞는 성과란 무엇 하나도 달성함이 없이 헛되게 귀환의 날만을 기다릴 따름이었을 것이다. 이에 반하여 이참에 단번에 오지에의 진출을 감행하는 편이 보다 현명한 방책이라고 생각했다면, 여기서는 당연히 선단도 또 보급품도 소각하는 일만이 유일한 방법이었던 것이다. 이렇게 해 놓는다면, 언제 갑자기 크테시폰시 성문으로부터 반격해 나올지 모를 적의 수중에 값비싼 선박과 보급품을 전리품으로 호락호락 넘겨주는 일은 막을 수 있는 셈이었다. 만일 황제의 이 원정군이 이번 전쟁을 승리로 종결짓기라도 했더라면, 어쩌면 이 용단의 조치는 병사들로부터 퇴각에 대한 희망을 모두 박탈함으로써 오로지 죽음이냐 승리냐 하는 선택만을 남긴 훌륭한 영웅적인 무단 또는 행동으로서 절찬을 받았는지 모른다.

근대적인 군대의 행동을 둔화시키는 포병대와 치중차량대처럼 거추장스러운 대오 따위는 로마군에게는 거의 미지의 경험이었다. 그것은 어쨌든간에, 적어도 6만이라는 대군을 부양한다는 문제에 이르면 어느 시대에도 그것은 사려 깊은 장수에게는 최대의 관심사 중 한 가지임에 틀림없다. 더욱이 그 보급은 본국으로부터가 아니면 적지에서 직접 조달하는 수밖에 없는 것이었다. 설사 율리아누스 황제가 티그리스강에 놓인 교량을 그대로 남겨둔 채 앗시리아의 점령지역을 계속 확보한다 해도 이미 황폐화한 이 지방, 더욱이 유프라테스강이 범람하는 시기라면, 주위는 무수한 나방으로 하늘도 어둡게 할 정도로 날아

다니는 기후불순의 계절인데, 이런 계절에는 그 방대한 물자의 정기적 보급이란 도저히 기대할 수 없었다. 이에 비하면, 적측의 국토는 아주 매력적으로 보였다. 티그리스강에서 메디아 산맥까지의 넓은 지역에는 이르는 곳마다에 마을도 있거니와 거리도 있었다. 그리고 풍옥한 토지의 대부분은 훌륭하게 경작되고 있었다. 율리아누스 황제의 생각으로는 아마 정복자로서의 강철과 황금이라는 두 가지의 강력한 설득용 무기만 있으면, 여기서는 토민들의 공포심이나 욕심을 교묘히 이용하여 식량 정도는 문제없이 충분히 확보할 수 있을 것으로 기대했던 모양이다. 그러나 이 장미빛 기대는 로마군의 근접과 함께 즉석에서 무너진 바, 이르는 곳마다 마을 사람들은 부락을 버리고 요새화된 거리거리로 피난해 버렸던 것이다. 물론 가축류도 모두 끌고 갔고, 수확된 소맥이나 목초류는 완전히 소각되고 없었다. 진격을 가로막던 맹렬한 화재가 겨우 가라앉았을 때, 황제가 거기서 본 것은 문자 그대로 만목황량(滿目荒涼)한 들판이나 아직도 연기가 나고 있는 불타는 들판 등 그런 것 뿐이었다. 이런 초토화 전술은 유효하다고는 하지만, 거의 절망적이라고도 할 수 있는 방어책으로서, 결국 이것도 재산보다는 독립을 선택한다는 국민의 애국적 열정에서 나온 것인지, 아니면 선택의 자유를 일체 백성들의 의향에 복종시킴이 없이 오로지 국가의 안전만을 생각한 독재정권의 엄혹성이 있으므로 해서 비로소 실행가능한 일 중 그 어느 한가지에서 나온 것이었다. 이번의 페르시아인의 애국심과 순종성은 참말로 훌륭하게 사포르왕의 엄명을 지지하고 있었다. 한편 율리아누스 황제는 휴대 양초를 날이 갈수록 소비해감에 따라 미구에 결핍상태에 빠지게 되었다. 황제로서는 자기의 작전계획대로 급진격만 계속한다면 휴대 식량이 다 떨어지기 전에 에크바타나(Ecbatana) 또는 수사(Susa) 등 부유하고도 평화적인 여러 도시까지 도달할 수 있을 것으로 생각했던 것이다. 그러나 도로에 관한 그의 지식부족과 안내인들의 불신행위로 이와 같은 마지막 희망조차 상실하게 되었다. 즉, 로마군은 며칠 씩이나 쓸데없이 바그다드시의 동쪽 일대를 헤매고 돌아다녔을 뿐이었다. 이런 함정에 빠지도록 교묘하게 유도한 예의 페르시아 고관출신 「망명자」는 로마인의 분노에 겁먹고 재빨리 어디론가 모습을 감추어 버렸고, 남겨진 그의 수하정병들은 고문을 당하자 곧 자기들이 모의했던 비밀을 남김없이 자백하고 말았다. 황제의 꿈이기도 했던 길고도 즐거운 히르카니아(Hyrcania)와 인도(India)의 정복이라는 환상은 이제 그의 마음을 책망하는 고뇌의 씨앗으로 일변되었다. 자신의 경솔한 결단이 조국위급의 원인을 가져오게 했음을 깨달은 만큼, 여기서 먼저 안전인가, 아니면 끝까지 승리할 것인가에 대하여 진지하게 고찰해 보았지만, 물론 만족할 만한 회답이 신들로부터도, 또 사람들로부터도 주어질 리가 없었다. 마지막에는 유일한 실행가능책으로 어쨌든 티그리스강변에로의 퇴각행을 결정하였다. 우선 풍옥하고, 우호적인 코르두에네(Corduene, 티그리스강 상류에 위치하고, 니네베〈니누스〉시 북쪽지방) 주경(州境) 지역을 향하여 강행군함으로써 어떻게 해서든지 전군을 구출해 보기로 하였다. 이미 실의의 밑바닥에 떨어진 군대였던 만큼 전군이 이 퇴각명령에 복종하였다. 페르시아 왕국을 복멸(覆滅) 시키고자 무지개 꿈을 그리면서 카보라스(Chaboras) 강을 건넌 이래 불과 70일 뒤의 일이었다.

로마군이 페르시아국 내지를 목표로 진격하던 기간 동안, 시종 이들의 행동을 먼 곳에서 정찰하고 또 계속 도발해 온 것은 페르시아의 몇 개 기병부대였다. 혹은 게릴라전의 분산대형으로 혹은 밀집대형으로 그 모습을 나타내어 여러 번 로마군 전위부대와 조그마한 전투를 계속해 왔던 것이다. 물론 이 유격부대 배후에는 강대한 본대가 대기하고 있었다. 그리하여 로마군의 선두부대가 티그리스강을 목표로 진격을 개시하자마자 홀연히 평원 저쪽에서 일대 황진이 일어났다. 이제 한시각이라도 빨리 안전지대로의 후퇴명령만이 내릴 것을 고대하던 로마군으로서는 이 공포의 황진, 틀림없이 야생당나귀 군이 달아나는 것이 아니면 우군인 아랍족의 내원으로 생긴 황진일 것으로만 믿고 있었다. 여기서 곧 전진을 정지하고 천막을 쳐서 진영을 굳힌 다음 불안에 떠는 하룻밤을 보냈다. 막상 날이 밝고 보니 이게 웬일인가, 그들은 완전히 주위를 페르시아군에 의하여 둘러싸여 있었다. 그것도 처음에는 기껏해야 적의 선봉부대 정도로만 생각했었는데, 어찌 알리오, 그 바로 뒤에는 용맹하기로 이름 높은 맹장 메라네스(Meranes, 사람 이름이 아니라 호칭인 듯 하다고 한다)가 통솔하는 흉갑기병대·궁사대·코끼리부대 등등으로 편성된 주력부대가 뒤따르고 있었다. 메라네스의 좌우에는 사포르왕의 왕자 2명과 기타 많은 태수들이 대기하고 있었다. 다시 이들의 배후에는 사포르왕 자신이 이끄는 나머지 대군도 천천히 다가오고 있었다. 더욱이 이 대병력의 적군실력은 일찍부터 알려진 그의 무명(武名)과 예상에 의하여 한층 더 과장되게 생각되었다. 로마군도 여전히 퇴각을 계속했지만, 지형상의 변화도 있고 해서, 자칫하면 이 긴 대열의 길을 우회하거나 분단을 강요당하기 쉬워서 줄곧 전기(戰機)만을 노리는 페르시아군에게는 아주 유리하였다. 그들은 여러번 맹렬한 기습을 가해왔다. 그때마다 로마군도 의연한 태세로 반격을 거듭했는데, 문자 그대로 전투라고 부르기에 어울리는 마롱가(Maronga)에서의 전투 등에서는 페르시아군도 몇 명의 태수와 상당수의 코끼리부대를 잃는 커다란 손실을 입었다(사포르 왕의 입장에서 보면, 아마도 코끼리와 태수는 같은 가치의 손실이었을 것으로 생각된다). 이처럼 혁혁한 승리였지만 로마군 측에도 당연히 상당한 인명 손실이 있었다. 고급장교의 몇 명이 전사 또는 부상을 입었고, 게다가 율리아누스 황제 자신이 위급하다고 보면, 항상 진두에 나서서 솔선수범으로 군의 사기를 고무하는 지휘관이었던 만큼, 이때도 그의 일신을 퍽 위험에 노출시키면서 있는 재능을 모두 발휘하지 않으면 안되었던 경우도 적지 않았다. 로마군 병사들의 공격 무기이며 동시에 방호구(防護具)이기도 한 무기와 무구류는 그것들의 중량이 너무도 무거웠기 때문에 장도(長途)의 추격전이나, 이런 후퇴작전에서는 유효하게 사용하는 것이 별로 적합치가 않았다. 이에 반하여 페르시아군 기병대는 전속력으로 말을 달리면서도 어떠한 방향에서든지 그들의 투창을 던지며 활도 쏘아대는 무예에 숙달되어 있었으므로 그들 기병대의 전력은 아군이 뿔뿔이 흩어져서 도망치는 순간이야말로 실로 가공할 적군이었다. 따라서 로마군에게 있어 가장 확실하고도 회복이 불가능했던 손실은 첫째로 시간의 낭비였다. 갈리아·게르마니아 등지의 추위에는 익숙한 건장한 노병들도 앗시리아의 여름 무더위에는 뜻하지 않게도 실신하는 사람까지 나왔다. 이에 더하여 행군과 전투의 끊임없는 반복으로 그들의 사기는 크게 떨어져 있었다. 더욱이 정기(精氣) 왕성한 적을 앞에 두고 엄중경계 태세하에서 지지부진한 후퇴작전을 강행하고 있으니, 군의 행군거리는 심히 짧아졌다. 식량보급이 줄어듬에 따라 로마군의 양식값은 하루하루 치솟았다. 평소에는 굶주린 병사들조차 기피하는 나쁜 식사도 기꺼이 그것에 만족하던 율리아누스 황제지만, 문제가 군용이라면 황실용 양식은 물론이거니와 사령관과 장군들의 마바리용 보리까지도 할애할 수 있는 한 할애해서 그것을 병사들을 위해 돌리고 있었다. 그러나 이런 정도의 빈약하기 이를 데 없는 구휼책으로는 전군의 곤궁감(困窮感)을 한층 더 심하게 느끼게 할 따름이었으므로, 로마군에도 점차 암담한 불안감이 감돌기 시작하였다. 그것은 고국인 제국의 국경까지 도달하기 이전에 전원이 굶어 죽거나, 아니면 야만족들의 칼을 받아 쓰러지거나 어느 한 쪽이라는 불안감이었다.

율리아누스 황제는 거의 극복 불가능에 가까운 역경과 싸우면서도, 야밤에 병사들이 조용히 잠에 빠져들면 평소와 다름없이 독서와 사색에 열중하였다. 다만 깨기 쉬운 짧은 잠을 자기 위하여 눈을 잠깐 감을 때마다, 어지간한 그도 마음 속은 고통스러운 불안감으로 들볶이었다. 어느날 밤에 제국의 수호신령이 다시 머리맡에 나타나 그의 머리와 풍요의 뿔(cornucopia/horn of abundance/horn of plenty, 그리스 신화에서 제우스 Zeus 신에게 젖을 먹였다고 전해지는 염소의 뿔. 풍요의 상징)을 상포(喪布)로 덮은 다음 조용히 그 막사에서 사라져 버린 꿈을 꾸고 몹시 놀랐었는데, 지금은 그런 꿈에도 별로 놀라지 않게 되었다. 그가 침대에서 벌떡 일어나 피로와 고민으로 상심된 마음에, 찬 밤공기라도 쏘일 요량으로 혼자서 천막 밖으로 나왔을 때였다. 그는 한 줄기의 큰 별똥별이 빛꼬리를 길게 끌면서 하늘을 가로질러 가더니 곧 어두운 밤하늘 속으로 사라져 버리는 것을 보았다. 그는 이것을 두려워할 군신(軍神)의 위협이라고 확신하였다. 곧 투스카나(Tuscana)인의 장복사(腸卜師, Haruspex/Haruspices)들을 모아 놓고 군사회의를 열었지만, 그들의 답신(答申)은 이구동성으로 황제는 마땅히 일체의 전투를 중지해야 한다는 것이었다. 그러나 이때도 필요와 이성이 미신을 제압하고 있었는데, 그러자 동이 트고 날이 밝음과 함께 또다시 진군나팔이 요란하게 들려왔다. 구릉지대의 진격이 또 시작되었다. 이런 구릉에는 모두 페르시아군이 매복하고 있었다. 그러나 백전연마의 율리아누스 황제이니 만큼 능숙하고도 주의깊게 전위부대를 이끌고 전진하고 있을 때, 갑자기 그를 놀라게 한 것은 후미군이 불의의 습격을 받았다는 보고였다. 날씨가 너무도 무덥기 때문에 그는 가끔 흉갑까지 벗고 있었는데, 이 보고를 받자 경호원 중 한 병사로부터 그의 방패를 뺏다시피 해서 그것을 들자, 그는 우선 그 자리에 있던 구원군을 이끌고 후미군을 구출하기 위하여 그곳을 향해 급히 달려갔다. 그러나 그 때 또 다른 보고가 날라 왔다. 그것은 전위부대가 똑같이 기습을 받아 위기에 처했다는 전갈이었다. 불요불굴의 황제는 곧 구원부대를 되돌려 전위부대 구출로 향하였다. 이와 같이 선후미 부대의 전열사이를 뛰어 다니는 사이에, 이번에는 또 다시 좌익 중앙부가 적의 기병대 및 코끼리 부대의 맹공을 받아 거의 궤멸직전에 처하게 되었다. 다행스럽게도 적의 이 대집단은 시기적절하게도 아군 경보병대의 멋진 선전기동(旋轉機動)으로 페르시아군 기병대 배후로부터, 그리고 코끼리부대에 대해서는 그의 다리 부위를 겨냥해서 유효적절한 일제사격을 가했기 때문에 어이없이 무너져 패주하였다. 위기에 처했다 하면 정해놓고 선두에 나서는 율리아누스 황제는 목청을 돋구고 손을 높이 들어 추격전을 독려하였다. 이제 전쟁터는 적아군의 구별조차 잘 되지 않을 정도로 혼전이 되자, 스스로도 사방에 흩어지거나 기죽기 쉬웠던 친위병들도, 두려움을 모르는 용기라고나 할까, 한 벌의 갑옷도 입지 않은 황제의 모습을 보고서는 왈칵 겁이 나서 이것을 황제께 주의시켰다. 그러면서 폐허가 무너지는 것과도 같은 그런 위험만은 피해달라고 간청하였다. 바로 그렇게 간청의 소리를 질렀을 순간이었다. 패주하던 적의 부대로부터 투창과 화살이 비오듯이 날아 왔다. 그리고 그런 투창의 한 자루가 황제의 팔을 스치고 지나면서 그대로 늑골을 꿰뚫고 간장 깊숙한 곳에 들어가 꽂혔다. 황제는 그 흉기를 옆배로부터 뽑으려고 했으나, 예리한 창 끝이 그의 손가락 끝을 절단했을 뿐 뽑지 못하면서 그도 의식을 잃고 말에서 떨어졌다. 재빨리 친위병들이 달려와 중상을 입은 황제를 조용히 안아 올리자 우선 난전이 벌어지고 있는 전쟁터를 벗어나 가까이에 있는 막사로 운반하였다. 비보(悲報)는 곧 전군의 말단병사에까지 전해졌는데, 이 슬픔은 오히려 전 로마군의 불굴의 용기와 복수심을 크게 고무하였다. 양군의 사투는 그대로 계속되어 밤의 어둠이 사방을 뒤덮게 되자, 양군은 비로소 각기 자기 부대를 수습하기에 이르렀다. 좌익에 대한 페르시아군의 공격은 로마군의 관방장관 아나톨리우스(Anatolius)의 전사라는 영예를 그들에게 가져다 주었고, 다행으로 민정총독 살루스티우스(Sallustius)만은 겨우 탈출하는 데 성공하였다. 이날의 전과는 대세로 볼 때는 역시 페르시아군의 패배였다. 결국 전쟁터를 포기한 것은 그들이었고, 또 그들은 메라네스(Meranes)와 노호르다테스(Nohordates) 두 장군을 비롯하여 50명의 귀족·태수와 게다가 수많은 장병들의 유체를 전쟁터에 남겼던 것이다. 만일 이때 율리아누스 황제가 죽지만 않았더라면 로마군의 승리는 아마도 결정적인 것으로 되었음이 틀림없었을 것이다.

다량의 출혈로 실신상태에 빠졌던 율리아누스 황제가 의식을 회복한 후에 최초로 입에 담은 말은 정말 그의 무인다운 성격을 나타내는데 있어 조금도 손색이 없었다. 그는 먼저 말과 무기를 가져오라고 하면서 또 전쟁터에 나가겠다고 줄곧 말한 것이다. 그러나 그의 무리한 이 노력은 오히려 남은 체력까지 완전히 소모케 했을 뿐이다. 그리고 상처를 본 외과의들은 명백히 죽음의 시기가 다가왔음을 알았다. 그러나 이 엄숙한 마지막 순간까지도 그는 훌륭한 영웅, 그리고 철학자의 면목을 끝까지 발휘하였다. 그의 운명적인 원정에 동반하고 있던 철학자들은 이때 황제의 천막을 저 소크라테스가 갇혀 있던 옥사로 비유하고 있다. 그리고 의무에서인지, 우정에서인지, 아니면 호기심에서였던지, 그 때 그의 침구를 둘러싸고 모여 있던 사람들도 이제 죽음을 앞에 둔 황제의 마지막 말에 대하여 경건성 넘치는 슬픈 마음으로 조용히 귀를 기울였다. 「친구들과 전우들이여, 이제 내가 떠나갈 때가 된 것으로 생각되는 군요. 과인은 깨끗한 채무자로서 기꺼이 자연의 요구에 곧 순응할 생각이외다. 과인은 다년간 영혼이 육체보다 고귀하며, 따라서 이 고귀한 실체가 육체에서 떠나가는 것, 그것은 고뇌라기 보다도 오히려 환희라는 것을 철학에서 배웠소이다. 그리고 일찍 가는 것은 신앙에 대한 보상이라는 것도 종교에서 배웠소이다. 따라서 이제 이 죽음이라는 타격도, 오늘날까지 과인의 생애를 용기와 강의성으로 지탱해 준 나의 품성을, 오히려 오욕의 위험으로부터 지켜주신 신들의 은혜로 생각하여 기쁘게 이것을 감수할 생각입니다. 죄를 범함이 없이 살아왔기 때문에 지금은 아무런 후회도 없이 기쁘게 이 삶을 끝마치게 됩니다. 과인의 사생활이 무구청백했음을 되돌아 보고, 이제 그것을 기쁨으로 생각하는 동시에 지상(至上)의 권위, 즉 신이 풍기는 향기(emanation of the Divine Power)가 아직도 나의 수중에 그대로 순수순결하게 쥐여져 있음을 확신적으로 단언하는 바 이외다. 과인은 전제주의가 가진 부패파괴의 제 원리를 타기하고, 백성들의 행복이야말로 통치의 궁극적 목표로 생각해 왔소이다. 내 자신의 행동을, 끊임없이 사려와 정의 그리고 절도라는 마음가짐에 복종시키고, 일의 성패는 모든 것을 섭리에 맡겨 왔던 것입니다. 이것이 국가의 복지와 배치되지 않는 한 평화야말로 과인이 의도한 최고목적이었지요. 그러나 조국지상(祖國至上)의 목소리가 무기를 들라고 명령했을 때, 그때만은 과인도 과감하게 전쟁의 위험에 이 한몸을 내놓게 되었는데, 이때는 이미 점복술에 의하여 명확히 알게 된 최후로서 창검에 의한 죽음이 나의 숙명임을 각오하고 있었지요. 이제 과인은 영원한 존재에 대하여 감사의 공물을 바치는 바 입니다. 신은 과인이 폭군의 잔인성이나 음모자의 흉인(凶刃) 또는 일진일퇴하는 숙환의 업고로 쓰러지는 것을 용서하지 않으셨습니다. 이 영예로운 생애의 중도에서 신은 나의 빛나는 영광에 가득찬 이 세상으로부터 떠나도록 하셨소. 이 운명의 일격을 요청하는 일도, 또 거부하는 일도 다같이 어리석고 비열한 일이라고 하지 않을 수 없습니다－이상이 과인이 말하고자 한 전부입니다. 이제 기력도 쇠진하고 죽음이 다가온 것을 예감합니다－새로운 황제를 추대하는 문제에 관해서는 여러분의 표를 좌우할 우려성이 있는 그런 발언은 특히 삼가하렵니다. 과인의 선택이 어쩌면 사려가 모자라고 또 판단에 잘못이 있을지도 모르기 때문입니다. 만일 과인이 추천하는 인물이 군의 동의를 얻지 못하게 되면, 그 분에게는 치명적인 결과가 될는지도 모르구요. 과인은 다만 선량한 한 시민으로서 이 말을 하는 것이지만, 앞으로도 로마인은 덕망 높은 군주에 의하여 내내 통치되는 은혜를 받기를 바랍니다.」 율리아누스 황제는 조용하지만 그러나 의연한 목소리로 이상과 같은 유언을 말하였다. 그리고 난 다음에 다시 군인유언(military testament, 군인의 출진하기 직전의 유언조치)으로서 자기의 사재(私財)는 전부를 군인들에게 나누어 주라고 일렀다. 뒤이어 그는 관방장관 아나톨리우스가 없는 것을 알아차리고 한 두 마디 물어 보았는데, 이에 대하여 살루스티우스의 대답을 듣고 곧 전사한 사실을 깨달았다. 그리고 어떤 의미에서는 인간다운 모순인지 모르겠지만, 이 친구의 죽음을 심히 슬퍼하였다. 동시에 머리맡에 모인 사람들의 당황해하는 비탄한 모습을 보고 그들을 오히려 위로했을 뿐만 아니라, 이제 얼마 뒤에는 하늘과 그의 성수(星宿/辰宿)와 결합하게 될 군주의 운명을 사내답지 않은 눈물 따위로 더럽히는 일은 삼가하도록 간절히 요망하였다(이 생각은 피타고라스〈Pythagoras, BC 582~497? 그리스의 종교가·수학자·철학자〉와 플라톤〈Platon, BC 427~347. 그리스의 철학자〉 등의 사상적 영향에서 온 것이라고 한다). 그의 운명을 지켜보던 사람들은 이 말에 모두 침묵하였다. 율리아누스 황제 자신은 철학자인 프리스쿠스(Priscus)와 막시무스(Maximus)를 상대로 영혼의 본질에 관한 형이상학적인 토론을 시작하였다. 그러나 이 때문에 부하된 신심에의 무리가 그의 최후를 재촉한 것 같다. 또다시 상처에서 많은 피가 분출하기 시작했고, 그러자 혈관팽창 때문인지 호흡 곤란에 빠졌다. 냉수를 한잔 청하여 그것을 마시고 나자마자 그대로 아무런 고통도 없이 마지막 숨을 거두었다. 그것은 자정 가까운 때였다. 이상이 이 훌륭한 인물의 마지막인데, 그때 나이 32세였다(363년 6월 26일. 그러나 정확한 사망 장소는 오랫동안 알려지지 않았다. 지금으로서는 본문에도 나온 바 마롱가〈Maronga〉전장 가까이라는 설이 있다. 그렇다면 이 곳은 현재의 바그다드와 사마라〈Samara〉와의 중간지점인 것 같다). 선제인 콘스탄티우스 2세가 죽은 뒤 1년 8개월간의 치세에 불과하였다. 임종의 그 순간까지도 얼마간의 과시욕도 있었겠지만, 어쨌든 그가 생애의 일관된 정념이었던 도의와 명성을 사랑하는 것으로 마치려 한데는 추호의 변함이 없었음을 보여준 것만은 사실이다.

그리스도교의 승리와 제국의 각종 재액은 어느 정도까지 이것을 율리아누스 황제 자신의 책임으로 돌릴 수 있지 않을까. 다시 말하여, 일찌감치 또 적절하게 그가 공치황제 내지 후계자를 지명함으로써 장래에도 자기의 구상을 실현시키는 길을 굳혀 놓는 것을 그는 잊고 있었다. 하기야 콘스탄티우스-클로루스(Constantius Chlorus, 재위 293~306. 콘스탄티누스 대제의 부황) 이래의 이 제통(帝統)은, 이때에 이미 율리아누스 단 한 사람만이 남아 있었을 뿐이었다. 설사 그가 가장 적격자로 생각한 로마인에게 자의(紫衣)를 넘겨주고자 진지하게 생각했다 하여도, 막상 실행단계에 들어가면 무엇보다 첫번째로 선택의 곤란성, 둘째로 권력에의 질시와 배은망덕에 대한 근심, 나아가서는 그 자신의 젊음·건강·성운(盛運)에 대한 자긍심과 같은 것까지 생각할 때, 이에 대한 결심을 끝내 뒤로 돌리게 된 것도 부득이하였다. 그런데 이제 그의 갑작스런 죽음은 일찍이 저 디오클레티아누스 황제(Diocletianus, 재위 284~305)의 선립 이래 약 80년간에 걸쳐 한번도 경험하지 못한 밑바닥의 곤혹과 위기국면, 환언하면 군주도 없거니와 후사도 없다는 상태로 제국을 남긴 것이다. 혈통의 순수한 고귀성과 우월성 따위를 이미 거의 잊어 버린 정부로서는 출신의 우월성 등을 이미 문제로 삼지 않았다. 관작관직에 요구되는 자격기준 따위도 우연적이라고나 할까, 이렇게도 또 저렇게도 생각할 수 있는 퍽 적당한 실체로 되어 있었다. 비어 있는 옥좌를 노리는 야심적인 후보자로서도, 만일 자기의 재능을 자각한다든지 또는 자기가 중망(衆望)을 업고 있다는 자긍심만 있으면, 그것만으로도 지지를 받는 것이 결코 불가능한 일이 아니었다. 그러나 이제 4면이 페르시아 만족군의 포위하에 있고, 게다가 굶주림에 처해 있는 로마군으로서는 언제까지나 슬픔과 논의만으로 날짜를 보낼 수 없었다. 이런 공포와 궁박(窮迫)의 와중에서 그들은 고제(故帝)의 유언대로 그 유해에 정중하게 방부향료를 바른 다음, 다음날 아침 우선 장군들의 군사평의회를 열었다. 여기에는 각 정규군단의 사령관과 기병대 및 보병대의 장교들도 옵서버로서 참가하는 것이 허용되었다. 그런데 이에 앞서 그날 밤중에는 벌써 3~4시간에 걸쳐 여기저기서 파벌간의 밀의가 이루어졌던 것이다. 따라서 일단 새 황제의 선립문제가 제안되자 즉석에서 당파근성이 회의를 혼란시키기 시작하였다. 빅토르와 아린테우스(Arintaeus) 두 사람은 콘스탄티우스 황제 궁정파의 잔당을 규합하고 있었고, 한편 고제의 맹우들은 갈리아군의 장수인 다갈라이푸스(Dagalaiphus)와 네비타(Nevitta) 두 사람을 강력히 밀었다. 그 성격과 이해관계, 통치신념은 물론이거니와 신앙원리에서도 완전히 상반되는 이 양파가 대립한 만큼, 이제 어떤 치명적인 결과를 가져올지도 모를 그런 심각한 우려의 분위기가 회의를 짓눌렀다. 여기서 이런 불화항쟁 상태를 교묘히 수습하면서 표결을 일치시킬 수 있는 인물이라면, 그것은 예의 고덕(高德)의 인사인 살루스티우스 밖에 없었다. 그 사람이라면 아마도 즉석에서 율리아누스 황제의 후계자로서 선언되어 있었을 것이다. 다만 자기 자신이 어디까지나 노쇠했다는 이유를 내세워 자기는 도저히 왕관 무게에 견뎌내지 못한다는 것을 성심성의로, 또 말을 낮추어서 굳이 사양하는 것이었다. 이런 사양으로 말미암아 놀라고 또 곤혹을 느낀 것은 장수들이다. 그들은 하는 수 없다 하여 한때는 하급장교 중 한 사람(기번은 이것이 암미아누스-마르켈리누스 자신을 가르킨 겸양의 말이 아닌가 하고 추측하고 있다)의 진언을 채택하는 것으로까지 보였다. 그의 진언이란, 이런 때는 장군들이 정제(正帝) 부재시는 마땅히 어떻게 행동해야 할 것인지 그것만을 생각해서 행동하면 된다. 환언하면, 지금은 먼저 전원이 있는 힘을 다하여 군을 지금의 궁지에서 구출하는 것이다. 다행스럽게도 메소포타미아 역내에까지 도달한다면, 거기서 다시 전군에 의한 충분한 토의를 거친 뒤에 비로소 합법적으로 정제를 선립하면 된다는 그런 것이다. 이런 문제를 한창 토의 중이었는데, 갑자기 몇 사람의 목소리가 당시는 아직도 친위대 부사령관에 불과한 요비아누스(Jovianus, Flavius〈Claudius〉, 331~364. 재위 363~364)의 이름을 아우구스투스(Augustus, 정제)의 칭호로서 외쳐대는 것이었다. 이 천막을 둘러싸고 있던 친위대원들도 곧 이에 호응하여 시끄럽게 환성을 올려 그를 추거했는데, 이 소식은 대열 말단에까지 순식간에 전파되었다. 생각지도 않았던 행운에 황제 자신도 어안이 벙벙한 상태에 빠져 있었으나, 여기에는 구애되지 않고, 보고 있는 사이에 제위를 상징하는 자의와 표장류가 입혀진 바, 바로 몇 분전만 해도 그들에게 은고와 비호를 받고 있던 그런 장수들로부터 오히려 충성의 선서를 받은 것이다(363년 6월 27일의 일). 그가 추대된 최대의 이유는 그의 아버지인 독군(督軍) 바르로니아누스(Varronianus)의 공훈에 의한 것인데, 그의 부친은 다년간에 걸쳐 군대에서 봉사한 뒤 영예로운 은퇴로 지금은 그의 여생을 조용히 즐기고 있었다. 한편 그의 아들은 비교적 비천한 신분출신이라는 편한 마음에서인지, 그의 사생활은 군인들에게 흔히 있는 술과 계집질의 방탕생활로 알려져 있었다. 다만 그리스도 교도 및 무인으로서는 그런대로 자기의 체면을 유지하고 있었다. 따라서 사람들의 칭찬이나 질시를 초래할만한 야심가적인 특징은 일체 눈에 띠지 않았고, 다만 그의 미남형과 명랑한 성격, 붙임성 있는 재치 등이 언젠지도 모르게 동료 군인들의 신망을 얻고 있었던 것이다. 특별히 적대 당파의 책모에 의하여 이루어진 것이 아니라 전군에 의한 선립인 만큼, 양파의 장군들도 말하자면 묵인의 형태를 취하였다. 하기야 뜻하지 않았던 이 새 황제 선립이라는 자랑도, 한편에서는 만일 실수라도 한다면 이 새 황제의 생명과 치세도 그날 중으로 끝장날는지 모른다는 당연한 불안감으로 심히 감쇄되었다. 당면한 급선무를 앞에 두고, 전군이 한 시각의 지체도 없이 일제히 그에게 복종하였다. 따라서 율리아누스 황제가 죽은지 불과 몇 시간 뒤에 요비아누스 새 황제가 낸 첫번째 명령은 즉시 행군을 다시 개시할 것이었다. 그것만이 전 로마군을 지금의 이 곤경(困境)에서 탈출케 하는 유일한 방도였기 때문이다.

총체적으로 적을 어떻게 볼 것인가, 그것의 평가여하는 그 사람이 품고 있는 공포심에 의하여 가장 정확히 표현된다는 것은 두 말할 나위도 없다. 그리고 이 공포의 정도는 일단 거기서 해방되었을 때, 그 얼마나 그것을 기뻐하고 또 축복하느냐에 의하여 정확히 측정될 것이다. 사포르 왕에게도 율리아누스 황제가 전사했다는 낭보가 미구에 한 도망병의 입으로부터 나와서 전해졌다. 이것은 의기소침해 있던 왕의 사기를 갑자기 승리에 대한 자신성으로 소생시켰다. 우선 급히 친위기병대 — 그것은 아마도 1만기로 편성된 그들의 이른바 「신병대(神兵隊, Immortals)」였겠지만 — 를 보내어 추격부대의 병력을 증강시키는 동시에, 다시 전병력을 규합하여 로마군의 배후를 맹렬히 습격토록 하였다. 그러자 로마군 후미부대가 곧 궤란(潰亂)상태가 되어, 디오클레티아누스 황제와 그의 호전적인 공치제(막시미아누스 황제를 가리키는 것)시대 이래, 용명을 떨쳐온 정규병으로 편성된 제 군단도 순식간에 코끼리부대의 발 밑에 무리지어 짓밟히게 되었다. 병사들의 패주를 저지시키고자 했던 사령관들 중의 3명도 여기서 전사하였다. 그러나 다행스럽게도 마지막에는 로마군도 불굴의 용기로 전세를 만회하여 반격으로 나감으로써 페르시아군으로 하여금 막대한 수의 장병과 코끼리군을 잃고 물러나지 않을 수 없게 하였다. 이와 같이 로마군은 긴 여름날을 종일토록 전투를 계속하면서 전진한 결과, 해질 무렵에는 티그리스 강안에 위치하며 크테시폰시 상류 쪽 약 100마일 지점의 사마라(Samara, 티그리스강 연안에 있고 오늘날의 바그다드시 북방에 위치. 이슬람 시대가 되어 칼리프〈Caliph〉의 수도가 되면서부터 발전하였다)까지 겨우 도착하였다. 그러나 다음날이 되자 페르시아군은 로마군의 진로를 저지시키는 방침을 일변하여 갑자기 요비아누스 황제의 대본영을 공격하기 시작하였다. 그가 들어 있던 막사는 깊은 계곡의 안쪽 깊숙한 곳에 설치되어 있었는데, 페르시아군 궁사대는 구릉지대를 점령하고 이것을 내려다보면서 피로 곤비한 로마군을 사정없이 훑닦는 것이었다. 한편 적 기병의 한 부대는 결사적인 용기로 대본영 진문 안에까지 돌입하였다. 로마군은 겨우 황제가 든 천막 가까이에서 이것을 섬멸했지만, 한때는 승패의 예상도 할 수 없을 정도의 격전이 벌어졌던 것이다. 그리고 그날 밤은 카르케시(Carche 市. 사마라시 바로 북쪽에 위치하며 티그리스강 동안에 있는 도시)에 막영을 설치했는데 이 곳은 높은 제방에 의하여 튼튼하게 지켜지는 곳이었다. 이리하여 로마군은 끊임없이 사라센인들의 집요한 추격에 고통 받으면서도 율리아누스 황제가 사망한 지 제4일째 되는 날(363년 7월 1일), 두라(Dura, 사마라와 카르케시들로부터 다시 티그리스강 동쪽 기슭을 위로 올라간 곳에 있는 작은 도시. 유프라테스강 중류에도 같은 이름의 거리인 두라가 있었지만 그것과는 별개다. 권말의 「율리아누스 황제 페르시아 원정 약도」 참조) 근교에 천막을 쳤다. 왼쪽은 여전히 티그리스강이 흐르는 곳이었다. 믿었던 식량도 이젠 거의 바닥이 나가고 있었다. 이미 국경이 가까울 것이라고 달콤한 기대를 품었던 병사들도 여기에 이르자 끝내 참지 못하여, 이럴 바에야 차라리 건곤일척의 모험으로 단번에 도하작전을 결행하고 싶다는 것을 새 황제에게 건의하였다. 요비아누스 황제는 현명한 막료들의 조언을 받아 들여 어떻게든 그들의 경거망동을 저지시키기에 노력했다. 설사 이 깊고 급한 흐름의 강을 헤엄쳐 건널 만큼의 숙련과 용기가 있어서 무사히 건너갔다해도 대안에는 만족군이 점령하고 있으니 그들은 발가 벗고 무방비상태인 우리를 맞이하여 전멸시킬 수 있으리라고 설득시킨 것이다. 그러나 병사들의 요구는 훤조(喧躁)에 가까운 강청으로 변함에 따라, 황제도 떨떠름하지만 끝내 그들에게 굴복하여, 우선 어릴 때부터 라인강이나 다뉴브강 등의 흐름에서 헤엄치기에 익숙된 갈리아병과 게르만병사를 합하여 500여명을 선발하여 이 모험적인 도강작전을 시행(試行)시키기로 하였다. 나머지 군대에 대한 격려가 될는지 모르고, 또 이와 반대로 경고가 될 수도 있다고 생각해서였다. 쥐죽은 듯이 고요한 심야에 그들은 티그리스강을 헤엄쳐 건넌 다음, 적의 보초병이 방심하고 있는 틈을 타서 급습한 바, 동쪽 하늘이 훤하게 밝아올 무렵에는 성공과 행운의 횃불이 올랐다. 이 시행성공은 새삼스럽게 요비아누스 황제로 하여금 공작대의 헌책을 채용토록 결심케 하였다. 즉, 양·소·염소 등의 가죽으로 만든 부낭을 연결하고 그 바닥에는 막대기다발(fascines)과 흙 등을 깔아서 부교를 가설하려는 것이었다. 이리하여 중대한 2일 간이 그것의 준비로 허비되었다. 이미 극도의 굶주림에 견디어 온 로마군은 쓸데없이 티그리스강의 수면(水面)과 로마군의 곤궁한 환경에 반비례하여 날이 갈수록 증강되는 페르시아군의 병력과 집요성에서 오는 절망의 시선을 다만 허공에 던질 뿐이었다.

절망으로 밖에 생각되지 않는 이런 상황에서 침체의 밑바닥에 있던 로마군에게 생각치도 않았던 생기를 불어 넣은 것은, 바로 그때 뜻하지 않았던 화의에 관한 의사의 타진을 받은 일이다. 왜냐하면 사포르왕의 교만성도 순식간에 꺾이어 정신을 차리고 생각해보니, 승리의 전망도 의심스러운 전투를 반복하는 사이에 그 역시 수많은 충성불굴의 귀족들과 용맹무비의 정예군, 게다가 코끼리군의 대부분까지 잃었던 까닭이다. 이것은 중대하게 깊이 고려해 볼 사태였다. 과연 연전의 노련한 사포르왕인 만큼 절망적인 적의 저항, 전쟁운명의 변전부침(變轉浮沈), 나아가서는 무진장이라고도 할 수 있는 로마제국의 전력까지 생각해 보니, 이에 도전하는 일의 위험성을 크게 겁먹게 되었다. 특히 로마군의 군사력은 언제 율리아누스의 후계 황제를 구원하기 위하여, 그리고 그 일의 보복을 위하여 반격해 올지 짐작할 수 없었던 것이다. 이리하여 페르시아군의 장령(Surenas) 자신이 1명의 태수를 데리고 갑자기 요비아누스 황제의 대본영에 나타나, 인자하신 페르시아 왕은 무엇하면 로마황제는 물론 이제 아군의 포로와도 똑같은 신세가 된 그 잔존부대까지 포함하여 목숨을 살려주며, 다시 그들의 귀국도 인정하는 화의조건을 제시할 준비가 있습니다 하는 내용을 제의한 것이다. 안전에 대한 희망이 생기자 로마군의 사기는 갑자기 뚝 떨어졌다. 새 황제 요비아누스도 막료 회의의 진언을 받았고 다시 병사들의 외침을 듣자 이미 화의 제의에 응하지 않을 수 없게 되었다. 즉각, 민정총독인 살루스티우스(기번이 Sullustinus로 쓴 것은 기실 잘못이다. Sullustinus는 전 갈리아 속주의 민정총독이다.

여기에 불리어 간 사람은 기실 동방 전 속주의 민정총독으로서 이름을 사투르니누스 세쿤두스 살루티우스〈Salutius, Saturninus Secundus〉라는 별개 인물이다)와 장군인 아린테우스가 함께 대왕의 의향을 확인하기 위하여 파견되었다. 그런데 이 노회한 페르시아 왕은 이런 또는 저런 구실을 붙여서 협정조문에 대한 결론을 연기시키고 있었다. 난제를 들고 나와서는 그것에 대한 설명을 요구하는가 하면, 편법(便法)을 시사하기도 하고, 그런가 하면 그것에 대한 양보를 곧 철회하면서 오히려 요구를 증대시키는 그런 잔꾀를 부렸다. 이런 이유로 4일간이 허허실실의 절충에 허비되었는데, 그 사이에 로마군의 식량은 완전히 바닥을 들어내고 말았다. 여기서 만일 요비아누스 황제에게 대담하고도 현명한 정책을 실행할 능력만 있었다면, 그 사이에 아마도 끊임없이 후퇴행동을 속행하고 있었을 것이고, 화의교섭이 진행되는 사이는 당연히 페르시아군의 공격도 정지되어 있었을 터이다. 그렇게 하면 이 4일안에 풍옥한 땅인 코르두에네(Corduene)까지의 도달(실제로 그 곳까지는 불과 100마일〈즉, 400리인 160킬로미터〉의 거리였다)은 무난히 달성할 수 있었을 것이었다. 그런데도 우유부단한 요비아누스 황제는 적의 모략계획을 분쇄하기는 커녕, 오히려 일종의 체념이라고나 할까, 실로 끈기있게 이 비운을 기다렸던 것이다. 그리고 마지막에는 벌써 거절할 힘조차 없어서 굴욕적인 화평조건을 수락하였다. 일찍이 사포르왕의 조부가 할양했던 티그리스강 피안의 5개 주도 페르시아왕에게 반환하게 되었다. 세 번씩이나 페르시아군의 포위공격전을 견뎌냈던 난공불락의 니시비스시도 협정의 한 조항에 의하여 그의 손에 넘어갔다. 마찬가지로 메소포타미아 최대 요충지의 하나였던 싱가라시와 그의 무어인(Moors)의 요새(Nisibis시 북쪽에 있었다. 단, 기번이 쓰고 있는「마우로인의〈Mauro rum〉」라는 형용사는 Mororum〈뽕나무의〉에서 와전된 것 같은데, 따라서 무어인과는 전혀 관계가 없다)도 제국판도에서 떨어져 나가게 되었다. 이들 성새 안의 주민들이 가재도구를 싣고 퇴거하는 일조차 관대한 조치로 생각되었다. 한편 아르메니아왕과 그 왕국에 대해서는 영원히 로마인으로서의 권리와 의무를 포기하도록 이 승리자인 페르시아왕에 의해 강경하게 주장되었다. 이리하여 어쨌든 30년간에 걸친 평화라기 보다도 장기휴전이 두 나라 사이에 약정되었다. 조약의 신의가 엄숙한 선서와 종교적 의례에 의한 비준을 받았으며, 이런 협정조건의 이행을 보증하기 위하여 쌍방간에 서로 요인 몇 명씩을 인질로 교환하기로 하였다(암미아누스-마르켈리누스,『역사』제25권 7장, 리바니오스,『추도연설』278절〈로브판〉등, 이것을 두라협약〈Treaty of Dura>이라고 한다).

안티오크시의 철학자 리바니오스는 그가 경애하던 영웅인 율리아누스 황제의 제홀(帝笏)이 이처럼 무력한 기독교도의 황제 손에 넘어간 것을 통분해서였던지, 상술한 바와 같은 얼마간의 영토획득으로 만족한 사포르왕의 관대성을 오히려 공공연하게 칭찬까지 하였다. 만약 그의 영토확대 요구를 유프라테스 강안까지 주장했다 해도 거부당할 걱정은 절대로 없었을 것이고, 다시 망촉(望蜀, 만족할 줄 모르는 욕심)으로 오론테스강(Orontes 江)·큐드누스강(Cydnus 江)·상가리우스강(Sangarius 江), 심지어 타라키아의 보스포루스(Tharacian Bosphorus)로써 국경을 삼자고 요구했던들, 요비아누스 황제의 궁정에는 아마도 나머지 속주만으로도 자기들의 권력욕과 사치욕을 만족시킬 수 있는 만큼, 쾌히 그의 요구를 수락함으로써 어떻게 해서든지 살아서만 돌아갈 수 있도록 이 겁약(怯弱)한 황제를 설득했을 아부 잘하는 간신배에게는 부족함이 없었을 터인데도, 그나마 다행이었다고 쓰고 있다(상게 「추도연설」 278~279절). 이처럼 짓궂고 완곡한 비꼼을 액면 그대로 받아들이지 않는다 해도, 뭐니뭐니해도 상대가 요비아누스 황제인 만큼, 이 정도의 굴욕적인 조건에는 그 개인의 야심으로 보더라도 쉽게 이것의 조인에 응했으리라는 것을 인정하지 않을 수 없다. 실력이라기 보다도 차라리 행운에 의하여, 그것도 비천한 직위의 정신(廷臣)으로부터 일약 제위에 오른 그로서는 어떻게 해서든지 페르시아군의 손아귀에서 도망치고 싶다는 그런 생각만이 그를 사로잡고 있었다. 그렇게 하면 메소포타미아에서 로마군을 통솔하고 있는 프로코피우수(Procopius, 율리아누스 황제의 혈연자 중 한 사람. 후일 반란을 일으켜 칭제했으나 체포 처형된다) 장군의 음모 기도를 미연에 저지시킬 수 있을 것이고, 또 저 티그리스 강변 막사의 소연한 분위기 속에서 갑작스럽게 새 황제를 선립하기에 이른 경위를 아직 모르고 있는 여러 군단과 각 속주에 대하여 어쨌든 한시 바삐 자기의 통치권을 확립해야 하겠다고 몹시 초조해 있었던 것이다. 원래 이 티그리스강 가까이의, 지금은 비운의 땅으로 된 두라로부터 그다지 멀지 않은 이 일대는, 그 옛날 1만명의 그리스 용병이 사령관도 안내인도 없이, 또 식량도 다 떨어진 채 조국으로부터는 1,200마일 이상 멀리 떨어진 타향에서, 승리에 교만해진 적의 국왕의 분노 앞에 덧없이 내동댕이쳐졌던 전례도 있는, 말하자면 인연있는 땅이기도 했다(이것은 물론 크세노폰<Xenophon>의 「아나바시스(Anabasis)」에 대한 언급이다). 그러나 이때 그들이 취한 행동과 그 결과와의 사이에서 볼 수 있는 커다란 차이는, 당시 그들이 놓였던 상황자체보다도 차라리 그들의 소질에 좀더 큰 원인이 있었다는 점이다. 그들의 경우는(요비아누스 황제처럼) 어떤 특정 개인의 감추어진 의향이나 사적견해 따위에 맹종한 것이 아니라, 그 보다는 오히려 대중집회에서 표시된 고결한 정열이 그들의 합동회의를 고무 격려했는데, 거기서는 그들 전체의 마음이 영광에 대한 사랑, 자유에 대한 긍지감 그리고 죽음 따위는 홍모(鴻毛)의 가벼움에 비교할 발랄한 정신이 넘쳐 흘렀다. 무기나 군기면에서 만족들을 훨씬 능가한다는 힘을 자각했던 그들은, 굴복을 어디까지나 치욕으로 알았으므로 항복을 내내 거부했다. 인내와 용기 그리고 군사적 기술로써 온갖 장해를 극복해냈다. 그리하여 이 1만명의 퇴각행위는 오히려 페르시아 왕국의 약점을 폭로했을 뿐만 아니라 굴욕까지 준 셈이었다.

요비아누스 황제의 이 굴욕적인 양보는 그 대가로서 우선 기아선상에 놓인 로마군에 대한 충분한 식량보급, 다음은 또 페르시아군이 가설한 교량을 이용하여 로마군의 티그리스강 도하를 인정할 것 등 아마도 이런 것들을 조건으로 교섭했을 것이다. 황제는 비록 이런 대등한 조건의 보장을 요청했지만 승리로 우쭐해진 동방의 폭군은 즉석에서 이런 것을 냉정하게 거부하였다. 왜냐하면 그의 관대성은 침략자인 그들을 이미 용서하고 있었기 때문이다. 하기야 때로는 사라센 사람들이 후퇴도중의 낙오병을 습격한 사례 등은 있었다. 그러나 사포르 왕군의 장령과 그 병사들은 정전협정을 충실히 지켰는 바, 그런 덕분으로 요비아누스 황제는 가장 좋은 지점을 선택하여 도하할 수 있었다. 이런 도하작전에서는 앞서 말한 바, 율리아누스 황제가 선단을 모두 소각할 당시 다행스럽게도 남겨 두었던 조그마한 주정류(舟艇類)가 이때 가장 중요한 역할을 수행했다. 먼저 황제와 그의 측근들의 도하가 끝나자, 그 뒤에는 수십번의 왕복을 반복하여 대부분의 병단도하를 성공시켰다. 그러나 모든 장병이 한결같이 자기 한목숨의 안전만을 생각하여, 적지에 남겨지는 것을 극도로 겁먹은 상태였으므로, 병사들 중에는 배를 탈 순서를 미처 기다리지 못하여 조급한 나머지 무모하게도 바자울타리나 가죽주머니 따위를 붙들고, 말은 자기 뒤에서 헤엄쳐 따라오도록 하면서 굳이 헤엄쳐 건너고자 한 사람들도 있었다. 이런 모험에서 성공한 자도 있었지만 실패한 사람도 있었다. 많은 모험자들은 강물에 휩쓸렸고, 더 많은 사람이 격류에 떠내려 가면서 허우적 거리다가는 간단하게 아랍 만족들의 좋은 먹이가 되어 희생당했다. 이 도하작전에서의 로마군의 손실은 하루 전투에서 잃는 그런 숫자와 거의 맞먹는 것이었다고 한다. 어쨌든 서안쪽에 상륙하는데 성공한 로마병은 확실히 적인 만족군의 추격으로부터는 모면되었다지만, 그 뒤에 이어진 아직 200마일이나 되는 메소포타미아 대평원의 곤란한 횡단행군에서는 문자 그대로 극한적인 기갈을 견뎌내어야만 하였다. 사막 또 사막에서의 행군이었고, 그 중 700마일 구간은 한 포기의 풀도, 한 곳의 샘물터도 발견할 수 없었는가 하면, 나머지 평원 역시 적아군할 것 없이 완전히 인적미답(人跡未踏)의 황무지 뿐이었다. 극히 얼마 안되는 양의 밀가루라도 진중에서 발견되면, 20파운드의 밀가루를 금화 10개로도 서로 사겠다고 쟁탈전을 벌이는 형편이었다. 짐 나르는 짐승들은 차례차례로 도살되어 식용으로 제공되었고, 사막에는 로마군의 무기와 군용 고리짝류가 도처에 버려졌다. 너덜너덜해진 군복, 바짝 여윈 얼굴들은 바로 지나온 고난과 현재의 고통스러운 환경을 그대로 설명해 주었다. 때마침 얼마 안되는 치중부대가 멀리 우르(Ur) 성채에 도착하여 그들을 맞아주었다. 이 식량보급은 세바스티아누스(Sebastianus)와 프로코피우스 두 장군의 충성심을 명백히 나타냈다는 의미에서 매우 고마웠다. 황제는 틸사파타(Thilsaphata)에서 메소포타미아 주둔군 사령관들을 친밀하게 접견하였다(이 지명들은 모두 티그리스 강변에 있던 것인데 정확한 위치는 알려지지 않았다). 그전에는 그렇게도 위용을 뽐냈던 로마군도 지금은 얼마 남지않은 잔존부대가 겨우 니시비스시 성 밑에서 한숨 돌릴 뿐이었다. 요비아누스 황제를 선립한 사실, 화평조약을 맺은 일 등은 사전에 이미 황제가 보낸 사자들로부터 넘칠 정도로 아부하는 말로서 통보되어 있었고, 새 황제 자신도 유럽병단과 각 속주의 충성과 순종을 확보하기 위하여 이런 점에서는 매우 유효적절한 조치를 취하고 있었다. 즉, 군대의 지휘권은 사심(私心)이 동기든 또는 진심에서 나온 조치든 간에 어쨌든 여기서는 새 황제의 대의를 단연코 지지하는 장수들에게만 위임하겠다는 것이었다.

율리아누스 황제 일파는 이번 원정이 반드시 성공으로 끝날 것을 확신을 가지고 공언했던 만큼, 아마도 신들의 신전은 풍부한 동방의 노획품으로 가득찰 것이며, 한편 페르시아 왕국은 로마법과 그 관헌 통치하에 복종하는 한 공납속주인 예속상태에 전락될 뿐만 아니라, 만족들도 앞으로는 모두가 정복자의 복장·풍습·언어를 채용하고 에크바타나(Ecbatana)와 수사(Susa) 등지의 청년들도 그리스인 교사 밑에서 수사학을 연찬하기에 힘쓸 것으로만, 달콤한 꿈을 꾸었던 것이다. 그러나 율리아누스군의 진격이 진척됨에 따라 제국과의 연락은 두절되었고, 특히 티그리스강을 도하한 이후는 사랑하는 신하들조차 군주의 명운에 대하여 완전히 알지 못하게 되었다. 그리고 그들의 꿈을 단번에 깨어지게 한 것은 황제의 죽음이라는 풍문이었다. 더욱이 이런 비통한 소식이 이미 부정할 수 없는 사실로 알려진 후까지도 그들은 그래도 한가닥 희망을 갖고 이의 진실성을 계속 의심하였다. 이윽고 요비아누스 황제로부터의 사자들이 도착하여 화의 또한 부득이하였고, 오히려 그것이 현명한 방책이었다는 내용을 그럴듯하게 역설하고 또 선전했지만, 제국의 명성을 중시하는 보다 고차원적인 목소리와 정직하고 솔직한 국민의 여론은, 황제가 감수한 굴욕과 수치스러운 그의 화평조건을 남김없이 밝혀내어 국민들에게 알렸다. 그 중에서도 특히 인심을 놀라움과 슬픔, 분노와 공포로 가득차게 한 것은 일찍이 갈레리우스 황제(Galerius, 재위 251~253)의 전승으로 획득했던 5개 속주를 이제 율리아누스의 불초(不肖) 후계황제인 요비아누스가 완전히 포기했을 뿐만 아니라 동방 제 속주의 가장 강력한 방벽이라고 할 수 있던 요충지인 니시비스시까지도 만족들에게 내맡겼다는 그것이다. 이런 사실이 널리 알려짐으로써 국가적 신의와 안전이 이미 양립할 수 없게 된 이때, 과연 어디까지 평화조약에 대하여 신의를 지켜야 하느냐 하는 심각하고도 위험한 문제가 사람들 사이에서 격론의 대상이 되었다. 다만 황제로서도 이번의 굴욕적인 화의, 즉 자기의 애국적 배신행위에 대하여 반드시 국가를 위하여 어느 정도 훌륭하게 보상할는지 모른다는 것이 사람들에게 남겨진 얼마간의 희망이었다. 옛부터 최강경파는 항상 원로원인데, 이들은 포로와도 같은 상태에 놓인 군의 곤경에 편승하여 강제적으로 떠맡겨진 불평등조약 따위는 종전에는 언제나 부결해 버리는 것이 관례였다. 국가의 체면을 유지하기 위하여 잘못 지휘한 장군을 만족들의 손에 넘겨주는 것이 부득이한 상황이라도 됐다면,아마 요비아누스 황제 치하의 국민 대다수는 기꺼이 옛부터 내려오는 이런 선례를 따랐을 것이다.

그렇기로서니 그것의 제도적 권능의 한계야 어떻든 간에, 어쨌든 그는 황제인 이상 국가의 법과 군을 장악하는 절대군주였다. 부득이했다고는 하나, 협정에 서명했던 그것과 꼭 같은 동기가 이번에는 싫어도 화평조약의 이행을 의무화시키고 있었다. 황제로서는 설사 몇 개 속주를 희생시킨다해도, 어떻게 해서든지 제국 자체의 보전만은 유지하고 싶었다. 그리고 다행스럽게도, 종교라든가 명예라든가 하는 겉보기에 좋은 명목이, 일단 황제 개인의 공포심과 야심을 은폐시켜 주었다. 신절(臣節)이 두터운 니시비스시 주민들의 간청에도 불구하고, 현명한 배려에서인지 또는 신중성으로부터인지는 불명확하나 황제는 끝내 동시에 있는 별궁에는 머물지 않았다. 황제가 도착한 다음날 아침이지만, 비네세스(Bineses)라고 자기 소개하는 페르시아왕의 사절이 갑자기 니시비스시에 들어와 성문 꼭대기에 대왕의 정기를 높이 게양했을 뿐만 아니라 시민들에게 왕의 이름으로 추방당하든가 아니면 예종이라는 냉혹하기 이를 데 없는 선택을 하라고 선언하였다. 이때까지 줄곧 황제의 보호를 믿고 있던 시민의 대표들은 이처럼 절대절명에 처하게 되자, 곧 황제 발밑에 꿇어 엎디어 우리들의 이 충실한 식민시를 만족 폭군(사포르왕을 말하는 것)의 노여움—사실 페르시아왕들은 틀림없이 이 니시비스시 성 밑에서 지난날 세 번이나 심한 패배를 맛보았던 것이다—에 내맡기거나, 적어도 이대로 인도하는 일만은 하지 말라고 애원하였다. 침략자들을 격퇴할 정도의 무기와 용기가 아직 남아있는 만큼 그것들을 오직 시의 방위를 위하여 사용하는 것을 허가해 달라, 이것이 간절한 소원이라고 말한 것이다. 그러나 이런 주장과 웅변 그리고 눈물도 이미 헛된 것이었다. 요비아누스 황제도 얼마간은 곤혹스러운 태도였지만 결국은 여전히 사포르왕과의 서약의 신성성을 강조할 뿐 그들이 바치는 황금관*조차 가납하는 것을 주저하는 태도를 보였을 때, 시민들은 드디어 한가닥 희망의 줄도 끊어졌음을 알았다. 시민대표의 한 사람인 실바누스(Sylvanus)는 큰소리로 외쳤다. 「아아, 황제시여! 우리들은 황제가 그 판도의 모든 도시로부터 이와 같은 제관을 받으실 것을 충심으로 기원했었습니다만!」 그러나 지난 몇 주일 동안 정제로서

---

* 황금관. 기번이 전거(典據)로 한 암미아누스-마르켈리누스의 「역사」(제25권 9장 4절)에 corona로 되어 있으므로, 저자도 이것을 a crown of gold로 쓴 모양이지만, 여기에는 문제가 있다고 한다. 이 경우의 corona는 화관(花冠, garland)으로 해석하는 것이 대체로 오늘날의 정설이다. 즉, 신 황제가 즉위나 전승했을 때, 각 속주의 도시는 화관을 보내어 그것을 축하하는 관습이 오래전부터 있었고, 후세에는 화관 대신에 그것에 해당하는 막대한 현금이 요구됨으로서 각 도시도 이에 응하게 되었다고 한다. 이른바 coronarium 또는 aurum coronarium이라고 칭하는 것이 이것이다. 그런데 기번은 이런 사정을 알지 못했던지 이것을 문자 그대로 a crown of gold라고 영어로 직역한 것 같다.

의 권력을 행사해 온 요비아누스 황제는 이런 직언이 몹시 불쾌했던지 이런 진실된 지적에도 분노를 터뜨렸다. 만일 이대로 시민들의 불만이 더해가면, 어쩌면 페르시아왕 통치에의 복속이라는 사태에 이르게 될는지 모르겠다는 당연한 억측을 가졌던지, 시민들에게 갑자기 3일 이내에 시내에서 퇴거할 것이며, 만일 이것을 위반하면 사형에 처하겠다는 칙령을 내렸다. 암미아누스-마르켈리누스는 전체 시민이 절망에 빠져 슬퍼하는 이 광경을 깊은 연민의 정으로 쳐다 보았던지, 실로 생동적으로 이것을 묘사하고 있다(그의 「역사」 제25권 9장). 젊은 병사들은 지금까지 훌륭하게 지켜온 이 성벽을 비분의 정을 안고 떠나갔으며, 슬픔에 잠긴 시민들은 이윽고 만족왕의 손으로 더럽혀질 것이 틀림없는 자식과 남편 등의 묘 앞에서 마지막으로 눈물의 석별을 고하였다. 나이 많은 시민은 그의 즐거웠던 무심의 유년시절을 보낸 자기집의 문지방에 입맞춤하고 또 그 출입문에 매달려서 한숨지었다. 거리라 거리는 부들부들 떨고 있는 군중으로 가득찼는데, 이런 대재악의 와중에서는 신분의 고하도 남녀노소의 구별도 일체 없었다. 누구나가 하나같이 부서진 가재도구의 한 조각이라도 더 가져가고자 안간힘을 썼지만, 물론 말과 수레가 그렇게 곧 준비될 리가 없었다. 값비싼 가재도구도 그 대부분을 남기고 떠나는 수밖에 없었다. 더욱이 요비아누스 황제의 비정적인 둔감성은 이들 불행한 퇴거자들의 고난을 배가시켰던 것 같다. 그러나 그렇게 해서 퇴거한 사람들도 이윽고 아미다(Amida)시에 새로 조성된 지구에서 새 살림터를 잡게 되자, 이들 다수의 입식자들을 합치게 된 이 신흥도시는 곧 그전날의 번영을 되찾았으며, 미구에 메소포타미아 속주의 수도로까지 성장하였다. 그리고 싱가라시와 예의 무어인들의 성채(니시비스시 북쪽에 위치)의 명도와, 다시 티그리스강 피안에 있는 5개 속주의 환부에 대해서도, 거의 똑같은 명령이 황제로부터 전해졌다. 이리하여 사포르왕은 전승의 영광과 그 성과를 단번에 얻은 셈인데, 한편 로마제국으로서는 이런 굴욕적인 화평-당연하지만 그의 쇠망의 뚜렷한 전기를 만든 것으로 생각된다. 확실히 요비아누스 이전의 역대 황제들에게도 때로는 원격한 지역에 있는 불모의 속주를 몇 개쯤 포기했던 전례가 있었다. 그러나 로마시가 건설된 이래, 국가의 경계선을 지켜준다는 수호신 테르미누스(Terminus. 경계신. 2월 23일에는 경계선 위에 이 신이 머물러 있다고 믿고, 굴속에서 이 신에게 희생의 제물을 바쳤다고 한다)가 승리를 구가하는 적의 무력 앞에서 후퇴해 보였다는 선례는 일찍이 한번도 없었다(여기에는 이론의 여지도 있다고 한다).

국민의 목소리는 차라리 협정의 파기를 촉구하고 있었지만, 이와는 반대로 요비아누스 황제는 오히려 이것의 충실한 이행을 보장한 다음, 그 뒤에는 오로지 이 굴욕의 땅으로부터의 퇴거를 서둘러, 전 궁정과 함께 또다시 안티오크시로 돌아가 영화로운 생활을 시작하였다. 그는 자기의 신앙상의 열정에 구애받음이 없이 인도(人道)와 감은(感恩)이라는 생각에서 고 율리아누스 황제의 유해에 대해서는 최후의 영예로서 보답키로 하였다(요비아누스는 열렬한 가톨릭 교도였다). 다만 고인의 혈연자 중 한사람으로서 진심으로 그의 죽음을 애도하고 있던 프로코피우스는 장례집행관이라는 미명하에 군의 지휘권(그때까지는 메소포타미아 지방에서 로마군을 통솔하고 있었다)을 박탈당하였다. 이리하여 고 율리아누스 황제의 유해는 니시비스시로부터 타르수스(Tarsus)시까지, 반달이나 걸려서 한가로이 운반되었다. 도중에 그것이 지나가는 동방의 제 도시에서는, 서로 적대시하는 양파 신도들 사이에서 슬픔을 노골적으로 나타내어 애도하는 사람들이 있었는가 하면, 시끄럽게 모욕적인 욕설을 퍼붓는 사람들도 있었다. 벌써부터 이교도들은 그들의 사랑하는 이 영웅을 그가 이 예배재흥에 힘썼던 바로 그 신들의 반열에 넣고 있었으나, 이와는 반대로 기독교도들은 이 배교자의 유해를 무덤으로 보내는 동시에 그의 영혼을 지옥 밑바닥으로 추방하였다(이런 일에서 전자의 대표는 리바니오스이고, 후자의 대표는 나찌안주스의 그레고리우스였다). 한쪽에서는 머지않아 또 닥쳐올 것이 틀림없는 이교제단의 황폐화를 슬퍼하였고, 다른 한쪽에서는 기적과도 같은 이런 교회의 해방을 마음속으로부터 축복하였다. 즉, 기독교도들은 그처럼 오랫동안 죄인 율리아누스 머리 위에 드리워졌던 신의 복수의 검이, 이제 드디어 그의 머리 위에 떨어졌다는 것을, 얼마간 애매한 표현이지만 소리 높여 찬양하였다. 그들은 공공연하게 이렇게 주장하였다. 즉, 그가 티그리스강 피안에서 숨을 거두었을 바로 그때, 폭군의 이 죽음은 이집트·시리아·캅파도키아에 있던 성자들의 눈에는 뚜렷이 신으로부터의 계시로서 그가 보였다. 그리고 그들은 황제의 죽음이 페르시아병의 투창에 의한 것으로는 인정하지 않고, 기독교 신앙을 수호하는 한 전사거나 또는 불사조의 초인간적인 전사의 보이지 않는 손이 행한 영웅적인 공업이라고 사려분별없이 떠벌렸던 것이다. 이와 같은 불성실한 주장이 악의에 의해서였던지, 아니면 경신성(輕信性)의 결과인지는 알 수 없으나, 어쨌든 교적측(敎敵側)으로부터도 지지를 받았는데,

이것은 필시 사교들이 그 누군가 로마인 자객의 광신열을 교사했거나 지시를 주어서 퍼뜨리게 한 것이라고 어쩌면 그럴듯하게, 또 어쩌면 공공연하게 주장되기에 이르렀다*. 율리아누스 황제가 죽은 지 16년 이상이나 지난 다음에도, 사실 이에 대한 의혹은 예의 리바니오스가 테오도시우스 황제(Theodosius I. 재위 379~395)에게 호소한 한 공적인 연설 속에도 격렬한 어조로 엄숙히 주장되었다. 하기야 이 의혹에는 사실과 논거에 뒷받침된 것이란 아무것도 없다. 우리로서는 다만 이 안티오크시의 철학자(리바니오스를 가리키는 것)에 의한, 지금은 가고 없는 존경하는 벗의 잊혀진 한줌의 싸늘한 재에 대한 하염없는 애석으로서만 이것을 높이 평가할 따름이다.

고래로 로마인에게는 기묘한 관습이 있었다. 그것은 전승하여 개선할 때도, 또 죽어서 장례를 치를 때도 그렇지만 한편에서 찬사를 바치면, 그에 대하여 덮어놓고 반대되는 풍자나 비웃고 욕하는 조사(弔辭)가 읽혀진다는 점이다. 산 사람이건, 죽은 사람이건 간에 그의 영광을 현창(顯彰)하는 화려하고 성대한 의식과정에서조차 동시에 그의 단점과 결점을 폭로해 보여야 한다. 이런 관습은 율리아누스 황제의 장례식에서도 실행되었다. 연극에 대한 고제(故帝)의 멸시를 좋지않게 생각하고 있던 배우들은 그의 결점과 어리석은 행위를 심히 과장해 보였는데, 기독교도들은 이것을 대갈채로서 환영하였다. 사실 변덕에 가까울 정도의 율리아누스의 다채로운 성격과 기행기벽(奇行奇癖)은 어릿광대와 풍매극(諷罵劇)의 소재로서는 안성마춤의 보고였다. 확실히 비범한 재

* 율리아누스 황제가 전사한 장소도 또 그의 가해자의 정체도 엄밀히 말하면 알려지지 않았다. 암미아누스－마르켈리누스·리바니오스·소조메노스(Sozomenos, Salamanes Hermeias, 376이후－447? 그리스 초대 교회사가) 등에 의하면, 전사한 직후부터 기괴한 소문이 줄곧 나돌았던 모양이다. 그런 것들을 페르시아군 측에 전한 것은 로마군의 도망병들이었다고 한다. 때문에 사포르왕도 전적으로 로마인의 소행으로 선전하였다. 사실 이만한 수훈을 세우면서도 은상받기를 신청한 페르시아병사는 끝내 아무도 나타나지 않았다고 한다. 그러나 이것도 물론 절대로 믿을 수 없는 것이, 문제의 투창을 던진 본인이 그 뒤에 전사했는지도 모르고, 또 그가 던진 창이 우연히 황제에게 치명상을 입혔는지 거기까지는 확인할 여유가 없을 만큼 난전이었기 때문이다. 또 다른 진기한 설도 전해진다. 문제의 가해자는 로마병도, 페르시아 병사도 아니다. 당시 유목민인 사라센인 중 타이에노스라는 부족이 있었는 바, 이들은 어느 쪽에도 속하지 않는, 말하자면 전쟁터에서의 도적무리였는데, 어쩌면 이들 중의 한 사람을 기독교도의 누군가가 매수해서 교적인 율리아누스를 살해케 했다는 설명이다. 가능성이 없다고는 할 수 없으나, 역시 기설로서 믿을 수는 없다. 요컨대 정확하게는 알 수 없다는 것이 온당한 결론이다.

간은 있었지만, 그런 것을 발휘함에 있어서는 가끔 황제로서의 존엄성을 손상시키는 일도 적지 않았다. 알렉산더 대왕이 곧 디오게네스(Diogenes, 그리스의 철학자)로 일변하는가 하면, 이번에는 이 철학자가 또 어이없이 일개 평제사로 영락되는 것이었다. 순수한 고덕(高德)에도 과도한 과시가 오점으로 되었고, 그중에서도 특히 그의 미신은 위대한 제국의 평화를 교란하고 국가의 안전조차 위태롭게 하였다. 게다가 언행이 괴이하고, 기발하기 이를 데 없는 그의 탈선적 행동의 갖가지는 그것이 주도면밀하게 계획된 작위(作爲), 작위라기 보다도 오히려 자기의 재능을 뽐내고 싶어하는 것으로 보이게 한 데서 더욱더 용서할 수 없는 것으로 생각된 것이다. 그의 유해는 킬리키아(Cilicia)시에 매장되었는데, 차고도 맑은 물이 흐르는 큐드누스강(Cydnus 江) 제방에 조영된 장대한 무덤은, 평소에 비할 데 없는 이 황제의 유명을 경애하고 존숭하여 마지않던 충실한 벗들조차 몹시 불만이었다. 예컨대 예의 리바니오스같은 사람도 스스로 플라톤의 제자로 자처하던 그에게는 아카데메이아의 숲을 안식의 장소로 해주었더라면 좋았을 것이라고 당연한 불평을 말했고, 또 무인들은 무인들 나름대로 마땅히 그의 유골은 마르스(Mars)신의 벌판으로 이송하여, 저 가이우스 율리우스 케사르의 유해와 마찬가지로 고대 로마의 위무(威武)를 기념하는 묘소 안에 묻었어야 마땅했다고 한층 더 대담무쌍하게 외쳤던 것이다(암미아누스-마르켈리누스, 역사, 제25권 10장 5절). 사실 제왕들의 역사에서 이에 필적될만한 사례를 다시 한번 찾아 본다 해도 그다지 있을 것 같지가 않다.

第25장 요비아누스 황제의 통치와 그의 죽음—발렌티니아누스 황제의 선립, 동생 발렌스를 공치황제로 등용, 동서 양제국으로의 최종적 분할—프로코피우스의 반란—민정과 교회행정—게르마니아—브리타니아—아프리카—동방— 다뉴브지방 —발렌티니아누스 황제의 사망—그의 두 아들인 그라티아누스와 발렌티니아누스 2세, 서방제국을 계승

<363~378>

율리아누스 황제 사후의 제국의 정치정세는 매우 불안하고도 위험한 상태에 놓여 있었다. 굴욕적이라고는 하지만, 아마도 부득이했었을 화의에 의하여 로마군도 일단은 구출되었고, 평화가 회복된 뒤에도 당초의 한 시기는 신앙심이 돈독한 요비아누스 황제가, 어떻게 해서든지 국가와 교회와의 국내적인 우호관계를 회복코자 몹시 힘을 기울였다. 원래 선제 율리아누스는 종교항쟁의 화해를 도모하기는 커녕 이와는 반대로 오히려 사려분별없이 작위적으로 이것을 부추겼던 것이다. 서로 적대시하는 쌍방 종파간의 균형을 유지케하는 것처럼 보였던 대책조차, 결국에 가서는 오히려 희망과 불안의 격심한 변전, 나아가서는 옛부터의 특권주장과 지금의 군총비호(君寵庇護)라는 대립적 주장으로 쓸데없이 항쟁을 장기화 시켰을 뿐이었다. 그리스도교도들도 이미 복음정신을 완전히 잊고 있었으며, 한편 이교도들 또한 그 일부는 교회의 정신을 받아들이는 형편이었다. 개별적인 가정에서는 광신과 보복심과의 맹목적인 흥분이 자연의 성정(性情)마저 잃어버리게 했고, 법의 위엄은 유린되거나 남용되는 대로 내맡겨 졌다. 동방의 제 도시는 이르는 곳마다가 유혈로 더럽혀졌는가 하면,

융화의 길 따위를 그들과는 도저히 모색할 수 없는 로마인의 무서운 적들은 제국의 내지 깊숙한 곳까지 침투하고 있었다. 원래 요비아누스 황제는 공개적으로 기독교의 교의로 교육된 인물이고, 따라서 니시비스시로부터 안티오크시에로 귀환할 때도, 정규군단 선두에는 또다시 예의 십자가의 깃발, 즉 일찍이 콘스탄티누스 대제가 제정한 대군기(Labarum)를 펄럭이게 함으로써 새 황제의 신앙을 국민에게 뚜렷이 보여준 바 있었다. 그리고 제위에 오르자마자 곧 각 속주에 회장(回章)을 돌려 모든 총독들에게 자기가 기독교를 신앙함을 고백하는 동시에 법적으로도 교회의 공인을 확인한 바 있었다. 따라서 이에 위배된 율리아누스 황제의 기만적인 칙령을 모두 폐지하고, 성직자의 면세권, 면책권도 모두 회복시켰을 뿐만 아니라 그것들을 더욱 확대시켰다. 다만 국가위난의 시기라 하여 자선적인 기부금액만은 이것을 억제하지 않을 수 없다는 취지를 말하면서 유감의 뜻을 표시하였다. 그리스도교도들은 이구동성으로 이 독신적(篤信的)인 후계황제에게 충심으로부터의 칭찬을 보냈지만, 이 신 황제가 정통신앙의 기준으로서 어떤 신경(信經), 어떤 공회의(公會議)를 선정할 것인지에 대해서는 아직 모르고 있었다. 따라서 교회의 평화는 회복되었다지만 곧바로 치열한 논쟁, 즉 저 박해기간 중에는 일시 중단되었던 교의논쟁이 또다시 시작된 것이다. 대항 각 파의 지도적인 사교들은 교양 없는 무인황제(요비아누스 황제를 말하는 것)의 마음에 심어줄 첫번째 인상이 그 얼마나 그의 장래의 운명을 좌우하는가를 체험으로 알고 있었던 만큼, 곧 오뎃사시 또는 안티오크시의 궁정을 향하여 급히 달려갔다. 동방 여러 속주의 가도라는 가도는 모두가 호모오우시스파(Homoousis 派, 3위 동질파), 아리우스파(Arius 派), 반아리우스파(Semi-Arius 派), 심지어 에우노미오스파(Eunomios 派)등의 사교들로 붐볐는데 그들은 서로 한 시각이라도 빨리 신성한 이 경쟁에서 승리하고자 경주하였다. 황궁의 방이라는 방은 소란스러운 이들의 부르짖음과 외침으로 들끓었고, 그들의 주장을 듣고 있는 황제의 귀 또한 형이상학적 논의와 흥분한 나머지 내지르는 욕설의 색다른 소용돌이에 놀라서, 황제도 아마 어이없는 것으로 생각했을 것이다. 협조와 사랑의 정신을 바라는 나머지, 요비아누스 황제는 우선 논객들을 설득하여 머지않아 소집되어야 할 공회의에서 문제를 해결하도록 맡기자고 했는데, 이 온건한 방침이 또한 냉담하고 무관심한 증거라고 해석되었다. 그러나 결국은 최종적으로 황제가 저 신을 닮은 대 아타나시우스(Athanasius)의 더없이 훌륭한 덕을 찬양한 것으로 보아 그것은 당연히 니케아 신경(Nicaea Creed)에의 지지자라는 것이 명백해졌고 또 그런 취지도 선명되었다. 이 불굴의 노사교(대 아타나시우스를 가리키는 것)도 그때는 이미 70세의 노령이었는데, 배교자였던 율리아누스 황제의 사망소식을 듣자 그는 곧 그의 은서지로부터 모습을 나타냈다. 신도들은 열렬한 환호로서 그를 맞이하여 또다시 대사교좌에 앉혔다. 더욱이 그는 현명하게도 요비아누스 황제로부터의 초청까지 수락한 것이다. 어쩌면 이 초청을 예기했는지도 모른다. 노사교의 거룩하게 보이는 풍모, 냉정한 용기, 또 순순(諄諄)하게 말하는 그의 웅변은 일찍이 4대에 걸친 역대황제의 궁정에서 받았던 명성을 아직도 그대로 간직하고 있었다. 이제 기독교도 황제인 요비아누스의 신뢰를 얻었고, 아울러 그의 신앙도 확인한 그는 개선장군과도 같이 즉각 자기 교구로 귀환하여 한층 더 그의 성숙함을 나타내는 신중성과 의연한 절륜의 정력을 가지고 그 후에도 10년 동안이나 알렉산드리아·이집트는 물론이거니와 전 가톨릭교회의 교계(정치)를 지도하였다. 안티오크시로부터의 출발에 앞서 그는 요비아누스 황제에게 다음과 같이 보증했다고 한다. 즉, 황제로서 그가 정통파 신앙을 견지하는 한 그의 치세는 반드시 장기간에 걸쳐 평화로 보상될 것이 틀림없다 고. 아타나시우스로서는 이 예언이 만일 적중된다면 그 공은 그의 것이 될 것이고, 또 역으로 빗나간다 해도 비록 효과는 없었지만, 본디의 뜻은 감사하는 마음에 넘친 기원이었다는 변명이 선다는, 이런 것까지도 마땅히 계산에 넣어서 한 발언이었다(이것은 아타나시우스 자신의 서신 속에서 언급된 것이라고 한다).

물체의 자연낙하를 돕고 또 그렇게 하기 위하여 가해지는 아주 조그마한 힘이 불가항력적인 위력으로 작용하는 일이 있다. 요비아누스 황제의 경우가 바로 그것인데, 다행스럽게도 그는 시대정신과 또 당시 가장 유력한 교파였던 다수파신도들로부터의 광신적인 지지를 받고 있던 교의견해의 준봉자였다. 그의 치하에서 기독교는 매우 쉽게 항구적인 승리를 얻었다. 이에 대하여 율리아누스 황제의 작위적인 정책으로, 어리석게도 부흥물결을 타고 있던 이교정신은 일단 황제의 비호라는 미소가 사라지자마자 곧 회복불능의 붕괴에로 전락되고 말았다. 많은 도시에서 이교의 신전은 폐쇄되든가 그렇지 않으면 자연적으로 황폐화되고 말았다. 일시적인 황제의 은총에 어리광부리면서 그 은총을 감히 남용했던 철학자들도, 이제 자기들의 턱수염을 깎고 이교를 신봉한다는 그것까지도 숨기는 것이 득책이라고 생각하기에 이르렀다. 한편 기독교도들도 이제 선제시대에 참고 견뎌온 박해에 대하여 그것을 용서하는 일도, 또 보복하는 일도 가능한 입장에 서게된 것을 진심으로 기뻐하였다. 다행스럽게도 이교도들의 공포심은 현명우악(賢明優渥)한 관용령으로 일소되었다. 왜냐하면 요비아누스 황제는 신을 모독하는 주술적(呪術的)인 제식은 엄히 처벌했으나 옛부터 내려오는 단순한 이교적 예배만이라면, 일체 자유롭고도 안전하게 그것의 집행을 허용한다는 취지를 명백히 언명한 까닭이다. 이 관용령에 대해서는 웅변가인 테미스티오스(Themistios/Themistius. 4세기 그리스의 철학자·수사학자. 콘스탄티우스 2세·율리아누스·테오도시우스 1세 등의 총애를 받아 정계에서도 활약했다. 명백히 이교주의자였지만, 별로 기독교 공격을 하지 않았다. 그는 그리스어로 30여편의 연설과 아리스토텔레스 주석서 등을 남겼는데 본문의 기사는 그의 연설 제5에 의거한 것. 그런데 이 관용령이 실제로 발포되었는지는 의문이라고 본서 편집자인 베리<Bury, J. B.>교수는 보충주기하고 있다)가 전하고 있으니 틀림없는 것 같다. 그는 콘스탄티노플 시 원로원을 대표하여 새 황제에 대한 충성의 뜻을 전하고자 파견되었던 것인데, 황제에게 신성(神性)의 인자함, 인간이 과오를 범하기 쉬운 일, 양심의 권리, 인심의 독립성 등등에 대하여 순순히 설명한 다음, 철학적 관용의 제 원칙을 웅변으로 역설하였다. 즉, 미신(이교를 말하는 것)도 궁지에 몰리면 관용원칙의 도움을 청하게 되는데, 이것은 결코 치욕이 아니다. 그리고 참말로 당연한 지적이지만, 근년의 정세변전의 와중에서 기독교측이나 이교측이 모두 새로 개종한 무가치한 신도들, 다시 말하면 그때 그때의 황제의 의향에 추종하고 영합할 따름의 그런 신자들을 겉보기로만 획득함으로써 양자가 의좋게 가장 중요한 신앙 그 자체에 교대로 오욕을 끼쳐왔다. 그런 신자들인 만큼, 언젠가는 교회로부터 신전에로도, 또 이와 반대로 유피테르(쥬피터)신의 제단에서 기독교 신도들의 성탄탁자에로도, 아무런 이유나 수치감도 없이 아주 간단하게 이동했던 것은 당연한 일이라고 설명했던 것이다.

이제 원정갔던 로마군이 겨우 안티오크시까지 되돌아와 보니, 불과 7개월 사이에 1,500마일이라는 먼 길을 답파(踏破)하였으며, 그 사이에 그들이 견디어낸 신산(辛酸)은 전쟁의 고통, 기아의 고통, 풍토병에서 오는 고통 등 문자 그대로 모든 종류에 걸친 것이었다. 그와 같은 그들의 군무와 피로, 그리고 다가오는 겨울의 추위에도 불구하고 성급하면서도 겁장이인 이 신 황제는 사람과 말에게 겨우 6주간의 휴양을 허가하는데 그쳤다(안티오크를 퇴거한 것은 363년

10월이었다). 확실히 안티오크 시민들로부터의 풍자와 매도는 악의에 찬 것이었고 또 심히 사려 없는 것이었는데 황제로서는 이것을 참지 못했던 것이다. 어쨌든 하루라도 빨리 콘스탄티노플시 황궁으로 돌아가서, 황제가 궁성을 비운 것을 기화로 유럽 민심의 신종(信從)을 겨냥하는 경쟁자의 야심을 사전에 저지시키고 싶었다. 그러나, 머지않아 그는 기쁜 소식에 접하였다. 즉, 트라키아-보스포루스로부터 대서양 연안까지 유럽 전역이 그의 제권(帝權)을 승인했다는 것이다. 또한 일찍이 매소포타미아 지방에 있었을 무렵에 보낸 그의 일련의 초기 서신에 의하여, 갈리아 및 일리리쿰의 군지휘권은 프랑크족 출신의 충성스럽고 용감한 장교인 말라리크(Malarich)와, 황제의 장인이며 앞서 니시비스시 방어전에서 무비의 무훈을 세운 독군 루킬리아누스(Lucilianus)에게 대행시키고 있었다. 그런데 말라리크는 과분한 중책이라 하여 이것을 굳이 사양하고 있었는가 하면, 루킬리아누스 또한 우연히 발생한 바타비족 연대(Batavian Cohorts)의 반란소요에 휘말려 람스(Rheims)에서 학살당했던 것이다. 그러나 이때 기병대 총사령관이던 요비누스(Jovinus)가 루킬리아누스에 대한 반항의도와 관련된 오명에 특사(特赦)를 내려 유화정책을 취한 탓으로 머지않아 반란 소요가 진정되고, 동요하던 사병들의 마음도 안정되었다. 이리하여 충성의 서약이 일제히 환호 속에 이루어져 머지않아 새 황제가 타우루스(Taurus) 산을 내려와 캅파도키아 속주의 타냐(Tyana)시에 이르자 서방군의 대표들도 환영사로서 이들을 맞이하였다. 황제는 다시 타냐시로부터 갈라티아(Galatia) 속주의 수도 앙큐라(Ancyra)시로의 급행군을 계속하여 이곳에서 처음으로 그의 나이 어린 아들과 함께 집정관(Consul)을 스스로 칭하였고 또 그것의 표장(標章)을 몸에 띠었다. 그러나 이 앙큐라시에서 니케아시에 이르는 대략 중간쯤의 다다스타나(Dadastana, 가라티아 속주에서 비튜니아 속주로 들어가는 주경 가까이에 위치)라는 조그마한 읍이, 앞으로 먼 길의 여행 뿐만 아니라 그의 생애를 끝마치는 땅으로 되고 말았다(364년 1월 1일의 일). 만복(滿腹)이라기 보다도 차라리 폭식에 가까운 야식을 대량으로 취했던지, 침소로 물러난 다음에 그가 그의 침상에서 죽어 있는 것이 발견된 것은 바로 다음날 아침이었다. 이처럼 급사한 원인에 대해서는 여러가지 설이 있다. 전날 밤에 마신 포도주가 과도했다는 설, 포식한 버섯의 소화가 되지 않은 것이 원인이라는 설도 있다. 또한 다른 설에 의하면 질식사라는 말도 있다. 때마침 침실의 벽을 새로 회반죽으로 칠했기 때문에 숯불이 유독가스를 실내에 가득차게 해서 그것이 원인으로 수면 중에 질식사했다는 것이다. 어쨌든 머지않아 치적(治績)도 또 인물에 관한 것도 망각의 세계로 돌려진 이 황제인지라, 사인에 대한 정당한 조사는 끝내 이루어지지 않았으므로, 그것이 이런 중독사설이니, 측근에 의한 독살설이니 하는 악의 있는 낭설을 뒷받침하는 유일한 상황근거로 되었던 모양이다. 유해는 콘스탄티노플시로 운반되어 역대황제들의 묘역에 함께 매장되었지만, 이 슬픔의 장송행렬이 말 없이 귀경할 때, 그의 미망인인 카리토(Chanto)는 그를 도중까지 나와서 맞이하였다. 독군인 루킬리아누스의 딸인 그녀는 바로 얼마전에 횡사한 아버지에 대한 비탄으로 여태껏 눈물로 나날을 지새웠던 것인데, 그렇기 때문에 하루빨리 황제가 되어 돌아오는 그 남편의 가슴에 안겨서 자기의 눈물을 씻고 싶었던 일념으로 달려왔던 것이다. 그런데 뜻밖에도 시체가 되어 돌아오는 남편을 맞이하게 되었을 뿐만 아니라, 그녀의 실의와 슬픔은 다시 모성애에 입각한 불안에 의하여 한층 더 심각해졌다. 왜냐하면 황제가 죽기에 앞선 6주전의 일이지만, 그녀의 어린 자식이 갑자기 고관자리에 앉혀져 노빌릿시무스(Nobilissimus. 최고계급이라는 뜻. 황족에게 주어지는 칭호)의 칭호라든가, 다만 허명에 지나지 않는 집정관직의 인수를 수여받았기 때문이다. 조부의 이름과 관련시켜 바르로니아누스(Varronianus)라고 이름지어져 있었는데, 물론 자신의 신상문제를 자각할 턱이 없고, 다만 시의심많은 정부요인들의 시선에 의하여 그가 황사자(皇嗣子)임을 겨우 알 수 있었을 뿐이었다. 그는 그후에도 16년간을 더 살게 되지만, 그 무렵에는 이미 한 눈이 후벼졌던 바, 슬픔에 잠긴 그의 어머니는 언제 이 무고한 희생의 제물을 그녀의 양팔에서 빼앗아서 그의 피로 당시의 군주(그라티아누스·발렌티니아누스 2세·테오도시우스 1세 등 세 황제의 공치시대였는데, 이들 중 누구를 가리키는 것인지는 불상)의 의심을 풀게 할지, 밤낮으로 전전긍긍한 마음으로 지내야만 하였다.

요비아누스 황제가 죽은 뒤 10일 동안(2월 17~26일간), 로마세계의 제위는 공석으로 비어 있었다. 문무고관들은 연일 각의를 열고, 우선 각자에게 주어진 권능을 행사하여 어떻게 해서든지 사회질서만은 유지하는 한편, 군대를 어쨌든 비튜니아 속주의 니케아시까지 무사히 도착케 하였다. 이 땅에서 새 황제를 선립하기로 되어 있었다. 즉각 문무의 수뇌들이 모인 엄숙한 회의가 개최되었지만, 여기서도 만장일치로 제관(帝冠)이 바쳐진 사람은 예의 노 민정총독 살루스티우스였다. 그러나 그는 또다시 영광스러운 고사로서 이에 대답하였다.

여기서 그 다음에는 늙은 아버지의 고덕에 대하여 보상하는 의미에서였는지 회의는 그를 대신한 그의 아들을 강력히 추천하였다. 그러나 이에 대해서도 아버지인 대 살루스티우스는 과연 무사무욕의 애국자답게 의연한 태도로 선거인들에게 말하기를, 자기는 이미 노쇠하여 여생이 얼마 남지 않았고, 또 자기 자식은 아직 미숙한 젊은이기 때문에 모두가 국정의 격무를 감당할 능력이 없다는 이유를 내세워 역시 반대하였다. 여기서 몇 명의 후보자들이 추천되었지만, 모두가 인격상의 문제나 정세의 중대성으로 보아 반대의견이 속출하였고 또 그런 것들이 감안되어 연이어 거부되었다. 그때 뜻하지 않게도 발렌티니아누스(Valentinianus I. 321~375, 재위 364~375)의 이름이 거명되자마자, 이 장교에 대한 평가가 즉각적으로 전 회의 참가자들의 찬성표를 모았고 살루스티우스까지도 진심으로 그에게 찬성의 뜻을 표명하였다. 발렌티니아누스는 판노니아 속주의 키발리스(Cibalis)시 출신의 독군인 그라티아누스(Gratianus)의 아들로 태어났는데*, 그의 아버지 그라티아누스는 절륜의 체력과 재능을 발휘하여 비천한 신분에서 몸을 일으켜, 나중에는 아프리카 및 브리타니아의 군사령관으로까지 승진한 인물로서, 그때까지는 이미 청렴결백이라는 점에서는 얼마간의 의혹이 있었지만 이미 상당한 재산을 모아 조용히 은퇴생활로 나날을 보내고 있었다. 이와 같은 아버지의 높은 신분과 일찍이 세운 그의 공적은 아들의 승진 제일보를 순조롭게 내딛게 하는데 큰 도움을 주었고, 또 견실유능한 그의 자질을 발휘하는 기회를 일찌감치 오게 했던 것이다. 이런 자질은 확실히 동배군인들 속에서

---

* 아래에 그라티아누스가의 황제계통이 당분간 계속될 것이므로 참고삼아 요략계보를 게재한다.

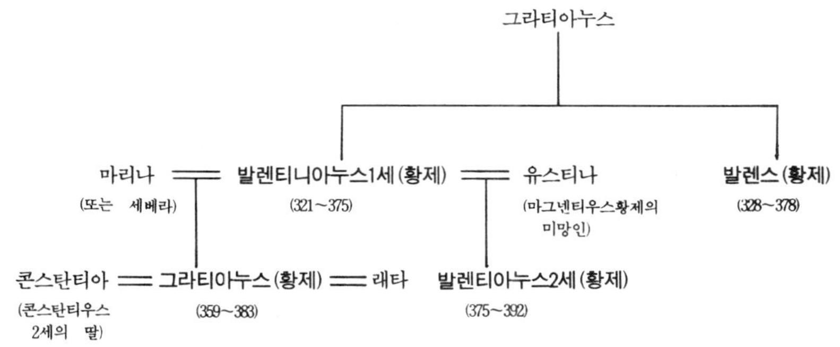

단연코 두각을 나타내는 명성을 그에게 주었다. 발렌티니아누스는 키가 크고 행동이 우아하여 보기에도 위풍이 당당하였다. 현명한 사려와 정한(精悍)한 기개를 깊이 인상 심어주는 그의 남성적인 풍모는 자기편에는 경의심(敬意心)을, 적에게는 외포심(畏怖心)을 갖게 하는데 충분하였다. 더욱이 이 불굴의 용무(勇武)를 지탱하는 것으로서 완강이라고 할 수 있는 육체를 부모로부터 받고 있었다. 일상생활은 순결과 절제라는 덕을 굳게 지켰고, 또 이로써 정욕을 억제하면서 전적으로 자기 재능을 연마하는데 노력했기 때문에, 자타가 공히 높이 평가하는 인물로 되었다. 다만 청년시절부터 전적으로 군무에만 전념했기 때문에 학예와 같은 우아한 취미하고는 인연이 멀었고, 따라서 그리스어나 수사학 등에는 전혀 무지였지만, 원래 웅변가의 정신이란 어떤 사태에 처해도 소심한 곤혹 따위로는 마음이 흐트러지지 않는 것인 바, 이런 의미에서 그를 평가할 때, 그는 필요하다면 실로 여러번 자기의 결연한 판단을 대담하고도 즉석에서 내리는 그런 인물이었다. 확실히 그가 연구한 것은 군기와 군율관계의 법령들 뿐이었지만, 막영내에서의 군무에의 정려성과 또 다른 사람에게도 이것을 여행케 한 불굴부동의 엄격성은 곧 전군의 주목의 대상이 되었던 것이다. 아직 율리아누스 황제치하에서 있었던 일이지만, 어느 때인가 그는 황제의 신앙에 대한 모멸감을 공공연히 표명하여 황제의 역린을 산 일이 있었다(안티오크시에서 황제에게 호종하여 이교신전을 참배했을 때, 그에게 부정을 씻는 물을 부으려 하자 크게 화를 내어 그 제사를 구타했던 일을 말하는 것). 그러나 그후의 그의 행동으로부터 판단컨대, 장소를 분별할 줄 모르는 불성실한 이런 언동도, 원인을 따지면 기독교에 대한 신앙이라기 보다도 오히려 그의 군인다운 정신에서 나왔던 것으로 생각되었다. 그래서인지는 모르나 결국 그는 용서되어(한때는 캅파도키아에서 이집트로 유형되었지만), 그의 재간을 높이 평가하던 율리아누스 황제에 의하여 계속 중용되었고, 앞서 라인강 기슭에서 있은 전투에서 얻은 명성을 다시 페르시아 전쟁에서의 허다한 군공에 의하여 더욱더 높이는 결과가 되었다. 이에 더하여 그에게 위임되었던 모종의 중대사명을 실로 신속하고도 훌륭하게 완수해낸 일도 있어서, 요비아누스 황제의 은총까지 받게 되어 영예로운 근위 제2순장(楯裝)보병대(정확하게는 라틴어로 scholae scutariorum tribunus이다. scutatus란 긴 방패로 무장한 경장보병<輕裝步兵>을 말하는 것. 저자인 기번은 **schola** 를 company<중대>로 번역하고 있다) 대장으로 등용되어 있었다. 그리고 예의 안티오크시로부터의 철수행정에서 앙큐라시에 도착했을 때인데, 그는 아무런 죄도 또 어떠한 음모혐의가 없었는데도 갑자기 대본영으로부터의 환문을 받자, 그대로 로마제국의 절대적인 통치권이 맡겨진 것이다. 그때 그의 나이 43세였다.

물론 군대의 추인을 받지 못하면 니케아시에서의 문무고관회의가 어떤 결정을 내렸든지 간에 그것은 거의 무의미했다. 그런데 여기서도 또한 오랜 세월에 걸쳐 대중집회의 변덕스러운 변전상을 너무도 많이 보아온 노 살루스티우스가 한 가지 제안을 하였다. 즉 누구를 막론하고 그의 관등신분에 의하여 1당1파를 선동하고 그들을 자기편으로 만들 우려성 있는 그런 인물에게는 일체 황제 즉위식 당일의 참집을 허용하지 않으며, 이 밀약을 위반한 자는 사형에 처하자는 것이었다. 그런데 당시는 아직도 구습적인 미신이 우심했던 때로서, 공교롭게도 그 해가 윤년(Bissextum/Bissextile, 6일전의 오일이라는 뜻)에 해당했으므로 위험한 이 공위기간에 만 하루라는 시간연장요소가 갑자기 발생한 것이다*. 이리하여 드디어 길일이 도래하자(364년 2월 25일?), 발렌티니아누스가 높은 연단 위에 그의 모습을 나타냈다. 현명한 이 선택은 일제히 환호를 받았다. 그리고 이 새로운 정제에게 제관과 자의가 엄숙하게 바쳐지자, 정연하게 임전대형을 취하여 연단을 둘러싸고 있던 군인들로부터 우렁찬 환호소리가 올랐다. 그러나 이 새 황제가 한 손을 들어 전군에게 연설을 시작하려던 바로 그때였는데, 갑자기 대열 속에서 무엇인가 잡음의 속삭임이 일어나더니 그것이 점차 높아져 소연하고 위압적인 고성의 외침으로 높아졌다. 이 자리에서 당장 공치할 황제를 지명하라는 것이었다. 그러나 원래 냉정무비의 발렌티니아누스 황제인 만큼 그는 먼저 전체 장병들에게 정숙과 표경의 예의를 지킬 것을 요구한 다음, 다시 다음과 같이 호소하였다.「전우 여러분, 바로 몇시간 전까지만 해도 본인을 일개 미천한 지위에 그대로 남겨두는 일도 제군의 완전한 자유였소이다. 그러나 지금은 과거에 남긴 본인의 실적에 비춰본 판단인지, 제군은 과인을 통치자로서 적합한 인물로 지목하여 과인을 제위에 오르게 하였소. 사세가 여기에 이르러서는

---

* 물론 그 당시는 율리우스 달력을 썼는데, 그에 의하면 매 4년마다 윤년에는 3월 초하루에 앞선 6일전인 2월 24일과 그 다음날과의 이틀을 삽입일로 하고, 이것을 불길한 해로 간주하였던 모양이다. 이 때의 윤년에 대해서는 암미아누스-마르켈리누스의『역사』제28권 1장 7~8절에 상세하다. 기번은 Bissextile이라고 영어형으로 고치고 있는데 라틴어에서는 bisextum 또는 bisextus로 표기하는데 이것은「6일전의 양일」이라는 뜻이다.

국가의 안전, 국가의 이해를 도모하는 일이야말로 본인의 책무여야만 합니다. 전세계라는 이 무거운 짐은 의심할 바 없이 미력한 한 개인의 손으로는 감당할 수 없는 것이오. 본인은 본인 자신의 능력한계와 삶의 무상함을 충분히 자각하고 있소이다. 따라서 유능한 공치제에 의한 협조는 이것을 배제하기는 커녕 오히려 절실히 요구하는 바이외다. 그렇지만 만일 불화라도 생기면 치명적인 결과까지 초래할는지 모르는 일이기 때문에, 충실한 공치황제의 선택에는 매우 신중한 숙고가 요구됩니다. 그리고 그에 대한 숙고는 과인 자신의 임무여야만 합니다. 제군의 행동은 모름지기 일관하여 자기 의무를 다하는데 두어주기를 바라는 바이오. 먼저 각자는 병사에 돌아가서 신심 모두에 대하여 휴양을 취하기를 바랍니다. 신제 즉위에 따른 관례인 임시상여금(donatium)에 대해서는 기대하여도 좋겠지요」(암미아누스-마르켈리누스, 「역사」 제26권 2장 6~10절, 이것은 본문을 요약한 것이다). 놀란 것은 병사들이었다. 그들은 자부심과 만족감과 그리고 외포심이 혼합된 복잡한 심경으로 신 황제의 발언을 각자 제 나름대로 해석하였다. 시끄럽게 떠들던 노여운 목소리도 경외하는 침묵으로 바뀌었다. 이리하여 발렌티니아누스 황제는 정규군단의 독수리문장 깃발과 기병대 및 보병대 제 각각의 정기에 둘러싸여서 위풍당당하게 니케아시의 별궁으로 무사히 들어갔다. 그러나 그래도 신중한 새 황제는 이참에 병사들이 그 무엇인가 성급하게 성명 따위를 내는 것을 저지시키는 것의 중요성을 생각하여, 우선 장수들만을 소집하여 그들의 의견을 청취하였다. 그런데 그들의 본심을 아주 훌륭하고도 간결하게 표명한 것은 다갈라이푸스(Dagalaiphus)의 기탄없는 직언이었다. 그는 이렇게 말한 것이다.「폐하시여, 폐하께서 만일 폐하일가만을 고려하신다면, 폐하에게는 영제(令弟)분이 계십니다. 만일 국가를 사랑하신다면 널리 최적의 인물을 전체 로마인 가운데서 구하심이 좋을 것입니다」(상게 「역사」 제26권 4장 1절). 황제는 이 말을 듣고 한순간 언짢게 생각하는 것으로 보였지만, 그는 여기서 냉정하게 자기 감정을 억제하였다. 그러나 초지는 조금도 바꿈이 없이 그대로 니케아시에서 니코메디아시로, 뒤이어 다시 수도 콘스탄티노플시로 천천히 그의 노부(鹵簿)를 전진시켰다. 그리고 즉위한 지 30일 후였지만, 수도 교외의 헤브도몬(Hebdomon)에서 실제인 발렌스(Valens, Flavius, 328~378, 재위 364~378)를 공치할 정제(Augustus)로 지명하였다. 사세가 여기에 이르러서는 가장 과감한 애국자들도 이미 이 이상의 반대는 국가에 이익을 주지 않고 오히려 그들 자신의 생명조차 위태롭게 할는지도 모른다는 생각때문인지, 절대의사에 의한 황제의 선언을 침묵의 복종으로 승인하였다. 그때 발렌스 황제의 나이 36세였다. 그러나 그의 재능은 문무 양면에 걸쳐 어떤 직책에서 발휘된 실적이 한번도 없었고, 또 그의 성격에 관해서도 도저히 밝은 기대를 걸게 하는 그런 인물은 결코 아니었다. 그렇지만 그에게는 한 가지만은 그의 형인 발렌티니아누스 황제도 높이 평가케 한 장점이 있었는 바, 사실 이에 의하여 그는 제국 내의 평화를 오랫동안 유지하는데 성공하였다. 즉, 그는 이 은인(형인 발렌티니아누스를 가리키는 것)에게 처음에서 마지막까지 감은의 신종으로 일관하여 형제(兄帝)의 권위는 물론이거니와, 그의 걸출한 정신에 대해서도 평생 변함없이 형님을 겸허하게 모셨고 또 그렇게 하는 것을 내내 기쁘게 생각하고 행하였다.

발렌티니아누스 황제는 속주군(屬州群)을 두 그룹으로 나누기에 앞서 먼저 제국의 통치기구 그 자체를 개혁하였다. 율리아누스 황제 치하에서 박해와 탄압을 받았던 사람들은 지위의 고하를 막론하고 전원이 공소를 제기하라고 권고하였다. 그러나 과시 노 민정총독인 살루스티우스에 대해서만은 단 한사람도 공소를 제기한 사람이 없었는데, 이것은 그가 절대 결백함과 공명정대했음을 입증하는 것이었다. 더욱이 그는 일체의 공무로부터의 은퇴를 간절히 요망하였으나, 발렌티니아누스 황제는 영예에 넘친 우정과 경의의 말로서 이것을 물리쳤다. 사실 고제(故帝)의 총신 중에는 황제의 경신(輕信)이랄까 또는 그의 이교 미신을 악용하여 나쁜 짓을 한 자로서 이젠 군주의 총애에 의하거나, 또는 정의의 재단에 의하거나 간에 도저히 비호할 수 없는 인물도 적지 않았다. 따라서 궁정의 고관이나 속주 총독의 대부분은 각각 그들의 지위에서 물러나야 했지만, 개중에는 이와 같은 다수의 악덕관료배들과는 부류를 달리하는 걸출한 능리(能吏)도 일부 있었는 바, 이들은 소연한 반대의 목소리에도 불구하고 다른 자들과 분명히 구분되었다. 그리고 미묘한 이 심사감별은 매우 현명하고도 온당한 방법으로 행해졌다. 그런데 새 황제들의 즉위 축제는 때마침 두 황제가 다같이 급병에 걸렸다는 이유로 얼마동안 연기한다고 선언되었는바, 그것은 다분히 의문시되는 것이었다. 그러나 그들의 건강도 회복되었고, 또 봄이 돌아오자 두 황제는 일찌감치 콘스탄티노플시를 출발하여 나이수스(Naissus)시로부터 3마일밖에 안되는 메디아나(Mediana)의 별궁에서 로마제국의 영토를 양분하는 행동을 엄숙하고도 결정적으로 단행하였다(이 동서로마로 분할한 것은 364년 6월인가

7월이었다.). 즉, 발렌티니아누스 황제는 다뉴브강 하류지방으로부터 페르시아 국경까지의 비옥한 동방령을 모두 동생 황제에게 넘겨주고, 그 자신은 그리스의 끝에서 칼레도니아 누벽(Caledonia 壘壁. 브리타니아 속주와 고대 스코틀랜드인 칼레도니아와의 국경 사이에 만들었던 「안토니누스 황제 방벽」 제Ⅰ권 제1장 pp. 39−40 참조)까지, 마찬가지로 칼레도니아 누벽에서 아틀라스(Atlas)산록까지, 그 사이에 있는 일리리쿰·이탈리아·갈리아 등 호전적인 전역을 자기의 직접 통치령으로 하였다. 속주행정의 기본은 대체로 종전의 그것을 답습했지만 의회(concilium/council. 원로원을 가리키는 것)도 둘이거니와 궁정도 두 곳이고 보니, 당연히 행정관의 수나 장군의 수도 배가되었다. 그들의 소관분할은 각자의 특수한 재능과 지위에 비추어 적절하게 이루어졌지만, 그렇기로서니 기병대 나아가서는 보병대의 각 사령관이 당장에 7명이나 새로 증가되었다. 어쨌든 이와 같은 중요한 정무개편이 평화리에 끝나자 발렌티니아누스와 발렌스 두 황제는 결국 마지막이 될 포옹의 작별인사를 나누고 동서로 헤어졌다. 서방황제는 우선 밀라노시를 수도로 정하였고, 동방황제는 수도 콘스탄티노플로 귀환하여, 자기가 통치하는 영내 주민이 사용하는 언어 등을 전혀 알지 못하면서도 50개 속주를 다스리게 된 것이다.

동방의 평화는 곧 반란으로 말미암아 파괴되어 한때는 발렌스 황제의 지위조차 위태로웠다. 이 대담한 반란을 감히 일으킨 적은 고 율리아누스 황제의 먼 친척이 된다는, 그 한가지 일만으로 유일한 핑계인 동시에 또한 유일한 죄목이기도 했던 인물, 즉 프로코피우스 장군이었다(상당히 의심스러운 인척관계인 것 같은데, 굳이 따져 본다면 율리아누스 황제의 생모인 바실리나<Basilina>와 프로코피우스의 어머니가 자매간이었다는, 따라서 두 사람은 이종사촌간이 아니었나 하는 설이 있다). 프로코피우스 역시 1개 군단장(tribunus/tribune) 또는 1개 서기관(書記官, notarius/notory)이라는 비천한 직위에서 갑자기 메소포타미아군 통합사령관에로 몇 단계나 특진하고 있었으므로, 세상 사람들의 눈은 벌써부터 율리아누스 황제에게 아들이 없기 때문에 그의 후계자로 보고 있었다. 게다가 아무런 근거도 없는 낭설이라고는 하지만, 율리아누스 황제가 카르레(Carrhae)시의 월신(月神) 제단 앞에서 개인적으로 그에게 자의(紫衣)를 입혀주었다는 소문까지 적아 쌍방의 입으로부터 나오고 있었다(암미아누스−마르켈리누스, 「역사」 제23권 3장 2절, 동 제26권 6장 2~3절). 따라서 요비아누스가 새 황제로 등극했다는 사실을 알게 되자, 그는 극력 충성공순(忠誠恭順)의 태도를 보이면서 전적으로 새 황제의 의심을 푸는데 힘썼고, 통합 군사령관의 직책까지 미련없이 내놓은 다음, 처자를 데리고 캅파도키아 속주에 가지고 있던 광대한 소유지로 은퇴하여 주로 농사일에 전념하고 있었다. 그런데 이와 같은 무욕보신(無欲保身)의 생활조차 어느날 갑자기 깨어진 것이다. 즉 발렌티니아누스와 발렌스 두 신황제의 사자라고 자기 소개하는 장교가 한 무리의 군대를 이끌고 나타나 그대로 그를 연행해다가 종신투옥하든가, 아니면 반도로서 처형하겠다는 것이었다. 그러나 침착냉정한 그는 우선 약간의 시간적 여유를 요청하는 동시에 결국은 좀더 극적인 최후를 훌륭하게 마친 것이다. 즉, 그는 어명에 대하여 단 한마디의 이의를 제기함이 없이 무조건 받아들이되, 다만 슬픔에 잠겨 있는 가족들과의 마지막 작별의 포옹이라도 하게 해 달라는 이유를 들어 잠깐 동안의 여유를 간청했고, 한편 병사들에게는 충분한 향응을 제공하였다. 그리하여 이들의 감시가 얼마간 느슨해진 틈을 타고 교묘히 탈출하여 도망쳐 멀리 흑해연안까지 무사히 달아났다. 거기서 다시 흑해를 건너 보스포루스(Bosphorus) 지방으로 건너가, 수 개월간이나 원격한 벽지에 체류하면서 원류(遠流)와 고독 그리고 기아와 궁핍 등 온갖 고난을 다 겪었다. 자기의 불운을 생각하면 마음은 슬픔에 빠질 뿐인데 이에 더하여 자기의 본성명과 신분이 탄로난다면, 상대는 신의란 전혀 알지 못하는 민족인 만큼 자기들의 품 안에 든 궁지에 몰린 새를 죽이는 일 따위는 식은 죽 먹기로 쉽게 해치울 것이 틀림없다는 그런 불안도 당연하여, 마음은 천갈래 만갈래로 흩어졌다. 결국 초조와 절망끝에 그는 드디어 콘스탄티노플시로 가는 상선에 몸을 위탁했을 뿐만 아니라 대담하게도 모종의 야망까지 품게 되었다. 즉 신하로서의 안전이 허용되지 않는다면, 차라리 자기 자신의 제위를 노리는만 못하다고 생각하게 된 것이다. 처음에야말로 끊임없이 주거를 옮겼고, 변장도 하면서 비튜니아 속주의 여러 마을에서 숨어 살았지만 이윽고 점차 수도 안에까지 잠입하여 2명의 동지－한 사람은 원로원 의원이고 다른 한 사람은 환관이다－를 포섭하여, 그들의 신의심에 생명과 운명을 기탁하는 한편, 당시의 정치동향에 관한 정보를 얻어 거기서 판단한 결과 겨우 성공에로의 희망을 가지게 되었다. 국민의 일부에는 명백히 불만을 가진 사람들이 있었다. 어리석게도 새 황제 발렌스는 살루스티우스를 동방의 민정총독직에서 파면했는데 그들은 그의 공정성과 재주를 깊이 아쉬워하고 있었다. 또한 그들은 거칠고 난폭할 뿐 무기력하면서도 의지박약한 주제에, 온정 따위를 모르는 발렌스의 성격을 심히 경멸하기도 하였다. 다만 그들이 깊이 두려워 한 것은 황제의 장인이며 명예현관(名譽顯官, patricius/patrician. 콘스탄티누스 대제가 창설한 현관신분의 하나로서 민정총독·군사령관 등을 거친 인물에게 명예로서 주어졌던 것)이기도 한 페트로니우스(petronius)가 가진 영향력이었다. 이 인물 또한 탐욕냉혹하기로 유명했던 관료로서, 예컨대 아우렐리아누스 황제(Aurelianus, 재위 270~275)시대부터의 체납세금, 즉 80~90년전의 미납세금까지 준열무비하게 모조리 받아냈다는 그런 인물이었다. 그런 까닭에 찬탈을 노리는 음모계획을 추진시키는데 있어 그는 일단 좋은 포섭조건을 갖추고 있었다. 페르시아군이 여전히 적대행동으로 나오고 있었기 때문에, 발렌스 황제는 시리아를 떠날 수 없었고, 또 다뉴브강에서 유프라테스강 쪽으로 끊임없이 군을 이동시키고 있었다. 그리고 수도 콘스탄티노플은 트라키아-보스포러스 해협을 왕래하는 병사들의 무리로 가끔 크게 붐볐다. 이리하여 갈리아군 2개 연대가 음모자들의 비밀스러운 제안을 받아들일 생각으로 기울어졌다. 성공하면 거액의 임시상여금을 낸다는 공약이 좋은 미끼로 된 것이다. 더욱이 율리아누스 황제의 유명을 여전히 경모하고 있던 병사들인 만큼, 지금은 비록 방랑 중의 죄인이라지만, 적어도 고인이 된 황제와 인척간인즉, 그의 세습적 계승권 요구를 간단히 지지하는데 동의한 것이다. 동틀 무렵에 그들이 아나스타시아(Anastasia)의 욕장(아나스타시아는 콘스탄티누스 대제 계모의 자매 이름인데, 이 도시를 그 이름과 연관시켰다는 것이 통설이다. 단, 그녀를 발렌스 황제의 같은 이름의 딸로 보는 설도 있다) 부근에 정렬하자 프로코피우스는 이 군대를 이끌고, 군주라기 보다도 배우라는 것이 어울리는 모습, 즉 마치 저승에서 되살아온 것 같은 그런 기묘한 자의(紫衣)를 걸치고 수도의 중심부에 나타났다(이 기묘한 형용은 암미아누스-마르켈리누스의 「역사」 제26권 6장의 기사를 거의 그대로 인용한 것이다. 사실은 이때 규격에 맞는 정식 자의를 미처 마련하지 못하여 급한 대로 사동이 입는 의상을 입었기 때문에 몹시 진묘한 모습이었다는 것이다). 이미 추대준비를 끝마치고 있던 병사들은 일제히 환호소리를 올려, 전전긍긍하는 프로코피우스에게 충성할 것을 맹세하면서 그를 맞이하였다. 그러자 곧 가까운 마을들에서 소집된 강건정한(強健精悍)한 농민병들까지 가세한 강대한 병력에 호위되면서 그는 재판법원, 원로원 그리고 황궁으로 차례로 진군해갔다. 그러나 세상이 어수선한 때의 치세 제일보에서, 놀라기도 했거니와 겁을 먹은 어두운 표정의 시민들은 침묵을 지키는 태도였다. 시민들로서는 사태가 이렇게 벌어지게 된 원인을 전혀 알지 못하든가, 그렇지 않으면 한결같이 사태의 추이가 불안해 보였기 때문이다. 그러나 그의 병력은 이미 어떠한 현실적인 저항도 제압할 만한 세력이었고, 불평을 품었던 무리들은 빠짐없이 이 반란군의 깃발 밑으로 달려온 것이다. 가난한 사람들은 약탈에의 기대로 흥분해 있었고, 부자는 이와 반대로 공포에 떨고 있었다. 대중 특유의 구제할 도리 없는 경신성은 여기서도 역시 혁명이 공약하는 환상적인 이익으로 기만당하고 있었다. 관료무리는 체포되고 감옥과 무기고는 해방되었다. 성문과 항구도 곧 점령함으로써 프로코피우스는 불과 수 시간내에 비록 불안정하나마 제국수도의 절대적인 지배자로 되어 있었다. 뜻밖에 큰 성공을 거둔 이 찬탈자는 어느 정도의 용단과 교묘성을 발휘하여 착실하게 혁명의 성과를 확대해 나갔다. 먼저 자기에게 가장 유리한 정보와 여론만을 교묘히 유포시키는 한편으로, 일반민중에게는 먼 나라에서 파견된 사절단들을 빈번하게 인견한다는 가공적인 정보까지 만들어 유포시킴으로써 민중을 속였다. 이리하여 트라키아 속주의 제 도시와 다뉴브강 하류지대의 각 성채에 주둔하고 있던 대부대들도 점차 이 반군측에 가담하게 되었는가 하면, 고트족의 여러 왕들도 수 천명씩으로 편성된 막강한 전력의 보조군을 이 콘스탄티노플 수도를 장악한 군주에게 제공할 것을 승락하였다. 이리하여 그를 받드는 장령들은 보스포러스 해협을 넘어 진군해서는 무방비상태와도 같은 부유한 속주인 비튜니아 및 소아시아를 아주 간단하게 정복하고 말았다. 다만 큐지쿠스(Cyzicus) 시와 큐지쿠스섬만이 훌륭한 방위전을 시도해 보았지만, 결국은 이들도 군문에 이르러 항복하였다. 뿐만 아니라 이 반군을 토벌토록 명령을 받고온 유명한 근위대인 요비우스와 헤르쿨리우스 두 정규병단(앞서 디오클레티아누스와 막시미누스 두 황제시대에 창설된 바 일리리쿰병으로 편성된 친위대)까지도 이어없이 찬탈자측으로 붙으면서 발렌스 황제를 배반하였다. 이와 같이 노련한 병단까지 포옹하게 되었을 뿐만 아니라, 계속된 신병징모로 병력을 크게 증강하는데 성공한 프로코피우스는 미구에 그 수와 용무(勇武)에서 다같이 일대 쟁패전을 전개함에 충분할 정도의 병력을 유지하는 대군의 통솔자가 되었다. 이에 더하여 망명 페르시아 왕족인 호르미스다스의 아들이라고 칭하는 기력과 능력이 모두 뛰어난 젊은이(암미아누스－마르켈리누스, 「역사」 제26권 8장 12절에 이와 같은 서술이 있는데, 정체는 어쩐지 잘 알려지지 않은 것 같다)까지도 동방정제에게 반기를 들고 이 반군쪽에 가담하였는데, 그는 프로코피우스에 의하여 곧 로마 고래의 속주총독(proconsul)이라는 파격적인 권력을 위임받았다. 게다가 고 콘스탄티우스 2세 황제의 미망인인 파우스티나(Faustina)도 프로코피우스와 동맹관계를 맺고, 그녀의 딸과 함께 운명을 이 찬탈자의 수중에 맡긴 것도, 그의 모반에 권위와 명분을 주는 것이 되었다. 그런데 황녀 콘스탄티아(Constantia, 콘스탄티우스 2세와 파우스티나 사이의 딸. 후에 그라티아누스 황제의 황후가 되지만 젊어서 죽는다)는 당시 아직 다섯살 정도의 어린 소녀였지만, 가마에 탄 채 프로코피우스의 군려(軍旅)와 행동을 같이 하였다. 양아버지의 품에 안겨서 군대 앞에 모습을 나타내곤 했는데, 대열 사이를 지나갈 때마다 그녀를 본 병사들의 착한 심성은 일전하여 격렬한 전의로 불타곤 하였다. 그들이 상기한 것은 콘스탄티누스 대제 가문의 영광스러운 여러가지 추억이었는데, 그들은 이 나이 어린 황녀를 지키기 위해서라면 마지막 피 한방울까지 흘려서 싸우는 것도 결코 불사하겠다는, 그런 충성심을 담은 환성을 그녀 앞에서 올리곤 했던 것이다.

그러는 사이에 발렌티니아누스 황제 또한 동방반란에 관한 정보를 받고 크게 경악했지만, 그렇다고 확실한 정보도 아니어서 무어라고 말할 수 없었는데, 본심은 퍽 곤혹스런 태도였다. 왜냐하면 대 게르만 전쟁이라는 곤란한 문제에 직면해 있던 만큼, 그로서는 무엇보다 먼저 자기가 통치하는 영토를 확보하는 데 전념하는 수밖에 없었기 때문이다. 더욱이 정보전달의 채널이 모두 두절되거나 왜곡되어 있었으므로, 빈번히 전해지는 바 발렌스 황제가 패배전사했다느니, 그 때문에 동방속주가 모두 프로코피우스의 단독지배하에 귀속되었다느니 하는 풍설로 반신반의의 불안감을 가지고 듣는 수밖에 없었다. 물론 발렌스 황제는 건재하였다. 그러나 케사리아시에서 반란이 일어났다는 보고에 접하자, 비굴하게도 일찌감치 자기 명운이 다한 것으로 단념하고 친탈자인 프로코피우스에게 화평교섭을 제의했을 뿐만 아니라, 남몰래 퇴위할 용의까지 있음을 전하게 하였다. 다행히도 측근 각료들이 시종일관 의연한 태도로 사태수습에 나섰기 때문에, 어지간히 겁약한 이 황제도 굴욕과 몰락만은 모면하게 되었고, 또 그들의 수완으로 내란 그 자체까지도 황제에게 유리하게 종식시킬 수 있었다. 문제는 또다시 예의 살루스티우스인데, 그는 이미 반란전의 태평시에 아무런 불평불만 없이 공직을 사임하고 은퇴생활에 들어가 있었다. 그러나 이제 국가의 안전이 위태로워짐을 보자 곧 일어나 노고와 위험한 요직을 자진해서 맡기를 지원하였다. 이 덕망높은 인사가 또다시 동방민정총독직에 복귀했다는 것은 바로 발렌스 황제의 회오를 나타내는 제일보가 되었고 민심도 크게 만족하였다.

이리하여 프로코피우스가 찬탈한 황제권은 겉보기에는 강력한 군대와 유순한 속주들에 의하여 지지되는 것처럼 보였지만, 이런 문무 고관들의 대부분을 움직이게 한 것은, 로마국민으로서의 의무감이 아니면 이해타산이었을 뿐, 사실은 이런 반역적 및 범죄적 처지에서 빠져나가든가 아니면 찬탈자의 명분 등을 배반하고 남몰래 발렌스쪽으로 돌아설 기회만을 노리고 있었다. 맨 먼저 루피키누스(Lupicinus)가 시리아 병단을 이끌고 발렌스 황제를 구원하기 위하여 달려왔고, 이어서 체력·미모·용기라는 점에서 당대 첫째가는 인재로 일컬어지던 아린테우스(Arintheus, 율리아누스 황제의 기병대 사령관이던 장수)도 적은 병력으로 훨씬 우세한 반군에 대하여 공격을 가했다. 그는 일찍이 그의 휘하에 있던 반군의 장병들을 보기만 하면 그자리에서 큰소리로 이렇게 명령하였다. 너희들은 저 참제를 포박하여 나에게 인도하라 고. 이런 기백에 압도되었다고나 할까, 그들은 곧 이 놀랄 만한 명령에 따랐다. 또한 그 전에는 콘스탄티누스 대제를 섬겨서 집정관 신분의 대우까지 받았던 노장군 아르베티오(Arbetio)도 은퇴생활에서 다시 몸을 일으켜 군대를 이끌고 출진할 것을 승락하였다. 그리하여 바야흐로 전투가 치열하게 벌어졌을 때지만, 그는 조용히 투구를 벗고 이미 반백이 넘은 머리와 그의 온후한 노안(老顔)을 나타내어, 프로코피우스군에 붙어 있는 장병들에게「나의 아들들」,「나의 벗들」이라는 애칭으로 그들에게 호소하였다. 즉, 이제 더 이상 이런 타기할 참제의 자포자기적인 반란에 가담하지 말고, 일찍이 여러번 그들을 승리의 영광에로 이끌어 주었던 옛 사령관 밑으로 되돌아 오라고 설득한 것이다. 이리하여 비록 튜아티라(Thyatira, 소아시아 서부 남쪽해안선에 면한 류키아<Lycia> 속주에 있다)와 나콜리아(Nacolia, 북방내륙인 프류기아<Phrygia> 속주에 있다)에서 2회에 걸쳐 회전이 있었지만, 가엾게도 프로코피우스는 완전히 군대로부터 버림을 받았다. 배신한 장교들의 명령과 수범이 전적으로 그들을 동요시켰던 것이다. 그 후 얼마동안은 프류기아 속주의 삼림과 산악지대를 도망쳐 다녔으나, 여기서도 역시 의기소침해진 부하들에게 배반당하여, 결국은 발렌스 황제의 막영으로 연행되자 곧 참수형에 처해졌다(366년 5월 27일의 일). 패망한 찬탈자가 받는 형식 그대로의 최후를 마친 셈인데, 아무리 합법적인 재단이라고는 하지만, 승리자에 의하여 행해진 잔인한 이 처형은 널리 세상 사람들의 동정과 분노를 산 바 있다.

독재전제와 반역의 결과는 대개가 이와 같은 경로를 밟게 마련이다. 한편 이들 형제 황제의 치하에서 로마 및 안티오크 두 도시에서 행해진 바 엄혹하기 이를 데 없는 마법죄(魔法罪) 심문에 대해서는 이것을 오히려 신의 노여움, 또는 인류타락의 실체를 보여준 불길한 징후로 해석되었다(이 마법심문으로 동방이교철학의 매우 귀중한 문헌이 혐의를 겁내어 소각되는 동시에, 이교철학도 완전히 쇠퇴하고 그 대신 그리스도교 철학이 단연 우위를 차지하게 되었다). 물론 오늘날 유럽에서도 문명국이라면, 이런 종류의 잔인하기 이를 데 없는 혐오할 편견은(그 전에는 전 지구위에 만연되었고, 그 중에서도 특히 신앙문제라고 하면, 모든 교의에 반드시 부수되게 마련이지만) 우선 근절된 것으로 보아 무방하다. 사실 우리는 이것을 조금도 주저없이 자랑으로 삼는 바이지만, 당시 로마세계의 여러나라와 제종파에서는 혹성간의 영원한 질서와 인심의 자유의지까지 좌우할 수 있는 것으로 본 마력의 진실성을 혐오하면서도, 한결같이 그것을 믿어서 의심치 않았었다. 그들은 생명을 끊는 일이나 그것을 다시 불러 올 수도 있으며, 영혼의 정념(情念)을 부추겨서 신의 피조물을 저주로서 죽일 수도 있고, 또 악귀들의 입으로부터 미래의 비밀을 억지로 실토시킬 수도 있다는 그런 주박(呪縛)이나 주문, 또는 강력한 약초나 조복(調伏)행위 등이 가지는 신비로운 능력에 깊은 외포심을 품고 있었다. 더욱이 이 하늘과 땅 그리고 지옥에 대한 초자연적인 지배력을 행사하는 인물이 평소에는 멸시당하면서 궁핍 속에서 겨우 생명을 이어가는 주름살 투성이의 요술장이 노파라든가 주소부정의 요술사들 뿐이지만, 그들은 비열하기 그지없는 적개심 또는 욕심에서부터 이런 일을 행하는 것으로 믿어졌다. 이런 마법은 여론상 또는 로마법상 범죄로 지목되었지만, 뭐니뭐니해도 인심의 근원적인 정념을 만족시키기 쉬운 것인 만큼, 끊임없이 금지와 억압을 받으면서도 여전히 이런 마술이 행해지고 있었다. 다만 이념상의 근거로 밖에 되지 않는 이런 마법이 뜻하지 않게도 중대하고 가공할 결과를 가져오는 경우가 있는 바, 예컨대 어떤 황제가 죽을 것이라는 불길한 예언이라든가, 모종의 음모가 성공할 것이라는 부류의 예언이, 때로는 야심가들의 야망을 고무하고 그의 충성의 유대관계를 끊게 하기 위한 목적하에 의도적으로 사용되는 예도 있고, 또 그런 의도로 행해진 마법의 해악이 현실적인 반역이나 신성모독죄를 범하게 함으로써 한층 더 중대한 범죄행위로 만든 실례도 있다. 이 모든 공포감은 쓸데없이 사회의 평화와 개인의 행복을 파괴할 따름인데, 예를 들어 납인형을 녹이는 한 가지 행위만 해도 불꽃 그 자체는 무심하다고 해도, 만일 이 인형이 어떤 특정인물을 의식하고 적의(敵意)를 품고서 만들어진 것이라면 그 사람을 닮게 한 본당자의 공포심에 질린 상념 자체가 강력한 저주적인 효과를 가져올지 모른다는 것은 당연한 이야기다*. 또한 초자연적인 마력을 가진다고 믿어지는 모종의 약초류도 그렇다. 이런 약초를 다린 탕이 사용되는 한, 보다 유효한 독약 그 자체의 사용까지는 불과 한 발자국의 차이인 것이다. 그리고 인간의 이 어리석음이 때로는 흉악하기 이를 데 없는 범죄요구나 그것을 은폐하기 위한 가면이 되는 것이다. 예컨대 저 밀고자무리에 관한 것인데, 발렌스와 발렌티니아누스 두 황제의 측근 고관들로부터 장려되고 또 고무되자마자, 국내범죄와 관련하여 자주 일어나는 바, 범죄를 저지를 의도 따위는 거의 희박한 미미한 죄의 용의자 적발에 대해서까지도, 이자들은 열의에 넘친 나머지 귀를 막을 수 없게 되었다. 더욱이 독신(篤信) 때문이라고는 하지만 지나칠 정도로 엄격주의자(rigourist)였던 콘스탄티누스 대제는, 이런 경미한 죄질에 대해서까지도 사형으로 임한다는 법령을 불과 얼마전에 제정공포했던 것이다. 예컨대 반의(叛意)와 마법, 독약과 간통과 같은 범죄 그 자체는 조금도 정치와 관련이 없는 이런 기소원인인데도 이것의 두려울 정도의 혼동은 유죄냐 무죄냐, 면죄냐 가중형이냐의 사이에 무한히 많은 여러 단계를 만들어 내게 하였는 바, 이런 종류의 재판일 경우, 그것들은 재판관들의 일시적인 노여움이나 부패심정 등으로 완전히 어릿광대화된 것 같다. 즉, 궁정에서는 각지의 법정으로부터 보고되는 처형자수의 많고 적음에 따라 재판관들의 정근성과 판단력까지 평가한다는 것을 이 재판관들은 재빨리 알아차린 것이다. 따라서 그들은 무죄판결을 내리는 것을 극도로 싫어하여 위증의 형적이 뚜렷한 증언이나, 고문에 의한 자백이 명백한 증언까지도 적극적으로 증거로서 채택하였는가 하면, 명망이

* 밀납, 진흙, 목각 등으로 사람꼴을 만들고, 주술사나 음양사(陰陽師)가 행한 바 저주하는 행사(예컨대 중국 역사에 흔히 나오는 이른바 무고<巫蠱, 남을 혹독하게 저주하는 것>사건 등도 그렇다)는, 먼 옛날부터 세계의 공통된 풍습인 것 같다. 로마사에서 이런 사례를 본다면, 베르길리우스<Vergilius, Maro Publius, BC 70~BC 19. 로마 제1의 시인>의 「전원시<Bucolicae>」 제8가, 오비디우스<Ovidius Naso, Publius, BC 43~BC 17경. 로마의 시인>의 서한형식의 연애시인 「사랑의 기술<Heroides>」 제6가, 또 타키투스<Tacitus, Cornelius, 56?~115 이후, 로마 제1의 사가>의 「연대기」 제2권 69절 등에도 나온다. 특히 타키투스의 「연대기」에 나오는 것은 제정 초기시대의 명장 게르마니쿠스<Germanicus, Julius Caesar, BC 15~AD 19>를 저주살해코자 기도했다는 수수께끼같은 화제로 유명하다.

매우 높은 인사에 대해서는 도대체가 생각할 수조차 없는 그런 무고한 사건에 대해서도 유죄로 판결하였다. 더욱이 사건심리의 진행과정에서도 피고의 형사죄 소추에 도움이 될 만한 새 사실의 제출에 대해서는 언제든지 문호를 개방하고 있었다. 따라서 무고사실이 명백해진 다음도, 후안무치하게도 밀고자측은 그대로 무처벌로 방면되는데 반하여, 불행한 희생자측은 아무리 상대방의 진실이나 자칭 공범자라는 자들의 허위성을 밝혀 보였다 해도, 받은 오명에 대하여 보상받는 일은 좀처럼 허용되지 않았다. 남녀노소할 것 없이 여러 계층의 피의자들이 멀리 이탈리아와 소아시아의 끝에서부터 줄줄이 쇠사슬에 묶여 로마시와 안티오크시 법정에 끌려 나왔지만, 이렇게 끌려온 원로원 의원, 귀부인, 철학자 등등 무수한 사람들 모두가 한결같이 잔인한 고문을 받고 절명하였다. 감옥의 경비를 담당하던 병사들까지 자기도 모르게 분노와 연민의 목소리를 높이면서, 우리들은 너무도 인원수가 적어서 이처럼 막대한 죄수들의 탈옥과 저항에 도저히 대항할 힘이 없다고 호소한 일까지 있었다. 벌금형과 재산몰수로 몰락해버린 부호집안도 있었고, 전혀 무고한 시민들까지 일신의 안전을 생각하여 전전긍긍하는 형편이었다. 당시의 한 사가(암미아누스-마르켈리누스일 것이다. 그의 「역사」 제28권 1장에서는 로마에서의, 동 제29권 1, 2장에서는 안티오크에서의 잔인한 박해사례를 각각 상세하고도 구체적으로 묘사하고 있다. 그리고 조시무스도 그의 「신로마사」 제4권 13절에서 간단하지만 이에 관하여 언급하고 있다)에 의하면, 가장 혹심한 속주들에서는 죄수·유죄인·도망자의 수가 속주 주민의 대부분을 차지한 곳들도 있었다고 한다. 다소의 과장은 있겠지만, 터무니없는 이런 기술 한 가지만을 가지고도 폐해가 그 얼마나 우심했던가를 대강 상상할 수 있다.

일찍이 사가 타키투스는 초기 로마 황제들의 잔인성으로 말미암아 희생된, 허다하게 많은 무고한 로마인 명사들의 죽음에 대하여 기술하고 있지만, 사가로서의 깨끗하고 훌륭한 글이라고나 할까, 아니면 수난자들이 보여준 훌륭한 진퇴때문이었는지, 어쨌든 그것들은 독자들의 가슴에 실로 생동감 있는 공포감, 경탄, 연민과 같은 깊은 감개를 자아내게 한다. 한편 조잡하고도 평면적인 암미아누스-마르켈리누스의 서술은, 같은 피의 희생자들의 사적을 묘사하는데 있어서도 그 필치가 불쾌할 정도로 정확한 까닭에 오히려 지루한 감을 느끼게 한다. 그러나 우리들의 관심은 이미 자유와 예종, 그리고 과거의 위대성과 현재의 비참함과의 비교대조만을 문제로 삼는 것이 아니므로, 이 형제 황제치하의 오점이라고도 할 수 있는 로마시와 안티오크시에서 빈발한 바, 수없이 많았던 처형사건에 대해서는 너무도 무서워서 소름이 끼칠 정도이니, 차라리 화제를 바꾸고자 한다. 먼저 발렌스 황제인데, 그는 매우 소심하였고, 발렌티니아누스 황제 또한 심한 뻿성쟁이였다(암미아누스-마르켈리누스, 역사 제27～31권이 주된 출처이다). 발렌스 황제의 시정방침을 일관한 것은 요컨대 일신의 안전을 도모하는 그것 뿐이었다. 아직 신하의 신분으로 있던 때에 그는 박해자인 황제의 탄압에 벌벌 떨게 된 나머지 그의 손에 입맞춤까지 한 위인이다. 그러했던 그가 이제 제위에 오르자마자 당연하게 생각한 것은, 일찍이 그 자신이 자기 신념을 굽히면서까지 굴종했던 바로 그 공포심이야말로 국민의 인내성 깊은 복종을 확보하는 기반이어야 한다는 기대였다. 이리하여 그의 총애하는 신하들은 한결같이 약탈, 나아가서는 재산몰수라는 특권을 남용하여, 워낙 절약지향적인 발렌스 황제조차 아마도 물리쳤을지 모를 그런 거부로 모두가 졸지에 성장하였다. 그들은 설득성 있는 웅변을 가지고 이렇게 주장하였다. 즉, 모든 반역사건에서는 용의가 바로 그대로 확증이며, 권력은 필연적으로 반란의도를 예상케 한다. 반란의도만 있으면 그것은 사실상의 범행과 마찬가지다. 만일 신하로서의 생존이 군주의 안전을 위협하거나 그의 평안을 교란시킨다면, 그것은 이미 인간으로서 살아갈 가치가 없는 사람이라 고. 발렌티니아누스 황제도 때로는 판단을 잘못하게 하거나 그의 신임을 악용당하는 일이 있었지만, 다만 그의 경우는 설사 밀고자들이 정세의 위험성을 거짓말로 진언함으로써 불굴강의한 그를 놀라게 하고자 시도해도, 아마 그는 모멸의 비웃음으로 그들을 침묵케 했을 것이다. 그의 확고부동한 정의감에 대해서는 사실 어지간히 악질적인 밀고자들도 찬탄을 아끼지 않았다. 아쉬웠던 것은 그가 정의를 추구하는 과정에서 아주 간단하게 생각하기를, 인자함을 인간의 약점으로, 분노를 미덕으로 간주하려는 경향을 가졌던 점이다. 발렌티니아누스 황제는 아직 신하로 있을때 적극적인 야심달성을 목표로 하는 대담한 투쟁에서 동료들과 각축전을 벌이고 있었던 만큼, 자기에 대한 비방을 그대로 간과한 일이 거의 없었는 바, 황차 모욕을 그대로 용서한 일 따위는 절대로 없었다. 사려라는 점에서는 비판을 받은 일도 있었지만 그의 용기는 항상 칭찬을 받았다. 자부심 강한 최고의 장수들까지도 두려움을 모르는 이 무인의 노여움을 사는 일을 극도로 겁내었다. 그러한 성격의 발렌티니아누스인 만큼 일단 세계의 지배자가 된 후에도 저항 없는 곳에서는 무용을 발휘할 길이 없다는 교훈을 불행하게도 잊어버렸던 것이다. 이성과 아량이라는 목소리에 귀를 기울이기는 커녕, 타고난 신경질을 함부로 폭발시켰는데, 이것은 그 자신에게는 수치스러운 행위였을 뿐만 아니라 분노의 대상인 무방비의 신하들에게는, 그의 격정발작으로 치명적인 피해를 입히게 하였다. 궁정내의 통제도 그렇거니와 제국의 통치를 둘러싸고서도 아주 사소한, 사소하다기 보다도 숫제 억측상의 비위밖에 되지 않는 죄—예컨대 경솔한 발언, 무엇인가 우연한 의무태만, 타의가 전혀 없는 사소한 지체 등—이런 종류의 죄과에 대해서조차 그는 즉시 사죄판결로써 처단하였다. 적어도 서방황제라는 사람의 입으로부터 두 마디째 튀어 나오는 말이란, 「즉각 목을 쳐라」, 「화형에 처하라」, 또는 「숨이 끊어질 때까지 곤봉으로 쳐라」 등등이었다. 머지 않아 총신의 고관들도 깨닫게 된 것은, 만일 서둘러서 이런 유혈적인 칙명에 반론을 제기한다든지 또는 그것의 실시를 늦추려고 한다면, 그들 자신이 언제 불복종죄로 처벌될는지 모른다는 것이었다. 그러나 이런 혹독한 재단에 따른 만족이 반복되는 사이에 발렌티니아누스 황제의 심정은 완전히 연민과 회오라는 생각에 대해 불감증에 걸려, 이제는 잔인하기 이를 데 없는 처형의 관행으로 신경질의 폭발이 그대로 본성화되고 말았다. 고문 그리고 죽음이라는 단말마의 고통조차 태연한 만족감을 가지고 쳐다보게 되었다. 충실한 가신으로서 그가 친근감을 가졌던 인물은 모두가 그 자신의 성정에 가까운 인물들뿐이었다. 현실적으로 막시미누스(Maximinus, 발렌티니아누스 황제의 신임을 얻어서 출세한 혹리로서, 특히 재판에서의 비정성으로 유명했다. 그라티아누스 황제가 즉위하자 머지 않아 그 자신도 처형되었는데 그때가 370년 경이었다) 같은 사람은 로마시의 최고명문가 중 몇몇 가문을 말살해 버린 공로로, 전적으로 그의 칭찬을 받았을 뿐만 아니라 갈리아 민정총독이라는 중요한 직책에까지 보직되었다. 이 막시미누스와 맞먹을 정도로 황제의 총애를 받은 것은 두 마리의 암곰으로서, 그 이름이 각각 인노켄티아(Innocentia)와 미카 아우레아 (Mica Aurea, Innocentia는 무해, 순진이라는 뜻이고, Mica Aurea는 금박편<金箔片>이라는 정도의 뜻. 일종의 블랙·유모어)로 지어졌는데, 모두가 영악한 큰 곰들이었다. 이들 곰우리에는 충실한 사육사가 항상 옆에 붙어 있었고, 또 언제나 황제 자신의 침실 가까이에 놓아두게 하였다. 이런 곰우리에 던져지는 죄인들은 당연히 이 짐승들의 광포성에 내맡겨져 5체가 갈가리 찢기고, 핏방울을 뚝뚝 흘리면서 우적우적 씹어 먹히는 광경을 황제는 가끔 더없는 재미로 쳐다보면서 자기의 기쁨을 만끽하는 것이었다. 이 곰들의 식사와 운동에까지 황제는 스스로 세심한 배려로서 점검했는데, 특히 인노켄티아는 오랜 기간 동안에 걸쳐 충실히 근무한 공이 크다 하여 마지막에는 죄인을 잡아먹는 직무를 면제받아 그녀의 고향인 삼림지대에서의 자유를 회복시켜 다시금 방면되었다고 한다(참말로 거짓말같은 광란이지만, 암미아누스－마르켈리누스의 역사 제29권 3장 9절과 기타 당대의 사료에도 기록이 있는 것으로 보아 얼마간의 근거는 있는 모양이다).

그러나 이런 두 황제도 비교적 냉정하게 자기 반성할 때는 좀 달랐다. 예컨대 발렌스 황제의 마음은 공포에 떨지 않았고, 한편 발렌티니아누스 황제는 격노로 미치지 않는 안정가에는 아무리 두 사람이라 해도 과연 국부에 어울리는 심정, 적어도 그런 행동을 나타낼 적도 있었다. 그럴 때의 발렌티니아누스 서방황제의 냉정한 판단은 그 자신과 국가의 이해관계를 명확히 가려내어 정확하게 그것을 추구하였고, 또 발렌스 동방황제도 온순하게 형제(兄帝)가 보여주는 여러가지 수범을 모방하였고, 때로는 저 고결한 인격자인 노 민정총독 살루스티우스의 지혜와 덕성을 자기의 방침으로 삼기도 하였다. 두 황제가 모두 자의를 입었지만, 그 전에는 일개 시민이었을 무렵에 보여준 간소성과 절제의 미덕을 여전히 남기고 있었다. 사실 이들 두 황제가 통치한 동안은 궁정의 유탕일락(遊湯逸樂)이 국민의 얼굴을 붉히게 한 일도, 또 탄성을 지르게 한 일도 없었다. 콘스탄티우스 2세 황제 시대의 여러가지 악폐도 대부분은 점차 시정되었고, 역으로 율리아누스 황제와 그의 후계황제(요비아누스 황제를 가리키는 것)가 의도했던 구상이 현명하게도 채용되어 한층 더 개선이 가해졌다. 이리하여 그의 입법양식과 그 정신은 후세사람으로 하여금 이들 두 황제의 인물과 통치에 대하여 매우 후한 점수를 매기게 하려는 실적조차 나타냈다. 저 영악한 암콤인 인노켄티아 주인의 행위라고는 보통 생각할 수 없는 일이지만, 이 발렌티니아누스 황제는 신하와 국민의 복지를 매우 중시하여 영아를 유기하는 악습을 엄격히 금지하는 동시에 로마시내 14개구에 유능한 의사 14명을 상시 근무케 하면서 이들에게 봉급과 여러가지 특권까지 부여했던 것이다(「유스티니아누스 법전」 정식으로는 「로마법 대전(Corpus iuris)」 제8권 52장 2조). 그 자신은 배우지 못한 무학의 일개 무관에 지나지 않았지만, 현명한 판단으로 청소년 교육과 또 쇠퇴기에 들어선 학문의 진흥을 도모하고자 교양을 위주로 유용한 학문을 교육할 학교를 창설하였다. 또한 각 속주의 수도에서는 반드시 수사학(修辭學)과 문법을 그리스어 및 라틴어로 가르칠 것을 구상하였다. 이들 학교의 규모와 권위는 각각 그 도시의 중요성에 따른다는 것이 원칙이었으므로, 당연한 이야기지만 로마시와 콘스탄티노플시의 그것은 특히 최고학부로 인정되었다. 오늘날 이것의 단편밖에 볼 수 없는 황제의 문교관계 칙령은, 도저히 콘스탄티노플시 학교의 전모를 전한다고는 말할 수 없지만, 그 학교는 그 후의 제 조례에 의하여 점차 다시 개량이 가해졌다. 이 학교는 각 학문 분야에 걸쳐 31명의 교수진으로 구성되어 있었다. 예컨대 철학자 1명, 법률학자 2명, 그리스어 담당 수사학자 5명과 문법교사 10명, 라틴어를 위해서도 변론가 3명, 문법교사 10명과 기타 7명의 필경사(당시의 호칭에 따르면 호고가<好古家, antiquarius/antiquarian>이지만)가 따로 배속되었는데, 특히 필경사는 열심히 고전저술가 등의 저작을 정확히 필사하여 그것들을 국립도서관에 납본하였다. 학생에 대한 학칙도 정해져 있었는 바, 이것이 또한 매우 흥미진진한 것이었다. 근세 대학의 형태와 학생지도 방침의 원형이라고도 할 수 있는 요점을 제시하고 있기 때문이다. 먼저 입학지원자들은 각각 향토 속주의 관리가 발행한 적격증명서를 지참하여야 한 바, 이에 의하여 그의 성명·직업·주소 등이 규정대로 정확히 국가의 등록명부에 기재되었다. 학생이 된 젊은이들에게는 주연이나 극장에서의 시간낭비는 엄금되었다. 취학연령은 20세까지로 제한되었다. 태만하는 학생이나 항명하는 위반학생에게는 태형이라는 징벌을 가하거나 퇴학을 명령하는 등의 권능이 수도장관에게 주어져 있었다. 수도장관은 또한 학생들의 지식과 능력이 과연 국가에 유용한지의 여부에 대하여 그것을 해마다 문교장관에게 보고하라는 명령을 받고 있었다. 이리하여 발렌티니아누스 황제 치하의 여러 제도는 평화와 부강화의 이점을 확보하는 점에서 커다란 공헌을 하였다. 모든 도시의 시민이 이른바 보민관(Defensor, 保民官) 제도(보다 정확하게는 Defensor civitatis라고 한다. 제도로서 창설된 것은 콘스탄티누스 대제 이후 시기인 것으로 보인다. 『테오도시우스 법전』 제1권 11장 등)의 확립으로 보호되었는데, 그들은 호민관 겸 대변인으로서 자유선거에 의하여 선출되어, 민정관에 의한 법정, 아니 때로는 황제에의 직소(直訴)라는 형식까지 취하여, 전적으로 시민들의 권리를 옹호하고, 또 그들의 불만과 고충의 대변자적 역할을 수행하였다. 재정문제에 있어서는 워낙 이 형제황제가 오랜 기간에 걸쳐 사생활면에서 엄격히 긴축된 생활에 습관화되어 있었던 만큼, 재정 운영에는 두 황제가 모두 전적으로 개입하였다. 다만 국고세입의 수납상태와 그것의 용도에 대해서는, 만일 얼마간이라도 구안(具眼)의 인사라면 곧 알아차릴 일이지만, 동서 양제국 사이에는 얼마간의 차이가 있었다. 동방의 발렌스 황제는, 황실의 방만한 지출을 보장할 수 있는 재원확보방법이란 오로지 국민억압에 의한 수탈뿐이라고 주장한 사람도 있었지만, 야심가인 그도 현실적으로 눈 앞에 있는 백성들에게 고통을 주면서까지 그들 장래의 민력(民力)과 번영을 빼앗는 일을 끝내 바라지 않았다. 그렇게 하기는 커녕 그는 과거 40년 동안에 점차 배가형태로 되어 있던 조세부담을 더 증대시키지 않음은 물론, 즉위 직후의 몇년 사이에 오히려 동방공납금(貢納金)의 4분지 1을 감세해 주었다. 이에 반하여 발렌티니아누스 황제는 국민의 부담경감에는 거의 무관심했고 또 별로 열성을 보이지 않은 것 같다. 재정운영면에서 볼 수 있었던 제 악폐를 개선하고자 마음만 먹으면 얼마든지 할 수 있었는데도, 그는 오히려 사유재산의 대부분까지 용서없이 수탈하였다. 개인의 사치를 허용하는 수입 따위는 차라리 그것을 국가방위와 개혁을 위하여 도움이 되게끔 사용하는 것이 훨씬 유효하다는 것이 그의 확신이었다. 그런 까닭에 당장의 이득을 기뻐하는 동방 제주의 백성들은 발렌스 황제의 관대한 조치에 의한 혜택을 줄곧 칭찬했지만, 한편 견실하기는 하지만 보다 수수했던 발렌티니아누스 황제의 장점이 인정되어 높이 평가된 것은 다음 세대가 되어서 부터였다(조시무스, 「신로마사」 제4권 3절, 암미아누스－마르켈리누스, 「역사」 제30권 9장. 단 후자의 서술은 대단한 송덕문과 같은 것으로서 어째서인지 매우 후한 점수를 준 것이다).

발렌티니아누스 황제라는 인물에 대하여 좀더 훌륭했다고 칭찬할 수 있는 점은, 그 격렬했던 종교적인 대립항쟁시대에 시종일관 의연한 태도로 온건공정한 입장을 견지했다는 사실이다. 연학(硏學)에 의한 계몽은 없었다지만, 동시에 선불리 학식에 의하여 해독받은 일도 없는 그의 강인한 판단력은 자기 자신으로 하여금 신학논쟁과 같은 미묘하고도 복잡한 문제에는, 말하자면 경원주의 입장을 취하게 하였다. 그의 관심을 촉구하고 공명심을 만족시킨 것은, 오로지 이 지상세계를 통치하는 일이었다. 자신이 교회의 신도라는 사실을 잊은 것은 아니지만, 동시에 그가 성직자들의 군주라는 사실도 결코 잊지 않았다. 일찍이 배교자 황제(율리아누스 황제를 가리키는 것) 치하에서조차 기독교 신앙을 열렬히 표명하고 있던 그는 이제 황제로서 그의 신하들에게도 그 자신이 취한 것과 똑같은 특권을 허용했다. 때로는 격정의 포로가 되는 나쁜 버릇도 있었지만, 공포와 위선과는 인연이 없다는 이 황제가 공인한 신교의 완전한 자유(「테오도시우스법전」 제9권 16장 9조)를 백성들도 깊은 감사와 신뢰감을 가지고 누렸을 것이다. 이교도나 유태교도, 그리고 그리스도교의 모든 교파도 예수의 신성(神性)을 승인하는 한에서는 모두가 자의적(恣意的) 권력과 대중적 박해로부터 법적 보호를 받게 되었다. 이제 그 어떠한 예배양식도 그것이 종교의 이름을 빌린 악덕행위나 질서파괴라는 비밀의도에 봉사하는 범죄행사가 아닌 이상, 황제에 의하여 금지억압되는 일이 없었다. 다만 마법에 대해서만은 한층 더 잔인성을 더했고 그것의 금압도 더욱 강화했지만, 여기서도 황제는 일정한 제외사례를 공공연하게 인정하였다. 예컨대 투스카나(Tuscana) 지방의 장복사(腸卜師, haruspecus/haruspice)들이 행하던 그것인데, 현실적으로 로마시 원로원도 승인하고 있던 고대의 점복술 등은 오히려 보호까지 하였다. 또한 이것은 이교도 중에서도 특히 양식적(良識的)인 일부 인사들의 동의를 얻고서 취한 조치지만 확실히 그는 심야의 공희(供犧)에 수반되는 방자한 난행에 대해서만은 그것을 유죄로 규정했었는데, 이것도 아카이아(Achaia) 속주의 총독인 프레텍스타투스(Praetextatus)로부터의 탄원을 받자 곧 그것을 인정하였다. 만일 엘레우시스(Eleusis)의 비의(秘儀)라는 이 귀중한 축복까지 그리스인들로부터 박탈한다면, 아마도 그들의 생활은 황량하고 삭막하여 마치 모래를 씹는 것처럼 됨이 필연적이라는 것이 이유였다(결국 엘레우시스 비의는 4세기 중반에 신전이 파괴되고, 또 알라릭<Alaric>이 통솔하는 서고트족의 침구로 그리스 전역이 황폐화될 때까지 계속되었다). 사람들의 마음속 깊이 잠재하는 가공할 광신의 화근을 끊어버릴 수 있는 것은 철학의 우아한 솜씨뿐이라는 것이 철학자가 입에 담는 호언장담이지만(사실상 일종의 호언에 지나지 않는 것이다), 그렇기로서니 12년 간에 걸친 이 종교항쟁에 휴전을 실현시킨 것은 바로 발렌티니아누스 황제에 의한 현명하고도 강력한 통치책의 강제성과인 바, 이것은 상호간의 비방반복을 일시 정지시킴으로써 여러 종파간의 항쟁태도를 완화케 하는 동시에 각종 편견을 제거함에 있어 큰 도움을 주었다.

다만 불행했던 일은 이 관용정책의 추진자(발렌티니아누스 황제를 일컫는 것)가 종교논쟁이 가장 격심했던 문제의 무대로부터 먼 곳에 떨어져 있었다는 점이다. 서방제국의 기독교도들은 예의 리미니 신경(Rimini Creed)의 함정*으로부터 해방되자마자, 아주 행복한 기분으로 정통파 신앙의 타면에 빠져버리고, 아직도 여전히 시르미움(Sirmium)시와 밀라노시에 얼마간 남아 있던 아리우스파 신도 따위는 적대시하기 보다도 차라리 경멸의 대상으로 밖에는 생각하지 않았다. 한편 흑해연안에서 테바이(Thebais, 즉 테베, 나일강 중류에 위치하고, 룩소르는 이곳 나일강 대안에 있었다) 끝에 이르는 동방의 각 속주에서는 서로 항쟁하는 양파 신도의 세력과 수가 거의 백중상태였는데, 이 백중지세는 화해구상을 촉구하기는 커녕 오히려 종교전쟁의 지옥상을 영속화시키는데 도움이 되었을 뿐이다. 수도승이나 사교들도 각각 자기의 신조를 악매(惡罵)까지 섞어서 주장하였는가 하면, 때로는 이 악매가 폭력사태를 불러일으키곤 하였다. 알렉산드리아시는 당시 아직도 여전히 대(大)아타나시우스의 지배하에 있었지만, 한편 콘스탄티노플시와 안티오크시의 대사교좌는 아리우스파 성직자들에 의하여 차지되고 있었다. 따라서 사교직의 자리가 빌 때마다 맹렬하게 시 전체의 소동으로 발전하곤 했다. 호모오우시오스파(Homoousios 派, 3위 동질설을 신봉하는 그룹)는 59명에 이르는 마케도니아 속주의 사교들, 즉 반(半)아리우스파 사교군과의 화해에 성공함으로써 그 세력이 심히 강화되었지만, 다만 이 반아리우스파의 사교들은 성령의 신성을 인정하는 데서 내심으로 얼마간 불만을 품고 있었던 만큼, 이 승리에는 얼마간의 어두운 그림자가 드리워지기도 하였다. 더욱이 발렌스 황제까지도 그의 치세 초기에 재빨리 형이 취하는 공정한 조치를 본받겠다는 취지의 선언을 내놓음으로써 아리우스파에게는 중대한 승리를 가져다 준 것이 되었다. 두 황제가 다같이 사생활에서는 아직도 세례지원자적 상태에 머물러 있었는데, 이제 대고트족 전쟁의 위험한 국면에 처하여 독신자인 발렌스 황제는 출진에 앞서 무엇보다 세례만은 받아놓고 싶다는 심경으로 변하고 있었다. 여기서 당연히 콘스탄티노플의 사교인 에우독수스(Eudoxus, 300～370. 광의로는 아리우스주의자이지만 보다 엄밀히는 그의 우파라고 할 수 있는 아노모이오스파의 대표적인 사교 중 한 사람.

---

* 「리미니 신경의 함정(the snares of the creed of Rimini)」이란 명백히 359년, 콘스탄티우스 황제의 명령으로 리미니(아리미눔)에 소집되었던 공회의를 가리킨 것으로 생각된다. 이것은 아리우스파 논쟁의 해결을 시도한 소집인데, 사실 참석한 사교수에서는 정통파의 그것이 절대다수를 차지하고 있었지만, 소수파는 아리우스와 같은 정치공작에 능한 인물이 있어서 회의에서 결정한 반(反)아리우스주의적 신경을, 콘스탄티우스 황제에게 직소에 가까운 형식으로 뒷공작해서 친아리우스파적인 신경으로 전복시키고 말았던 것이다. 이것은 「일부(日附)붙이 신경」 등으로 불리우는 것으로서, 결국은 여기에 정통파 사교들까지도 서명하고 말았다. 일종의 종교적 쿠데타지만, 역시 같은 해에 동방의 셀레우키아시에서 개최된 공회의와 함께 한때 아리우스파의 승리시기를 가져다 주었던 것으로 유명하다. 이와 같은 경위가 있었기 때문에 「함정」이라는 표현을 사용했는지 모른다.

인물은 온후하였던 것 같다. 360년에 수도의 사교가 되고, 367년에 발렌스 황제에게 세례를 주었다) 에게 이런 취지를 전했던 것이다. 만일 그가 이 아리우스파 사교로부터 잘못된 이단신학의 교리를 배우게 되었다면, 이 황제가 워낙 무지무학이었던 탓으로 선택을 잘못한 데서 생긴 부득이한 결과인 바, 그것은 그가 범한 죄라기 보다도 차라리 불운했던 일이라고 말하지 않을 수 없다. 다만 황제의 결심이 어떠했든 간에 그리스도교도 신하의 다수파로부터 분노를 산 것만은 틀림없다. 호모오우시오스파건, 또는 아리우스파건 간에 각각 그 지도자들은 그들 자신이 주류가 되어서 권력을 잡지 못하면 반드시 잔인하기 이를 데 없는 탄압과 피해를 받아야 할 것으로 믿고 있었다. 따라서 황제도 일단 이와 같은 결정적인 선택을 한 이상에는, 이미 공정공평해야 한다는 미덕이나 그런 여론을 계속 유지하는 것이 매우 어렵게 되었다. 콘스탄티우스 2세 황제의 경우와는 달라서, 그에게는 심원한 신학자라는 따위의 명성을 바라는 생각이 전혀 없었고, 다만 에우독수스의 설교를 단순소박하게 그대로 받아들였던 것처럼 그 후도 양심문제는 모두 영적 지도자들의 지시에 일임했을 뿐이다. 다만 황제된 권위에 입각한 영향력을 행사하여 아타나시우스파 이단자들에게 정통파 교회로의 재통합을 촉구했을 정도에 지나지 않았다. 처음에는 황제도 아타나시우스파의 맹신성을 불쌍하게 여겼지만, 점차 그의 완미성에 화를 내더니 끝내는 황제를 증오의 대상으로 적대시하는 이 이단분파들을 부지불식간에 증오하게 되었다. 그러나 의지박약하고 실행력이 약한 발렌스 황제인 만큼 가깝게 지내는 사람들과의 접촉 여하에 따라서 그의 마음은 끊임없이 동요를 거듭하였다. 한 사람의 시민을 추방할 것이냐, 아니면 투옥하는 것으로 그칠 것이냐 하는 따위는 전제적인 궁정에서는 가장 간단하게 시행할 수 있는 황제의 은혜이다. 따라서 이런 종류의 처벌이 가끔 호모오우시오스파 지도자들에게 가해졌다. 한번은 콘스탄티노플시 성직자단 80명이 배 위에서 불타 죽은 사건이 있었다. 아마 우연한 기화(奇禍)였겠지만, 이런 일까지도 황제와 아리우스파 성직자들에 대하여 적대파가 꾸민 계획적 적의에서 나온 잔인한 결과라고 주장되었다. 항쟁이 있을 때마다 자기 자신의 과오 뿐만 아니라 적측의 과오에 대해서까지 처벌을 받아야 하는 것은, 으레 가톨릭파(이 명칭을 여기서 사용하는 것은 아직 너무 이를는지 모르지만) 신자들이었다. 사교 선거 때마다 우선순위가 주어지는 것은 언제나 아리우스파 후보자의 주장이었는데, 만일 시민의 대다수가 반대해도 대개는 관헌의 권위나 때로는 군대에 의한 위협이 이들을 지지하는 편으로 돌아서게 하였다. 아타나시우스의 최만년의 일인데, 교적(敎敵)들이 이 노 대사교를 또 다시 박해하려던 일이 있었다. 한때 그는 아버지의 묘묘(墓廟) 속에 몸을 감추어야만 했는데 이것이 그의 유명한 제5차 추방이 된다(365~366년간). 그러나 정통파 신앙심에 불타는 알렉산드리아 시민의 대집단이 곧 무기를 들고 일어나자 주 장관조차 벌벌떨게 되었다. 이리하여 대사교는 47년간에 걸쳐 영계(靈界)에서 군림한 뒤, 평화와 영광 속에 그의 생애를 마치는 것을 허가받았는데, 이때 아타나시우스의 사망은 곧 이집트에서의 박해의 계기가 되었다. 발렌스 황제의 한 이교도 각료라는 사람이, 루키우스(Lucius)라는 무능한 열간이 인물을 억지부려서 알렉산드리아시의 후임 대사교좌에 앉히고, 같은 그리스도교 교우들이 흘린 수난의 피로써 체제파인 아리우스파의 환심을 산 바 있었다. 이교 및 유태교의 예배에 대해서도 신교자유의 관용령을 적용했지만, 이것이 또한 가톨릭 교도들의 비운을 한층 더 확대시켜, 사악한 동방폭군의 죄과를 더 크게 한 바, 이것 역시 깊은 슬픔의 씨앗으로 여겨졌다(이상의 기사는 모두가 5세기의 교회사가들인 소크라테스<Socrates>, 소조메누스<Sozomenus>, 테오도레투스<Theodoretus, 393?~457 이후. 고대기독교 신학자. 안티오크 부근의 Kyrrohos의 사교> 등의 저서들에서 요약한 것이다).

정통파 교회측의 이 승리는 발렌스 황제의 유명에 박해라는 심각한 오명을 찍게 하였다. 선악(善惡)할 것 없이 그의 모든 행적의 원인이 첫째로 지식의 빈곤, 성격의 겁약에 있었던 것으로 보여지는 이 황제의 인물에 관해서는 거의 변호할 가치도 없지만, 다만 공평한 견해라는 기준에서 말하면, 오히려 그에게 봉사한 성직자들이 여러번 주인인 황제의 명령 또는 그의 의향을 초월하여 박해를 가했다는 의혹도 생각하지 않을 수 없고, 또 사실상 행해진 박해의 규모도 교적측으로부터의 맹렬한 악선전과 안이한 경신성으로 심히 과장되어 전해진 점도 있다. ①첫째로, 발렌티니아누스 황제가 침묵을 지키고 있다는 것. 이것은 공치황제인 발렌스의 이름을 빌어서 그의 각 속주에서 실시된 바 편파적인 혹형(酷刑)이라는 것도, 기실 뜻밖에도 신교자유라는 기정방침에서 그렇게 심하게 일탈된 것이 아니라 거의 말할 건덕지도 못될 정도의 것밖에 되지 않았음을 뜻하는 것이 아닐까. 사실 이 형제(兄帝)의 냉정성을 찬양하는 형안의 사가들조차, 새삼스럽게 서방제국의 평온함과 동방제국에서의 잔인한 박해를 대조시킬 필요가 없다고 말했을 정도의 것에 불과했다. ②멀리 떨어진 곳에서 전해오는 애매한 풍문류를 어디까지 믿느냐 하는 것은 별개문제로 하더라도 발렌스 황제의 성격, 적어도 그의 몸가짐에 관해서는, 예의 웅변가이며 케사리아시의 대사교이기도 한 바실리우스(Basilius, 330?~379경. 캅파도키아 출신 기독교 교부·성인. 수도원을 위하여 바실리오 회칙을 작성한 것과 아리우스파와 투쟁한 것으로 유명하며, 바실리오 회칙은 지금도 동방교회의 수도생활을 규제하고 있다)와 절충타협했다는 한가지만 보아도 명백하게 알 수 있다. 사교 바실리우스는 저 대 아타나시우스의 후계자로서 전적으로 3위일체 문제처리에 임하던 인물이지만, 그 사이의 사정은 그의 교우와 찬미자들에 의하여 상세히 언급되어 있다. 따라서 그것으로도 알 수 있듯이, 만일 우리들이 수사학적 표현이나 기적담 등의 두꺼운 껍데기를 벗기고 이것을 읽는다면, 이 아리우스파 폭제(발렌스 황제를 일컫는 것) 속에 뜻하지 않았던 온화한 일면이 있었음을 알고 놀라게 된다. 즉, 그는 바실리우스 대사교의 의연한 태도에 진심으로 감탄을 표명하고 있었을 뿐만 아니라 만일 그가 폭력에라도 호소한다면, 캅파도키아 전 속주의 폭동조차 일어날는지 모른다는 심심한 우려를 입밖에 냈던 것이다. 바실리우스는 자기 견해의 진실성과 그의 대사교로서의 위엄을 불굴의 자랑으로 삼는다고 주장하였는데, 그럼에도 불구하고, 황제는 그의 양심과 대사교직까지도 그대로 마음껏 향수케 한 것이다. 뿐만 아니라 그가 집전하는 대성당에서의 예배에는 경건한 원조의 손길까지 뻗치고 있었다. 그리고 추방형에 처하기는 커녕 바실리우스가 근년간에 케사리아시 근교에 창설한 병원에 대하여 막대한 영지까지 기부하고 있다(문둥병 환자를 수용했던 모양인데 그 자체가 하나의 시를 형성하리 만큼 광대한 것이었다고 한다). ③ 저자가 알고 있는 한, 후년에 아리우스파 탄압을 위하여 테오도시우스 황제(Theodosius I. 346~395, 재위 379~395)가 제정한 것과 같은 그런 금지령을 발렌스 황제가 아타나시우스파 신도들을 겨냥하여 발표한 예는 하나도 발견할 수 없다. 예컨대 당시에 매우 격렬한 소동을 야기시켰던 칙령도 지금의 상황으로 보면 그다지 비난할 것이 못되는 것으로 생각된다. 다만 황제는 신하 몇 사람이 신앙의 이름을 빌어서 나태한 성정(性情)을 만족시켰고, 다시 이집트의 수도승들과도 비밀리에 내통하고 있다는 사실을 눈치챘다. 여기서 황제는 이집트의 독군에게 명령하여 그들을 그의 은둔처에서 끌어내어 이런 사회 밖으로의 도피자들에게 이 참에 지상적인 소유물의 일체를 포기하든가, 아니면 인간 또는 시민으로서의 공적의무를 다하든가, 둘 중 하나의 정당한 선택을 강요케 한 일이 있었다

(「테오도시우스 법전」 제12권 1장 63조). 그런데 이 법칙의 취지를 황제의 각료들이 확대해석한 모양이다. 즉, 그들은 이것을 젊고 건장한 수도승들도 병사로서 군대에 징집할 수 있는 권한을 정부에 주는 것으로 생각한 것이다. 이리하여 기병·보병 3천명으로 편성된 한 부대가 알렉산드리아시를 출발하여 근교에 있는 니트리아(Nitria) 사막으로 향했다. 거기에는 5천명의 수도승들의 살고 있었는데, 이 부대의 안내역을 맡고 나선 것이 바로 아리우스파 성직자들이었다. 그리고 전해지는 바에 의하면, 이때 황제의 명령을 거부한 수도원에서는 상당한 수의 수도승이 피살되었다고 한다(소크라테스, 「교회사」 제4권 24~25절, 오로시우스<Orosius, Paulus. 5세기 전반의 교회저작가>의 「對異敎徒 세계사<Historiarum adversus paganos>」 제7권 33절).

성직자들의 지칠 줄 모르는 화식욕(貨殖欲)을 억제하기 위하여 근세의 현명한 입법자들은 매우 엄격한 규제를 가해왔지만, 이런 것의 기원까지 거슬러 올라가면 아마도 발렌티니아누스 황제가 행한 그것이 최초였다고 할 수 있다. 로마시의 대사교 다마수스(Damasus I. 304?~384. 교황 재위 366~384. 성인)에게 보낸 그의 칙령(370년. 「테오도시우스 법전」 제15권 2장 20조)은 시 전체의 모든 교회에서 낭독되었는데, 그것에 의하면 성직자와 수도승들이 과부 또는 처녀의 집을 자주 방문하는 것을 엄금시켰는데, 이것을 위반한 자에 대해서는 민정재판관으로부터 견책벌이 부과될 것이라는 위협의 문구까지 들어 있었다. 동시에 영적 지도자도 설사 그것이 신녀(信女)에 의한 독지(篤志)라 해도 앞으로는 일체의 기진·유증·유산류를 받아서는 안되는 바, 이 칙령에 위배되는 유서는 모조리 무효로 선언되었다. 만일 불법적인 증여가 있으면 그것들은 즉각 몰수하여 국고로 귀속시켰다. 다시 그 후에 보완된 규제에 의하면 이런 조항들은 수녀와 사교들에게까지 적용되었다. 이리하여 무릇 성직자단에 속하는 사람이라면 모두 유서에 의한 증여를 받는 것이 불가능하고, 따라서 유산에 대한 권리는 법에 입각하여 자연상속권자만으로 엄격히 제한된 것 같다. 가정적 행복과 미덕의 수호자로서 발렌티니아누스 황제는 시간이 흐름에 따라서 증대되는 악폐에 대하여 이와 같이 엄격하게 구제책을 강구한 것이다. 사실 제국 수도에 거주하는 귀족이나 부자집 부녀자들 중에는 가끔 막대한 독립재산의 소유자가 있었다. 그리고 이런 신녀들의 대부분은 이성에 의한 냉정한 납득에서가 아니라 대개가 열렬한 감정, 아마도 시대의 유행병과도 같은 열성에서 열렬하게 기독교를 믿고 있었다. 그녀들은 의상과 사치의 쾌락을 희생시키면서 오직 순결성을 칭찬받고 싶다는 일심으로 결혼생활의 감미로운 행복을 포기했던 것이다. 여기서 겁먹기 쉬운 그녀들의 양심을 가르치고 인도하여, 상처받기 쉬운 마음의 공허감을 위로하기 위하여 그 누군가 성직자 중 한사람(그의 청정성(清浄性)에 대해서는 사람에 따라 진위(眞僞)문제도 있었지만)이 선정되기로 되어 있었다. 그런데 그녀들은 곧장 그에게 전폭적인 신뢰를 둘 만큼 가끔 사이비 신부나 광신도들에게 악용되는 경우가 있었다. 그러나 그들로서는 자기들에게 영광스러운 무대가 제공되는 셈이므로, 지금이야말로 수도승의 특권을 마음껏 맛보고자 멀리 동방세계의 끝에서부터 서둘러 상경하는 사람도 있었다. 예를 들면 젊고 아름다운 여인으로부터의 열렬한 사랑, 부유한 집안과 지내는 감미로운 풍요성, 나아가서는 원로원 의원급의 명문가가 데리고 있는 많은 노예와 해방자유민 또는 예속평민(clientes)들로부터까지 깊은 존경을 받는다는 것 등등의 매력에 끌린 것이다. 그러나 그렇게도 사치스러운 생활을 하던 귀부인들의 거부도 한편으로는 물쓰듯이 내놓는 자선시여(慈善施與)를 위한 지출과 값비싸게 먹히는 성지순례 여행비용 등으로 점차 바닥이 들어나기 시작하였다. 여기서 교활노회한 어떤 수도승은 그가 영부(靈父)역할을 담당하는 신녀의 유언장에 교묘하게 자기 자신의 이름을 맨 처음에, 그 보다도 단독 상속인으로 기재시켜 놓고는 뻔뻔스럽게도 위선자 득의의 의기양양한 태도로, 나는 다만 자비인애의 시행자이며 또 가난한 사람들에 봉사하는 사람에 불과하다는 것을 염치없이 공언했던 것이다. 이리하여 자연혈연의 상속인들로부터 그녀의 유산을 사취하려는 이런 사이비 성직자들의 수법은, 아무리 돈이 된다지만 참말로 부끄러운 소행으로서, 미신이 번창하는 시대라곤 하지만 당연히 세상 사람들의 분노를 사고 있었다. 사실 그 당시 명망이 가장 높았던 라틴 교회의 교부 2명까지도 실로 솔직하게 이런 사실을 인정하고 있다. 참말로 부끄럽기 이를 데 없는 상술한 발렌티니아누스 황제의 칙령이지만, 이것도 명백히 정당하고도 필요한 조치였던 바, 배우와 전차몰이꾼, 나아가서는 우상숭배교의 신관들까지도 아직 그들의 특권이 인정되고 있던 그때에, 오직 그리스도교의 사제들만이 그것을 빼앗겼다는 것은 어쩌면 당연한 귀추였다. 그러나 이와 같은 입법자의 현명한 배려나 권위도 일단 사리사욕을 추구하는 빈틈없는 간지와의 싸움이 되면 대체로 승산이 없었다. 만일 이것이 히에로니무스(Hieronymus, Sophronius Eusebius, 340<350>~419<420>.

기독교 교부·교회박사·성인)나 암브로시우스(Ambrosius 333?～397. 밀라노의 사교·교회박사·성인)만한 성자들*이라면, 설사 효과 없는 법률이건 또는 고맙고도 훌륭한 법이든간에, 그것이 정의구현에 유용한 것이라면 인내심 강하게 묵묵히 복종했을는지 모르지만, 그것이 일반적인 성직자들에 이르면 한쪽에서 사리추구의 길이 막힌다면 이번에는 교회 그 자체의 치부(致富)에 한층 더 전념하게 되는데, 사실 그들은 신앙과 진충보국이라는 대의명분 아래 내밀적으로는 그들 자신의 욕심을 채우는 행동으로 나갔던 것이다.

로마시의 대사교인 다마수스는 발렌티니아누스 황제의 이 법령공포로, 하는 수 없이 그의 지배하에 있는 성직자단의 탐욕을 규탄하는 도리밖에 없는 딱한 입장에 놓이게 된 셈인데, 여기서 현명하다고나 할까 또는 행운이었다고나 할까, 그는 열렬한 독신적(篤信的) 재능을 가졌으며 석학인 히에로니무스를 자기의 고문으로 삼을 수 있었다. 그리고 이 성인(후에 성 히에로니무스로 되었기 때문에) 또한 그의 특별대우에 감동되어서인지 매우 애매한 인물인 이 다마수스 대사교의 장점과 청렴성을 극찬하고 있다(그는 한 문장에서 다마수스를 Sanctae memoriae Damasus<성자인 고 다마수스라는 뜻>라고까지 칭찬한 바 있다고 한다). 그러나 발렌티니아누스 황제와 다마수스 사교 치하 로마교회의 악덕성이 그 얼마나 극렬했던가에 대하여, 그것을 열심히 그리고 세밀하게 기록한 사람이 바로 사가 암미아누스－마르켈리누스인데, 그는 공평한 자기의 고찰을 다음과 같은 말로 훌륭하게 묘사하고 있다. 「유벤티우스(Juventius, 기번이 인용한 암미아누스－마르켈리누스의 원전에는 Viventius로 되어 있는 곳도 있는 모양이다) 장관(수도장관) 치하의 수도 로마는 틀림없이 평화와 풍요의 혜택을 누리고 있었다. 그러나 이 시정(市政)의 안온은 미친 시민들의 유혈폭동으로 머지않아 깨어졌다. 대사교직을 둘러싸고 다툰 다마수스와 우르시누스(Ursinus) 두 사람의 맹렬한 투쟁이 인간야심의 상식범위를 훨씬

---

* 히에로니무스와 암브로시우스는 성 아우구스티누스(Augustinus, Sanctus Aurelius, 354～430. 초대 기독교 교부·성총박사<Doctor Gratiae>. 마니교도로부터 387년에 개종하여 세례를 받았다)와 대 그레고리우스(Gregorius I. Magnus 540?～604. 교황 재위 590～604. 성인)와 더불어 4세기를 대표하는 석학 교부들이다. 신앙인이었을 뿐만 아니라 히에로니무스는 성서의 번역자 또는 석의자(釋義者. 그가 405년, 라틴어로 번역한 성서를 「불가타<Vulgata/Vulgate>」라고 한다)로서, 그리고 암브로시우스는 밀라노시 사교로 있은 외에도 교회성가(그가 지은 성가를 「암브로시우스 성가」라고 하며, 이 때문에 「기독교 찬송가의 아버지」로도 불리운다)의 작가이고, 교회의 혁신발전에도 커다란 공적을 남겼다.

넘고 있었기 때문이다. 당파근성을 노골적으로 들어낸 그 투쟁은 격돌이어서 쌍방간에 적지 않은 사상자까지 계속내고 있었다. 더욱이 시(市)장관에게는 이 소요를 진압할 힘도, 조정할 재치도 없거니와 오히려 우세한 폭력집단에 압도되어 교외로 물러나는 수밖에 없었다. 투쟁은 다마수스의 우세로 시종됐는데, 격투 끝의 승리는 그의 일파의 손에 돌아갔다. 그러나 평신도들이 집회를 가지는 시키니우스 성당(Basilica of Sicininus, 아마도 오늘날의 에스퀼리누스<Esquilinus>언덕 위에 있는 성 마리아 마조레 교회<the church of Sancta Maria Maggiore>가 그것이 아닌가 추정되고 있다)에는 무려 127구의 사체가 있었다고 한다(이 소요는 366~367년에 있었던 것. 패배한 우르시누스측 주장에 의하면, 이때 다마수스는 자파의 성직자 뿐만 아니라 무덤파는 인부·마부·검투사 무리까지 동원하여 그 선두에 나서서 이 성당의 문에 불을 질렀고, 지붕까지 뜯고 난입하여 반대파를 학살했다고 한다). 분노로 광태를 연출했던 민심이 또다시 원래의 평온 상태를 회복한 것은 그로부터 퍽 시일이 지나서였다. 수도의 장대성(壯大性)을 생각하고, 또 이처럼 값비싼 사냥감이 눈앞에 있고 보니, 세상의 야심가들이 한결같이 선망의 불꽃을 태우면서 상상을 초월한 격렬완강한 항쟁을 벌인 것도 별로 놀랄 일이 못된다고 하겠다. 경쟁에서 이기기만 하면, 귀족과 숙녀들로부터의 기진으로 한 재산 모을 수 있는 것은 땅짚고 헤엄치기였던 까닭이다. 그렇게만 되면 먼저 정성들여 우아하게 몸치장을 한 다음, 곧 마차를 몰아 의기양양하게 거리거리를 누비고 다닐 수도 있고, 또 로마시 사교들의 기호와 그들의 비용으로 개최되는 호화선미의 연회석같은, 아마도 황제의 식탁메뉴를 능가하는 그런 연회석에도 참가하게 될 것이었다. 이 이교도 사가의 솔직한 글은 다시 계속된다. 「그런 생활을 영위하게 된 변명으로서, 그들이 수도의 위용이나 위엄 등을 내세울 것이 아니라, 오히려 일부 속주의 사교들이 영위하고 있는 모범적인 생활을 본받고자 했다면, 그들이 그 얼마나 정상적인 이성을 가지고 참된 행복을 생각하고 있었는가를 우리들도 알 수 있었으련만……. 사실 언제나 허술한 옷을 걸치며, 항상 눈을 내리뜨고 다니는 속주 사교들의 절도 있고 근엄한 생활태도와, 그의 청정겸억(淸淨謙抑)의 덕행은 신과 또 그의 참된 예배자들에 의해서도 칭찬될 것이다」(암미아누스-마르켈리누스, 『역사』 제27권 3장 11~14절을 요약인용한 것). 다마수스 대 우르시누스의 이 항쟁은 결국 후자의 유배형으로 종지부를 찍었고, 그 뒤는 새 수도장관인 프레텍스타투스(Praetextatus)의 현명한 조치로 수도의 평화도 회복되었다(376년의 일). 이 사람은 학식도 있고 교양도 높아서, 풍아(風雅)를 이해하는 이교적 철학자였는데, 언젠가 그는 다마수스 사교를 향하여, 만약에 내가 곧장 기독교를 받아들여서 그 신자가 되었더라면 로마시의 사교직을 얻을 수 있었을 것이라고 말했다. 물론 이것은 일부러 듣기싫은 소리로 말한 것이지만, 그 자리에서는 농담처럼 해서 교묘하게 흘려봤던 것에 불과하다. 4세기 교황들의 부와 사치를 생동하게 묘사한 이 경구를, 일찍이 어부출신의 사도들이 견뎌온 청빈시대(주지된 바와 같이 예수의 최초 제자들인 베드로<Petros. AD 64 사망. 본명은 Simon. 초대교황으로 삼는다>·안데레<또는 안데레아, Andreas/Andrew. 베드로의 형제. 예수의 첫째 제자>·야콥<Iakob/James. 예수측근자 3인 중의 하나>·요하네<Joannes/John, 야콥의 형제. 예수 측근 제자의 한 사람>등은 모두가 갈리라야호의 어부출신들이다)와, 한편 교황의 영적 지배가 나폴리(Naples)시에서 널리 포(Po)강 연안지대에까지 이름에 따라, 어느 왕후와도 비견되는 지상교황의 호사스러움과의 중간단계로 규정하는 비평으로 볼 때, 이것은 한층 더 흥미로운 에피소드라고 말할 수 있다(이 프레텍스타투스는 근엄한 옛 무사적인 고덕의 원로원 의원으로서, 율리아누스 황제시대부터 두터운 신임을 받아 아케아 속주의 총독으로 있었고, 367년에는 혼란된 수도 로마시의 장관으로 발탁되었던 것이다).

장수(將帥)들도 군대에 의한 승인이 로마제국의 통치권을 발렌티니아누스의 손에 위임했을 때, 현명했던 이 선택의 주된 이유로서, 우선 무장으로서의 그의 명성, 다음은 군사적 재능과 경험, 그리고 그가 고대의 전통적인 군기정신(軍紀精神) 뿐만 아니라 그 형태까지도 엄격히 지켜왔다는 조건들을 들었다. 또한 군대가 그에게 핍박하여 공치황제의 지명을 촉구한 것도 당시의 위험한 국가정세를 고려하면 당연한 일이었다고 할 수 있을 것이다. 발렌티니아누스 자신까지도 아무리 유능한 인물의 재간을 가지고도, 그 당시 침구당하고 있던 제국의 멀리 떨어진 변경지대까지 혼자 힘으로 막아 낸다는 것은 도저히 불가능하다는 것을 잘 알고 있었다. 율리아누스 황제의 죽음이, 그의 용명에 대한 공포심으로부터 만족들을 해방시키자마자, 동방·북방 및 남방의 제 만족은 일제히 그들의 약탈욕과 정복욕에 대한 밝은 희망을 가지게 되었다. 그들의 침입은 실로 집요하여 어떤 때는 가공할 정도로 맹위를 떨치기도 하였다. 그러나 발렌티니아누스 황제 치하의 12년간은 의연한 태도와 불굴의 감시에 의하여 그의 판도만은 끝까지 방위되었을 뿐만 아니라, 다시 강인한 그의 정신은 겁약한 동생 황제(발렌스 황제를 가리키는 것)의 나약한 정책을 고무하고, 심지어 지도까지 하였다. 이것을 좀더 편년사적(編年史的)으로 서술함으로써 두 황제 사이에 있었던 서로 대립된 긴장고려(緊張苦慮) 소식을 훨씬 설득력을 가지고 전달하는 것도 물론 가능하지만, 그렇게 한다면 오히려 장황하고 번잡스러워져 독자제현의 주의를 산만케 할 우려성이 있다. 그래서 여기서는 다만 5대 전장(戰場) 즉 ① 게르마니아 ② 브리타니아 ③ 아프리카 ④ 동방 ⑤ 다뉴브강 자대 정세에 대하여 개별적으로 서술하는데 그치고자 한다. 아마도 이렇게 하는 것이 두 황제 치하에서의 제국의 군사정세를 좀더 명확히 설명하는 것이 되지 않을까 생각한다.

(1) 게르마니아 정세　알레만니(Alemanni)족의 사절단은 오만불손하기 이를데 없는 관방장관 우르사키우스(Ursacius)의 영접을 받고 극심한 분노심을 불태우고 있었다. 왜냐하면 시기도 좋지 않았지만 신제가 즉위할 때마다의 관행이라고나 할까, 아니면 조약상의 규정에 의해서였는지, 그들에게 내리기로 정해진 선물류를 황제측에서 양질면(量質面)에서 모두 삭감했기 때문이다. 사절단은 이것을 국가적 모독으로 해석하여 곧장 동포들에게 이 사실을 전달하였다. 성질이 급한 족장들도 이것을 모욕이라고 의심하여 곧 분통을 터뜨렸는데, 특히 젊은 병사들은 곧 자기들의 정기 밑으로 집결하였다. 발렌티니아누스 황제가 알프스산을 넘는 것보다도 더 빨리(365년의 일) 갈리아 속주의 부락들은 이르는 곳마다 잿더미로 불타버렸는데 다갈라이푸스(Dagalaiphus) 장군이 통솔하는 군대가 겨우 알레만니족의 군대와 마주쳤을 때는, 그들이 이미 포로군과 약탈품들을 완전히 게르마니아의 삼림 속에 감추어 놓은 후였다. 그리고 새해가 되자(366년 1월), 다갈라이푸스는 전병력을 동원하여 북방의 혹한을 무릅쓰고 라인강의 종심 깊고 견고한 진지인 방책벽을 완전히 돌파하였다. 이번 진공에서 로마군의 독군 2명이 패전하여 치명상을 입었다. 특히 헤룰리(Heruli)족과 바타비(Batavi)족 보조군의 군기가 승리자인 적의 수중에 노획되었는데, 그들은 이 전리품들을 조소의 환호 속에서 높이 들어올려 자기들의 승리를 과시하였다.

군기는 다행스럽게도 그 후에 탈환했지만, 바타비족으로서는 엄격한 심판관의 면전에서 보였던 굴욕적인 패주라는 면목깎인 행위를 아직 조금도 회복하지 못하고 있었다. 대저 병사된 자는 적에 대한 공포심을 극복하기에 앞서, 먼저 자기 군대의 총사령관을 두려워할 줄 하는 관념을 배우고 또 가져야 한다는 것이 발렌티니아누스 황제의 신념이었다. 그의 엄명으로 전군이 집결되었다.

전전긍긍하는 바타비족의 부대는 주위가 황제 직속부대에 둘러싸였는데, 그러자 황제 자신이 단상에 오르더니, 겁나(怯懦)에 대갚음하는 방법에서 사형에 처하는 따위는 차라리 과분한 관용이나 되는 것처럼 그의 비겁성과 용병상의 과오가 패전의 첫째 원인이 되었다고 보여지는 장교들에게 영원히 지울 수 없는 치욕의 낙인을 찍었다. 그리고 바타비족 군대 전원을 파멸하고 무기를 박탈하며 신병은 노예로서 경매에 붙인다는 취지도 선고하였다. 이 가공할 판결을 받은 바타비족 군대는 전원이 땅에 엎드려서 황제가 노여움을 풀 것을 애원하는 동시에, 만일 재심에 의한 은사로 이제 한번만 더 전쟁터에 나서는 것을 허용한다면, 반드시 로마국민과 병사로서 그 이름이 부끄럽지 않다는 것을 증명해 보이겠으니 한번만 용서해 달라고 간청하였다. 황제는 일단 불만족스런 기색을 나타냈지만 결국은 이 요청을 허가하였다. 이리하여 그들은 또다시 무기를 받게 되었는데, 자기들이 받은 치욕을 반드시 이런 무기를 활용하여 알레만니족의 피로써 씻어 버리겠다는 불퇴전의 결의를 굳혔다(암미아누스－마르켈리누스, 『역사』 제27권 1장, 조시무스, 『신로마사』 제4권 9절). 그러나 다갈라이푸스는 그들의 최고사령관이 되는 것을 굳이 사양했다. 즉, 지나칠 정도로 깊이 생각하는 이 노련한 장군은, 일찍부터 이번 작전이 너무도 곤란하다는 것을 건의해 왔었는데, 그는 이 전쟁의 종결을 보기도 전에 이미 면목을 아주 잃게 된 것이다. 왜냐하면 그의 경쟁자인 요비누스(Jovinus)가 이 지난사(至難事)를 결정적인 우위에로 일전시켜, 분산되어 있던 만족군대를 각개격파함으로써 착착 승리를 거두어 나갔기 때문이다. 요비누스는 고도로 훈련된 보병·기병 및 경무장 부대의 진두에 서서, 메츠시(Metz 市. 로마의 이름은 메티스) 지역의 스카르폰나(Scarponna, 오늘날의 샤르페이뉴)에로, 신중하면서도 쾌속진격을 감행함으로써 알레만니민족의 군대가 무기를 잡고 싸움터에 나설 시간적 여유도 주지 않고 그의 대부대를 급습하여 쉽게 무혈승리를 거두었고, 또 병사들의 자신성을 높였다. 또한 별개의 적부대, 부대라기 보다 군이라고 할 만큼의 대부대가 부근 일대에 대하여 잔인무도하게 겁략(怯掠)한 다음, 모젤레(Moselle)강 연안 숲속에서 휴식 중인 것을, 과연 장군으로서의 관찰을 통하여 재빨리 지형까지 파악한 요비우스는 자기부대를 은밀하게 밀림의 계곡사이로 잠행시켜 아주 안심하고 휴식을 취하던 게르만의 만족군을 지호지간에서 발견하였다. 거대한 사지를 들어내놓고 목욕하고 있는 자가 있는가 하면, 아마색 장발을 손질하고 있는 자들도 있었다.

또 어떤 사람들은 향기높은 미주를 큰 잔으로 들이키고 있었다. 바로 이런 때였다. 그들은 갑자기 로마군의 진군나팔소리를 들은 것이다. 적 로마군은 이미 자기들의 진영 안에 돌입해 있었다. 놀라움은 혼란을 불러 일으켰고, 혼란은 낭패의 패주로 이어졌다. 아무리 정강무비의 전사들이라 해도 이런 기습을 받아서는 이미 혼란에 빠진 오합지졸에 불과하여, 쓸데없이 로마군 정규병단과 그 보조군의 검과 투창의 먹이가 될 뿐이었다. 겨우 죽음을 모면한 병사들도 샹파뉴(Champagne) 지방의 샬롱(Chalons)시 가까운 카탈라우니(Catalauni) 평원에 진을 치고 있던 제3의, 그리고 최대의 진영까지 멀리 달아나는 것이 고작이었다. 혼란되고 궤멸된 적부대의 잔존병들은 자기들의 정기 밑에 재기를 가하여 여기에 급히 재집결 했는데, 이런 전우들의 비운에 놀란 만족은 새삼스럽게 여기서 전훈(戰訓)을 배우고, 다음번에 발렌티니아누스 황제의 대장(代將, 요비누스를 말하는 것)이 통솔하는 전승 로마군에 대하여 일대 조우결전을 벌이고자 전세를 가다듬었다. 과연 집요한 혈하(血河)의 전투가 긴 여름날에 종일토록 계속되었다. 그러나 용전(勇戰)은 쌍방이 백중지세였고 따라서 승패도 일진일퇴였다. 결국은 로마군이 약 1천2백명의 희생을 치루면서도 끝까지 싸워서 승리를 거두었다. 알레만니족 측의 전사자는 6천이고, 전상자는 4천명을 헤아렸다. 용감한 요비누스는 패주하는 적의 잔존부대를 멀리 라인강변까지 추격한 다음 파리시로 귀환하여, 황제로부터 감사장과 그리고 다음해의 집정관직이라는 표창을 받았다(366년 7월의 일. 이번 전투에 대해서는 암미아누스-마르켈리누스의 역사 제27권 2장, 조시무스의 신로마사 제4권 9절에 상세하다). 다만 이때에 로마군은 자기들의 승리에 하나의 오점을 남겼는 바, 그것은 포로로 잡은 적측 왕에 대한 처우문제였다. 그들은 자기들의 상관인 사령관조차 모르게 그 왕을 교수대에 올린 것이다. 부끄러워해야 할 이 잔학행위의 원인이 아마도 병사들의 광포성에 있었으리라는 것은 확실하지만, 더욱 좋지 않았던 것은 그 후에도 졸렬하게 행동한 점이다. 즉, 게르만족의 왕인 파도마이르(Vadomair)의 아들이며 족왕(族王)이기도 한 비티카브(Withicab)라고 하는, 비록 신체가 허약하여 병약자처럼 보였으나 정신만은 과감한 참말로 무서운 젊은이였는데, 틀림없이 그를 음모공작으로 죽게 한 것이다(367년 말에서 368년 가을 사이에 있었던 일). 이 암살은 로마인에 의하여 사주되고, 사후에는 보호되었다. 이와 같이 그들이 정의와 인도에 관한 규정을 깨는 소행으로 나온 사실을 역으로 말하면, 이미 쇠퇴기에 들어서고 있던 로마제국의 약점노출을 은근히 걱정하던 그런 우려를 그대로 나타낸 것이었다. 대저 사람이란 자기의 장검 위력에 대하여 자신을 가지는 한, 공적인 회의장소에서 단검을 휘두르는 법은 우선 없는 법이기 때문이다.

알레만니족도 어쩐지 이번의 참패로 굴복한 것처럼 보였지만, 승리한 발렌티니아누스 황제의 득의도 갑자기 상(上)게르마니아의 수도인 모군티아쿰(Moguntiacum, 별명을 멘츠<Mentz>라 하고 지금은 마인쯔<Mainz>)이 점령된 일로 해서 쓰라린 고배를 마신 생각이 들게 되었다(368년 3월 23일의 일?). 그날은 마침 기독교의 축제일(부활절이었다)로서 모두가 방심하고 있던 참에, 벌써부터 이런 기도를 생각하고 있던 바, 지모가 출중한 족장 란도(Rhando)가 대담하게도 갑자기 궐기하여 라인강을 건너와 무방비상태의 이 수도에 난입하여, 남녀주민 다수를 포로로 붙잡아 납치해 간 것이다. 발렌티니아누스 황제는 단호하게 전 알레만니족에 대한 보복을 결심하였다. 독군인 세바스티아누스(Sebastianus)에게 명하여 이탈리아와 일리리쿰의 군단들을 이끌고, 아마도 레티아(Rhaetia) 방면으로부터 였겠지만 반격침공을 감행케 하였다. 황제 자신도 자기 아들인 그라티아누스(Gratianus)를 동반하고 대군의 선두에 서서 라인강을 도하하였다. 다시 좌우 양측에는 서방군 보·기병부대 총사령관들인 요비누스와 세베루스(Severus) 두 장군을 배속시켰다. 이래서는 알레만니족도 이미 자기들의 촌락들을 로마군의 유린으로부터 수호하는 것이 불가능하다고 보았는지, 오늘날의 정치 지리상으로 말하면, 비르템베르크 공국(Wirtemberg 公國)땅이지만, 너무도 가파른 경사라서 거의 인간의 접근을 허용하지 않는다는 그런 험하고도 높은 산봉우리에 진을 치고 조용히 로마군의 내습을 기다렸다. 대담한 호기심이랄까, 황제는 어딘가 무방비의 샛길을 찾아낼 것을 고집스럽게 주장하였고, 또 몸소 그것을 찾아내려고 하였는데, 그러다가 한번은 하마터면 생명까지 잃을 뻔한 쓰라린 경험까지 맛보아야만 했다. 즉, 갑자기 만족군의 복병이 모습을 나타냈기 때문에, 황제는 급한 나머지 말을 급히 몰아 급경사면의 언덕을 미끄러지듯 뛰어내린 것까지는 좋았지만, 이 때문에 갑옷을 받드는 당번병사도 그가 받들고 있던 황금과 보석을 화려하게 박은 투구도 모두 유기하고 도망치는 수밖에 없었다. 그러나 로마군 자체는 총공격의 신호를 듣자마자 예의 솔리키니움(Solicinium)산을 3면에서 포위하고, 단숨에 등반공격을 감행하였다. 한 발자국씩 위로 오를 때마다 공격군의 사기가 오른 반면에 적의 저항은 점차 약화되었다. 로마군은 산꼭대기를 점령하자 만족군을 곧 북방경사면으로 내몰면서 추격하였다. 더욱이 산 밑에는 독군인 세바스티아누스가 지휘하는 부대가 적의 퇴로를 막고자 대기하고 있었던 것이다. 이번의 눈부신 승리가 있은 다음, 황제는 동계막영이 있는 트레브(Treves)로 귀환하여 성대한 개선경기를 개최해서 시민들을 즐겁게 하였다(이 게르마니아 원정은 암미아누스-마르켈리누스 역사 제27권 10장에 상세하다). 그러나 현명한 이 황제는 게르마니아 정복 따위는 고려하지 않고 전적으로 갈리아 변경의 방위에만 모든 관심을 돌렸다. 왜냐하면 적은 멀리 북방에 있는 각 부족으로부터 끊임없이 유입하는 과감한 지원전사군(志願戰士群)의 증원으로 그 전력이 급격히 개선강화되고 있었기 때문이다(상게 역사 제28권 5장 9절). 그런 이유로 해서 라인강변 일대에는 그것의 수원지로부터 북해로 흘러드는 하구지대에 이르기까지 견고한 성새와 적당한 높이의 감시탑을 빈틈없이 인접해서 구축하였다. 황제는 기계기술에 대해서도 정통하고 있었으므로 자기가 고안해낸 신발명의 정교한 병기를 빈틈없이 배치했고 또 공사를 감독하였다. 게다가 로마인과 만족들 사이에서 징모한 적지 않은 장정들에게 온갖 종류의 군사시설 구축작업에 적응되는 엄격한 특별훈련을 실시하였다. 이런 작업의 진척은 때로는 적측으로부터 조심스런 항의와 어떤 때는 노골적인 방해를 받는 일도 있었지만, 어쨌든 발렌티니아누스 황제 나머지 9년간의 통치하에서 갈리아는 시종 평온을 확보할 수 있었다(상게 역사 제28권 2장 및 조시무스 신로마사 제4권 16절).

디오클레티아누스 황제의 현명한 유훈실천에 열심이었던 총명한 발렌티니아누스 황제는, 어떻게 해서든지 게르만 제 부족사이에 내부분열을 유발하고 또 그것을 격화시키고자 줄곧 노력하였다. 예컨대 4세기 중엽의 일이지만, 엘베(Elbe)강을 사이에 두고 서로 대치하는 2개 지방, 아마도 루사체(Lusace)와 튀링기아(Thuringia)의 두 만족 국가(튀링기아는 지금의 동독 튀링겐일 것으로 추정되나 루사체는 불상, 아마도 두 부족국가는 서로 인접해 있었을 것이다)겠지만, 이들이 반달(Vandal)계의 한 부족인 부르군트(Burgund)*라는, 퍽 정체가 애매한 호전적인 부족에 의하여 점거된 일이 있었다. 그리고 거의 미지였던 이 부족이 언젠지도 모르게 강력한 왕국으로 발전하면서 끝내는 이 부유한 지역에 정주하는 형태가 되었다. 부르군트족 고대의 습속에 관한 가장 뚜렷한 특징은, 그의 민정제도와 종교제도가 완전히 분리되어 있었던 점인 것 같다. 국왕이나 장군은 헨디노스(Hendinos)라는 호칭으로 불리었고, 한편 최고제사는 시니스투스(Sinistus)라는 칭호로 불리었는데, 제사는 그의 신병(身柄)부터가 아주 신성시되었고, 그 권능도 종신제였지만, 한편 지상통치권 쪽은 매우 불안정한 조건하에서만 그 권능이 인정되는 것에 불과하였다. 예컨대 만일 전쟁의 결과로 왕의 용기나 행동이 비난의 표적이라도 되면 그는 곧 왕위에서 내려졌는가 하면, 이것은 오히려 백성들 쪽이 무리라고 생각되지만, 토지의 비옥성, 4계절의 순조로운 운행과 같은 일까지(이런 문제들은 당연히 제사의 직분에 속하는 것임에도 불구하고) 왕의 책임으로 돌리는 것이었다. 그리고 몇몇 염광갱지대(塩鑛坑 엘베강 상류의 한 지류인 자레강 평야지대, 특히 슈타스푸르트를 중심으로 한 그 일대는 옛날부터 암염의 특산지로 유명했다)의 영유권 문제를 둘러싸고 알레만니족과 부르군트족 사이에서 가끔 분쟁이 일어났었는데, 여기서 부르군트족은 로마 황제로부터의 내밀한 요청과 많은 액수의 보상제공이라는 제의를 받자, 아주 쉽게 회유당하고 말았다. 그들은 일찍이 드루수스(Drusus) 요새들**의 수비병으로 남겨졌던 로마군 병사들의 후손들이라는 황당무계한 전승까지도 어쨌든 쌍방의 이익을 위해 도움이 된다는 데서 아주 쉽게 믿어졌던 것이다. 이러한 경위도 있고 해서, 머지않아 8만의 부르군트족 대군이 라인강 안에 모습을 나타내어, 먼저 발렌티니아누스 황제가 약속한

---

* 부르군트족(Burgundiones)은 게르만 민족의 한 부족이다. 본문에도 있듯이 그 전에는 반달족계의 한 부족으로 생각되었지만, 오늘날에는 일종의 혼성부족으로 보는 주장도 있다. 로마세계와의 교섭이 적었기 때문에 타키투스의 「게르마니아」에도 그 이름이 나오지 않는다. 원래는 오데르－비슬리강의 중간, 즉 오늘날의 북부 폴란드 지역에 살고 있었는데, 4세기 초에 이른바 민족대이동이 시작될 무렵부터 점차 서남쪽으로 이동하여, 라인강 중류지역의 동쪽 연안인 마인강 유역을 점거하게 되었다. 여기서 장기간에 걸친 알레만니족과의 유명한 항쟁이 시작된 것이다. 그 후 5세기가 되면서 보르무스를 수도로 하는 왕국을 세웠고, 이것이 멸망한 후에는, 다시 오늘날의 프랑스 또는 스위스의 일부에까지 서쪽으로 이동하여 론강과 손강 사이의 골짜기에 왕국을 재건하기도 하였는데, 이처럼 먼 뒷날의 일은 본 주기와 직접적인 관련이 없으므로 생략한다. 다만 그들은 갈리아, 즉 오늘날의 프랑스에 침입한 후는 부르고뉴이라고 불리웠는 바, 이것의 흔적은 지금도 부르고뉴라는 지방이름으로 남아 있다.

** 드루수스의 요새들(fortresses of Drusus)이란, 로마의 명장인 네로 클라우디우스 드루수스(Drusus, Nero Claudius, BC 38～BC 9)의 이름을 딴 것이고, 또 사실 그가 이것을 구축하였다. 드루수스는 아우구스투스 황제의 의붓자식(Nero, Tiberius Claudius 와 Livia Drusilla 사이의 둘째 아들)이며 티베리우스 황제(Tiberius, Julius Caesar Augustus, 재위 AD 14～37, 즉 Livia Drusilla와 네로 사이에서 태어난 맏아들)의 친동생이다. 티베리우스와 함께 레티아족·반델리키아족을 토벌하여 로마의 국경을 라인강까지 넓혔고, 갈리아 총독으로 있으면서 게르마니아 지역, 특히 오늘날의 네덜란드 방면에 여러번 출정하여 라인강 연안에 견고한 보류들을 구축하고, 이런 곳에 수비대를 배치했는가 하면, 드루수스 운하(Fossa Drusiana)를 굴설하였다. 집정관까지 올랐으나 엘베강으로부터 개선도중 낙마사고로 사망.

원조와 보조금을 집요하게 요구해왔다. 그러나 그들은 몇번인가 핑계와 천연책으로 기만당한 끝에 결국은 기대가 허사로 돌아가자 군대를 되돌리는 수밖에 없었다. 그들의 당연한 분격을 저지시킬 수 있었던 것은 오로지 갈리아 변경지대의 병비와 방색 덕택인데, 다만 그들이 포로들을 학살한 일이 그때 이래 부르군트와 알레만니 양민족과의 숙원(宿怨)을 한층 더 증대시키는 결과를 가져오게 하였다. 명군인 발렌티니아누스 황제가 이런 불신행위를 일부러 저지른데 대해서는 아마도 모종의 정세변화가 일단의 설명이 될 것이다. 즉, 원래 황제의 본의는, 다만 적을 전율케 할 뿐 이것을 멸하려는데 있지 않았다. 왜냐하면 만일 이들 게르만 만족 중 어느 한 쪽을 완전절멸시키게 되면, 그것은 오히려 세력균형을 전복시키는 것이 될지 모르기 때문이다. 알레만니족의 왕 중 한 사람으로 로마식 이름까지 받고 일찍부터 문무 양면에서 재능을 발휘하던 마크리아누스(Macrianus)라는 인물이 있었는데, 발렌티니아누스 황제로서는 당연히 그를 높이 평가하는 동시에 격심한 증오의 대상으로 생각하고 있었다. 그리하여 황제 자신이 일단의 경장병(輕裝兵)들을 이끌고 라인강을 넘어 적지내 50마일 지점까지 깊숙히 침공하게 되었다. 이때 만일 그의 교묘한 전술만 성공했더라면, 틀림없이 목표한 마크리아누스를 생포할 수 있었을 터인데, 너무 공훈세우기를 서로 다투던 병사들의 경솔한 행동으로 실패로 끝났던 것이다. 하기야 그 후 마크리아누스 자신은 친히 황제와의 회담이 허용되었는데 그때 받은 황제의 두터운 신임에 보답하여, 결국 죽는 날까지 시종일관 로마제국의 맹우로서 협력하였다(부르군트·알레만니 두 민족의 화전에 관한 교섭은 암미아누스－마르켈리누스의 역사 제28~30권에 상세히 기술되어 있다).

이리하여 지상은 발렌티니아누스 황제가 구축한 요새망으로 거의 완전하게 방위선이 형성되었으나, 다만 갈리아 및 브리타니아의 해안선만은 여전히 색슨민족의 겁략에 방치되어 있었다. 우리 영국인에게는 깊은 동포애적 관심으로 상기되는 유명한 이 호칭(색슨이라는 민족 이름)을 사가 타키투스는 알지 못하고 일생을 마쳤다. 프톨레마이오스－클라우디오스(Ptolemaios Klaudios, 2세기의 그리스 천문학자·지리학자)가 작성한 옛 지도*를 보아도 그것은 다만 킴브리 반도(Cimbric Peninsula)의 길다란 목덜미 쪽과 엘베강(Elbe 江. 알비스강이라고도 한다) 하구에 가까운 3개의 작은 섬들로 조그맣게 그려져 있는데 불과하다(권말의 지도 참조). 어쨌든 지금은 쉴레스비히(Schleswig) 또는 홀슈타인(Holstein) 공국으로 되어 있는 이 좁다란 국토로부터 거의 무진장이라고도 할 수 있는 색슨족의 대군(大群)－이윽고 대양을 지배하고, 나아가서는 이 브리텐섬에 그의 언어와 법을 정착시켰으며, 이르는 곳마다에 식민지군을 설정했고, 프랑크왕 카를(Karl/Charles/Charlemagne I<대제>, 742~814. 프랑크왕으로는 768~814간 재위. 서로마황제로는 800~814간 겸임재위. 잉글랜드와 스칸디나비아를 제외한 전 게르만 민족의 거주지역을 정복하였고, 여기에 구로마제국의 국민까지 합쳐 1,500만 인구를 지배한 대제. 신성로마제국 성립의 기초를 만든 사람)의 강대한 무력에 대해서조차 오랫동안 북방의 자유를 지켜낸 저 색슨족 대군의 송출이란 거의 불가능하다고 생각될 것이다. 그러나 이와 같은 의문에 대한 해답은, 게르만 제 부족의 습속이 많은 점에서 서로 닮았고, 또 부족체제가 오히려 느슨했었다는 데서 매우 쉽게 도출될 수 있다. 즉, 전쟁이나 우호친선과 같은 대수롭지 않은 우연한 접촉만 있으면 곧 서로가 혼합된 것이다. 원고향인 게르마니아 지방에 있던 색슨족은, 이곳의 자연적 환경으로부터 당연히 어부나 해적 등 위험한 직업에 종사하는 경향이 있었다. 그리고 그들의 최초모험이 성공하게 된 사실을 알게 되자, 이것은 당연히 그들에게 뒤지지 않는 용감한 동포인 게르만족들의 경쟁심을 고무격려하는 것이 되었다. 삼림과 산악지대의 암울하기 이를 데 없는 적료감(寂寥感)을 그들은 더이상 견뎌낼 수 없게 되었다. 엘베강의 밤낮 없는 흐름이 불요불굴의 동지들을 만재한 대카누단을 계속적으로 바다 쪽으로 내려보냈다. 오로지 끝없는 대양을 바라보고자 원했고, 미지세계의 부와 사치를 만끽해 보고자 마음을 설레였다. 그러나 다만 이번의 막대한 수의 색슨족 증원대(增援隊)는 어쩐지 발트해 연안에 정착했던 제 만족인듯했다. 원래 그들은 무기와 선박도 풍부했고, 게다가 항해술에도 숙련되었으며 해전경험이 매우 풍부하였다. 뭐니뭐니 해도 북쪽 헤르쿨레스의 원주(Culumns of Hercules, 원래는 지브로울터 해협에 대한 별명이지만, 오늘날에는 덴마크의 수도 코펜하겐이 있는 세란도의 동쪽인가 서쪽의 좁은 해협이 마치 지브로울터 해협의 지형을 닮았기 때문에 이런

---

* 이하에서도 여러번 프톨레마이오스－클라우디오스의 지리지식에 입각한 서술이 나오므로, 그의 옛 지도에 의한 상정약도(想定略圖)를 권말에 게재하였다. 프톨레마이오스－클라우디오스의 지리학 지식은 "Geographike hyphegesis"에 종합되어 있는데, 그것은 그후 르네상스기까지 활용되었다. 여기에 게재한 것은 대브리텐섬과 유틀란트(Jutland. 지금의 덴마크) 반도와의 상대적 위치관계를 나타낸 것이다. 특히 주의해서 볼 것은 칼레도니아(오늘날의 스코틀랜드)가 낫모양의 머리처럼 이상할 정도로 동북방향으로 뻗어 있다는 것, 오늘날의 발트해와 스칸디나비아 반도는 거의 알려지지 않았다는 것 등등이다.

별칭이 나온 것으로 생각된다. 타키투스, 「게르마니아」 제2부 34절에 이미 이런 호칭이 나와 있다)는 해마다 몇달 동안씩은 얼음에 갇혀 있으며, 따라서 이곳을 통과해서 출동한다는 것은 지극히 어려운 일로서, 그들의 익숙한 솜씨나 무용도 하잘 것 없이 이 광대한 호수 안에서만 몸을 굽혀 온순하게 지내는 형편이었다(권말의 지도참조). 그러나 엘베강 하구를 출범했던 무장선단의 성공을 전해들은 그들도 곧 좁은 쉴레스비히 지협을 횡단하여 그대로 대양으로 선단을 떠내보낼 생각이었음이 틀림없다. 이리하여 하나의 정기 밑에서 싸운 각 부족의 해적과 모험자들도 처음에는 단지 약탈집단에 불과했지만, 언젠지도 모르게 하나의 항구적인 정치집단에 통합되어 있었다. 또한 본래는 군사연합체였던 것이 점차 결혼과 혈연관계라는 친화적인 감화를 받아 하나의 국민적 단결체로까지 결속되어 있었다. 이렇게 되자 인근의 제 부족이 맹방관계 맺기를 원해오게 되면서, 이들도 색슨족이라는 호칭과 그 법제까지를 답습하게 되었다. 여기서 아래에 이들 색슨족 해적들이 게르마니아해(지금의 북해)와 영국해협, 나아가서는 비스케이(Biscay)만에 이르기까지 희희낙락으로 거센 바다물결을 가르며 항행한 이 배에 대하여 한마디 말하고자 한다. 다만 유감스러운 것은 여기에는 절대 확실한 증거물이 없다는 점이다. 때문에 어쩌면 독자 여러분을 잘못 인식케 할 염려도 없지 않다. 이 배는 아무래도 대형의 평저선(平底船)이었던 것 같다. 용골(龍骨)만은 이럭저럭 가벼운 목재로 만들어졌지만, 선현이나 갑판은 다만 나무가지 따위를 엮어서 그 위에 튼튼한 짐승가죽을 붙였을 뿐이었다. 선각(船脚)이 느린 원거리 항해에서는 당연히 난파될 위험성이 항상 따르게 마련인 바, 사실 난파하는 쓰라린 경험을 여러번 겪었을 것이다. 만일 이들 색슨족의 해사기록이 있었다면, 아마도 그것은 브리타니아 및 갈리아 연안에서의 해난기사로 메꾸어져 있었을 것이다. 그러나 이 해적집단의 감투정신은 해상에서의 위험이나 또는 해안에서의 그것에도 동요되지 않았는데, 이와 같이 거듭되는 모험기도는 확실히 그들의 항해술을 발전시켰다. 어떠한 하급선원도 능히 노를 저을 수 있고, 돛을 달며 그리고 배를 몰아갈 수 있었다. 더욱이 이들 색슨족은 폭풍우의 징후라도 있으면 오히려 대환영이었다. 왜냐하면 폭풍우는 그들의 의도를 은폐해 주고, 역으로 적의 선단을 사방으로 흩어지게 하기 때문이다. 이리하여 서방연안의 제 속주에 관한 정확한 지식이 첨가됨에 따라 그들의 겁략무대는 점차 확대되어, 어떠한 변비한 벽지라도 이미 안전을 기한다는 것이 불가능해졌다. 색슨족의 선박은 흘수(吃水)가 극히 얕기 때문에 큰 강이라면 80마일에서 100마일 정도의 상류까지 쉽게 거슬러 올라갈 수 있었다. 또한 선체 그 자체도 대단히 가벼웠으므로 수레에 싣고 강에서 강으로 운반할 수 있었다. 예를 들어 센강이나 라인강 하구들로부터 침입한 해적무리들이 론(Rhone)강의 급류를 타고 내려가서 지중해로 나갈 수도 있었다. 발렌티니아누스 황제 시대의 일이지만 갈리아 연해의 여러 속주가 여러번 색슨족의 침구로 고통받은 적이 있었다. 로마측은 독군(comes/count)을 상주시켜 해안선과 아르모리카(Armorica, 프랑스의 북서 지방. 대략 지금의 브레타뉴 지방의 옛 이름)와의 국경지대 방위를 담당케 하였으나, 그는 자기에게 맡겨진 병력으로나 또는 자기 자신의 능력으로는 도저히 감당할 수 없어서 보병대 총사령관인 세베루스(Severus)에게 원군을 요청하였다. 이리하여 엄중한 포위망 속에 들게 되자 색슨족은 중과부적으로 부득이 항복하여 모든 약탈물을 포기할 뿐만 아니라 힘이 세고 거구의 정예전사들로 구성된 일개 부대를 로마군을 위해 봉사하도록 제공하는 수밖에 없었다. 여기서 무사하게 명예로운 퇴각을 보장받는다는 조건만으로 화해가 성립되자, 로마군 사령관도 곧 이것을 승인하였다. 그런데 무도했다고나 할까 경거망동이라고나 할까 어쨌든 세베루스는 모종의 배신행위를 고려하고 있었다. 즉, 단 한 사람이라도 무장한 색슨병이 살아 있는 한 반드시 자기 동포들의 비운에 대하여 보복을 기도할 것이라고 생각한 나머지, 남몰래 한 부대를 그들의 퇴각로 중 한 곳인 깊은 산골짜기에 잠복시켰다. 그러나 공세우기를 서두른 그들의 경솔한 행동이 그만 복병의 존재성을 스스로 폭로시키고 말았다. 이리하여 전원이 하마터면 자가배신(自家背信)의 희생물이 될 뻔 했지만, 다행스럽게도 그것만은 전투소동을 듣고 구원차 달려온 중장비 기병의 대부대 손으로 겨우 구출되었을 뿐만 아니라, 그 전력은 다시 색슨족군의 불요불굴의 용기를 압도하기에 이르렀다. 그리하여 적 포로의 일부는 창검의 녹을 벗겨주는 대상이 되는 것만은 모면했지만, 결국은 원형경기장(amphitheatre)에서 제물로 바쳐졌다(이상과 같은 색슨족과의 전투와 휴전, 그리고 로마군의 배신행위에 대해서는 암미아누스-마르켈리누스의 「역사」 제28권 5장 및 5세기의 교회사가 오로시우스<Orosius, Paulus>의 『대(對)이교도 세계사<Historiarum adversus pagonos>』 제7권 32장에 상세하다). 웅변가인 심마쿠스(Symmachus, Quintus Aurelius, 340?~402? 웅변가·정치가·이교도)가 통탄한 바에 의하면, 그들 포로 중 29명은 스스로 목매어 자살함으로써 모처럼의 관중들의 즐거운 기대를 실망시켰다고 하였다.

그러나 로마인 가운데도 교양이 높고 분별 있는 시민들은, 이때 색슨족 포로의 10분지 1이 신들에 대한 희생으로 제공되었는데, 이렇게 희생될 자를 선별하는 방법은 모두가 제비뽑기로 정하는 것이 그들의 관례라는 말을 듣고, 새삼스럽게 공포심으로 겁을 먹었다(이런 무서운 습속에 대해서는 심마쿠스의 서한에도 나온다고 한다).

(2) **브리타니아 정세** 우리네 미개했던 조상들의 자부심을 추켜세우고 경신성을 즐겁게 해준 이집트인과 트로야인(Trojans), 스칸디나비아인과 스페인 사람들의 식민지 건설에 관한 전설은 모두가 황당무계한 것으로서, 이런 것들은 그 후의 학문과 철학의 조명으로 서서히 소멸되고 말았다. 지금은 대브리텐섬이나 아일랜드도 모두가 가까운 대륙의 갈리아로부터의 이주민이 점차 정착하게 된 것이라는, 매우 단순하지만 합리적인 견해에 만족하고 있는 것 같다. 켄트주 해안에서 케이스네스(Caithness, 오클랜드 제도에 대한 스코틀랜드 동북단지역의 옛날 주이름)와 알스터(Ulster, 아일랜드 동북단지역의 옛날 주이름. 지금은 북아일랜드의 일부) 끝까지가 원래 켈트족(Celt 族) 원주지였다는 사실의 흔적을, 지울 수 없는 언어·종교·습속 등의 유사성에서 찾아 볼 수 있다. 따라서 브리텐 제 부족의 현저한 특징은 차라리 우연적인 지방사정에 의한 영향에서 그 원인을 찾아야 할 것이다. 로마의 속주화된 지역은 평화롭고 개명된 생활을 즐길 수 있었지만, 결국은 예속상태로 전락되고, 그들 본래의 야생적인 자유권을 보유한 주민은 좁은 칼레도니아만으로 국한되었다. 이 북방지역의 주민들은 콘스탄티누스 대제 시대부터 벌써 스코트족(Scots)과 피크트족(Picts)이라는 2대 부족으로 분열하였는데, 그때 이래 이 부족들은 각각 별개의 운명을 걷게 된다. 예컨대 피크트족은 그 후의 경쟁부족의 승리로 말미암아 그 세력 뿐만 아니라 그들에 대한 세상사람들의 기억에서조차 거의 말살되었지만, 한편 스코트족은 장기간에 걸친 독립왕국의 위엄을 지킨 끝에, 대등하고도 자발적인 합동형태로 다같이 영국국민이라는 영예로운 이름을 지니게 되었다(1603년, 엘리자베스 1세의 사후에 스코틀랜드의 제임즈 6세<1566~1625, 재위1567~1625>가 영국왕 제임즈 1세<재위1603~25>가 되면서 양국합동이 실현되어, 여기에 그레이트 브리텐<Great Britain>이 성립되었다). 원래 옛날에는 한 부족이었는데 이것이 스코트족과 피크트족으로 나뉜 것은 주로 이곳의 자연조건 때문이었다. 즉, 전자가 고지의 부족인데 대하여 후자는 평원의 부족이었다(오늘날 말하는 스코틀랜드의 하일랜드와 로랜드에 해당한다). 칼레도니아의 동해안지대는 대체로

풍옥한 평원지대로 생각해도 좋은 바, 여기서는 예전의 원시적 농경시대에도 대량적으로 곡물류를 생산할 수 있었다. 크루이트니크(켈트어로서 cruitnich) 즉, 밀을 먹는 사람(麥食人, wheateater)이라는 형용사가 있는데, 이것은 육식족인 고지인(highlander)들이 경멸 또는 선망의 정을 담아서 피크트인들을 부르던 평언(評言)이다. 농경이라는 생활양식은 보다 엄밀한 자산격차를 가져오게 하는 동시에 정주습관을 촉진하는데 반하여, 스코트족으로서는 여전히 무장투쟁과 약탈을 지배적인 감정으로 가지고 있었다. 일단 전투라도 벌어지면 전사들이 곧 전나체(全裸體)가 되었는데, 그 전신을 기괴한 문양으로 화려하게 색칠하는 기묘한 습속은 로마인들의 눈에는 몹시 이상하게 비쳤다. 칼레도니아의 서부도 기복이 심한 황량불모의 구릉지대이므로 농민들의 노고는 거의 보상되지 않았다. 즉, 가축의 방목지로 이용하는 외에 더 좋은 이용법이 없는 곳이었다. 그래서 이 고지인들은 양치기나 사냥꾼이 되는 수밖에 없었던 것이다. 그런 이유로 해서 그들에게도 정주의 습성이 거의 박히지 않았는데 스코트족(Scots)이라는 부족이름 자체가 방랑자(wanderers) 내지 유랑민(vagrants)을 뜻하는 켈트어에서 온 것이라고 한다. 이런 불모지의 주민들은 신선한 식량을 강이나 바다에서 구하는 도리밖에 없었다. 다행히도 국토일대에 점점이 널려 있는 수많은 호수와 후미(bay)는 풍부한 어족류를 키워주고 있었는데, 그들은 또한 점차 대양의 파도에 투망하는 기술을 배웠다. 스코틀랜드 서해안을 따라 무수히 산재하는 헤브리데즈(Hebrides) 제도의 근해는 그들의 호기심을 자극함에 충분했는 바, 이것이 그들의 어로기술을 발전시켰다. 그리고 오랜 기간에 걸치기는 했지만 폭풍우가 몰아치는 바다에서도 자기배를 조종하며, 어두운 밤의 바다에서도 보이는 별빛을 의지하여 항로를 잘못 잡지 않을 만한 항해술이랄까, 하여튼 그런 습관이라고 할 수 있는 기술을 터득하게 되었다. 칼레도니아 서해안의 험한 2개 반도는 그 끝이 광대한 아일랜드 섬의 해안과 거의 맞닿을 정도지만(오늘날의 클라이드만을 안고 북은 킨타이어 반도, 남은 린즈곶을 말하는 것 같다), 대안의 그 섬은 넘칠 정도의 식물이 무성하여 그린(Green)이라는 별명을 얻고 있었다. 그 후 이 호칭은 다소의 변화가 있었지만 오늘날도 아직 에린(Erin), 예른(Ierne) 또는 아일랜드(Ireland)라는 섬이름이 되어 남아 있다. 그런데 퍽 옛날의 일이지만, 비옥한 이 알스터 평야가 굶주린 스코트족의 식민군을 많이 받아들였고, 이들 북방만족이 로마군단의 무력에 대해서까지 감연히 저항했을 뿐만 아니라 미개하다고는 하지만, 평화를 사랑하는 이 낙도의 원주민에 대하여 계속해서 정복의 손을 뻗쳐 나갔던 모양이다. 이것은 확실한 사실이지만, 로마제국도 쇠퇴기에 접어들었을 시기에는 칼레도니아와 아일랜드 그리고 맨(Man)섬에도 스코트족이 정착하면서, 모두가 근친부족이라는 유대관념에 입각하여 군사행동에서 여러번 협동작전을 전개함으로써 서로의 운명변전에 대처해 나갔다. 이와 같은 이유로 그들은 이 공통부족명과 공통기원이라는 전통감을 오랜 세월에 걸쳐 생생하게 품어왔는데, 사실 북부 브리타니아에 기독교의 빛을 전도한 소위「성인섬(Isle of Saints)」(아일랜드의 별명)의 선교사 등은 오히려 아일랜드인이야말로 영적으로나 혈연적으로 스코트족의 조상이라는 근거 없는 망설을 굳게 믿고 있었다. 그리고 이 의심스런 전승을, 저 8세기 암흑시대에 얼마간의 빛을 던져주었던 존자(尊者. 천주교의 venerable로서 아직 福者가 되지 못한 사람에 대한 존칭. 영국 국교회에서는 부주교의 존칭으로서 師)인 베드(Bede＜Beda : Baeda＞, 673＜74＞~735. 영국 베네딕트회 수도사. 신학자·역사가·성인·교회박사.「존경할 베다＜Beda Venerabilis＞」로 불리운다. 당시 유럽 유일의 석학으로 평가되었고, 영국 교회사＜Historia ecclesiastica gentis Anglorum＞ 등의 명저를 남겼다)까지도 그대로 전하고 있으며, 그후 음유시인(吟遊詩人)이니 수도사니 하는 사람들(이 두 부류의 인간들이야말로 모두가 뒤질세라 열심히 픽션 스토리를 만들어 내는 특권을 남용해온 나쁜 평판의 사람들이지만)이 박약하기 이를 데 없는 그런 근거를 기초로, 점차 방대한 가공설화를 산더미로 조작해 내었다. 더욱이 스코틀랜드 사람들도 역시 잘못된 그의 자부심에서 자기들의 아일랜드인 혈통설을 그대로 채용한 바, 면면히 이어진 가공적인 왕의 이름들을 나열한 연대기에서 뵈티우스(Boethius, Anicius Manlius Torquatus Severinus, 480~524. 이탈리아의 철학자·정치가. 동고트왕 테오도리쿠스＜Theodoricus. 재위 474~526＞를 섬겼으나 반역죄의 용의로 처형되었는데, 처형되기 전에 옥중에서 저술한 철학의' 위안＜De consolatione philosophiae＞ 은 신플라톤주의와 스토아파 철학을 기축으로 한 것인데 오늘날도 명저로서 많이 읽히고 있다)는 자기가 제멋대로 나래를 펼친 공상을, 그리고 버카난(Buchanan, George, 1506~82. 스코틀랜드의 인문학자·역사가. 프로테스탄트로 개종했다. 마리-스튜어트＜Mary Stuart, 1542~87＞재판관의 한 사람. **톨루즈대학 총장**. 그는 "De jure regni apud Scotos"에서 국민의 주권과 전제자 살해의 정당성을 주장했다)은 고전적인 아문(雅文)으로 여기에 완전한 윤식(潤飾)을 가하고 있다*.

콘스탄티누스 대제가 죽은지 6년이 지난 해의 일인데, 스코트족과 피크트족에 의한 대대적인 입구가 꼬리를 물고 일어나자, 당시 서방제국을 통치하던 대제의 막내아들 콘스탄스 황제는 부득이 친정(親征)에 나서야만 하였다. 그가 브리타니아의 땅을 밟은 것만은 확실한 것 같다. 그러나 그의 친정에 관한 역사적 기록은 없고, 다만 한 황제송사(皇帝頌詞, panegyricus. 작자는 마르테누스<Martenus, Firmicus>라는 점성가인데, 이 송사는 황제에게 이교박멸을 권고한 것이었다)의 한 구절에서 겨우 이것을 추측할 수 있을 뿐이다. 그런데 그 찬사란 토벌전과에 대한 것이 아니라 황제 일행이 볼로뉴(Boulogne) 항으로부터 자연장해를 훌륭히 극복하고 샌드위치(Sandwich) 항까지, 무사히 해협을 건너는 행운을 잡았다는 것이다. 그 후에도 대외전쟁과 국내폭정으로 말미암아 이곳 속주민들이 계속해서 입은 재액의 가지가지는, 약체이면서도 부패된 콘스탄티우스 2세 황제 측근의 환관정치로 말미암아 한층 더 비참한 것이었다. 그 후 율리아누스 황제의 선정으로, 한때 얻을 수 있었던 안도감도 그런 은혜를 베풀던 사람(율리아누스 황제를 가리키는 것)이 동방으로 옮겨갔고, 뒤이어 죽음에 이르게 되자, 이런 은혜도 곧 잃고 말았다. 이들은 군대에 대한 급여라는 명목으로 가렴주구 당했고, 또 대량적으로 이송된 막대한 양의 금은도 탐욕스런 군사령관들에 의하여 모두 새치기 당하는 실정이었다. 병역으로부터의 해제, 적어도 그것의 면제특권은 공공연하게 매매되었고, 얼마 안되는 정규의 급여마저 부당하게 빼앗기게 되자, 곤궁에 빠진 병사들은 가끔 도망하곤 하였다. 군기는 이완되고 가도에는 도처에 노상강도가 무리지어서 출몰하였다(리바니오스, 「추도연설」 39절). 선량한 백성들에 대한 억압과, 전과(前科)는 없지만 부끄러운 줄 모르는 악인의 횡행이 서로 어울려 전도(全島)에 불만과 반역의 기운을 넘쳐 흐르게 하였다. 적어도 야망가진 신하의 자포자기적인 유배자라면 누구나가 이렇게 혼란에 빠진 취약한 브리타니아 통치를 전복하고 싶게 한 것도 당연하였다. 이른바 「세계왕자」(로마제국 황제를 가리키는 것)의 교만한 권력을 반대하는 이들 북방의 제민족 즉 스코트족·피크트족·색슨족 등 육해에 분포된 민족들은, 한때 내분항쟁을 중지하고 안토니누스

---

* 본절은 타키투스의 「연대기」와 「아그리콜레전」, 그리고 율리우스 케사르의 「갈리아 전기」 등 옛 문헌을 그대로 인용한 것으로서, 원저자 기번이 살았던 시대에는 거의 정설로 생각되던 스코트족사, 피크트족사 및 갈리아와의 관계까지 약술한 것이다. 물론 이것은 그 후의 역사학의 진보에서 보면 허다한 문제점이 있고, 따라서 20세기 간행본의 편자들로부터 여러가지의 비판적 수정을 받고 있는 대목이기도 하다. 그러나 이것을 일일이 소개하는 것은 너무도 번잡하므로 생략한다.

황제 방벽에서 켄트주 해안에 이르기까지 신속하고도 저항을 용서치 않는 맹위로 모두가 떨쳐 일어난 것이다. 그들 자신의 노동으로는 만들어 낼 수 없고, 그렇다고 교역을 통해서도 좀처럼 입수불가능한 자연 및 가공한 온갖 실용품과 사치품류도 풍부하게 이 브리타니아 속주에 쌓여 있었다. 철학자라면 인류 영원한 불협화음이라 하여 개탄할는지 모르지만, 동시에 약탈욕이 헛된 정복의 허명(虛名)보다 훨씬 더 합리적인 충동요인이 된다는 것을 인정할 터이다. 콘스탄티누스 대제 시대부터 플랜타게넷가(Plantagenet 家)의 여러왕 시대(헨리 2세〈Henry Ⅱ, Curtmantle, 재위 1154~89〉에서 리처드 2세 〈Richard Ⅱ, 재위 1377~99〉까지 245년간 이어진 영국의 왕가)까지, 1,000년 이상이나 이 약탈정신이야말로, 비록 가난하지만 정한무비(精悍無比)의 칼레도니아(스코틀랜드) 사람들을 계속해서 움직여온 것이다. 그러나 저 「오시안의 노래」(The songs of Ossian. 켈트족의 영웅인 오시안〈3세기에 살았다는 전설적인 아일랜드 및 스코틀랜드 고지의 용사 겸 시인. 역시 전설적 인물인 핀(Finn)의 아들〉의 작품으로 전해진 산문시들. 이것의 낭만적인 성조〈聲調〉는 유럽 사람들을 놀라게 하였다. 다만, 오늘날에는 3세기에 읊어진 시라는 것이 부정되고 기번이 생존한 18세기 중엽 당시의 맥퍼슨〈Macpherson, James, 1736~96. 영국 전로만파의 시인. 즐겨 가을과 황혼의 시름 없음과 옛날을 그리워하는 심정을 노래하였다〉의 가탁적 창작〈假托的 創作〉일 뿐이라고 평가한다)를 발상시킨 그런 고매한 인간정신과 그것의 소유자이기도 했던 같은 국민이, 이것 또한 평화의 여러 가지 덕목이나 전쟁의 이법(理法)도 전혀 알지 못한 만행 때문에 오명을 남겼다. 이처럼 잔인하기 이를 데 없는 스코트족과 피크트족의 약탈을 직접 받은 것은 그들과 바로 남쪽에 이웃했던 여러 부족들이다. 이 때문에 아마도 이들의 약탈행위가 몹시 과장되게 전해진 것 같다. 예컨대 아타코티족(Attacotti 族)이라고 불리운 칼레도니아의 용맹한 부족은 처음에는 발렌티니아누스 황제를 적으로 삼았으나, 후에는 오히려 그의 수하군인이 되어서 싸운 사람들인데, 그들은 기꺼이 사람의 고기도 상미(賞味)했다고 한 목격자의 증언에 의해 비난되었다(암미아누스-마르켈리누스 역사」 제 27권 8장 5절). 사냥감을 찾아 숲속을 헤매고 다닐 때, 그들은 양떼보다도 오히려 양몰이꾼을 습격하였고, 또 남녀를 불문코, 그들의 가장 늠름하고도 맛있는 부위를 특히 골라서 갈라내어 몸서리나는 인육요리로 만들어 먹었다고 한다(이 인육을 즐겨 먹는다는 것은 성 히에로니무스〈Hieronymus, Sophonius Eusebios, 342?~420. 기독교 교부·교회박사·성인. Vulgate 성경의 번역자〉의 대〈對〉 요비누스 반론 에 나온다고 한다. 그런데 히에로니무스는 젊은 시절에 갈리아지방을 여행한 바 그때 목격자라고 자칭하는 사람으로부터 말을 들은 것으로 추측된다). 지금은 상업과 문예의 도시

이기도 한 글래스고우(Glasgow) 가까이에 만일 그와 같은 식인종이 실제 있었다면 우리들은 스코틀랜드사 속에는 야만과 문명이라는 두 극단의 생활이 공존하고 있었음을 생각하지 않을 수 없다. 이와 같은 성찰은 우리들의 사유권(思惟圈)을 크게 확대시키게 될 것이며, 언젠가는 미래의 뉴질랜드에서 남반구의 흄(Hume, David, 1711~76. 철학자·정치가·정치 및 경제사상가. 「인성론」「인간오성론」, 「영국사」 등을 저술)을 출생케 할는지도 모른다는 그런 즐거운 기대까지 자아내게 한다.

브리타니아 해협(영국해협)을 건너서 도망쳐 돌아오는 사신들은 한결같이 놀라운 비보만을 발렌티니아누스 황제에게 보고하였다. 여기서 미구에 알게 된 것은 2명의 속주군 지휘관들이 만족의 기습을 받고 참살되었다는 사실이다. 트레브의 궁정으로부터 곧 친위대 독군인 세베루스가 급파되었지만 그도 인차 소환되는 실정이었는데, 요비누스 장군의 보고는 참화의 극심성을 전하는 것들 뿐이었다. 오랜 시간에 걸쳐 진지하게 토의한 끝에, 결국 브리타니아에서는 방위라기 보다도 오히려 탈환의 임무가 주어져야 한다는 결론에서, 이 임무가 용장인 테오도시우스의 재능에 일임되었다. 머지않아서 황제가의 조상이 될 이 장군의 무공은 당대 사가들에 의해서도 모종의 특별한 만족감을 가지고 찬양되지만, 사실 그의 걸출한 재능은 이런 칭찬을 받을 충분한 가치가 있었다. 따라서 그의 임명은 머지않아 반드시 승리를 가져다주는 확실한 징조라 하여 군이나 속주로부터 크게 환영을 받았다. 과연 그는 바다를 건너기에 절호의 시기를 기다리다가 마침내 해협을 건너가 노련하고도 정예로운 헤룰리(Heruli)족과 바타비(Batavi)족으로 편성된 요비우스 군단과 빅토르 군단의 대부대를 무사히 상륙시켰다. 샌드위치항에서 런던까지 진격하는 도중에 그는 몇개 집단의 만족군을 격파하면서, 막대한 수의 포로들을 해방시키는 동시에 노획물도 그 일부는 병사들에게 분배했지만, 나머지는 모두 정당한 소유주들에게 반환했다 하여, 단번에 무사공정하다는 명성을 확립하였다. 일신의 안전 따위는 거의 체념하고 있던 런던 시민들도 앞다투어 성문을 열고 요비누스군을 맞아들였다. 뒤이어 그는 트레브 궁정으로부터 후방을 경영할 황제의 대리장수와 민정장관을 맞이하여 이들의 귀중한 조력을 얻게 되자 그 자신은 곧 브리타니아 전토의 구출이라는 지극히 어려운 사업을 정력적으로, 또 아주 현명한 방법으로 추진시켜 나갔다(366~370년간). 도망병들도 다시금 그의 정기 밑으로 돌아왔다. 대사령이 내려지면서 사회적 불안은 일소되었다. 더욱이 그의 명랑 쾌활한 성격에 솔선수범하는 행동은 군기의 엄격성을 적당히 완화시키는 결과가 되었다. 육해 양면에 걸친 만족들의 게릴라전 때문에 특히 현저한 전과는 얻지 못했지만, 그러나 이 로마군 장수의 현명한 배려와 절묘한 전술은 2회에 걸친 전투에서 훌륭하게 발휘되어 브리타니아 속주의 전역이 잔인하고 탐욕스러운 적의 손으로부터 연속적으로 해방되었다. 도시의 번영과 방색(防塞)의 안전도 테오도시우스의 부성적인 온정에 의하여 착착 회복되었다. 즉, 그는 공포로 떨고 있는 칼레도니아인들을 북부변강 귀퉁이에 있는 한 섬에 강제적으로 몰아 넣고 이 신식민지에 발렌티아(Valentia)라는 명칭까지 부여한 바, 이것은 발렌티니아누스 황제의 영광을 불후의 것으로 만든 것이었다(암미아누스-마르켈리누스, 역사 제 28권 3장 7절. 그런데 이때까지 브리타니아는 행정상 4개 속주로 나누어져 있었으나, 이로써 제5의 속주가 생긴 셈이다). 시인들의 작품이나 황제송사류는 툴레(Thule. 고대의 항해자들이 북극땅이라고 생각했던 섬. 오늘날의 아이슬란드를 가리키는 것으로 생각된다)라고 부르던 미지의 땅에서 피크트족의 피가 흘러졌다든가, 테오도시우스 선단이 북빙양(Hyperborean ocean)의 거치른 파도를 헤치고 항행하였다느니, 또는 멀고 먼 곳에 있는 오크니 제도(Orkneys)가, 요비누스 해군이 색슨인 해적들과 싸워서 승리한 옛 전쟁터라는 그런 전승(傳承)까지 담고 있지만, 아마도 이것의 일부는 사실이었는지도 모른다. 이리하여 테오도시우스는 혁혁한 무명(武名)과 영광스러운 명성을 남기고 브리타니아 속주를 떠나갔지만, 신하의 공업을 아낌없이 찬양할 줄 아는 발렌티니아누스 황제인 만큼, 곧 그를 기병대 총사령관으로 승진시켰다. 그리고 이 브리타니아 정복자는 상(上)다뉴브강 연안의 중요한 주둔지에서도 알레만니족군의 입구를 저지 및 격파하였고, 이어서 아프리카에서의 반란진압을 위해서도 선임되었다.

(3) 아프리카 정세 측근 중신들의 판단을 거부하는 군주는 국민들의 입장에서 보면 당연히 그런 중신들과 같은 그룹으로 지목된다. 장기간에 걸쳐 아프리카 속주의 군사지휘권을 행사해 온 사람은 독군인 로마누스(Romanus)였다. 확실히 그의 능력은 이 지위에 부족함이 없었다. 다만 그의 행동의 모든 동기는 오로지 추악하고도 비루한 사리사욕을 추구하는 것이었기 때문에, 대부분의 경우 그의 행동은 오히려 속주의 적이며 사막에 사는 만족들의 편인 것으로 생각되기도 했다. 오에아(Oea)·립티스(Liptis)·사브라타(Sabrata) 등 성창번영하는 세 도시(이 도시들 중 립티스와 사브라타는 그 후 거의 완전하게 소멸되고 오에아만이 남았는데,

그 곳은 오늘날 리비아국 수도인 트리폴리시에 해당한다)가 있었는데, 이것들은 트리폴리(T-ripoli)라는 공통명칭으로 오랫동안 일종의 연방체를 구성하고 있었다. 그것이 이제 만족의 침공에 대비하여 부득이 시문(市門)을 닫지 않으면 안되게 되었다. 몇몇 명문가 출신의 시민이 갑자기 습격을 받아서 살해되는가 하면, 마을들은 물론이거니와 시의 근교까지 약탈을 받는 등, 이곳의 비옥한 국토를 뒤덮었던 포도밭이나 과수원도 거의가 게툴리아(Gaetulia, 오늘날 사하라사막 일대에 대한 옛이름)의 영악한 야만족들에 의하여 괴멸상태가 되고 말았다. 속주의 백성들은 당연히 로마누스에게 보호를 요구했지만, 미구에 알게 된 것은 이 로마군 사령관이야말로 만족이 무색할 정도로 그들보다 더 잔인하고도 탐욕스런 사람이라는 사실이었다. 트리폴리시를 구원하기 위하여 달려가기에 앞서, 그가 먼저 요구한 것은, 낙타 4천마리와 기타 터무니없이 많은 선물의 제공이었다. 물론 트리폴리 시민들에게는 그의 요구에 응할 만한 힘이 없었으므로 결국 이것은 구원거부와 마찬가지가 되고 말았다. 그런 뜻에서 속주가 재액을 받게끔 배후에서 부추긴 자가 바로 로마누스 자신이라는 비난도 맞지 않는다고는 할 수 없게 되었다. 여기서 상기한 3개 도시는 우선 연차 시민대회를 소집하여 2명의 대표를 지명한 다음, 관례에 따라 황금제 승리의 여신상을 발렌티니아누스 황제에게 봉정하면서, 은혜에 감사하는 의사표시라기 보다도 의무상의 정표를 헌상하는 이 조공에 첨가하여, 지금 우리는 외적에 의한 망국의 심연에 빠져 있으며, 더욱이 독군(督軍)으로부터도 배신당하고 있다는 불만을 강력하게 제소하였던 것이다. 만일 여기서나마 발렌티니아누스 황제의 엄정한 조치가 정확히 내려졌더라면, 그 책임은 당연히 독직한 독군 로마누스의 머리 위에 떨어졌을 터였다. 그러나 여기서 오랜 기간에 걸쳐 부패오직공작에 익숙한 로마누스인 만큼, 그는 때를 놓치지 않고 심복밀사를 급파하여 관방장관 레미기우스(Remigius)를 매수하여 자기편 사람으로 만들었다. 이 책모로 추밀원 회의는 깜쪽같이 그들의 밝은 지혜가 흐려지게 됨으로써 아프리카 3개 도시 시민들의 정당한 분노도 헛되게 천연된 상태에서 점차 냉각당하고 말았다. 그러나 그 후에도 애절한 소청은 계속되었고, 또 그런 애소의 정당성도 연이은 사회적 피해로 훌륭하게 입증되었으므로, 겨우 트레브 궁정도 비서관 팔라디우스(Palladius)라는 사람을 아프리카의 실정파악과 로마누스의 행동을 검토하도록 현지에 파견하였다. 그러나 황제의 이 엄정한 방침도 팔라디우스에 의하여 어이없이 알맹이까지 뽑혔다. 심지어 그는 군대급여금으로 가져갔던 공금의 일부까지 도중에 그대로 자기 호주머니에 집어 넣었던 것이다. 따라서 스스로의 죄상을 의식한 그 순간부터 팔라디우스는 이미 로마누스의 무죄와 공적을 증명하는 수밖에 없게 되었다. 이리하여 트리폴리 3개 시의 제소는 모두 사실무근의 허위라는 보고를 내게 되었다. 그리고 팔라디우스 자신은 또다시 트레브에서 아프리카로 재파견되었는데, 더욱이 이번에는 황제의 대행인으로서 이와 같은 괘씸한 모의를 꾸민 장본인들을 색출하여, 그들을 처단하라는 특명까지 띄고 있었다. 그의 색출방법은 지극히 교묘하여 결과적으로 훌륭하게 성공하였다. 즉, 최근 8일간에 걸쳐 만족의 공격을 저지시키기 위하여 버티어온 렙티스(Leptis) 시민들까지도 결국은 스스로 채택한 결의의 진실성을 부정하고, 모든 것은 파견 대표들의 책임으로 해서 그 행동을 비난하지 않을 수 없는 궁지로까지 몰렸다. 워낙 성급하고 완미(頑迷)한 발렌티니아누스 황제인지라 주저없이 잔인하게도 이들을 극형에 처하라는 판결을 내렸다. 전부터 속주의 궁핍한 상태에 동정을 표명해오던 트리폴리의 장관이 먼저 우티카시(Utica市. 오늘날의 튀니스시에 가까운 곳)에서 공개처형되었고, 이어서 유력한 시민 4명이 허구조작죄의 공범자로 살해되었으며, 기타의 2명도 황제의 특명으로 혀가 뽑혔다. 더욱이 로마누스는 죄를 문책당하지 않게 되자 더욱 마음이 교만해졌고, 여전히 군사지휘권을 장악하고 있었으나, 민중의 저항에는 크게 고민하고 있었다. 그러자 아프리카 속주민들은 그의 탐욕성에 대하여 드디어 분통을 터뜨리고 마우리(Moor)인인 피르무스(Firmus)가 이끄는 반군의 정기 밑으로 합류하게 되었다(이와 전후한 로마누스의 폭정, 피르무스의 반란에 대해서는 암미아누스-마르켈리누스의 역사 제27~30권, 오로시우스의 대이교도 세계사 제7권, 조시무스의 신로마사 제4권 등에 상세하지만 이것의 편년에는 문제가 있다. 오늘날의 대체적인 정설에 의하면, 이것은 363~367년에 일어났던 사건 같다).

피르무스의 아버지 나발(Nabal)은 원래 로마제국의 주권을 인정하는 가장 부유하고 강력한 마우리족 왕족의 한 사람이었다. 그런 아버지가 마침내 그의 처첩들 소생의 적지 않은 수의 자녀들을 남기고 사망하자, 그 뒤는 막대한 그의 유산에 대한 맹렬한 상속분쟁으로 집안이 지리멸렬상태에 빠졌다. 먼저 아들의 한 사람인 잠마(Zamma)가 이 집안싸움에서 동생인 피르무스의 손에 걸려 살해되었다. 그런데 앞서 말한 로마누스가 이 살인사건에 법적 보복을 가하고자 심히 집념을 불태우게 되었다. 이것은 기실 참된 동기가 전적으로 사욕

내지 사원(私怨)으로 밖에는 생각되지 않았다. 물론 이번 경우의 그의 표면적인 주장 자체는 틀림없이 옳았다. 그리고 그의 영향력이 강대했으므로 피르무스로서도 처형될 것을 각오하기에 이르렀다. 여기서 피르무스는 자기의 목을 스스로 형리앞에 내놓든가, 아니면 제국법정의 판결을 무시하고 그 뒤는 자기의 검과 민중의 지지에 호소하는 두가지 중 하나의 길밖에 없다고 생각하였다. 여기서 그는 후자의 길을 택하였다. 과연 그는 구국자로서 크게 환영받았다. 이에 더하여 로마누스라는 인물이 예속적 속주에서는 한낱 공포적 존재에 지나지 않는다는 것을 알게 되자, 민중은 이 아프리카의 폭군을 갑자기 전 민중의 경멸의 표적으로 격하시키고 말았다. 때마침 이 무렵에 케사리아시(이 케사리아시는 당시 마우레타니아 속주, 즉 오늘날의 알제리에 있던 항구도시로서 근대의 이름은 세르세르이다. 수도 알제시로부터 약간 서쪽에 위치했다)가 난폭하기 이를 데 없는 만족의 약탈을 받은 뒤 불질러져 폐허화된 사건이 있었는데, 이것은 반란의사를 품은 아프리카 제도시에 저항의 위험이 있음을 알려주는 신호로 되었다. 피르무스의 위세가 적어도 마우레타니아(Mauritania)와 누미디아(Numidia) 두 속주에 확립됨으로써, 이제 이대로 마우르왕국의 왕관을 쓰는 것만으로 만족할 것인가, 아니면 로마황제의 자의(紫衣)까지 겨냥하여 싸울 것인가 하는 것만이 그에게 남겨진 유일한 문제점으로 보였다. 그러나 머지 않아서 가엾은 무사려의 아프리카 속주민들이 알게된 것은, 이 성급한 봉기에서 자기들의 실력이나 그 지도자의 능력에 관하여 결코 충분한 고려를 하지 않았다는 사실이다. 이미 서방황제(발렌티니아누스 황제를 말하는 것)가 토벌군 사령관을 선정하였다는 것도, 그의 수송선단이 론(Rhone)강 하구에 집결을 완료하고 있었다는 확실한 정보를 피르무스는 입수하지 못하고 있었다. 그러는 사이에 대(大)테오도시우스(Theodosius. I. 376사망. Theodosius I의 아버지)는 벌써 아프리카 속주 연안의 별명이 지제리(Gigeri)라는 이길길리스(Igilgilis) 부근(마우레타니아의 동부, 아프리카 속주와의 국경 가까이에 있던 항구)에 소수부대를 상륙시켜 교두보를 확보하고 있었는데, 사태가 여기에 이르러서야 피르무스는 비로소 이에 관한 보고를 받았다. 소심한 참칭자(피르무스를 가르키는 것)는 그 무명이 혁혁한 무장의 등장을 눈앞에 놓고 금세 의기소침해졌다. 병력과 군자금에는 별로 부족함이 없었으나 이미 승리할 가망성이 없다고 판단하자, 그는 간사한 자인 유구르타(Jugurtha, Iougourthas, BC160이후~104)가 일찍이 사용했던 것과 꼭 같은 술책을 그 역시 동일한 지역과 같은 상황하에서 부리려고 하였다(유구르타의 난이란, 기원전 2세기 말에 있었던 일이다. 유구르타는 누미디아왕이었다. 처음에 백부인 미킵사<Micipsa, BC118 사망>의 양자였으나 양부가 사망한 후, 그의 2명의 친아들들과 유령(遺領)을 놓고 싸웠는데, 로마세력하에 있으면서도 교묘한 수법의 매수공작으로 로마인의 간섭을 피하여 야망을 실현시켰고, 또 왕을 참칭하였다. 그를 토벌하기 위하여 파견된 로마군의 장수가 다음에 나오는 메텔루스<Quintus Caecilius Metellus, Numidicus, BC91사망>였는데, 그에 대항하여 싸웠으나 끝내 굴복 체포되어 로마에 송치된 후 옥사하였다. 이 사건의 경위에 대해서는 사가 살루스티우스<Sallus-tius Crispus, Gaius, BC86~BC34?>의 유구르타 전기<Bellum Iugurthinum> 에 상세하다). 즉, 먼저 위장된 공순성을 표명하여 로마군 장수의 경계심을 기만함으로써 그 군대 내부의 충성심을 동요시킴과 동시에, 이면에서는 아프리카 속주에 있는 몇몇 독립부족을 연속적으로 사주선동하여 그들을 자기편에 붙게 하거나, 그렇지 않으면 그의 도주를 원호케 하여 어떻게 해서든지 전투기간을 질질 끌려고 한 것이다. 그러나 테오도시우스도 보통사람이 아니어서 그 역시 메텔루스가 취했던 선례를 본받아 훌륭하게 승리를 거두었다. 즉, 피르무스가 애원자를 가장하고 자기자신의 경거망동을 반성하면서 황제의 자비심을 간청했을 때, 황제의 대행자인 테오도시우스는 친밀한 포옹으로써 그들 맞아들여 일단은 무사히 귀가케 하였지만, 이때 빈틈없는 몇 가지 조건을 붙였다. 만일 진심으로 회오한다면 그것을 증명하는 실질유효한 보증의 증표를 내놓으라고 하였다. 그러나 아무리 공순을 확약했다지만 그 후에도 그는 단 한순간도 군사행동 정지요구에 응하지 않았다. 게다가 테오도시우스의 형안은 그가 은밀히 기도하던 모략공작도 간파하였다. 한편 사전에 은밀리에 선동해 놓았던 부하 군인과 일반민중의 분노에 대하여 그는 거의 자진해서 그것을 만족시켜 주었다. 특히 피르무스의 협력자·공모자로 알려진 몇 사람에 대해서는 고래의 관습대로, 군인들에 의해 괴롭히고 놀림감으로 하다가 죽이는 처형법에 일임시켰고, 더 많은 반도들은 양손을 절단함으로써 반의를 가진 일반민중에 대한 공포의 본보기로 삼았다. 반도들이 품었던 증오심에는 일면의 공포심이 수반되어 있었지만, 한편 로마병사들의 두려움에는 반도들을 처형한 사령관에 대하여 경의에 가까운 탄성이 들어 있었다. 하여튼 끝없이 광대한 게툴리아(Gaetulia)평원과 또 아틀라스(Atlas)산맥계의 무수한 계곡 속에서 피르무스 자신의 도망을 저지시키기란 어려운 일이었다. 가령 피르무스가 적수인 테오도시우스로 하여금 분명(奔命)에 피로케 했더라면, 그는 아마도 어딘가 멀고 먼 벽지 깊은 곳에 잠복하여 장래의 재기를 기할 수 있었을는지 모르지만, 사실은 이와 반대로 오히려 자기쪽에서 테오도시우스의 끈기에 지고 말았다. 즉, 테오도시우스로서는 이번 싸움에서 참칭자 피르무스의 목을 자르지 못하는 한 종결이란 있을 수 없으며, 그리고 그의 반란을 지지하는 그런 아프리카내 제부족이라면 마땅히 그와 운명을 같이하게 하지 않고서는 놓아 두지 않겠다는 부동의 결심을 다지고 있었다. 테오도시우스는 스스로 작은 부대(3,500명을 넘는 일은 거의 없었다)를 이끌고, 서둘지 않으면서도 겁내지 않고 한발짝 한발짝씩 신중하게 오지에로 진격을 계속하였다. 때로는 2만이 넘는 마우리족 부대의 반격을 받은 일도 있었지만, 대담무쌍한 그의 진격은 만족들의 게릴라부대조차 매우 놀라게 하였다. 임기응변적으로 정연하게 후퇴함으로써 적을 당황케 하는가 하면, 때로는 반란자들도 처음 겪는 새 전술을 구사하여 끊임없이 그들을 압도하곤 하였다. 여기서 개명국가의 지도자적 무장이 보여준 군사적 탁월성은 미개한 만족들도 실감을 가지고 인정하지 않을 수 없었다. 이윽고 그가 이사플렌스족(Isaflense 族)의 왕인 이그마젠(Igmazen)의 광대한 영토에까지 진격했을 때의 일이지만, 오만한 이곳의 만족왕은 의기양양하여 그의 이름과 원정목적을 질문하는 것이었다. 독군 테오도시우스가 위엄있게 대답하였다. 「본인은 세계의 주인이신 발렌티니아누스 황제의 장군이외다. 황제께서는 흉포무류의 한 강도를 추적하여 그를 붙잡아 처벌하기 위하여 본인을 이땅에 파견하셨오. 즉시 그 자를 인도하면 좋지만, 만일 무적의 군주인 로마황제의 명에 복종하지 않는다면, 그대 또한 그대가 통치하는 백성들과 함께 다같이 몰살될 것이 틀림없을 것이외다.」 상대방의 병력과 결심이 이 무서운 위협을 실행함에 충분하다고 판단하자마자, 이그마젠은 곧 망명을 요청한 범인의 희생하에 당면한 평화를 사들일 것에 동의하였다. 피르무스의 신변은 많은 감시병에 의하여 굳건히 보호되고 있었으므로, 이미 도망칠 가망성도 없음을 알게 되자, 그는 결국 술을 마시고 죽음에 대한 공포심을 스스로 없앤 다음, 야밤에 스스로 목매어 죽었다. 이로써 로마군의 승리에 의한 굴욕만은 겨우 모면할 수 있었던 것이다. 이그마젠이 승리자에게 제공할 수 있었던 것은 결국 이 유체 뿐이었는데, 로마군은 이것을 아무렇게나 낙타등에 얹어서 끌고 갔고, 테오도시우스 자신은 전승군을 이끌고 시티피시(Sitifi 市. 당시 마우리타니아, 즉 오늘날의 알제리국 지중해 연안에 가까운 세티프시로서, 이 곳은 지금도 남아 있다)로 개선하였는데, 시민들은 환희와 충성의 열렬한 환호로 이들을 맞이하였다(암미아누스-마르켈리누스, 「역사」 제29권 5장. 단, 원전의 본장기술부분은 낙장이 많아서 정확한 일시, 지리상의 위치 등은 불상이라고 한다).

이와 같이 아프리카 속주는 로마누스의 실정으로 한때 상실되었으나 테오도시우스의 용기와 무력으로 탈환된 셈이다. 여기서 우리들의 흥미를 끄는 문제는 이들 두 장군이 과연 제국의 궁정으로부터 각각 어떤 대우를 받았는가 하는 일이다. 먼저 독군인 로마누스는 그 직권이 기병대 총사령관(테오도시우스를 말하는 것)에 의하여 일시 정지당하고, 토벌전이 종결될 때까지 안전하게, 그리고 일종의 예우라곤 하지만 연금상태에 놓여 있었다. 그의 죄상에 대해서는 움직일 수 없는 증거가 드러나 있었으므로, 일반의 기대는 오히려 하루라도 빨리 엄벌이 내려지는 판결이었다. 그러나 뜻밖에도 그를 편애하는 멜로바우데스(Mellobaudes. 377년도의 집정관으로서 군법회의 의장도 겸하고 있었던 것 같다. 그런데 기번은 그의 이름을 Mellobaudes로 적고 있으나 실제로는 Merobaudes로 적어야 옳다고 한다)가 그를 촉구하여 오히려 재판관들에게 항고케 하여 유리한 증인들을 많이 모으도록 몇번씩이나 공판을 연기시켰을 뿐만 아니라, 심지어 사기와 문서위조 등의 경범죄만을 적용하도록 재판부에 압력을 가함으로써 가장 중요한 소추요인이 유야무야로 얼버무려지고 말았다. 그리고 거의 이와 때를 같이하였지만, 브리타니아 속주와 아프리카 속주를 탈환하는데 결정적 공훈을 세운 테오도시우스는 그의 명성과 공적이 신하의 신분으로서는 지나치게 높고 크다는 애매한 용의로, 부당하게도 카르타고 현지에서 수치스러운 참수형에 처해졌다(376년의 일). 그런데 이 무렵에는 발렌티니아누스 황제의 치세가 이미 끝나고 있었다 (그는 전년인 375년에 사망했던 것이다). 따라서 테오도시우스의 처형과 로마누스의 방면은 그 이유를 따지면 당연히 고제(故帝) 자식들의 나이가 어리다는 것과 미경험을 기화로 자기들의 신임을 악용하여 이들을 기만한 각료들의 간책에 입각한 것으로 밖에는 생각되지 않았다(암미아누스-마르켈리누스, 역사 제28권 6장 29절. 오로시우스, 대이교도 세계사 제7권 33절 등).

만일 사가인 암미아누스-마르켈리누스의 지리에 관한 지식이 테오도시우스의 브리타니아 원정행적을 정확하게 보고하고 있다면, 우리들은 호기심을 가지고 열심히 그의 진격자취를 추적하겠지만, 한편 여기에 흥미도 적거니와 전혀 미지의 아프리카 속주내 여러 만족의 이름을 열거한다는 것은, 쓸데없이 번잡하고 지루함만을 주는 것으로 끝날 것이기 때문에, 여기서는 개황만을 기술하는 데 그치고자 한다. 요컨대 아프리카내 만족들이란 흑색인종인 마우리족 뿐인데, 이들은 후년에 아랍인들에 의하여 「대추야자와 메뚜기」의 나라로 불리운 마우리타니아와 누미디아 등 두 속주의 오지에 정주하게 된 만족무리들이다. 아프리카에서는 로마제국의 권위가 저하됨에 따라, 개화적인 습속이나 농경지대의 영역이 부지불식간에 좁혀져 갔다. 그리고 마우리인의 거주지역을 넘는 오지에는 광대무변, 일망무제의 불모무인(不毛無人)의 남방사막이 니제르(Niger)강안(니제르강은 사하라사막 남부에서 발원하고 오늘날의 말리·니제르·나이지리아 등을 지나서 기니만으로 흘러드는 강이다)까지 1천마일 이상에 걸쳐서 전개되어 있다. 아프리카라는 이 거대한 반도(그 당시는 반도로 지목되었다)에 관하여 거의 지식을 가지지 못했던 고대인은 이러한 열대지역에 주민이 살리가 없다고 생각했는가 하면, 이와는 반대로 이 광대한 공간에 머리가 없는 인간이라고나 할까, 어떤 괴물의 무리가 살거나, 그렇지 않으면 발톱이 쪼개진 반수신(半獸神, satyr. 그리스 신화상 Bacchus 주신을 섬기는 반인반수의 괴물. 로마신화상으로는 faun이 이에 해당)이나, 황당무계한 반인반마(半人半馬, centaur)의 괴물들, 또는 두루미무리를 상대로 이기느냐 지느냐의 일대 혈투를 끊임없이 벌이는 난장이(pygmy) 등등의 존재를 제멋대로 생각하여 공상을 즐겼던 것이다. 따라서 가령 적도선을 끼고 있는 국가들에도 다만 피부색깔만 다를 뿐 기타는 모두가 통상적인 사람들과 다를 바 없는 만족들이 무수히 살고 있다는 사실을 들었다면, 어쩌면 카르타고인들은 공포로 떨지 않았을까. 또한 로마제국의 국민들도 이래서는 자기들도 머지않아 북방으로부터의 대만족무리와 마찬가지로, 이에 못지않게 표한흉포한 남방으로부터의 새 만족무리와 일대충돌을 일으켜야 하는 것이 아닌가 하는 심각한 우려를 품게 되었을는지도 모른다. 물론 이와 같은 어두운 공포심은 이들 아프리카 적대만족들의 성격만 잘 파악하면 손쉽게 해소시켰을지 모른다. 예컨대 흑인들의 무위나 태성은 반드시 그들의 천성이나 겁약성에 의한 것으로는 생각되지 않는다. 왜냐하면 그들도 다른 인종 일반과 마찬가지로 감정에 격하고 정욕에 간음하는 일이 있고, 또 이웃한 부족들 사이에서는 가끔 투쟁을 벌이곤 하였다. 그러나 그들은 무지몽매하여, 공수(攻守)양면에서 아무런 유효한 무기를 발명하려고 하지 않았으며, 또 광범한 통치기구나 정복계획을 세우는 일도 하지 못하였다. 더욱이 그들의 이와 같은 심적 능력의 열약성을 재빨리 파악하고, 이것을 악용한 것이 온대지방에 사는 여러 국민이었다. 사실 해마다 6만명이라는 흑인이 쇠사슬에 묶인 채 두번 다시 고국으로 돌아올 수 없는 먼 여행길에 오르기 위하여 기니해안으로부터 선적되었던 것이다(이것은 물론 악명 높은 노예사냥을 말하는 것이다). 그리고 간단없는 이 유출민의 수는 지난 2세기 동안에 아마도 전지구마저 유린해 버릴 만큼의 대부대가 되었으리라고 생각되는데, 이것이야말로 유럽이 범한 일대범죄이며, 또 아프리카측의 무력성(無力性)이야말로 그 죄라고 말해야 할 것이다.

(4) 동방 정세 요비아누스 황제가 그의 군대구출을 위하여 체결한 예의 굴욕적인 조약(363년, 율리아누스 황제의 전사로 사포르왕과 맺은 두라협약)을 로마측에서는 이것을 충실히 이행하였다. 즉, 아르메니아와 이베리아(Iberia. 이곳은 오늘날의 스페인·포르투갈이 있는 이베리아 반도와는 별개로서, 흑해와 카스피해와의 사이인 대략 그루지아 공화국에 해당하는 지역의 고대이름이다)에 대한 주권과 맹방관계를 정식으로 포기하였다. 이 때문에 두 조공국은 일체의 보호를 잃고 완전히 페르시아왕의 무력 앞에 내맡겨진 것이다. 사포르왕은 중기병대·궁사대·용병보병대 등으로 편성된 가공할 대군을 이끌고 아르메니아 왕국령을 침공하였다(365~378년간의 일. 상세한 것은 암미아누스-마르켈리누스 「역사」 제27권 12장에 있다). 원래 사포르왕의 상투적인 전법은 전투와 교섭을 교묘히 병행시키는 점에 있으며, 허위와 위서(僞誓)를 왕도(王道)의 가장 유력한 무기로 생각하고 있었다. 그는 먼저 아르메니아왕이 현명온건한 태도로 나온 것을 마치 높이 평가하는 듯한 의태(擬態)를 지어 보였다. 이것을 완전히 믿었던 티라누스(Tiranus)왕은 이와 같이 거듭되는 우호의지의 확약을 신뢰한 나머지 자기의 일신상 문제까지도 이 불신잔인한 페르시아 왕에게 위탁할 생각을 가지게 되었다. 성대한 환영연이 개최되었는데, 바로 그 연회의 분위기가 한창 무르익었을 때, 그는 갑자기 은제 쇠사슬(이것이 아르사키데스<Arsacides>왕족 마지막 왕에 대한 예우라 하여 은사슬로 묶은 모양이지만)로 결박되어, 우선 에크바타나시(Ecbatana 市)에 있는 망각의 탑(Tower of Oblivion. 암미아누스-마르켈리누스는 아가바나성이라고 했으나 정확히는 아니우쉬성<Castle of Aniush>이다. 일종의 성채)에 감금되었다. 그러나 머지않아 자신의 단검에 의해서인지 또는 자객에 의해서인지, 어쨌든 이 세상의 비참한 처지에서 스스로 해방되었다(367년의 일). 이리하여 아르메니아 왕국은 드디어 페르시아 왕국의 일개 속령으로 전락되고, 이곳의 행정은 한 유력한 태수와 총신 환관(宦官)의 공치형태로 되었다. 사포르왕은 다시 그대로 진격을 계속하여, 다음에는 이베리아인의 불굴의 투지도 제압하고자 마음먹었다. 역대 로마황제의 윤허하에 이 나라를 통치하고 있

던 사우로마케스(Sauromaces)도 우세한 자기의 병력으로 추방한 다음, 로마황제의 위신을 모욕할 생각에서 그랬는지, 어쨌든 왕중왕인 사포르는 정신(廷臣) 중에서도 가장 비천한 신분의 정신 중 한 사람인 아스파쿠라스(Aspacuras)라는 인물에게 왕관을 씌워 주었다. 그런데 아르메니아에서도 단 한 곳인 아르토게랏사(Artogerassa. 티그리스강의 상류, 즉 오늘날의 디아르베클. 당시의 아미다〈Amida〉보다도 훨씬 더 상류지방에 있던 성채도시. 지금은 터키령에 속한다) 시민은 어디까지나 사포르왕의 무력에 대항하고 나섰다. 원래 견고한 이 요새도시에는 막대한 재보가 저장되어 있었는데, 이것이 사포르왕의 욕심을 자극한 것이다. 이제 위난이 아르메니아왕(티라누스왕을 가리키는 것)의 왕비이며 지금은 과부인 올림피아스(Olympias. 오늘날에는 Olympias가 아르메니아의 왕비가 아니라 파란젬〈Pha-randzem〉이 왕비라고 주장되고 있다)에게까지 닥쳐옴을 알게 되자, 국내의 동정이 그녀에게 집중되면서, 시민과 군대는 결사적인 용기를 불태우게 되었다. 성 밑에까지 다가온 페르시아군도 대담하고 교묘하기 이를 데 없는 농성군의 기습반격을 받자 여러번 후퇴하지 않을 수 없었다. 그러나 사포르 왕군의 병력은 끊임없이 증원을 받아 증가될 뿐인데 반하여, 고립무원상태에서 농성군의 용기도 드디어 힘이 부치게 되자, 그처럼 견고했던 성채도 공격 앞에 끝내 낙성되었다. 승리에 교만해진 정복왕은 불과 창검으로 전시를 괴멸시킨 끝에, 일찍이 행복했던 시절에는 한때 콘스탄티누스 대제의 며느리로 내정됐던 비운의 왕비(올림피아스로 규정한다면 본문대로다. 대제의 며느리란 후일 서방황제가 된 콘스탄스의 아내를 가리키는 것. 그의 부황제 시절에 결혼까지는 이르지 못했지만 약혼을 하고 있었다. 그러나 이것이 파혼되고 357년에 그녀는 티라누스왕과 결혼한 바 있다)까지 포로로 데려갔다. 이리하여 사포르왕은 이들 두 속방왕국을 아주 간단하게 정복했지만 머지않아서 알게 된 것은, 대저 한 국가란 그의 민심이 복종하지 않고 반의에 불타고 있는 한, 이것을 굴종시키기란 불가능하다는 사실이었다. 통치를 위임받고 있던 태수들까지도 기회만 있으면 어떻게든 동포들의 친애감을 회복하여, 페르시아라는 이름에 대해서조차 불구대천의 증오심을 격발시킬 것을 생각하고 있었다. 왜냐하면 아르메니아인이나 이베리아인도 그리스도교로 개종한 이래(아르메니아는 3세기말? 독자적인 기독교를 정교로 공인한 첫번째 나라이다), 기독교도야말로 최고신의 총아이고, 이와 반대로 마기교도(Magians)는 신의 적으로 생각하게 되었기 때문이다. 미신을 믿는 대중에게 미치는 성직자들의 영향력은 예외없이 로마측에 유리하게 작용하였다. 콘스탄티누스 대제의 후계황제들과 아르탁크세르크세스(Artaxerxes)왕의 후계왕들 사이에서 이들 두 속방주권을 둘러싸고 항쟁을 계속하는 한, 그의 종교적 관계는 드디어 로마제국측이 절대우위를 차지하게 되었다. 다수 및 행동적인 당파가 티라누스왕의 아들인 파라(Para)를 아르메니아국의 합법적인 군주로 인정하였다. 그의 왕위 요구권은 500년간에 걸친 세습계승제라는 전통에 깊이 뿌리박고 있었다. 한편 이베리아는 국민의 거국적 합의로 2명의 대항적인 군주로 이등분되었다. 그리고 사포르왕의 지명으로 왕관을 쓰고 있던 아스파쿠라스왕은 그의 아이들이 볼모로 사포르왕에게 잡혀 있는 한, 이들 사랑하는 아이들을 생각할 때, 공공연하게 페르시아와의 맹방관계 단절은 불가능하다고 언명하지 않을 수 없었다. 따라서 조약의무를 존중하면서 동방의 판도가 위험한 전쟁에 말려드는 것을 염려한 발렌스 황제로서는 신중하고도 점진적인 방법으로 이베리아 및 아르메니아 두 왕국내의 로마당에게 지지를 보내는 길을 택한 것이다. 12개 군단이라는 대병력이 큐루스강(Cyrus강. 오늘날의 쿠라강<Kura江>으로서 아제르바이잔 공화국을 동쪽으로 흘러 카스피해로 들어가는 강) 연안에 주둔하면서, 사우로마케스왕(아스파쿠라스 괴뢰왕에게 대항하여 로마측이 옹립한 이베리아왕. 양자는 4촌형제 관계였다. 암미아누스-마르켈리누스, 역사 제27권 12장 16절)의 권위를 높이는 한편, 유프라테스강은 아린테우스(Arintheus)장군의 무력에 의하여 이것을 방위하고 있었다. 게다가 독군인 트라야누스(Trajanus)와 알레만니족의 왕인 바도마이르(Vadomair)가 통솔하는 강대한 병력도 아르메니아 변경지역에 그의 행영(行營)을 설치하고 있었다. 하기야 로마측으로부터 전쟁을 일으키는 일만은 엄격히 금지되어 있었다. 조약위반으로 간주될 것을 겁냈기 때문이다. 여기에는 로마측 장군도 암묵리에 복종하고 있었는 바, 예컨대 페르시아군으로부터 우박이 쏟아지듯 화살이 날아온다 해도, 그들은 곧 후퇴함으로써 이윽고 정당방위와 정의의 전쟁에 의한 승리라는 명분이 밝혀질 때까지, 실로 모범이라고 할 정도의 은인자중성을 보여 주었다. 그러나 이런 형식상만의 전쟁사태는 언젠지도 모르게 지지부진하고 공허한 긴 담판으로 옮아가고 있었다. 그리하여 쌍방이 서로 불신과 야망의 비난을 주고 받음으로써 각자의 주장만을 관철시키려는 형태가 되었다. 생각컨대 조약 자체가 심히 애매모호한 문구를 나열한 것에 불과하다는 것, 즉 아무리 쌍방이 자기의 주장을 반복한다 해도, 요컨대 그 논거는 이 담판에 배석한 로마와 페르시아 쌍방 장군들에 의한 일방적인 증언에 의한 요령부득(要領不得)의 호소로 밖에는 되지 않을 수 없었기 때문이었다(암미아누스－마르켈리누스, 역사 제27권 12장, 동 제29권 1장, 동 제30권 1～2장 등에 기다랗게 나와 있다). 그 후 얼마 안가서 로마제국의 기반까지도 뒤흔들게 되는 고트 및 훈(Hun, 이른바 흉노) 두 민족의 침구가 사포르왕의 무력을 앞에 두고, 곧 소아시아의 모든 속주를 전장화하는 결과로 되었다. 다만, 당시 이미 사포르왕은 노령에 이르렀고 게다가 병약하기도 해서, 평화와 온건책이라는 새 방침을 고려하게 되었다. 그리고 머지않아 치세 70년이라는 역사를 남기고 사망한 그의 노령사(老齡死, 379년의 일)는 금세 페르시아 궁정과 그 추밀회의의 양상을 일변시켰다. 아마도 그들의 관심은 주로 국내분쟁과 나아가서는 저 멀리서 벌어지고 있던 카르마니아 전쟁(Carmanian war, 카르마니는 오늘날 이란국 동남부 케르만을 중심으로 한 산악지대)에 집중되어 있었던 것으로 생각된다. 일찍이 받았던 옛 상처에 대한 기억은 평화로운 생활 속에서 망각세계로 묻어버리고, 아르메니아와 이베리아 두 왕국은 다같이 로마와 페르시아 양대국간의 암묵적인 상호합의에 의하여, 극히 애매한 중립적 입장이 새삼스럽게 재확인되었다(이 대페르시아전쟁은 365～378년간 계속되었으나 결국 384년에 화의가 성립되었다). 그 후 테오도시우스 황제 치세가 된 지 얼마 안되어서지만, 페르시아 사절이 수도 콘스탄티노플시를 찾아와 선왕시대에 취했던 부당한 조치를 깊이 사과하는 동시에 친선이라기 보다도 경의의 표시로서 보석·비단·인도 코끼리 등 훌륭한 공물을 헌상하였다.

발렌스 황제치하에서의 동방정세를 개관할 때 가장 기묘하고도 이상한 사건의 하나로 보여지는 것은, 티라누스왕의 왕자인 파라의 생애에 관한 것이다. 이 젊은 공자는 모후인 올림피아스의 설득에 따라 아르토게랏사시를 포위하고 있던 페르시아군 사이를 탈출하여 동방황제인 발렌스의 비호를 요청하였다(367년의 일). 그러나 담력이 작고 겁 많은 황제의 측근들은 그를 지지하는 듯 하면서 언젠지도 모르게 그를 내동댕이쳤고, 왕위에 복귀시켰는가 하면(369년에 일단 왕위에 올려 놓았다) 곧 배신하는 것이었다. 정통군주를 추대하게 되었다 해서 아르메니아인의 희망은 한때 불타오른 일도 있었지만, 한편 발렌스 황제의 각료들로서는 로마제국 황실의 가신인 이 공자에게 비록 왕관과 왕권은 인정하지 않았지만, 그래도 국가적 신의만은 그대로 지켜나갔다는 만족감을 가졌던 것이다. 그러나 머지않아 이처럼 경솔하고 깊은 고려를 돌리지 않은데 대하여 후회할 날이 왔다. 즉, 페르시아왕의 규탄항의를 받게 되자 완전히 당황하게 되었다(371년의 일로서, 그 때는 아직도 사포르 2세가 살아 있었다). 하기야 파라 본당자로서도 신뢰성을 잃을 만한 이유가 있었다. 왜냐하면 그는 성격이 표독하고 비정하면서도 변덕스러워서, 아무리 충직한 가신이라 해도 사소한 용의만 있으면 곧 목을 베어 버렸는가 하면, 한편에서는 현실적으로 실부의 암살자이며 국가의 적이기도 한 그런 인물과 비밀리에 수치스런 일을 공모하기도 한 까닭이다. 여기서 어떤 공통된 이해문제로 급히 발렌스 황제와 협의할 것이 있다는 그럴듯한 구실을 붙여서 콘스탄티노플 당국이 그를 초청하였다. 이때 동방궁정은 모처럼 그의 일당이 굳건한 무장으로 튼튼히 수호하고 있는 아르메니아 고지를 내려온다면, 비록 상대가 불신하는 로마궁정이라곤 하지만 그의 독립과 신변안전은 전적으로 자기들의 재량에 맡겨달라고 설득한 것이다. 당시 그는 자신의 눈에도 또 국민의 눈에도 틀림없이 자기가 아르메니아 왕으로 보였다. 그는 서슴지 않고 이 초청에 응하였다. 도중에 통과한 각 속주의 총독들로부터도 표면상 일행은 신분에 상응한 예우를 받았다. 그러나 이윽고 킬리키아(Cilicia) 속주의 타르수스(Tarsus)시까지 오자, 이런 또는 저런 구실을 내세워 더 이상의 전진을 저지당했을 뿐만 아니라, 그의 행동은 비례(非禮)라고까지는 말할 수 없더라도 어쨌든 처음부터 끝까지 일일이 감시하에 놓이게 되었다. 그리하여 차차 알게 된 것은, 이제 자기가 완전히 로마인의 포로로 되어 있다는 사실이었다. 분노를 억제하고 오로지 불안감을 감추는 한편 남몰래 도망준비를 갖추자 충실한 수하병력 300명을 이끌고 부랴부랴 말을 타고 탈출을 강행하였다. 숙사의 출입구를 지키고 있던 로마군 장교는 곧 그가 동망쳤다는 보고를 킬리키아 속주 총독에게 올렸다. 총독은 그를 추격하여 시의 외곽지역에서 따라잡자 이와같은 위험한 경거망동을 삼가하고 곧 돌아올 것을 간곡히 설득했으나 결과는 실패로 끝났다. 하는 수 없이 군대의 출동을 명하여 도망범으로서의 파라를 추적케 하였으나, 상대방은 뭐니뭐니 해도 경기병 집단인데 반하여, 추적부대는 보병대였으니 도망자들로서는 거의 겁낼 필요가 없었다. 도망집단으로부터 일단 우박처럼 쏟아놓는 화살 공격을 받자 추격대는 곧 뿔뿔이 흩어져 타르수스시 성문에로 퇴각하였다. 그 뒤는 2일2야동안 불면불휴의 도망을 계속하여 파라와 그의 아르메니아병들은 무사히 유프라테스 강변에 도달하였다. 그러나 막상 도하하자니 헤엄쳐서 건너는 방법밖에 없었다. 여기서 적지 않게 시간을 지체하자 그 사이에 얼마간의 인명손실도 나왔다. 이들의 도망에 대해서는 곧

온 나라에 경보가 발포되어 있었는데, 이들이 유프라테스강을 앞에 두고 불과 3마일밖에 떨어져 있지 않은 두 줄기 가도에는 독군(督軍)과 사령관이 이끄는 기마궁사대 1천명이 점령하고 이들을 대기하고 있었다. 이 우세한 로마군을 앞에 두고 파라도 이미 항복하는 길밖에 없었는데, 우연한 행운이라고나 할까, 그에게 호의를 품는 한 여행자와 맞닥뜨린 것이다. 그로부터 파라는 전도의 위험성과 더불어 도망칠 방법을 가르쳐 받았다. 이 덕분으로 아르메이나병 일행은 거의 사람들의 통행을 허용하지 않으리 만큼 빽빽하고 어두운 밀림의 샛길을 빠져 무사히 이번의 위험에서 벗어났다. 따라서 가도 쪽을 제압하고 파라의 도착을 가만히 기다리던 독군과 사령관의 기마궁사대는 완전히 허탕치고 말았다. 그들은 곧 궁정으로 돌아가 경비노력의 부족이랄까, 실패에 대하여 변명과 진사를 늘어 놓았는데 그들의 변명이 걸작이었다. 즉, 저 아르메니아왕이라는 인물은 명백히 노련한 마술사였는데, 그의 휘하장병들과 함께 변신하여 보이지 않는 모습으로 우리들의 눈앞을 지나갔다고, 마음속으로부터 우러나오는 진심으로 주장했다는 것이다. 한편 파라는 고국에 돌아간 다음에도 자기가 여전히 로마제국의 맹우라는 취지를 계속 주장했지만, 그에 대한 로마인들의 무도한 처우는 이미 허용할 수 없을 정도로 혹심한 것이었다. 예컨대 발렌스 황제 정부의 국무회의는 그에 대한 사형판결서에까지 비밀리에 서명하고 있었다. 이런 잔학한 처형집행을 위임받은 것은 지모의 책사인 트라야누스 독군이었다. 그는 호인을 가장하고 공자 파라에게 교묘하게 접근 아첨하여 그의 신임을 얻고 있었으므로, 그 뒤는 다만 자살(刺殺)할 기회만 노리면 되었던 것이다. 어느날 파라는 트라야누스로부터 로마인들의 향연에 초대를 받았다. 연회는 동방식의 호화로움과 음탕한 분위기로 가득차 있었다. 명랑한 음악소리가 홀에 넘쳐 흘렀고 손님들은 맛 있는 포도주에 거나하게 취했다. 바로 그런 때였다. 독군 트라야누스가 한순간 자리에서 일어났는가 했더니 곧 검을 빼어들고 결행하라는 신호를 보냈다. 그러자 건장하고 생명부지의 만족출신 장정 한 명이 곧 파라를 향하여 달려들었다. 이때 아르메니아왕도 일단은 몸에 지녔던 무기를 들고 용감히 대항했으나 결국 로마군 장군이 베푼 이 식탁은 손님인 맹방왕의 선혈로 더럽혀지는 결과로 끝났다. 동방제국의 통치방책은 이미 여기까지 그의 약점과 타락성을 나타냈는데, 정치적 이해관계로 보아 그 효과도 매우 의문시되는 이런 목적을 위해서라면 심지어 국가간의 제법률도, 신성해야 할 관대의 신의도 무참히 유린하고 돌보지 않는 추악한 모습을 세계에 폭로해 보인 것이다(암미아누스-마르켈리누스, 「역사」 제30권 1장. 다만 파라의 이 최후에 대해서는 암미아누스-마르켈리누스 이래, 사람을 착각한 과오를 범하고 있다는 것이 최근의 정설인 것 같다).

⑸ 다뉴브강 연안지대의 정세 30년간에 걸친 일시적인 평화가 지속되는 사이에 로마인은 변경지대의 방위력을 강화했지만, 동시에 고트족 역시 착실하게 그의 영토를 확대하고 있었다. 사실 동고트족(Ostrogoths)의 왕이며 아말리 왕조(Amali 王朝. 3~4세기에 동고트족을 통치했다고 일컬어지는 전설적인 왕가. 4세기 중엽에 나온 바, 다음에 말하는 헤르만릭 왕조시대가 최전성기였다고 한다)의 꽃이라고도 할 수 있는 대(大) 헤르만릭(Hermanric. 요르다네스<Jordanes. 6세기의 수도사·역사가·이탈리아 크로토나의 사교>의 「고트족사<De origine actibusque Getarum>에서는 에르마나리크<Ermanarich>로, 암미아누스-마르켈리누스의 「역사」에서는 에르멘리쿠스<Ermenricus>로 표기되어 있다)이 완수한 위업의 가지가지는 감격으로 들끓는 동족인들의 눈으로 보면 알렉산더(알렉산드로스) 대왕의 그것과도 비견되고 있다. 다만 한 가지만은 거의 진실이라고 믿기 어려우리 만큼 기묘한 차이점이 있는 바, 그것은 이 고트족 영웅의 경우, 그의 상무정신이 충분히 발휘된 것은, 그의 기력이 충실하던 청년시대인 것이 아니라, 물경 노령도 노령인 80세부터 110세에 걸친 사이의 빛나는 전승이라고 주장된 점이다. 다수의 독립부대로 형성되어 있던 그들이 이 동고트의 늙은 왕을 전 고트족의 군주로 승인하도록 설득되었다고나 할까, 사실은 부득이하게 그렇게 하지 않을 수 없게 했던 것이다. 한편 서고트족(Visigoths), 좀더 정확히 표현하면 테르빙기족(Thervingi 族)의 모든 수장들은 한결같이 왕이라는 칭호를 버리고 자격의 격하라고나 할까, 어쨌든 보다 하위칭호에 해당하는 「집권(Judges/Judices)」* 의 이름으로 만족하고 있었다. 다만 이들 중에서도 아타나릭(Athanaric)·프리티게른(Fritigern)·알라비부스(Alavivus) 등은 단순히 그들이 지배하는 영역이 로마제국의 속주와 인접해 있을 뿐만 아니라 각자의 그 뛰어난 재능으로도 매우 유명하였다. 이리하여 헤르만릭의 전력(戰力)은 먼저 동족 내의 세력을 제압함으로

---

* 「집권」은 가역(假譯)이다. 기번의 원문은 Judges이고 라틴어로는 Judices이다. 본서의 편집자인 베리 교수의 보충주석을 소개하면, 동고트족은 일찍부터 왕국을 형성하여 왕의 통치를 받고 있었다. 한편 서고트족은 각 부족의 수장(首長)이 독립을 주장하여 일국을 형성하지 않았는데, 이 수장들이 각각 Judex라고 자칭하여 부족을 다스렸다고 한다. 따라서 본문에 있듯이 헤르만릭왕 치하에서 이들은 격하되어 Judex로 된 것은 아닌 모양이다. 그런데 서고트족이 헤르만릭왕의 지배하에 통합됐다는 증거는 없다는 이설도 있다.

써 갑자기 증대되었는데, 이윽고 그것은 패업적 야망으로까지 발전하였다. 먼저 인접한 북방 여러나라에로 침공을 시작하여, 연이어 12개의 유력한 나라들(일일이 그 명칭과 그것의 경역까지를 엄밀히 확인한다는 것은 불가능하다)이 고트족의 무력적 위압에 굴복하였다. 그 중에서도 특히 메오티스호(Maeotis 湖. 정확히는 팔루스 메오티스<Palus Maeotis>로서 오늘날의 아조프해를 말하는 것)에 가까운 소택지대에 정착하고 있던 헤룰리족(Heruli 族. 게르만의 한 부족. 원래는 스칸디나비아 지역에 있었지만 덴인에게 쫓기어 그 일부는 본문에 있는 바와 같이 흑해 가까운 곳에 정착하게 되었다)은 그의 체력의 강인성과 준민성(俊敏性)으로 유명하였는데, 그들만으로 편성된 경장(輕裝)보병대는 만족들 사이의 전투에서는 항상 원병으로 강력히 요청받는 것으로 매우 높이 평가되었다. 그러나 이런 헤룰리족의 왕성한 전투정신조차 천천히 다가가는 고트족의 내구적인 전투력 앞에서는 결국 패퇴하지 않을 수 없었다. 일대 혈전이 벌어져 부족왕 자신은 이 전투에서 전사했지만 남은 용맹한 전사들은 일전하여 헤르만릭 왕군의 매우 유용한 보조군으로 되었다. 다음 목표는 베네디족(Venedi 族. 게르만의 한 부족. 타키투스의 게르마니아 에도 이미 등장하고 있다. 본서 제 I 권 p. 319 참조)이었다. 그러나 이쪽의 전투능력은 몹시 미숙하여, 오늘날의 폴란드 왕국* (물론 18세기의 폴란드 왕국을 말하며, 현재의 그것이 아니다. 각주 참조)이 차지하는 저 광대한 평원이 그의 영토였지만, 두려워할 것은 다만 그것의 방대한 숫자 뿐이다. 그리하여 숫자라는 점에서는 이 면적넓이에 뒤지지 않을 뿐만 아니라 용병술과 훈련에서도 결정적인 우위성을 자랑하던 고트군인 인 만큼 곧 이곳을 제압하고 말았다. 베네디족의 정복을 끝내자 헤르만릭왕은 그 뒤 무저항 침공형태에서 멀리 에스티이족(Aestii 族)의 영토에까지 군을 진격

---

* 18세기의 폴란드 왕국에 대하여 말한다면, 폴란드의 통일건국은 대략 10세기 후반기로까지 소급되는데, 그때 이래 이 나라만큼 기구한 운명을 걸어온 국가도 드물다. 여기서 상세하게 내용을 말할 여유나 필요성은 없지만, 요컨대 눈알이 핑핑 돌아갈 정도의 전변을 거친 뒤, 18세기 후반에 들어와서도 이 왕국은 동유럽에서는 훌륭한 대국이었다. 서쪽은 오늘날의 크라쿠프시와 그다니스크시를 연결하는 대략 비슬리강 선, 그리고 특히 동쪽은 드네프르강에서 드비나강을 연결하는 선까지, 북쪽은 발트해에서 남쪽은 거의 흑해 가까이에 이르는 대국이었다. 다시 말하여 오늘날의 소련령인 우크라이나·리투아니아·백러시아 등도 모두가 폴란드 영토였다고 생각해도 무방하다. 다만 그것이 1772년 이래, 3차에 걸친 유명한 폴란드 분할이 있었고, 그러자 1795년에는 드디어 폴란드 왕국 그 자체가 소멸되었다. 그리고 그의 전 영토는 남김없이 러시아·프러시아·오스트리아의 3개국에 분할 병탄되었다. 따라서 기번이 이 로마제국 쇠망사 를 쓰고 있던 시기에는 아직도 본문에서 말한 것처럼 대국이었던 것만은 사실이다.

시켰다(에스티이족도 매우 오래된 만족으로서, 오늘날에도 그 이름이 에스토니아<Esthonia>라는 주이름으로 남아 있다. <Aestii가 Estonia의 어원임을 쉽게 알 수 있을 것이다. 이곳도 제1차 대전 후에는 이른바 발트 3개국의 하나로서 독립국이 되었으나 1940년, 독·소 불가침조약 비밀 의정서에 의하여 소련에 합병되었다>). 멀리 발트해 연안에 정주하던 이 만족은 농경을 생업으로 하는 한편, 호박(amber)을 수출하여 부를 이루었으며, 또「신들의 어머니」로 부르는 여신숭배의 특수신앙으로도 이곳은 일종의 성역시되고 있었다. 그러나 철 생산이 거의 전무하였으므로 에스티이족의 전사들은 무기라면 전적으로 목제곤봉으로 만족하는 수밖에 없었다. 따라서 헤르만릭왕에 의한 이 부유한 나라의 정복은 무력보다도 차라리 지략에 의해서였다. 이리하여 헤르만릭의 영토는 다뉴브강에서 발트해에 이르기까지 고트족 본래의 발상지를 더하여 새로 획득한 영토를 포함하여 게르마니아 및 스키티아(Scythia)의 대부분을 그의 권력하에 두게 되면서, 때로는 전제폭군의 혹독성과 박정성을 발휘한 일도 있었다. 그러나 어찌하리요, 그가 지배한 지역은 영웅들의 공업을 만세에 전하고, 그의 영광을 현양(顯揚)하기에는 너무도 부적당한 세계의 한 귀퉁이에 위치하고 있었다. 따라서 헤르만릭의 이름은 거의 망각되었고, 그의 위업의 흔적도 별로 알려지지 않은 채 끝나고 말았다. 로마인 자신부터가 북방세계의 자유와 로마제국의 평화를 위협하던 이런 야망적인 권력의 진전에 대하여 전혀 무관심으로 시종했던 것 같다(헤르만릭에 관한 본기사의 출처는 요르다네스의 고트족사 제23장이다).

이들 고트족도 콘스탄티누스 대제의 일가에 대해서는 대대로 일관하여 친근감을 가지고 있었다. 그의 관후대도한 권력행사에 관하여 여러번 현저한 확증을 얻고 있었기 때문이다. 쌍방이 서로 국가적 평화를 존중하고, 때로는 호전적인 집단이 감히 로마제국내로 월경하는 일이 있다 하여도, 그런 게릴라 행동은 혈기에 넘치는 만족청년들의 객기에 의한 것으로서 솔직하게 서로 양해하곤 했다. 그런데 이제 이름도 없던 군주 2명 (요비아누스 황제와 발렌티니아누스 황제를 가리키는 것인지는 불상. 둘 다 사실은 군에 의한 선립이었다)이 대중선거 형식으로 새롭게 제위에 오르게 되었음을 알게 되자, 이 두 사람에 대한 고트족의 경시·모멸감은 그들을 보다 대담한 야망달성에로 나서게 하는 결과로 되었다. 그리하여 통일 고트족의 정기(旌旗)하에 그의 연합병력을 진격시키고자 남몰래 책략을 선동하고 있었는데, 때마침 프로코피우스의 반란이 일어나자(365년의 일), 소갈머리없이 이에 호응하여 위험하기 이를 데 없는 원군을 보내어 로마국내의 내분을 유발코자 생각했던 것이다. 양국간의 공식협정에서 고트족이 제공하는 보조군은 기껏해야 1만으로 되어 있었지만, 서고트족의 수장들은 이번 거사에 열을 올린 나머지 다뉴브강을 건너서 그들이 파송한 원군은 3만이나 되었다. 고트족의 지도자들은 자기들의 무적의 용사들이 향하는 곳이라면, 로마제국의 운명 따위는 단번에 결정지을 수 있으리라는 교만한 자신감을 가지고 군을 진격시켰다. 사실 트라키아의 여러 속주는 이들 만족군의 중압 밑에서 비명을 올렸다. 그들은 마치 주인이나 되는 듯이 횡포하게 행동했는가 하면 또 외적과도 꼭같은 행패를 부렸다. 그러나 욕망을 충족시키는 갖가지 행패는 그들의 진격을 지연시키는 결과가 되었다. 그리고 본당자인 프로코피우스가 패배하였고, 또 처형되었다는 확실한 정보를 입수했을 때, 주위는 이미 모두가 적지로 되어, 민정권이나 군사권 할 것 없이 승리자인 적의 수중(발렌스 황제를 말하는 것)에 돌아갔음을 알았다. 발렌스 황제 자신과 또 그의 장수들에 의하여 교묘하게 배치된 군대주둔지와 방채의 방어선이 진퇴, 공히 그들을 저지시켰을 뿐만 아니라 식량보급까지도 도중에서 빼앗기는 형편이었다. 만족의 용맹성도 기아에는 항거할 수 없었는지 사기가 극히 저하되어, 음식물과 쇠사슬을 함께 제공하는 승리자의 발 밑에 통분한 마음으로 자기의 무기를 버렸다. 이리하여 막대한 수의 포로가 동방의 전 도시에 배분되었는데, 속주민들도 이윽고 이들 만족의 모습에 익숙해지면서, 지금까지 오랫동안 공포의 대상으로 생각되었던 이들 강적을 상대로 힘겨루기 경기까지 벌이게 되었다. 이런 민족적 굴욕을 깊이 슬퍼하고 또 격심하게 분노한 것은 오직 스키티아(Scythia)의 왕이었다(왕이라곤 하지만, 이런 높은 칭호에 해당하는 인물은 헤르만릭 단 한 사람 뿐이지만). 그가 보낸 사절단이 발렌스 황제의 궁정에 도착하여, 오랜 세월에 걸쳐 로마인과 고트인 사이에 맺어졌던 엄숙한 맹방관계를 파기한 것을 격렬하게 비난하였다. 그들의 주장은 이러하였다. 고 율리아누스 황제의 혈연자이기도 한 후계황제(프로코피우스 참제를 가리키는 것)를 도움으로써 우리들은 훌륭하게 맹방된 의무를 다해왔다. 그러므로 고귀한 신분가진 포로들만이라도 즉시 송환을 요구한다는 것이었다. 그런데 여기서 매우 기묘한 주장이라고 생각되는 것은, 현실적으로 튼튼히 무장하고 적대감을 노골적으로 나타내면서 도착한 고트군 장령들이 기실 사절단이며, 따라서 그런 자격특권에 해당하는 신성한 예우로서 맞이하는 것이 당연하다는 것이었다. 터무니없는 이 요구에 대해서는 기병대 총사령관인 빅토르가 말만은 온화했지만 단호한 거절로서 응대하였다. 그러면서 오히려 발렌스 황제의 주장이야말로 정당하다는 내용을 엄연한 태도로 강조한 것이다. 담판은 결렬되고, 이에 더하여 발렌티니아누스 황제의 단호한 권고가 소심한 이 동방황제의 용기를 북돋은 면도 있어서, 그는 상처받은 제국의 위신을 끝까지 지켜 나가도록 결심하기에 이른 것이다(366년의 일. 이것이 이른바 고트전쟁의 발단이 되는데, 이 에피소드의 출처는 다음 할주에 나오는 에우나피오스의 당대사 단편이다).

이 고트전쟁에서의 혁혁한 전과는 당연히 당대사가(에우나피오스〈Eunapios/Eunapius. 345?~420? 소아시아의 사르데이스《Sardeis》출신. 신플라톤주의 철학자·역사가·변론가〉. 테오도시우스 대제 시대까지의 고트전사를 썼고, 그의 철학자전기는 중요사료로 평가되고 있다)에 의하여 찬양되었다. 그러나 그 결과에 대해 말한다면, 이것이 미구에 도래하는 제국 자체의 쇠망을 준비하는 예비단계였다는 것 이외에, 후세에 관심의 대상이 될만한 것은 거의 없다. 이미 노령의 고트왕 헤르만릭은 게르마니아와 스키피아의 여러 부족을 이끌고 다뉴브강 안은 물론 수도 콘스탄티노플시 성문을 핍박할 기력이 없었으므로, 미미한 힘으로 겨우 대제국의 권력을 휘두르고 있는 것에 불과한 적(발렌스 황제의 동방제국을 가리키는 것)에 대해, 전적으로 방위전의 위험성과 영광을 용감한 전사인 아타나릭의 수완에 위임하고 있었다. 한편 로마군은 다뉴브강에 선교(船橋)를 만들었고, 더욱이 황제 자신이 원정군과 행동을 같이하고 있었기 때문에 군의 사기가 크게 올라갔고, 군사문제에는 전혀 무지하고 백지상태였던 황제지만, 다행히도 개인적 용기만은 가지고 있었을 뿐만 아니라 기병대 총사령관인 빅토르와 보병대 총사령관인 아린테우스의 진언에는 현명하게도 존경하고 또 복종하는 것을 잊지 않았던 것이 그의 약점을 보완해 주었다. 즉, 작전행동은 모두 위의 두 총사령관들의 재능과 경험에 의하여 지도되고 있었다. 하기야 이 두 사람이라 해도 산악지대에 설치된 강고한 각 진지로부터 서고트족을 구출함이 불가능하다는 것을 알았을 뿐만 아니라 다시 평탄한 지대의 황폐성을 보고는, 이제 엄동설한이 다가오는 것을 눈 앞에 두고 로마군으로 하여금 다뉴브강을 다시 건너 후퇴시키는 수밖에 없었다. 더욱이 연일 계속해서 내리는 장마비로 말미암아, 다뉴브강은 곧 물이 불어나 후퇴작전도 사실상 휴전상태로 들어갔다. 그리고 다음해 여름도 결국 발렌스 황제는 시종 마르키아노폴리스(Marcianopolis)시 진영에 꼼짝없이 못박혀 시간을 보내야만 하였다. 3년째를 맞이하여 사태가 겨우 로마군 측에 호전된 반면, 고트족은 한층 불리한 상황하에 놓이게 되었다. 왜냐하면 통상교역의 중단이 만족들로부터 사치품 수요를 즉효있게 빼앗았기 때문이다(즉, 그들 사이에서 조차, 이때는 벌써 사치품이 생활필수품화 되어 있었던 것이다). 이에 더하여 광대한 평야가 이르는 곳마다 황폐하게 된 만큼, 이제 기아의 우려성까지 생겨난 것이다. 이리하여 아타나릭으로서는 평원에서의 일전에 운명을 걸지 않으면 안되었다고나 할까. 어쨌든 그렇게 하는 길밖에 없었다. 그리고 이것이 패전으로 끝난 것이다. 그 뒤는 추격전으로 전환되었는데, 사전에 전승군 장군들로부터 잔인한 지시가 있었던지 그것은 목불인견의 유혈수라장이었다. 즉, 황제진영에 가져오는 고트인의 수급에는 1개당 막대한 상금을 준다는 공약이 있었던 것이다. 어쨌든 이 만족의 굴복사태로 발렌스 황제와 그 측근들의 분노는 가라앉고, 콘스탄티노플시 원로원이 바치는 아부하는 말로 가득찬 충고연설도 황제는 만족한 기분으로 듣고 있었다. 원로원이 이처럼 국무에 대하여 신중한 배려를 요구하는 태도로 나온 것은 사실 이것이 처음이었다. 그리고 양국간의 화평조건을 타결하는 문제에 대해서는 이번 전쟁지도에서 절묘한 재능과 수완을 발휘한 빅토르와 아린테우스 두 장군에게 전권이 위임되었다. 지금까지 고트족이 장악하고 있던 교역의 자유권을 앞으로는 다뉴브강 연안의 2개 도시만으로 한정시킨다는 것, 이번의 경거망동으로 나온 족장들에게는 연금 및 보조금의 정지라는 엄벌을 내린다는 것이 로마측의 주요조건이었다. 다만, 이때 아타나릭과의 사이에서 맺어진 제외사례만은 서고트족의 집권(Judex/Judges)에게 명예라고는 말할 수 없지만 확실히 유리하였다. 즉, 이 경우에 아타나릭은 전적으로 사리(私利)를 우선적으로 생각한 듯, 주군인 헤르만릭왕의 명령을 기다릴 것도 없이 발렌스 황제의 각료들로부터 제안된 사적 회견에 응함으로써 그 자신의 위신과 더불어 자기 부족의 위신도 어쨌든 지켜낼 수 있었다. 이 회견에서 아타나릭은 앞으로 제국영토 내에 절대로 발을 들여놓지 않겠다, 만일 이것을 파기하는 행동을 취한다면 그것은 곧 위서죄(僞誓罪)를 범하는 것이 될 것이라고 서약한 것이다. 생각컨대 그가 서약의 신성성을 이처럼 맹서하게 된 것은 최근에 로마측이 보여준 바, 자기들의 배신에 대한 가공할 보복사례가 이런 신념을 굳히게 했을 것이다. 결국 회담장소로 선정된 곳은 두 독립국의 경계선을 이루는 다뉴브강 위였다. 여기서 정해진 일시에 동방황제와 서고트족 집권은 쌍방이 같은 수의 무장병력을 이끌고 각자의 선단을 강복판까지 전진시켰다.

이리하여 조약의 비준이 끝나고 인질의 인도도 끝나자 발렌스 황제는 콘스탄티노플시로 개선하였고, 고트족도 약 6년간은 아주 조용하게 지냈다. 그러나 그들은 또 다시 맹렬하게 대로마제국을 침공하기 시작한 것이다. 이유는 북방의 결빙지대로부터 마치 갑자기 분출이나 한 것으로 생각되는 스키타이인 대군의 남하가 시작되었는데, 고트족은 이 압력에 밀리어 하는 수 없이 침공하게 된 것이다(이하의 고트전쟁에 대해서는 암미아누스-마르켈리누스의 역사 제27권 5장과 조시무스의 신로마사 제4권 10절 등에 상세하다).

원래 서방황제 발렌티니아누스는 다뉴브강 하류지방의 지배권을 모두 동생인 발렌스 황제에게 위임하고, 그가 직접 책임진 지역은 유럽 최대의 강인 다뉴브강 연안 100마일에 이르는 레티아(Rhaetia) 및 일리리쿰 두 속주의 방위뿐이었다. 여기서 그가 취한 적극적인 방위책은 이 국경선에 연하여 부단히 새 방책을 증설 연결하여 그곳의 안전을 확보하려는 것이었는데, 이 정책의 강행은 당연하지만 만족들의 분노를 사게 되었다. 먼저 항의를 제기한 것은 쾌디족(Quadi 族)이었다. 새 방채를 건설키로 된 예정지의 한 곳이 자기들의 영토내에 들어와 있다는 것이었다. 이 항의에는 확실히 이유가 있었고, 그의 항의태도도 온건했으므로 일리리쿰 속주의 군사령관인 에퀴티우스(Equitius)는 좀더 명확히 황제의 의사확인을 얻을 때까지 잠시 공사를 중지시키는데 동의하였다. 이에 반하여 갈리아 속주의 민정총독–총독이라기 보다도 차라리 폭군에 가까웠던 박정무참한 막시미누스(Maximinus, 본장 처음부분에도 나왔듯이 혹리로 악명 높았는데 그라티아누스 황제 즉위 후인 370년경에 처형된 자)는, 이것이야말로 바로 경적(競敵)에 공격을 가하여 자기 아들을 승진시킬 수 있는 절호의 기회인 양 진심으로 생각한 모양이다. 원래 발렌티니아누스 황제는 전혀 자기감정을 억제할 줄 모르는 위인이다. 이때도 총신인 막시미누스의 진언을 간단히 믿고 윤허하였다. 즉, 막시미누스는 단호히 이렇게 주장하였다. 만일 저 발레리아지구(Valeria 地區, 당시 발레리아라는 지명은 일리리쿰·이탈리아·스페인 등 여러 곳에 있었는데, 이것은 일리리쿰의 그것으로 생각된다)의 행정권과 문제의 공사지휘권을 모두 나의 자식인 마르켈리누스(Marcellinus)에게 맡긴다면, 아마도 두번 다시 만족들의 건방진 항의로 성려(聖慮)를 끼치게 하는 일은 만에 한번도 없을 것이라 고. 물론 황제의 윤허가 내렸다. 그런데 이 젊고도 무능한 마르켈리누스의 교만성에는 로마국민이나 게르마니아 토착민들도 이미 몇 번씩이나 굴욕을 당한 바 있다. 즉, 이 사나이는 자기의 급속한 승진 사실을 마치 자기수완의 우수성의 증거이며, 그리고 이에 대한 은상인 양 생각하고 있었다. 그러나 이렇게 교만한 그도 콰디족의 왕인 가비니우스(Gabinius)의 겸허한 요청에 대하여 일단은 정중하게 귀를 기울이는 듯이 보였다. 물론 기도된 이런 은근성의 배후에는 음험하고 잔인한 의도가 숨겨져 있었다. 경솔하게도 이 콰디족의 왕은 집요하게 권고하는 데 못이겨, 끝내 마르켈리누스의 초대연에 응하고 말았다. 여기서 저자는 연이어 나오는 같은 종류의 유사한 범죄기사를 과연 어떻게 구분서술해야 할는지, 이에 대하여 솔직히 말하여 망연자실 상태에 빠지게 된다. 왜냐하면 사실 다음에 말할 배신행위는 비록 사건이 연출된 무대는 틀림없이 동서로 멀리 떨어진 로마제국 두 끝에 위치한 곳이지만, 모두가 같은 해에 그것도 똑같이 로마군 장군 2명이 개최한 별개 연회석이, 한결같이 주빈들이며 동시에 맹우이기도 한 왕족 2명의 선혈로 더럽혀졌기 때문이다. 그것도 이들 장군 자신들의 명령에 의하여 바로 그들의 면전에서 무참하게 살해된 것이다. 가비니우스왕의 최후와, 아르메니아의 공자인 파라의 그것은 상황은 아주 꼭 같지만, 다만 이들 주군의 비명사와 관련하여 분노를 일으킨 두 민족이 로마측에 대해 나온 태도는 달랐다. 즉, 아르메니아인은 시종 비굴하게 행동했지만, 감연히 궐기한 자유불기의 게르만 정신은 적극적이었다. 일찍이 마르쿠스-아우렐리우스 황제 시대(Marcus Aurelius, 재위 161~180)의 일이지만, 확실히 콰디족은 대거 로마시의 성문에까지 다가와서 로마인을 공포에 떨게 했던 일도 있는 민족이다. 지금은 그런 맹위가 심히 쇠퇴했음을 보여주고는 있지만, 그래도 그런 일을 할 만한 무력도 있거니와 용기도 있었다. 더욱이 그 용기가 배수진을 친 것과 비슷하게 결사적인 것으로 고양되어 있었다. 그리고 관례에 따라 맹방인 사르마티아족(Sarmatia 族) 기병대의 증원을 받고 있었다. 한편 암살자 마르켈리누스는 참으로 생각이 너무나 얕다고나 할까, 하필이면 그의 용감한 정병들을 모두 피르무스의 반란진압에 출동시키고 없는 시기에 일부로 이번 흉행을 저지른 것이다. 따라서 방위력이 매우 약하였으니, 속주는 통틀어서 만족들의 흉포 앞에 발가벗은 것과 같은 상태로 되어 있었다. 만족들은 수확기를 노려 판노니아에 침입하여 미처 반출하지 못한 나머지 약탈물은 한 가지도 남기지 않고 무참하게 불질러서 태워 버렸고, 경비병도 없는 방채라면 무시하고 통과하든가, 아니면 모두 파괴해 버렸다. 콘스탄티누스 대제의 손녀이며 콘스탄티우스 2세 황제의 딸인 황녀 콘스탄티아(Constantia)

도 겨우 구사일생으로 목숨을 건져서 도망치는 형편이었다. 그녀는 한때 프로코피우스가 반란을 일으킨 원인이나 사정도 모르고 덮어놓고 그의 반란에 가담했었지만, 지금은 서방황제인 발렌티니아누스 세자(그라티아누스를 가리키는 것)의 비(妃)로서 맞아 들여진 것이다. 그녀는 경호병은 붙지 않았지만 화려하게 행렬을 갖추고 평화로운 이 판노니아 속주를 서쪽에로 여행 중에 있었다. 그녀가 위난에서 벗어났고, 제국 또한 굴욕에서 벗어나게 된 것은 오로지 판노니아 속주의 총독인 멧살라(Messalla)의 분투에 의한 결과였다. 콘스탄티아 황녀가 점심식사를 들기 위하여, 잠깐 동안 휴식차 머물렀던 마을이, 이때 거의 만족군의 완전한 포위하에 놓였다는 정보에 접하자, 그는 곧 현장으로 급히 달려가 그녀를 자기 마차에 태우고 그곳으로부터 26마일 떨어진 주도(州都) 시르미움(Sirmium)시의 성문까지 전속력으로 내달렸다. 공무원이나 시민들도 모두가 놀라서 우왕좌왕하고 있었던 때인 만큼, 만일 그 사이에 쾌디와 사르마티아의 두 만족군이 단번에 여기까지 육박했더라면 시르미움시도 결코 안전하지 못했을 것이었다. 그러나 다행스럽게도 그들의 도착이 지연되었기 때문에, 일리리쿰의 민정총독인 프로부스(Probus)도 겨우 기력을 되찾아 시민들의 용기를 회복시킬 만큼의 여유가 생겼던 것이다. 그는 곧 있는 힘을 다하여 시민들을 독려해서 파괴된 방책을 급히 수복보강하는 한편, 때마침 궁사병 일개대라는 지극히 유력한 증원부대를 얻어 어떻게든 일리리쿰 속주의 수도만은 지켜낼 수 있었다. 이리하여 시르미움시 공략에도 실패한 다음, 분노로 들끓던 만족군은 창끝을 돌려 변방군 사령관으로 공격목표를 바꾸었다. 에퀴티우스(Equitius) 사령관이야말로 그들의 왕을 암살한 하수인이라고 잘못 판단한 것이다. 그때 그가 전장에 동원할 수 있었던 병력은 2개 군단에 불과했지만, 그 중에는 메시아(Maesia) 및 판노니아(Pannonia)의 노련한 정예군단이 포함되어 있었다. 그러나 그들은 집요하게 관등·서열과 같은 헛된 문제로 내홍(內訌)을 계속 일으키고 있었는데, 이것이 원인이 되어 그만 패배로 끝났다. 즉, 각 부대가 개별적으로 행동하였고 군의(軍議)마저 분열되어 있는 사이에, 표한민첩하기 이를 데 없는 사르마티아족 기병대의 기습을 받고 섬멸된 것이다(이런 대게르만전에 대해서는 암미아누스-마르켈리누스 역사 제29권 6장, 조시무스 신로마사 제4권 16절 참조). 더욱이 이번 침략전의 승리는 아연 인접하는 제만족을 궐기케 하는 결과가 되어, 메시아 속주의 상실도 이미 결정적인 것으로 보였지만, 이때 간신히 이것을 구출한 사람은 변경군의 청년 독군인 테오도시우스였다. 그는 훌륭하게 제국의 적을 분쇄해 버림으로써 유명한 자기 아버지의 이름을 부끄럽게 하지 않았고, 또 앞으로의 그 자신의 위업도 긍정케 함에 충분하리 만큼 훌륭하고 불굴의 재능을 발휘해 보였던 것이다(이는 말할 나위도 없이 후일의 테오도시우스 1세 황제<대제>다. 그의 아버지란 브리타니아와 아프리카에서 만족의 반란을 진압하여 너무도 명성이 높아졌다 하여 모략을 받고 처형당한 테오도시우스 장군이다).

당시 트레브시에 계속 체류하고 있던 발렌티니아누스 황제는 연이어 들어오는 일리리쿰 속주의 비보에 접하여 심히 상심하고 있었다. 그러나 계절이 이미 겨울이 가까워졌으므로 토벌계획의 실시는 부득이 다음해 봄까지 연기하는 도리밖에 없었다. 여기서 해가 바뀌자(375년이 되는 해) 스스로 갈리아 속주군의 거의 모든 병력을 이끌고 모젤레(Moselle)강변을 진발하여 도중에 사르마티아족으로부터 파견된 탄원사절단을 접견했으나 황제의 회답은 지극히 애매한 것이었다. 즉, 황제 자신이 먼저 현지에 도착하여 실정을 조사한 다음에 의사를 밝히겠다는 것이었다. 사실 시르미움시에 도착하자마자, 황제는 즉시 일리리쿰 각 속주의 대표들을 접견했는데, 황제의 질문에 대하여 그들이 올린 대답은 한결같이 민정총독 프로부스의 선정으로 자기들은 매우 행복한 생활을 구가한다는 것이었다. 이 충성심과 감은의 마음을 표현하는 말에 완전히 유괴(有卦, 7년간 길한 일이 계속된다는 해돌림)에 들어간 황제는 어리석게도 그들 중의 한 사람이며, 에피루스(Epirus) 속주의 대표인 성실무비의 견유파 철학자를 향하여, 그대의 내방도 속주민 일동의 희망으로 파견되었는가 하고 쓸데없는 질문을 한 것이다. 그런데 뜻밖에도 이 철학자인 이피클레스(Iphicles. 젊은 날의 율리아누스 황제와 동문수학한 사람인 듯하다. 황제의 연설 중 하나에 그에 관한 일화가 소개되어 있다)는 이렇게 대답하였다. 「천만의 말씀입니다. 속주민들은 마음이 내키지 않았다고나 할까요, 저를 오히려 눈물과 한탄의 목소리로 떠나 보낸거나 마찬가지였습니다.」 이말을 듣고 황제는 바짝 긴장하였다. 그러나 이 일로 해서 이들 관리나 유지들이 처벌된 일은 전혀 없었다. 이로써 속주민 따위에는 어떠한 압정(壓政)을 가한다 해도 황제에의 봉사는 지장없이 여행될 수 있다는 참으로 곤란한 원칙을 오히려 확립시킨 것이다. 이때 만약에 관료들의 몸가짐에 대하여 엄밀하게 조사했더라면, 아마도 속주민들의 불만도 크게 완화되었으리라고 생각된다. 즉 여기서 가비니우스왕을 모살한 데 대한 엄중처단이야말로 게르만족의 신뢰를 회복하는 동시에 로마인의 신의를 입증하는 유일한 방도였었는데, 승리에 교만해진 황제에게는 오류를 인정할 만한 아량이 없었다. 자신이 도발한 행위는 덮어 두거나 까마득히 잊고, 다만 피해의 일면만을 기억한 나머지, 그대로 쾌디족 영내로의 진격을 강행하여 지칠 줄 모르는 유혈의 보복을 자행하였다. 광포한 전투가 가져온 철저한 약탈과 무차별 학살도 황제의 눈과, 아마도 로마세계의 눈에는 모두가 보복의 만행으로 시인됐을 것이다. 로마군의 훈련은 그야말로 정강(精強)했고, 한편 적의 놀람과 낭패감은 극에 달했던 만큼 발렌티니아누스 황제는 단 한 명의 병력손실도 없이 다시금 다뉴브강을 건너서 귀환하였다. 그러나 황제의 결심은 재차 토벌전을 결행하여 쾌디족의 완전박멸을 성취하는 것이었으므로, 우선 동계막영을 다뉴브강 기슭인 오늘날의 프레스부르크스(Presburg市, 지금은 체코슬로바키아의 브라티슬라바시)에 가까운 브레게티오(Bregetio, 판노니아 속주에 있는 작은 도시)시에 설치하였다. 혹한기이므로 전투는 잠시 중단되었지만 그 사이에 쾌디족은 승리자인 황제의 노여움을 풀어보고자 저자세를 취하고 나왔다. 장군인 에퀴티우스의 간절한 주선도 있어서, 그들의 사절단을 황제는 자기의 군의장(軍議場)에서 접견하였다. 그들은 저두슬행(低頭膝行)으로 황제 앞에 나와서도 초연(悄然)한 모습으로 옥좌에 다가갔지만, 자기들의 가비니우스왕을 모살한데 대한 항의 따위는 감히 제기할 용기를 내지 못하고, 이번의 입구는 일부 비정규 무장강도단과 같은 무리에 의한 범행에 불과하고, 우리나라의 공의(公議)는 어디까지나 이것을 규탄·배격한다는 내용의 말을 엄숙한 서언과 함께 진변(陳弁)하였다. 이에 대한 황제의 대답은 냉혹하기 이를 데 없는 것으로서, 자비에의 희망은 거의 없는 것이었다. 그들의 비열성·배은망덕·뻔뻔스러움을 극렬하게 힐란한 것이다. 눈의 색깔·음성·얼굴빛·거동의 모두에서 자제함이 없는 격노성을 보여주었다. 이와 같이 전신을 경련에 가까운 분노의 형상으로 불태우고 있을 때, 갑자기 어딘가 큰 혈관이라도 파열된 듯 피를 토하고 그대로 의식을 잃자 측근들의 팔에 안겨 쓰러지고 말았다. 이런 돌발사고가 현명한 배려로 여러 사람들의 눈으로부터 즉시 감추어졌으나, 그로부터 몇 분 후에 이 서방황제는 심한 통증 속에 숨을 거두고 말았다. 다만 의식만은 끝까지 있어서 병상을 둘러싸고 있던 중신과 장군들에게 어떻게든 자기의 의사만은 전달하고 싶었는지, 몸을 뒤틀었으나 결국은 그것도 헛된 노력이었다. 향년 54세, 앞으로 100일이면 재위 만12년을 맞이할 참이었다(375년 11월 17일의 일이다.

비정상적인 사망이었던 만큼 암미아누스-마르켈리누스, 조시무스, 소크라테스 등이 모두 이 때의 상황을 기술하고 있지만, 세부사항에서는 이동<異同>이 있어서 정확한 것은 불명이다).

발렌티니아누스 황제의 2중 혼인문제에 관해서는 한 교회사가에 의한 중대한 증언이 남겨져 있다(소크라테스<Sokrates. 별명이 Scholastikos, 380?~450?. 그리스의 초대 교회사가>를 말하는 것). 어쩌면 지어낸 말인지도 모르겠으나 그대로 소개하면 다음과 같다. 「황후인 세베라(Severa)는 이탈리아 주 총독의 딸인 유스티나(Justina)라는 미녀를 신변 가까이에 불러서 친하게 지냈다. 그녀는 이따금 욕실에서 본 유스티나의 육체미를 경솔하게도 부군인 황제 앞에서 극찬하곤 했으므로, 황제도 드디어 이 미녀를 제2의 아내로 침대에 맞아들일 생각을 가졌다. 그리고 칙령까지 발포하여 황제 자신이 가정내에서 행한 이 특권은 그대로 전 제국의 신하들에게도 적용된다」고 했다는 것이다. 그러나 우리들이 오늘날 확인할 수 있는 한, 사적 증거나 이성적 증거로 보아도 세베라와 유스티나를 황후로 맞이한, 이 두가지 결혼은 어쩐지 선처 후처라는 순서였던 것 같다. 즉, 교회에서는 엄하게 금지하고 있었으나 법률로서는 여전히 허용되어 있던 고대의 이혼권을 황제가 여기서 행사한 것에 불과했던 것 같다. 황후 세베라에게는 친아들인 그라티아누스(Gratianus, Flavius Augustus. 359~383. 재위 375~383)가 있었다. 따라서 그는 서방황제의 후계자가 될 모든 권리를 차지하고 있었다. 즉 발렌티니아누스 황제의 영광스런 치세는 동료군인들에 의한 자유롭고도 명예에 가득찬 황제선출방식을 훌륭하게 확립시켰지만, 그라티아누스는 그의 적출장남이었다. 그 때문이었는지 그는 아직 만 9세도 못된 어린 몸으로 벌써 그를 몹시 사랑하던 부황으로부터 정제(Augustus) 칭호와 자의(紫衣) 및 제관을 받고 있었다(367년 8월의 일). 이 선립은 전 갈리아군단의 동의와 칭찬에 의한 엄숙한 추인을 받았으며, 그의 이름은 발렌티니아누스 황제 및 발렌스 황제의 이름과 나란히 로마정부의 모든 법적 문서에 병기되기에 이르렀다. 이에 더하여 콘스탄티누스 대제의 손녀(콘스탄티아를 말하는 것)를 황후로 맞이했다는 것은, 연이어 3대에 걸쳐 황통을 보존(콘스탄티누스 대제－콘스탄티우스 2세 황제 형제들 및 율리아누스 황제에 이어 콘스탄티아와의 결혼을 통하여 그라티아누스 황제로 이어지는 3대를 말하는 것)하는 것이 되므로, 자연스럽게 시대와 종교 그리고 전 국민의 경의로 지탱되어, 이른바 신성시되어 오던 플라비우스가(Flavius 家) 세습특권의 일체도 그라티아누스가 승계하게 되었다. 부황인 발렌티니아누스가 죽었을 때 그라티아누스는 아직도 겨우 17세의 젊은이였으나 그가 보여준 갖가지 미덕은, 이미 군과 백성들이 내리고 있었던 높은 평가를 입증해 보이고 있었다. 그러한 그가 안심하고 트레브 궁전에 머물고 있는 사이에 멀리 수백마일이나 떨어진 브레기티오의 임시막영안에서 돌연한 발렌티니아누스 황제의 붕어가 있었던 것이다. 이렇게 되자 죽은 황제가 살아 있음으로써 오랜 기간에 걸쳐 억제되어 온 바, 울적했던 불만의 감정이 또다시 궁정 각의석상에서 불을 뿜기 시작하였다. 그리고 이 연소한 군주를 받들고 정권탈취를 기도하는 야심적인 책동을 일리리쿰 및 이탈리아의 제군단을 배경으로 멜로바우데스(Mellobaudes)와 에퀴티우스 두 사람이 교묘히 추진하고 있었다. 그들은 얼핏 보기에 아주 훌륭한 명분을 조작하여, 아마도 정당한 후계황제인 그라티아누스의 계승권을 주장했을 갈리아 속주의 민중지도자와 군부세력을 단번에 배제시키려고 계획했을 것이다. 이때 내외의 적대세력에 대해서는 단호한 강경책으로 임함으로써 그의 야망을 뿌리뽑을 필요가 있다고 주장하였다. 당시에 황후 유스티나는 아직도 브레기티오시에서 약 100마일이나 떨어진 한 별궁에 남아 있었는데, 그러한 그녀에게도 죽은 황제의 유아(遺兒)를 데리고 곧 막영으로 출두해 달라는 겸손정중한 초청장이 보내졌다. 그것은 발렌티니아누스 황제가 운명한 지 6일째 되는 날이었지만, 아직 겨우 4살(이름은 아버지와 마찬가지로 발렌티니아누스였다)밖에 안되는 유아에 불과한 이 유자는 어머니의 품안에 안긴 채 군대 앞에 모습을 나타냈다. 군은 일제히 환호성을 올려 곧 그 자리에서 최고 권력자로서의 칭호와 표장까지 주었던 것이다(이것이 곧 발렌티니아누스 2세 황제 <Valentinianus Ⅱ. 371?~392. 재위 375~392>이다). 이리하여 내란의 위기는 필연적인 것으로 보였지만, 다행하게도 그라티아누스 황제의 조치가 현명하고도 온당했기 때문에 이번 위기만은 사전에 이럭저럭 회피할 수 있었다. 즉, 황제는 군대가 선립한 이복동생 황제를 흠쾌히 용인하고 앞으로는 이 유스티나 황태후의 유아를 경쟁자로 생각하지 않고 동생황제로서 대하겠다는 취지로 선언하는 동시에, 계모인 유스티나에게는 나이어린 발렌티니아누스 2세 황제와 함께 이탈리아에서도 풍광이 가장 명미하고 평화로운 수도 밀라노에 거처를 정하도록 권고하였다. 그리고 자기자신은 보다 곤란한 알프스산맥 이북의 각 속주 통치에 임하기로 하였다. 물론 이것은 분노의 마음을 감춘 결정이요, 이번 음모 기획자들을 보다 안전하게 처벌 또는 해직할 수 있을 때까지의 은인자중하는 조치에 지나지 않았다. 그리고 아직

어린아이에 불과한 공치황제에 대하여, 시종 친절하게 돌보고 또 경의를 표하는 일도 잊지 않았다. 다만 서방제국 경영에 대해서만은 주권군주로서의 권위가 점차 그에 대한 후견인으로서의 역할을 압도해갔다. 이리하여 전체 로마세계의 통치는 발렌스 황제와 그의 두 조카들의 연서(連署)로 이루어지게 되었지만, 여하튼 주도인물이 된 동방황제(발렌스 황제를 가리키는 것)가 매우 용렬한 인물로서, 제위는 이제 형이던 발렌티니아누스 황제의 그것까지도 계승하였지만 서방제국의 경영 자체에는 끝내 아무런 권위도, 또 영향력도 가져본 일이 없었다.

第26장 유목민족들의 습속—중국으로부터 유럽에의 훈족의 진출—고트족의 패주—고트족, 다뉴브강을 도하—고트 전쟁—발렌스 황제의 패전과 전사—그라티아누스 황제, 동방제국을 테오도시우스에게 양도—테오도시우스 황제의 인물과 승리—고트족과의 평화정착

<BC201—AD365~395>

발렌티니아누스·발렌스 두 황제에 의한 공동통치 제2년째(365년) 되는 7월 21일 아침 일찍이, 로마세계에는 거의 전역에 큰 지진이 일어났다. 진동은 해양에까지 미쳐서 지중해 연안에서는 갑자기 바닷물이 밀려 들어가 바다 밑이 노출됨으로써 적지 않은 물고기를 손으로 건질 수 있었고, 대형선박조차 간석지에 얹혔다. 호기심 많은 한 관찰자는 지구 창생이래 처음으로 햇빛을 쪼이게 된 계곡과 산봉우리들의 갑작스런 출현을 보고 자기 눈보다도 오히려 상상력을 크게 즐겁게 하였다(이 관찰자란 암미아누스—마르켈리누스였다. 그의 「역사」 제26권 10장 16~19절 참조. 사실 그는 펠로폰네수스<Peloponnesus>반도 남단에 있는 멧세니아주 메토네<Methone>시에서 대형선박 1척이 지상 2마일이나 육지 안쪽까지 밀려 들어가 얹혀 있는 것을 보았다고 기술하고 있다). 그러나 이윽고 그 바닷물이 해일형태로 역류해 왔는데, 최대 피해를 입은 곳은 시칠리아·다르마티아·그리스·이집트 등지의 연안일대였다. 대형선박이 연이어 바닷물을 타고 떠내려가 집집의 지붕 위에 올라앉은 것도 있는가 하면 또 해안에서 2마일쯤 떨어진 지점의 육지 위까지 밀려가 뭍에 얹힌 것도 있었다. 사람도, 가옥도 떠내려 갔는데, 알렉산드리아시 등에서는 이 운명적인 날에 목숨을 잃은 5천명이라는 시민의 명복을 빌기 위하여 해마다 기념제사를 올리게 되었다. 이에 관한 비보가 속주에서 속주로 전파됨에 따라 심히 과장됨으로써 로마국민 전체를 경악과 공포분위기 속에 빠뜨렸지만, 여기서도

역시 공포심에 사로잡힌 상상이 이 일과성 재액의 실태를 끝없이 확대 전파시켰다. 그들은 일찍이 저 팔레스티나와 비튜니아(Bithynia)의 여러 도시를 파괴했던 몇 번인가의 지진을 상기하면서, 이번의 이 가공할 천재가 어쩌면 보다 큰 재액의 서곡이 아닌가 하고 생각한 것이다. 그렇게 되면 공포에 질린 망상은 이 한가지 일을 가지고 제국의 쇠망과 세계 종말의 징후라는 사태와 연결시켜서 생각하게 하였다. 당시는 그 무엇인가 이상한 일이라도 일어나면 곧 그것을 어떤 특정적인 신의(神意)에 의한 것으로 생각하는 것이 통상적이었다. 그들에 의하면, 자연의 모든 이변은 눈에 보이지 않는 쇠사슬에 의하여 인심의 도의성과 형이상학적 상념과 깊이 연결되어 있다는 것이다. 그 중에서도 특히 명지(明智)를 자랑하던 성직자들은 자기 나름대로의 편견에 입각한 윤색에는 약간씩의 차이가 있었지만, 이번 지진은 바로 이단교설의 정통화가 자초한 것으로서, 만일 현재의 죄악과 과오가 이대로 진행된다면 머지않은 장래에 대홍수(노아의 대홍수를 연상시킨 것)가 일어날 것이 필연적이며, 또 그것은 모면하기 어려운 일이라고 득의양양해서 주장하였다. 역사가로서는 여기서 이런 고원한 사색의 옳고 그름을 논할 생각이 조금도 없다. 요컨대 역사가란 다만 경험이 입증한다고 생각되는 고찰, 즉 우리가 두려워해야 할 일은 자연의 천변지이(天變地異) 따위가 아니라 그보다는 우리 인간이 품는 정념격정(情念激情)에 있다는 것을 지적하는 것만으로 만족하여야 할 것이다. 예컨대 지진·홍수·태풍·분화 등이 가져다 주는 재해 등은 전쟁의 참화와 같은 세상 일상사의 그것에 비하면 거의 논할 것도 못되는 사소한 문제일 것이다. 근년간에는 유럽의 군주들도 현명한 배려라고나 할까, 또는 인도주의 정신에 입각했다고나 할까, 그런 것에 의하여 전쟁의 참화를 크게 완화시켰고, 군사기술의 수련에서도 그것은 그들의 심심풀이를 위한 오락이나 백성들의 용기를 단련시키기 위한 것으로 바꾸고 있는 것이다. 다시 근세국가들의 법제와 습속은 패배한 적군 장병의 안전과 자유까지 보호하도록 하고 있는 만큼, 황차 평화로운 시민의 입으로부터 그의 생명과 재산이 전화(戰禍)의 폭위(暴威)에 노출된다는 따위의 한탄사가 나와서야 되겠느냐 하는 이야기가 된다. 그런데 대략 발렌스 황제 시대에 시작된다고 생각되는 로마제국 쇠퇴기에는 스키티아와 게르마니아 만족들에 의하여 각 개인의 행복과 안전이 직접 공격을 받았고, 또 오랜 세월을 두고 건설되어 온 기술과 노동의 성과도 무참하게 파괴된 것이다. 예를 들어 훈족(흉노)의 침구는 곧 고트족으로 하여금 서방의 각 속주 안으로 눈사태처럼 밀어닥치게 함으로써 불과 40년도 못되는 사이에 다뉴브강 연안으로부터 대서양 해안에까지 진출케 했을 뿐만 아니라 그의 군사적 승리는 이들보다도 좀더 흉포한 제부족의 연이은 입구(入寇)의 길을 열어주었던 것이다. 만족들의 대이동의 원동력이 바로 이런 북방 제민족 속에 잠재해 있었으므로, 여기서 스키타이인 및 타타르(Tartar)*인의 유목생활상을 자세히 고찰해 놓는 일이야말로 그들이 파괴적인 대이동을 일으키게 한 잠재요인을 밝히는데 도움이 될 것으로 생각한다.

대저 지구상에 있는 문명국민들을 특징짓는 자격이란, 그들이 이성(理性)을 어떻게 사용하며 또 어떻게 악용하느냐에 달려 있는데, 이 한가지 일이 유럽과 중국대륙의 각 민족의 습속과 사고를 각양각색으로, 즉 인위적으로 만들어 내게 한 것이다. 한편 본능이 작용하는 것은 이성의 그것보다 훨씬 더 확실하고 단순하다. 따라서 철학자의 사색을 확실하게 알아낸다는 것은 반드시 쉬운 일이 아닌데 반하여, 네발 짐승의 욕망을 알아내는 것은 지극히 간단하다. 같은 인간이라 해도 미개 만족일 경우는 좀더 동물에 가까운 만큼, 동족간은 물론 만족 상호간에도 매우 짙은 유사성을 지속시키고 있다. 즉, 그 습속에 강고한 일률성이 유지되는 것은, 당연히 그들의 제능력의 미발달 결과에서 유래되는 것이다. 같은 환경이 계속되는 한 그들의 욕구·욕망·생의 향수도 여전히 불변한다는 것은 당연하다. 예컨대 음식물이나 풍토 따위의 영향력 한가지만 해도, 사회가 좀더 문명화되어 있다면, 거기서는 여러가지 도덕적 이유로부터 혹은 억제되고 혹은 극복되지만 그것이 만족들에게는 오히려 그의 민족성을 형성하고 또 유지시킴에 있어 좀더 강력하게 작용하는 법이다. 고대로 스키타이아와 타타르 등 광대한 평원지대에 정착하여, 수렵자와 유목민같이 방랑하던 제부족은 노동을 싫어하여 경작을 하지 않았고, 더욱이 안거정주(安居定住)를 싫어하는 그들의 활동적인 타성으로 말미암아, 앉아서 지내는 구속적인 생활 따위를

* 타타르는 당나라 시대(618~907년)부터 역사에 등장하는 이른바 달단족(韃靼族)을 말한다. 원래는 동몽골 지역인 북만주와 연해주 부근에 살던 몽골계의 퉁구스(Tungus)족이라고 하는데, 13세기가 되자 몽골족이 서방에로 급격히 진출했고, 다시 대몽골제국의 건설로까지 발전하게 되자, 몽골족까지 포함시켜 막연하게 동북아시아의 만족군을 가리키는 총칭으로 된 것 같다. 적어도 서유럽인에게는 그렇게 생각되고 있었다. 기번 역시 이런 뜻으로 사용한 것 같다.

전적으로 경멸하였다. 즉 고래의 어느 시대에도 스키타이인과 타타르인은 불굴의 용기와 질풍같은 정복성으로 이름을 떨치고 있었다. 현실적으로 아시아의 제좌(帝座)들도 여러번 이들 북방유목민족에 의하여 전복된 일이 있었고, 또 그의 무명(武名)은 멀리 떨어진 풍옥하고 상무의 땅인 유럽 여러나라에까지 공포의 황폐화를 가져다 주었다. 그러므로 다른 여러가지 경우도 그렇거니와 이번 경우 또한 냉정한 사학자라면 지금이라도 달콤한 환상에서 깨어나 고래로 아름다운 평화와 무구성(無垢性)을 그의 특징으로 미화되어 온 목가적 습속이 기실 잔인흉포한 상무적인 생활습속에 훨씬 더 적합됨을 인정하지 않을 수 없을 것이다. 여기서 이런 견해를 구체적으로 입증하기 위하여 아래에 ①음식물, ②주거, ③육체적 단련이라는 중요한 세가지 항목에 걸쳐 이들 유목민,곧 전사(戰士)라는 민족에 관하여 고찰하고자 한다. 그리고 이런 고대사에 관한 서술은 근세에서의 경험사실에 비추어 보아도 충분히 옳음을 보여준다. 왜냐하면 오늘날도 여전히 보류스테네스(Borysthenes, 지금의 드네프르강)·볼가(Volga)·셀링가(S-elinga, 오늘날 외몽골지방을 동쪽으로 흘러가 마지막에는 바이칼호로 들어가는 강) 등 여러 큰 강들의 강안지대에 가면 어디에도 변하지 않은 바로 똑같은 토착풍속을 그대로 볼 수 있기 때문이다.

(1) **음식물** 개화민족의 통상적인 보건상식(保健常食)으로 되어 있는 소맥 또는 쌀 등은 사실 인내심 강한 농민들의 근로가 있음으로 해서 비로소 얻어지는 것이다. 열대지방에 거주하는 행운의 만족무리들 가운데는, 자연의 혜택으로 풍부한 식량공급이라는 축복을 받는 부족도 있지만, 북방의 한랭한 풍토에서 목축하는 민족으로서는, 첫째도 또 둘째도 가축군만이 유일한 생명유지의 양식이 된다. 육식과 채식이 어디까지 인간성에 영향을 미치느냐 하는 것과 또 흔히 일컬어지는 바, 육식생활과 잔인성과의 관련설만 하더라도 아마도 유익한 참고의견이라고는 하지만, 과연 그처럼 단순하기 이를 데 없는 인간본위의 선입관도 그렇거니와, 그런 방법과는 다른 방향으로 보는 관점도 역시 고려할 만한 가치가 있는 것이 아닐까(이 1절은 당시 루소<Rousseau, Jean Jacques, 1712~78>가 주장한 관련설에의 언급이다). 그러니 이에 관한 의문은 오로지 숙련된 의사(醫師)들의 결정을 기다리는 수밖에 없을 것이다(물론 가능하다면 말이지만). 그러나 날마다 가축들 사이에서 이루어지는 잔인한 광경과 행위를 목격함으로써 인간연민의 감정이 부지불식간에 희박해진다는 것이 사실이라면, 유럽에서

교묘한 위장하에 세련된 처리기술로 행해지고 있는 바 전율할 그런 광경이, 이곳 타타르 유목민들의 막사에서는 노골적이고도 무참하기 이를 데 없는 적나라한 형태로 연출되고 있다. 소와 양이 날마다 먹이를 받고 있는 바로 그 손에 의하여 도살되고, 아직 피를 흘리는 그대로의 지체(肢體)가 거의 아무런 손질도 되지 않은 그대로, 태연하고 비정적인 이 도살자들의 식탁 위에 놓여진다. 특히 군대생활, 그것도 대부대에서의 행동에 이르면, 육식이 절대적으로 눈에 보이게 현저한 정력효과를 가져오게 하는 모양이다. 곡물류는 부피가 매우 클 뿐만 아니라 변질의 우려성도 있다. 더욱이 군대생활에서 절대불가결이라는 이 방대한 수량의 양초(糧草) 수송은 인력과 마력이라는 아주 더딘 힘에 의존하는 수밖에 없다. 한편 타타르군의 진격에 동행하는 가축무리는 가장 확실한 고기와 젖의 보급원일 뿐만 아니라 날이 갈수록 증식되는 식량이기도 하다. 또한 미개간 초원의 대부분은 풀이 자라는 것도 빠르거니와 곧 왕성한 힘으로 무성해진다. 저 강장한 북방 가축무리에게 풍요한 방목장이 될 수 없을 만큼 전혀 쓸모없는 불모의 땅은 거의 없다. 게다가 어떠한 잡식도 가리지 않으며, 극단적인 절욕에도 견디어 내는 타타르인에게는, 식량공급이 오히려 증가되는 동시에 늘려먹을 수조차 있다. 식탁에만 올릴 수 있다면 그것이 도살된 가축의 고기든, 또는 폐사된 것의 고기든 간에 그들은 전혀 가리지 않고 먹었다. 유럽이나 아시아를 가리지 않으며, 또 어느 시대, 어느 나라에서도 문명국임을 자부하는 국민이라면, 예외 없이 금지식품으로 되어 있는 말고기같은 것도 그들은 기꺼이 먹었다. 이런 특수기호가 그들의 군사행동의 성공을 오히려 용이케 하였다. 예컨대 스키타이인의 강력한 기병대 장병들은, 장거리의 급진격시는 언제나 반드시 상당수의 예비마필군을 따르게 하였다. 이로써 행군속도를 배가시키기도 하거니와 때로는 병사들의 기아상태를 해결하는 데 사용되기도 하였다. 용기의 원천이며 곤란성에 대처하는 길은 얼마든지 있었던 것이다. 만일 막사주변에 있는 사료가 거의 다 되어 간다고 판단하면, 그들은 그 가축군의 대부분을 도살하여 고기는 훈제(燻製) 내지 천일건조시켜 보존식품으로 만들었다. 또한 갑작스런 급행군이 요구되는 긴급사태라도 일어나면, 그들은 대개 환약처럼 만든 치즈, 치즈라기 보다도 응고시킨 젖을 필요한 양만큼씩 휴대하기도 했다. 필요하다면 이것을 물에 녹여서 마시는데, 아주 빈약한 나쁜 식사라곤 하지만, 워낙 인내성 강한 그들인 만큼 이런 식사로서도 몇 수십일간을 능히 생명을 유지할 뿐만 아니라, 조금도 사기가 떨어진 기색을 보이지 않았다. 스토아파 철학자가 이런 말을 들으면 감탄할 것이고, 은둔생활자라면 부러워할 정도로 이상한 절욕습성이지만, 이런 고통스러운 생활이 있은 뒤에는 통상 맹렬한 폭음폭식이 뒤따랐다. 예컨대 좀더 온난한 지방에서 생산하는 포도주 등은 타타르인이 더없이 환영한 선물이었고, 또 가장 귀중한 선물이기도 했다. 만일 그들에게서 자기 근로로 그 무엇인가를 만들어 내는 사례를 볼 수 있다면 그것은 암말의 젖을 발효시켜서 만드는 술의 양조법 한가지 뿐인 것 같다. 미개 만족들은 구세계나 신세계에서도 똑같지만, 저 맹수들과 마찬가지로 모두가 기아와 포식을 교대교대로 경험하는 셈인데, 사실 기아와 폭식의 두 극단을 별로 고통 없이 견뎌내는 일에 위장 자체가 습관화되어 있는 것이다.

(2) 주거　난폭하고 살벌하기 이를 데 없는 미개시대에는 전사(戰士), 즉 농민이라는 사람들의 집단이 광대한 경지국토에 걸쳐 분산거주하고 있었다. 따라서 그리스와 이탈리아처럼 전사적(戰士的)인 젊은이들이, 하나의 정기 밑에 결집해서 자기들의 영역을 방위하거나 인접 부족의 영역을 침공하게 된 것은 상당한 세월이 흐른 후세의 일이었다. 그리고 상공업의 발달이 언젠지도 모르게 많은 인구를 도시 성곽 안에 모이게 하였다. 이렇게 되면서 이 시민들은 이미 전사들이 아니라, 시민사회를 장식하고 또 그것의 개량개선을 촉진하는 제기술을 발달시켰는 바, 이것은 오히려 그들의 전사생활의 제습관을 붕괴시키는 결과가 되었다. 그런데 스키타이 민족의 유목생활은 원시적인 소박성과 시민적인 세련미와의 여러가지 장점을 훌륭하게 배합해서 갖추고 있는 것처럼 생각된다. 확실히 동일부족의 개인은 끊임없이 집결해 있었는데 그것은 주로 막사내에 한한 것이고, 이들 불굴의 유목민들의 본래정신은 상호부조 또는 상호경쟁으로 오히려 고무되는 결과가 되었다. 타타르인의 주거는 타원형의 조그마한 천막(이른바 빠오<包>라고 불리우는 것)에 불과하며, 젊은 남녀가 잡거하는 춥고 더러운 주거였다. 하기야 부자들의 궁전은 목조의 작은 집이지만, 그것도 규모가 매우 왜소하여 몇 대의 대형마차에 나누어서 적재하면, 기껏해야 20~30두의 소로 간단히 운반할 수 있는 것이었다. 가축무리도 종일토록 부근 초지에서 포식한 다음, 일몰때가 되면 다시 막사의 보호 밑으로 돌아왔다. 인간과 동물과의 이와 같은 부단한 교류가 상례화되어 있는 이상, 여기에는 귀찮은 혼란을 방지할 필요성에서라도 막영지의 적정배당과 그의 서열, 게다가 경비와 같은

문제로 점차 군사기술의 초보라고도 할 그런 제도를 도입하지 않을 수 없게 된다. 예를 들어 어떤 지역에서 사료인 풀을 다 뜯어 먹게 되면, 이들 유목민 부족, 차라리 군단(軍團)이라고 할 수 있는 이들은 곧 새 목초지를 찾아 질서 정연하게 이동하게 된다. 이때 그들은 일상적인 유목생활을 계속하면서 자기도 모르게 가장 중요하고도 지극히 곤란한 군사행동의 실천적 지식을 터득하게 된다. 체류할 기지의 선택은 계절에 따라서 정해져 있는 바, 하계에는 북상하여 강변이나 적어도 흐르는 물 가까이에 막사를 설치하지만, 겨울이 되면 다시 남하하여 어딘가 적당한 고지의 그늘, 즉 황량한 시베리아 동토지대를 한랭화시키는 북풍을 막아주는 그런 지형을 골라서 막사를 설치한다. 이와 같은 습속은 방랑적인 제부족 사이에 이동과 정복이라는 민족성을 침투시키는 점에서 바로 안성맞춤이었다. 따라서 사람들과 그 거주지와의 연계성은 지극히 희박하여 조그마한 우발사고 하나로도 곧 단절되어 버린다. 순수한 타타르인에게는 토지보다도 막사 그 자체가 고국(故國)인 것이다. 가족이나 동료 그리고 재산도 모두가 항상 막사주변에 있는 셈이므로, 어떠한 길고 긴 행군 중에도 그들에게 있어 귀중하고 사랑하는 것과 그리고 일상적으로 친숙해진 인간과 물건은 언제나 자기주변에서 발견할 수 있었다. 이리하여 끝없는 약탈욕과 피해에 대한 불안감 내지 분노는 결국 일체 예속에의 불복이라는 독립불기의 민족성을 형성시켰는데, 이것은 모든 시대를 통하여 이 스키타이 제부족으로 하여금 어딘가 미지의 나라를 연이어 침구하는 동기가 되었다. 그런 미지의 나라에 가기만 하면, 거기에는 보다 풍요한 토지가 있고, 적이라 해도 자기들보다는 훨씬 약한 사람들밖에 없을 것으로 생각되었다. 이리하여 남쪽의 운명을 결정한 것은 여러번 북방민족이 일으킨 동란이었다. 예를 들어 동쪽은 중국변경으로부터 서쪽은 게르마니아 변경지대에 이르기까지 허다한 제민족간의 항쟁에서 승자는 그의 적을 구축(驅逐)하였고, 패자는 그 국토로부터 구축되는 현상이 교대로 반복되었다(이 대목은 기번이 당시의 훈족사의 성과를 근거로 쓴 것이지만, 오늘날에 와서 보면 당연히 문제점이 많다). 그리고 이들 민족의 대이동이라는 현상이 때로는 거의 믿어지지 않을 정도의 집요성을 가지고 일어났는데, 그것은 또한 풍토적 특수조건에 의해서도 쉽게 촉진되었다. 주지하는 바와 같이 타타리(Tartary. 아시아에서 동유럽까지의 광대한 지역을 당시의 역사적 지식으로 막연하게 불렀던 것 같은데, 현대의 지지학적 지식으로 보면 부정확함을 면치 못하는 말이다) 지방의 추위는 온대지방 거주자들에게는 상상조차 하지 못할 만큼 엄혹하다. 이 이상한랭의 이유에 대해서는 이 평원일대의 높이(그 중에서도 특히 동쪽끝 가까이는 해발 반마일<약 804미터> 이상의 고원으로 되어 있다)가 높다는 것과, 또 한가지는 이 지대의 토양에 다량의 초석(질산칼륨)이 매장되어 있는 점을 들게 된다(초석의 매장과 기후의 한랭성과의 사이에는 어떤 관계가 있는 지, 역자로서는 알지 못한다). 겨울에 흑해, 카스피해, 북빙양 등등으로 흘러드는 급류의 큰 강들은 모두가 두껍게 얼어붙은 얼음으로 덮이고, 평야는 또 평야대로 온누리가 설원(雪原)으로 변해 버린다. 따라서 승자나 패자할 것 없이 전 부족이 각자의 가족·짐마차 그리고 가축군과 함께 두꺼운 얼음으로 덮인 일망무제의 평활한 황야를 안심하고 이동할 수 있었다.

(3) **육체적 단련** 유목민의 생활은 농업이나 제조업의 근로에 비하면, 의심할 바 없이 불로나태(不勞懶怠)한 생활이라고 말할 수 있다. 예컨대 타타르인들만 해도 그의 최상층 유목민쯤 되면 가축군을 돌보는 일은 모든 것을 포로들에게 맡겨 버리기 때문에, 품이 드는 천한 작업이나 여가시간을 빼앗기는 일은 거의 하지 않는다. 그러나 여기서 얻어지는 그 여가는 연애라든가 친목과 같은 온유한 향락으로 소비되는 것이 아니라 전적으로 살벌하고 피비린내 나는 수렵훈련에 충당된다. 원래 타타리 고원은 강건하고도 직무에 적합한 야생마의 산지로서 유명하지만, 이런 야생마는 훈련만 잘 시켜놓으면 쉽게 전투나 수렵에 적응된 군마로 만들 수 있다. 또한 스키타이인은 역사를 통하여 항상 노련하고도 대담한 기수로서 유명한데, 부단한 그 수련은 그들을 전혀 낙마를 모르는 그런 명기수로까지 육성시켰는 바, 일상생활의 모든 습관, 예컨대 먹고 마시는 일과 심지어 수면을 취하는 것도 마상에서 할 수 있는 것으로 이방인들은 믿고 있을 정도이다. 긴 창을 사용하는 것도 실로 묘수지만, 타타르인 특유의 강궁의 화살이 우람한 체격을 가진 사람의 체력(體力)으로 발사되면, 그 무거운 화살은 백발백중의 무서운 위력으로 목표에 명중된다. 그리고 이런 화살촉은 때로는 사막에 조금도 해를 끼치지 않는 조그마한 동물들에게까지도 향해지는 일이 있다. 즉, 산토끼·염소·작은 사슴·황록·수사슴·고라니·영양 등이 그렇지만, 이들에게는 강적이 없기 때문에 실로 맹렬한 번식력을 가지고 있다. 이와 같은 수렵의 연속으로 인마 공히 그의 체력·인내력이 부단한 단련을 받게 되며, 한편 이런 풍부한 사냥감의 보급은 타타르인 막사에게는 영양원, 때로는 대단한 진미가효를 제공하였다. 그런데 스키타이인 사냥꾼들의 익숙한 솜씨는 단지

무해하고 겁 많은 동물군의 살생에만 그치지 않고 그들 사냥꾼들을 겨냥하여 덤벼드는 화난 멧돼지에 대해서도 감연히 대항하며, 또 둔중한 곰을 오히려 화나게 한다든지, 다시 숲속에서 잠자고 있는 호랑이를 일부러 화나게 하기도 한다. 위험이 있는 곳이야말로 자랑도 있는 법이다. 용기를 발휘하기에는 절호의 장면이라고도 할 수 있는 이런 수렵법은 당연히 싸움의 양상을 띄게 하며, 또 마땅히 전쟁훈련장을 연상케 했다. 타타르인 군주들의 자랑이며 즐거움이기도 한 대수렵회는 곧 그들의 대기마군에 대한 조련이기도 하였다. 먼저 주위 몇십마일에 걸쳐 원진이 쳐지면, 전사들은 이 넓은 울타리 안에 든 사냥감을 남김없이 쫓아 그것들을 둘러싸게 된다. 그리고 원진을 짠 각 부대는 정연한 대오로 하나의 중심을 향하여 점차 전진을 시작한다. 이와 같이 사방팔방으로부터 몰리어 포위된 포로와도 같은 사냥감들은 모두가 사냥꾼들의 투창의 먹이가 되고 만다. 이와 같은 사냥회가 며칠씩이나 계속되는데, 그 사이에 기병들은 언덕 위로 뛰어 오르고, 강을 헤엄쳐 건너며, 또 몇개씩 계곡들을 구불구불 돌아서 지나가야 한다. 더욱이 그 사이에 그들은 지정된 점진질서를 흐트리는 일은 일체 허용되지 않는다. 먼저 먼 곳에 목표를 정해 놓고 적당한 걸음걸이의 속도를 정한다든가, 끊임없이 일정한 간격을 유지하거나, 또는 좌우양측 부대의 움직임에 따라서 보조를 늦추거나 빨리 하며, 나아가서는 지휘관들의 신호에 주목하여 이것을 전달하는 등 모든 전사들은 그와 같은 습관을 체득하게 된다. 그리고 지휘자 자신들도 이런 종류의 실천훈련으로 말하자면 군사기술의 가장 중요한 교육, 예를 들어 지형·거리·시간 등에 관한 판단을 즉석에서, 그것도 정확히 내리는 일을 배우거나 숙달하게 된다. 실전이라 해서 별것이 아니다. 요컨대 이와 똑같은 인내력과 용기, 수련과 기율을 이번에는 인간상대의 그것으로 바꾸기만 하면 되는 것이었다. 이리하여 수렵이라는 오락이 그대로 로마제국 정복에의 서곡으로 유용하게 된 것이다.

고대 게르만인의 정치체제는, 말하자면 독립전사 각 개인의 자주적인 발의에 의하여 결합되었다는 생각을 가지게 한다. 그런데 스키타이인의 경우는 근세용어로 호즈(Hords)라고 불리우는 몇개의 부족이 모여서 일대 가족형태를 취한 체제였다. 이들 대가족은 세대를 거듭함에 따라 처음에는 동일가계(同一家系)였던 것이 연이어 증식되어 온 것이다. 가장 비천하고 완전히 무지한 타타르인들조차 그의 혈통을 명백히 무상의 자랑으로 전승하고 있다. 가축이라는 부의 불균형 소유로 아무리 신분상의 고하가 생긴다 해도 그 부족민들은 전원이 같은 시조에서 뻗어 나온 후예라 하여 자기자신들도 자랑하거니와 그들 상호간에도 서로 존경한다. 오늘날도 여전히 성행되는 일이지만, 만일 포로들 중에서 용감하고 충성심도 높은 자가 있으면 그를 양자로 삼는 관습 등으로 광범하게 그의 동일혈족성을 형성하는 것도 아마 다분히 법적·의제적인 것에 지나지 않는다는 의심을 모면하기란 어려울 것으로 생각된다. 그러나 의제(擬制)라고는 하지만, 그것이 역사로서 또 소신으로서 승인되어 있는 한, 명백히 진실과 마찬가지의 유용한 선입견이므로 그것은 효과를 발휘하게 된다. 예컨대 아무리 기품 높은 민족이라 해도 같은 혈족의 족장쯤 되면 자진하여 그에게 복종하고, 또 족장(그들의 호칭에 의하면 무르사<mursa>)쪽에서도 역시 위대했던 시조의 대표로서 평시에는 재판관의, 전시에는 지휘관의 권위를 행사하게 된다. 원시적인 유목사회에서는 각 족장(여기서도 후대의 호칭<mursa>을 사용하여 표현한다면)이 각각 별개의 한 대가족을 포옹하는 독립된 수장으로 행동하였으며, 각자의 고유영역의 경계는 때로는 우세한 무력에 의하여, 때로는 상호간의 동의로서 점차 확립하기에 이르렀다. 다른 한편에서는 여러가지의 항구인(恒久因)이 끊임없이 작용함으로써 이들 방랑성 제부족(Hords)을 한 사람의 최고 수장밑에, 국가적 집단에의 통합을 촉진시키는 결과로도 되었다. 즉, 약자는 강자의 지원을 절실히 바랐고, 한편 강자는 지배욕에 불탄 것이다. 따라서 통합결과로 생겨난 강권력은 당연히 분립되어 인접한 여러 부족에 압력을 가하여, 결국은 그들까지도 병합하게 된다. 더욱이 이에 성공하면 승리에 의한 우위는 패자에게도 한결같이 충분한 균점(均霑)을 허용하므로, 아무리 용감한 족장들이라 해도 앞다투어 그들 자신과 족당(族黨)을 그의 소위 연방적 국가의 강력한 권력하에 귀속시켰던 것이다. 그리고 군사지휘권을 장악하는 것은 타타르인 여러 왕들 중에서도 최고의 승리자인데, 그 자격은 첫째도 또 둘째도 탁월한 그의 실적이나 실력이었다. 그런 사람은 대등한 실력자들의 추거를 받아서 왕위에 오르게 되는 바, 그 칭호는 칸(汗, Khan)인데, 그것은 북아시아의 언어로 왕권의 일체를 의미한다(터키어계의 Khakan<可汗>또는 Khagan의 약어로서 왕 내지 황제라는 뜻). 이 세습계승권은 오랜 세월에 걸쳐 국왕시조의 혈족자에게 한정되어 있었는 바, 현실적으로 이 시기에 서쪽은 크리미아 반도에서, 동쪽은 중국의 만리장성에 이르기까지 광대한 지역에 군림하고 있던 칸(汗)들은 모두가 유명한 저 징기스칸(Chinghis/Jinghis/Zingis Khan, 成吉思汗, 元太祖. 본명은 Temujin, 鐵木眞. 1162~1227. 재위 1206~27)의 후예들이다(징기스칸은 만년에 그의 광대한 정복지를 자식들에게 분봉하여 원 제국<1271~1368>의 창설을 위시로 그 서쪽에는 킵차크 칸국<1243~1480>, 차카타이 칸국<1227~1321>, 일 칸국<1258~1411>, 오고타이 칸국<1224~1310> 등을 세운 것을 말하는 것). 타타르인 군주로서 필수불가결의 의무는 먼저 그의 호전적인 신하의 무리를 통솔하여 전쟁터에 나가는 것으로서, 만일 이의 해당자가 유아일 경우는 흔히 무시되고, 그 대신 누군가 왕족의 한 사람으로서 연공이나 용기라는 점에서 특히 걸출한 인물에게 선임자 칸의 검과 홀이 넘겨진다. 전 민족의 군주인 동시에 개별부족의 수장이기도 한 칸의 위신을 유지하기 위하여 칸은 전 부족에게 명확히 두 종류의 정기적인 조세를 부과한다. 그 조세는 그들의 자산 또는 노획물의 10분의 1로 각각 정해져 있었다. 이리하여 타타르인 군주는 국민이 생산하는 부의 10분의 1을 취득하는 외에도 자기 소유의 가축군이 다시 그 이상으로 번식하기 때문에, 시골 궁전의 호사스러운 생활정도라면 이것으로도 충분히 충당할 수 있었고 또 공신과 총신들에 대한 은상 등도 능히 수입에서 내놓을 수 있었다. 게다가 이런 수입으로 은근히 매수공작까지 벌이면 어설피 위압적 명령 따위로는 거부당할는지 모를 그런 상대도 복종시키게 된다. 칸 자신부터가 그렇지만 유혈과 약탈에는 이미 익숙한 신하 부족민들의 습속으로 볼 때, 문명국민을 소름끼치게 할 정도의 포학편파적인 행동도 쉽게 허용될는지 모른다. 그런데 스키티아 사막에서는 전제자의 권능 따위는 일체 인정되지 않았다. 칸에 의한 직접 지배권이 인정되는 것은 그 자신의 부족내에서뿐이고, 따라서 왕권행사는 처음부터 끝까지 전국민회의라는 고대의 제도에 의하여 제약받고 있었다. 타타르인의 의회라고도 볼 수 있는 코로울타이(Coroult-ai)는 해마다 정기적으로 봄과 가을 2회에 걸쳐 평원 한복판에서 소집된다. 이 때는 통치권자인 일가의 왕들은 물론 각 부족의 족장들도 많은 군졸을 이끌고 마상회의장으로 모여든다. 그리고 제아무리 야심만만한 칸이라 해도 군대의 열병을 끝마친 다음은 새삼스럽게 그들의 의향을 물어보아야만 하였다. 즉, 스키타이인이나 타타르인의 이런 제도에서 우리는 봉건제적 지배형태의 맹아를 찾아 볼 수 있는데, 다만 이들 두 민족 사이에 계속된 부단한 항쟁이 때로는 강력한 전제주의적 제국의 확립으로 끝나게 하는 경우가 있었다. 다시 말하여 예속왕들로부터의 조공품이 많고 또 그들의 무력으로 강력화된 승리자가, 그의 정복의 창끝을 유럽 또는 아시아 지역으로까지 뻗쳤는데, 이에 승리한 북방유목민들은 결과적으로 패자의 학문·예술·법률·도시생활 등에 동화되었을 뿐만 아니라 다시 사치풍조까지 도입함에 이르러서는 백성들의 자유가 우선 파괴되었고, 이어서 왕권기반 그것까지도 침식당했던 것이다.*

문맹자인 만족무리들은 멀고 먼 원거리 이동을, 그것도 여러번 반복했으나 기록을 가지지 않았기 때문에 과거에 일어났던 일 따위가 오랫동안 기억에 남아 있을 수 없었다. 근년간의 타타르인들은 조상들이 행한 정복사실 등을 전혀 알지 못한다. 또한 오늘날 스키타이인 역사에 관하여 우리가 가지고 있는 지식은 모두가 그들이 남쪽의 문명국민들, 예컨대 그리스인·페르시아인·중국인 등과의 접촉교류에서 도출한 것들 뿐이다. 그리스인에 관하여 말한다면, 그들은 흑해를 항해하여 그 대안의 연안 몇 군데에 식민지를 건설함에 따라 불완전하지만 점차 스키티아의 존재를 알게 된 것이다. 당시 그곳은, 서쪽은 다뉴브강과 트라키아 지방으로부터, 동쪽은 영원한 겨울나라인 멀고 먼 메오티스(Maeotis)의 빙해(오늘날의 아조프해), 그리고 고대시(古代詩)에서는 세계의 맨 끝이라고 읊어진 카우카수스산(Caucasus 山. 오늘날의 카프카즈<코카사스>산맥)에까지 이르고 있었다. 그리고 소박단순한 지레짐작일지 모르나, 그리스인은 그들 유목민생활의 미덕을 입을 모아서 칭찬하고 있다(호메로스<호머>의 「일리아드<Iliad>」 제13권의 모두. 여기서 제우스신은 트로이 전쟁터에서 눈을 돌려 저 멀리 동방의 유목민족, 특히 아비오이족 등의 평화로운 국토를 내려다 보고 있다). 이와 같은 그리스인들도 일찍이 저 휴스타스페스(Hystaspes)의 외아들인 다레이오스왕(Dareios/Darius I. BC 558경~486. 재위 BC 522~486. 스키타이인의 페르시아 서북국경지역 침입에 고민하던 끝에 BC514에는 다뉴브강 방면에 출정한 바 있다)의 대군조차 겁내지 않았던 이 호전적인 만족(헤로도토스의 「역사」 제4권, 투큐디데스<Thoukydides/Thukydides, BC 460<455>~400경. 그리스의 역사가>의 「역사」 제2권 97절)의 막강한 전력에 대해서는 정말이지 당연한 불안감을 품었었다. 그 이유는 페르시아의 역대 왕이 다뉴브강변 지대로부터 유럽의 스키타이인 영토에 걸쳐 여러번 서방침략에 손을 뻗었기 때문이다. 그러나 이런

---

* 이하에는 얼마 동안 아시아 제민족, 특히 우랄어족(語族)과 알타이어족에 속하는 제민족에 관한 서술이 이어지지만, 기번은 물론 본문에서도 언급했듯이 18세기 유럽내 동양학자들의 지식에 기초하여 이것을 쓰고 있는 만큼, 오늘날의 발달된 비교언어학과 비교민속학적 견지에서 보면 많은 문제점이 있다는 것을 염두에 두고 독자들은 이것을 읽어주기 바란다.

페르시아 제국조차 자기의 동방제주를, 마찬가지로 아시아의 스키타이인, 다시 말하여 멀리 카스피해를 향하여 흐르는 옥수스(Oxus)와 야크사르테스(Jaxartes)의 양대강(지금의 이름은 아무강과 시르강. 모두 북서쪽으로 흘러서 카스피해가 아니라 아랄해로 들어간다. 단, 옥수스강은 그전에는 카스피해로 흘러든 시대도 있었던 모양이다) 피안에 전개된 평원에 거주하는 만족으로부터의 공격에 항상 무방비 상태로 노출시키고 있었다. 장기간에 걸친 이란(Iran)과 투란(Touran) 양족의 항쟁은 지금도 여전히 역사와 전설의 좋은 테마를 제공하고 있다. 아마도 황당무계한 허구이겠지만, 북방 아프라시아브족(Afrasiab 族)의 입구에 대하여, 조국을 수호하여 싸운 루스탄(Rustan)과 아스펜디아르(Asfendiar)라는 두 페르시아인 영웅들의 유명한 무용담, 또한 같은 전쟁터에서 큐로스왕과 알렉산더 대왕 상승군에 대항하여 용감히 싸운 이들의 불굴의 무용담 등이 바로 그런 것이다(페르시아 시인 피르다우시<Firdausi, 본명은 Abu'l-Qasim. 920?～1020경>의 대서사시 「열왕기<Shahnameh>」에 등장하는 인물평. 원시는 이란민족의 건국에서 사산<Sasan>왕조에 이르기까지의 신화와 영웅전 등 전승물을 망라한 것이다. 작자는 사디<Sa'di, Shirazi 1184?～1291>와 함께 민족시인으로서 세계에 알려졌고, 흔히 「이란의 호메로스<호머>」라고 일컬어진다). 그리스인이나 페르시아인의 눈으로 볼 때 현실적인 스키티아의 지리는, 동은 이마우스(Imaus) 또는 카프(Caf) 산맥(오늘날의 타시켄트시 동쪽배후이며 키르기즈산맥과 아라이산맥 등의 고지일대를, 옛날에는 이마우스 산맥이라고 총칭했던 것 같다)이 그 한계이고, 다시 그 저쪽은 훨씬 더 먼 아시아의 끝이 되는데, 인적이 미치지 않은 지방의 전망에 이르러서는 전혀 무지의 구름 저쪽이든가, 아니면 옛날 이야기와도 비슷한 가공적인 세계였다. 그런데 이 인적미답의 세계야말로 아마 전승에 지나지 않는다고는 하지만, 기실 4천년 이상이나 면면히 이어져 온 역사를 자랑하는 일대 문명국민의 거주지였으며, 특히 그가 지나온 2천년 가까이 되는 발자취는, 각각 당대 사가들의 붓으로 정확히 입증되고 있다(다음 문장으로도 알 수 있듯이 명백히 「사기<史記>」<司馬遷이 편찬한 것. 130권. 黃帝이후 漢 武帝까지의 왕조 편년사>와 「한서 <漢書>」<前漢의 正史. 120권. 후한의 班固가 지은 것. 前漢 일대의 역사>이하 중국 역대의 관선 정사를 의미한다). 사실 중국의 이런 편년사들은 각 유목부족의 현상과 흥망의 발자취를 상세히 기록하고 있는데, 그들의 사적은 비록 호칭이 스키타이 또는 타타르 등 얼마간 막연하지만, 지금도 뚜렷이 알 수 있는 바와 같이, 그들은 어떤 때는 그 대제국의 속방이거나 강적이었고, 또 어떤 때는 그에 대한 정복자로도 되어 있었는데, 이 대제국의 정책은 시종

일관 이런 북방만족들의 저돌적인 만용에 대하여 단호하게 대항해 왔음을 알 수 있다. 다뉴브강 하구에서 한국의 동해(일본해)에 이르기까지 스키타이 민족권의 전체 연장거리는, 경도로 해서 약 110도, 위도로 계측하면 5천마일 이상에 이른다. 다만 이 광대한 사막지대의 위도에 대하여 그렇게 간단하게, 또 정확하게 계측한다는 것은 불가능하다. 가령 이것을 중국의 만리장성과 교차하는 북위 40도선을 기선으로 한다면, 그것은 다시 1천마일 이상이나 북으로 연장되어 저 극한의 땅인 시베리아에 이르러 겨우 끝난다는 것이 대략 확실한 표현일 것이다. 이 황량한 동토지대에는 이미 생기발랄한 저 타타르인 막사도 보이지 않으며, 대지, 대지라기보다도 차라리 설원(雪原)에서 피어 오르는 연기가, 그 밑에 퉁구스족(Tongouses)이나 사모이에데족(Samoiedes)의 지하주거가 있음을 상기시켜 주는 데 불과하다. 물론 여기에는 소와 말 같은 것은 없고, 얼마간의 순록과 큰 개의 무리들이 불완전하지만 소와 말이 수행할 역할을 보완하고 있을 따름이다. 지상의 정복자들은 언제부터인지도 모르게 기형왜소한 체구의 만족에로 퇴화해 버렸고, 무기가 부딪히는 소리 하나에도 벌벌 떠는 겁장이로 되었다(기번은 당시 프랑스인으로서 중국문제를 연구한 많은 학자들의 문헌과 선교사들의 회상기 등을 출처로 이것을 썼지만, 오늘날의 시점에서 보면 이미 시대에 뒤떨어져 있음을 알 수 있을 것이다).

이런 훈족이 발렌스 황제의 치세 때부터 로마제국을 위협하였는데, 사실은 이보다 훨씬 이전부터 그들은 대제국인 중국에 대해서는 가공할 강적으로 되어 있었다. 고대, 즉 발상시대의 그들의 정주지는, 예의 만리장성 바로 북쪽과 접하는 건조불모라고는 하지만 광대한 국토였다. 오늘날 이 땅을 차지하고 있는 것은 몽골족이라고 불리우는 약 20만 가족으로 구성된 49개 부족(Hords)집단의 유목민족이다. 일찍이 훈족의 무력이 좁은 이 국토의 경계선을 넘자 선우(單于, Tanjou. 원래는 크고 넓다는 뜻. 흉노가 자기네 군주나 추장을 높여서 부르는 칭호.)를 칭하는 그 족장들은 점차 주위를 정복하여 강대한 제국의 주권자가 되었다. 동방을 목표로 한 승리의 무력은 대양에 이르러서야 겨우 창을 거두었다. 그리고 아무르강(Amoor 江. 흑룡강)과 최동단인 한반도와의 사이에 점점이 널려 있던 여러 부족은 불만스러우면서도 모두가 훈족의 정기 밑에 복종하고 있었다. 한편 서쪽으로 향한 그들은 이르티쉬강(Irtish 江. 시베리아에 있는 큰 강 중의 하나. 중류지방에서 오비강과 합류한다)의 수원지 가까이와 이마우스 협곡(Imaus 峽谷. 앞면의 이마우스<카프>

산맥에 관한 할주에서 말했듯이, 타시켄트시 동쪽배후에 있는 산맥의 계곡)사이에 전개된 훨씬 광대한 공간에서 상당히 많은 적대자들을 발견하였다. 선우의 대장(代將) 중 한 사람은 불과 한번의 원정으로 실로 26개국을 정복하여 문자사용에서는 타타르인 이상으로 우수한 민족이었던 이고르족(Igour 族, 위구르<回紇>족을 말하는 것. 고대 위구르문자에 의한 문서비문 등이 남아 있다)마저 속방의 하나로 만들었다. 더욱이 인사(人事)의 상관관계란 기묘한 것으로서, 이들 방랑성 부족의 하나인 위구르족의 패주가 승세를 탄 파르티아(Parthia)군을 그의 시리아 침공으로부터 반전(反轉)케 하였다. 북방에 대하여 좀더 말한다면, 대양만이 훈족세력의 진출을 저지시킬 수 있는 한계였다. 사실 그들의 진격에 저항할 수 있는 적이란 없었고, 또 그들의 호언장담을 반박하는 증언자조차 없을 만큼, 허실은 어쨌든간에, 그들에 의한 이 시베리아 동토지대의 정복은 의심할 바 없이 수행되었다고 보여진다. 이리하여「북해」야말로 그들 제국의 멀리까지 확장된 북부한계선인 셈이다. 그런데 이「북해」라는 호칭만은 명백히 저 애국자인 소무(蘇武, Sovou. 漢 武帝<재위 BC 140~87> 당시의 외교가 <奉使>,「雁書」로서 유명하다. 안서란 편지라는 뜻으로서 蘇武가 북쪽 호지인 흉노족에 사신으로 갔다가 억류되었을 때 명주에 통신문을 써서 그것을 기러기 발목에 매서 날려 보냈던 것이 武帝에게 전달되었다는 고사에서 나온 것인데, 이런 연락의 덕분으로 그는 BC 81년에 흉노땅으로부터 장안성에 돌아왔다. 蘇武는 시인이기도 한데, 五言詩 형식의 최초작가 중 한 사람으로 알려졌다)가 연안에서 포로의 양치기로 나날을 보냈던 바다일 터인즉, 이것은 차라리 바이칼호라고 보는 것이 타당하지 않을까. 어쨌든 이 큰 호수는 길이가 300마일이 넘는 만큼, 호수라는 일반적인 호칭으로 불리우는 것은 매우 불만스럽게 생각한 모양이다(이 표현에 대하여 기번은 몇 가지의 현지 여행기가 전한 민간전승에 의거하고 있는데, 그 전승이란 이 바이칼호가「신성한 바다」를 자부하고 있는데 대하여, 사람들이「호수」라고 부르는데 화가 나서 폭풍우를 일으켰다는 것이다). 사실 앙가라(Angara)·퉁구스카(Tonguska)·예니세이(Yenesei) 등등의 길고도 큰 강들에 의하여 이 호수가 훌륭하게 북빙양과 연결되어 있는 것만은 확실하다. 그것은 그렇다치고 이처럼 원격한 지역의 많은 민족들까지 신종(臣從)하기를 맹세한 이상, 선우의 자부심은 아마도 크게 고무격려되었을 것이다. 그러나 그들의 용감한 무력에서 보상받은 것이란, 결국 처음으로 알게 된 남방제국의 엄청난 부와 사치에 관한 달콤한 맛 뿐이었다. 기원전 3세기의 일이지만, 진(秦)제국(BC 221~202)은 변경지대를 이들 흉노족의 침구로부터 방위하기 위하여, 연장 1,500마일에 달하는 장성을 구축하였다. 그러나 터무니없는 이 대토목공사도 세계지도상에서는 명소로 되었는지 모르나, 평화애호 국민의 안전을 지키기 위해서는 아무런 역할도 하지 못했다. 선우 직속의 기병대는 대부분의 경우 20~30만으로 편성되어 있었는데, 그들은 활의 사용과 말타기에서 비할 바 없는 숙련성을 발휘했을 뿐만 아니라, 어떠한 혹한에도 견뎌내는 강인한 인내력과, 급한 여울목이든 깎아지른 벼랑이든, 또는 아무리 깊은 하천이나 높은 산악이라 해도 일체 개의치 않고 돌진하는, 실로 거짓말과도 같은 신속성으로 이동 및 공격하는 대단히 무서운 강적이었다.

눈 깜짝할 사이에 전쟁터 전면에 전개하여 신속과감하게 돌진하는 그의 모습은, 제아무리 신중엄밀한 중국군의 전술이라 해도, 급습 또는 기습을 받아 곧 혼란에 빠지곤 하였다. 예를 들어 한나라 고조(高祖, Kaoti, 劉邦, BC 247?~195. 재위 BC 202~195)는 그의 뛰어난 재간으로 일개 병정으로부터 제위에까지 오른 전형적인 풍운아지만, 그러한 그가 온갖 내전에서 단련되고 또 승리해 온 노련한 정병단을 이끌고 흉노토벌전에 나선 바 있었다. 그러나 곧 만족군의 엄중한 포위망 속에 들어 어떻든 7일 간은 그 공격을 버텨냈지만, 그 뒤는 원군이 올 희망도 끊기자 굴욕적인 항복으로 겨우 생명을 보전하는 수밖에 없었다(BC 200, 山西省에 있는 소위 白登山 전투에서의 패배를 말한 것). 이후 후계황제들에 이르러서는 전적으로 태평성세의 문약(文弱) 취미와 궁정생활의 사치에 탐닉할 뿐 흉노들에게는 반영구적인 굴욕을 감수하여야만 했다. 너무도 빠르게 군비와 방책의 취약성을 폭로시키고 말았던 것이다. 흉족 내습의 횃불이 주변의 모든 요새로부터 올랐음에도 불구하고, 중국의 병사들은 머리에는 투구, 몸에는 갑옷이라는 군장을 갖춘 채 그대로 잠자는 것이었다. 그러다가 당황해서 흉노를 맞아 싸우게 되는데, 끊임없이 헛된 출격만을 반복할 뿐 그때마다 어이없이 패주하곤 하였다(주로 BC 180~157년간, 前漢代 太宗 文帝 때의 일이다). 그러다가 일시적으로 매우 위태로운 화약이 성립되는데, 그 조건은 해마다 정해진 수량의 공납금과 비단을 바치도록 약속한 것이었다. 실체가 공물임에도 불구하고, 이것을 선물이니 보조금이니 하는 명목으로 표면만을 얼버무리는 굴욕적인 편법은 로마 황제들도 상투적으로 쓰던 수법이지만, 중국의 황제들도 역시 이와 마찬가지였다. 그러나 이보다 한층 더 수치스러운 공납(貢納), 즉 자연이나 인정에도 위배되는 조항이 한 가지 더 들어 있었다. 그것은 다음과 같은 일이다. 미개한 만족들은 생활에 수반되는 궁핍에서 오는 습속으로서, 그들 사이에 자녀가 태어나도 그가 허약하거나 병약하면 갓난아기일 때에 죽여버리곤 하였다. 이것은 당연히 남녀간의 인구비율에 심한 불균형을 가져오게 하였다. 게다가 타타르인이란 추하기를 넘어서 차라리 기형에 가까운 용모의 족속이다. 따라서 동족의 여인들은 전적으로 가사노동의 도구로 간주하는 한편, 욕정-차라리 수욕에 가까운 일의 대상으로서는 청초한 미인을 요구했던 것이다. 여기서 중국측으로서는 조약에 따라 해마다 절세미인의 처녀 일단을 선발하여 이것을 무작한 자들의 포옹에 제공하는 수밖에 없었다(전술한 바 白登山에서의 패배결과로 高祖와 冒頓선우와의 사이에 맺어진 화약조건으로서 이것이 약속된 이래 관례로 되었다). 이리하여 자고자대하는 선우와의 우호관계는 그들이 중국 황실의 황녀(동양사에서 말하는 소위 공주)든가, 아니면 양녀로 삼은 황녀와 결혼함으로써 겨우 유지되었다. 불경 모독과도 같은 이 오욕만은 어떻게든 모면해 보려고 하였으나 결국은 헛된 일이었다. 이 불행한 희생의 제물과도 같은 여성들의 신세는 현실적으로 한 공주를 두고 읊은 허다한 시편 속에 자세히 묘사되어 있다*. 그녀는 황제의 엄명으로 멀리 떨어진 이경(異境)에서 오랑캐 남편에게로 시집보내졌지만, 자기의 박명을 슬퍼하면서 음식물이라야 고작 시큼해진 우유와 짐승의 고기뿐이고, 주거라 해도 다만 막사가 궁전일 뿐이라고 한탄하고 있다. 그러면서 차라리 이대로 새가 되어 그리운 고국으로 날아서 돌아가고 싶다는 자연스러운 생각을 소박하고 애조섞인 말로 기술하고 있다.

---

* 이것은 유명한 왕소군(王昭君)을 주제로 한 애시(哀詩)들을 말한다. 왕소군은 양가출신(湖北省 興山里에서 출생) 궁녀로서 이름은 왕장(王嬙)이요, 자를 소군(昭君)이라고 했지만, 궁중화가 모연수(毛延守)에게 뇌물을 바치지 않았다는 앙갚음으로, 미인이 오히려 추녀의 초상으로 그려짐으로써 효원제(孝元帝)에게 지목되어 BC 33년 흉노의 수장인 호한사(呼翰邪)선우와 정략결혼을 하지 않을 수 없었다. 시집간 후의 생활은 본문과 같지만, 정조를 생명으로 아는 동양여인으로서 더 참을 수 없었던 것은, 남편인 호한사가 죽은 뒤에 다시 그의 전처 아들의 첩이 되어 의붓자식과 잠자리를 같이 해야 했던 사실이다. 그녀의 무덤은 현재 中國 內蒙古 自治區 包頭市 교외에 있다고 한다. 왕소군에 관한 애시는 많지만 다음에 이태백(李太白. 이름은 白. 자가 太白, 호는 靑蓮居士. 701~763. 杜甫와 더불어 唐代 첫째가는 시인)이 그녀가 떠나던 광경을 읊은 시를 소개한다.

昭君拂玉鞍　上馬啼紅顏

今日漢宮人　明朝胡地妾

(昭君 白玉 안장을 털었다.
말 위에 오를 紅顏은 울고 있구나.
오늘은 漢宮사람이지만
내일이면 胡地의 첩이 될 몸.)

북방의 유목민족이 중국대륙을 정복한 일이 두 번 있었다(문장이 너무 간단하여 뜻을 명확히 알 수 없다. 흉노가 중국북부변경을 침구하기 시작한 것은 진<秦>시대부터이고, 입구한 것이라면 한나라 武帝시대만도 수십회나 되었다. 따라서 2회란 무엇을 뜻하는지가 불분명하다). 훈족의 무력은 몽골족이나 만주족의 그것에 조금도 뒤떨어지지 않았으므로 그들로서는 충분히 야망의 성공을 낙관하고 있었을 것이다. 그러나 그런 자부심이나 진격도 한나라 제5대 황제(제5대는 기실 제7대의 잘못이다. 기번은 어쩌면 고조의 황후였던 여태후<呂太后>의 전제정치시대<BC 188~180>에, 짧은 기간동안 명목상으로 내세워졌던 두 황제<소제공과 소제홍>을 포함시키지 않고 이렇게 제5대로 말했는지도 모른다) 무제(武帝, Vouti, 이름은 劉徹. 재위 54년<BC 140~87>에 「漢·唐의 盛世」니 「秦皇 漢武」로 일컬어지는 위대한 천자로서 성대를 이룩했다)의 병력과 정책에 의하여 완전히 저지되었다. 54년간에 걸친 그의 장기치세하에 남방 제주의 만족들도 모두 한(漢)나라의 법과 습속에 복종하였다. 이리하여 고대 한나라의 판도는 북은 황하로부터 남쪽은 광동항(Canton 港)까지 확대되었다. 무제의 정책은 단순한 소극적인 방어전만으로 끝나는 것이 아니라, 그의 대장(代將. 대장군 위청<衛靑>, 표기<驃騎>장군 곽거병<霍去病> 등)들은 오히려 흉노들의 영내 수백마일이나 되는 오지에까지 침공해서 토벌하였다. 하여튼 무한히 전개된 사막지대인 만큼, 그곳은 병참기지를 설치하는 것이 불가능할 뿐만 아니라, 충분하게 보급품을 수송하는 것도 곤란한 곳이었다. 무제가 파견한 이들 원정군 중, 극도의 곤란을 여러번 겪으면서도 무사히 무제 밑으로 살아서 돌아온 장병이란 최초에 진발됐던 14만 병력 중 겨우 3만에 불과했다고 한다(단, 숫자적으로 이에 해당하는 토벌 원정전은 漢書의 「武帝紀」나 「凶奴傳」에서는 찾아 볼 수 없는 바, 과연 출처가 어디인지 불상이다). 그러나 이와 같은 손해는 결정적이라고도 할 수 있는 성공에 의하여 보상되고도 남음이 있었다. 즉, 한군(漢軍) 장수들은 그들이 가진 무기와 전차성능의 우수성, 그리고 타타르인 보조부대의 봉사성에 한층 더 개선책을 강구했기 때문이다. 어느 때인가 한나라 원정군이 술에 만취하여 세상 모르고 잠들어 있는 선우의 막사를 급습하였는데, 이때 선우 자신만은 용감히 싸워서 겨우 혈로를 뚫고 사선을 돌파하여 구사일생으로 도망쳤다. 그러나 뒤에 남겨진 1만5천명이 넘는 그의 부하장병들은 그대로 전장에 남겨져 모두 소탕되고 말았던 것이다. 이와 비슷하게 처참했던 전투는 이 전후에도 여러번 반복되었지만, 어쨌든 눈부신 이런 전승은 훈족의 전력을 파괴하는데 커다란 기여로 되었다. 그리고 이보다 더 유효했던 것은,

지금까지 훈족의 지배하에 있던 공납부족무리를 그의 예속으로부터 이탈 및 대항케 한 정책이었다. 무제와 그의 후계 황제들의 무력에 겁먹었으며, 또 그가 내세운 공약에 현혹된 동서 두 방면의 대부족무리가 연이어 선우의 권위를 부인하게 되고, 이와 반대로 한나라와의 맹방관계, 더 나아가서는 속방관계까지 인정하는 한편, 훈족에게는 불구대천의 원수가 된 것이다. 어지간히 오만불손하던 훈족도, 이제 본래의 토착세력만으로 되돌아가 버리면 아마도 그 숫자란 한나라 어딘가 대도시 한 곳에 충분히 수용할 수 있을 정도로 밖에는 되지 않았을 것이다. 부족민의 도망이 시작되고 다시 내전에 의한 혼란도 있고 해서, 끝내는 선우 자신이 그의 독립군주된 위신이나 왕성한 호전적 국민의 자유도 모두 버려야만 하였다. 결국 그는 제국의 수도 장안(원문에는 Sigan으로 되어 있는데 이것은 잘못이다. 長安은 지금의 西安이다)에 사후(伺候)하지 않을 수 없었는데, 이 수도는 중화적인 자부심의 승리를 특히 자랑하고자 허례를 위해서였는지 하여튼, 선미(善美)를 다한 영예로운 의례를 가지고, 문무백관들과 황제 자신이 직접 참석하여 성대하게 그를 환대하였다. 장려한 궁전이 그를 위하여 준비되었는데, 그의 석차순위는 황족전원보다 윗자리였다. 그러나 어지간한 이 만족왕인 선우도 식사코스에서 고기요리가 8가지에 다시 장엄한 예악이 9곡이라는 의례적인 긴 연회에는 정말 지쳐버리고 말았다. 그래도 그는 끝까지 참고 견디어 황제 앞에 꿇어 앉아서 배례하는 의무를 다 했을 뿐만 아니라 그 자신과 그의 후계 선우들의 이름까지 걸고 영원히 충성과 순종을 다할 것을 맹세하였다. 그리고 번왕(藩王)의 표장으로 주어진 국새와 옥새도 감사의 예로 받았던 것이다(이상의 본문은 아마도 BC 51년 정월, 호한사 선우가 번신<藩臣>으로서 장안성에 있는 한나라 조정에 입조<入朝>했을 때의 광경을 묘사한 것 같다. 당시 한나라는 제10대인 선제<宣帝>시대였다. 세부적인 차이는 있지만 본문내용은 「漢書 의 「宣帝紀」와 「匈奴傳」의 기술과 대체로 일치된다). 굴욕적인 이런 신종예(臣從禮)를 취한 뒤에도 때로는 이 서약을 파기하고 좋은 기회를 노려서는 전쟁과 약탈행위로 나온 선우들도 있었지만, 결국은 훈왕국 그 자체가 점차 쇠퇴에 빠졌고, 끝내는 내전화하여 서로 항쟁하는 2개의 왕국으로 분열하고 말았다(AD 48년 후한 光武帝시대의 일). 그리고 왕들 중의 한 사람은 야심에서인지 또는 공포심에서인지, 여하튼 4～5만 가족으로 구성되는 8개 부족을 이끌고 멀리 남쪽으로 이동하여, 선우라는 호칭을 그대로 가지고 우선 한나라의 제주(諸州)와 인접된 한 지방에 의거하였다. 그리고 자신이 약체라는 자각과 또 동족에 대한 복수심도 첨가되어 한나라에 대해 여전히 우호적인 충성을 바치는 데는 변함이 없었다. 이 불행한 분열이 있은 뒤, 북방의 흉노는 약 반세기 동안 끊임없이 세력쇠퇴에 고민하더니, 드디어 주위 사방팔방의 내외적으로부터 압박을 받게 되었다. 어느 높은 산꼭대기에 세워진 기념비의 명문(銘文)에는 일찍이 한나라 군대가 그들의 국토안 700마일이나 깊은 곳까지 진공해 갔었다는 내용을 기록함으로써 이것을 자랑스럽게 후세에 전하고 있다고 한다*. 그런데 이것도 동방 타타르족의 한 부족이지만 선비족(鮮卑族, Sienpi. 원래는 북아시아 興安嶺지방에 있던 몽골 퉁구스계에 속하는 유목민족이다. 흉노세력이 쇠약해질 무렵부터 중국 華北지방에 거듭 입구하였고, 4세기의 이른바 五胡十六國시대<316~439년>에는 北魏 등 몇 개의 중국화된 왕국을 화북지방에 세운 바 있다)도 여러번 흉노로부터 받은 굴욕에 대하여 보복하였다. 때문에 선우들의 세력도 1300년간에 걸쳐 쟁패전을 계속한 끝에 서력 1세기말까지는 완전히 쇠망하고 말았다.

패배한 흉노들의 운명은 그 성격이나 상황 차이로 여러가지 형태를 취하였다. 최하층, 따라서 가장 소심하고 겁약했던 10만 이상의 사람들은 그대로 향토에 잔류하여 부족명이나 혈통의 기원도 모두 버리고 정복자인 선비족 속에서 잡거하게 되었다. 이에 반하여 같은 예종이라 해도 얼마간은 명예로운 예종을 바란 58개 부족의 약 20만은 남쪽으로 물러가 차라리 중국 황제의 보호를 요청하였다. 그리하여 이것이 허용되어 주로 산서성과 오르도스(Ortous, 오늘날의 내몽골 자치구의 일부. 북은 만리장성선이고 나머지 세 방면은 우회하는 황하에 둘러싸인 고원지대) 변방지대에 거주하면서 그곳의 방위를 담당하는 것이 허용되었다(이른바 남흉노를 말하는 것. 1세기 전반기의 일). 문제는 그들 중에서도 특히 강력하고 전투적인 몇 개 부족에 관한 것인데, 이와 같은 역경 속에서도 이들은 완고하게 조상전래의 불굴성을 버리지 않고 있었다. 더욱이 서방세계는 이제 그들의 무용을 과시함에 있어 개방된 처녀지였다. 세습족장들에게 인솔된 그들은 아직 선비족의 무

---

* 이 비문에 관한 내용은 불분명하다. 다만 편집자 J. B. 베리의 보충주석에 의하면, 후한조 제3대 황제인 장제(章帝, 재위 AD 76~89) 치세 말기에 반초(班超, 32~104. 자는 仲什. 작위는 定遠侯)가 서기 80년부터 소륵(疏勒)을 격파했고, 뒤이어 西域將無長史(서역도호)가 되어 북방 흉노를 정복하였고, 특히 94년에는 언기를 토벌하여 그 왕을 참하는 등 서역 50여국을 31년간에 걸쳐 경영한 정치가적 무장인 그의 사적으로 보아야 할 것이라고 하였다. 그러므로 이 비문은 역시 그의 선문(選文)인 것 같다는 것이다.

력도, 중국의 법률도 미치지 못하는 머나먼 곳의 새 국토를 발견하자, 그곳을 정복하려는 결심을 굳혔다. 그들의 부족이동은 이윽고 이마우스산맥(Imaus 山脈. 天山산맥의 옛이름) 저쪽이며, 중국지도가 나타내는 판도의 한계를 훨씬 넘는 곳이다. 오늘날 우리가 확인할 수 있는 한, 이 무서운 유랑집단이 이동한 코스는 크게 나누어 두 갈래 길이었다. 즉, 하나는 옥수스(Oxus)강을 목표했고, 다른 하나는 볼가강으로 향한 것이다. 전자는 카스피해 동쪽의 넓고 비옥한 소그디아나(Sogdiana) 평원 (오늘날 소련내 타직 공화국으로부터 우즈벡 공화국 일대)에 그 국토를 건설하고, 에유탈리테스(Euthalites) 또는 넵탈리테스(Nepthalites. 희다는 뜻의 토어인 것 같다. 뒤에 백훈족으로 곧 나온다)라는 수식어를 붙였지만, 어디까지나 훈족이라는 민족 이름만은 내내 고수하였다. 이곳은 기후가 온화할 뿐만 아니라 번영했던 땅(여기서는 지금도 아주 미미하지만 그리스 예술의 흔적을 찾아 볼 수 있다고 한다)에 장기간 정주했던 탓인지는 모르나, 그 후 이들의 습성이 현저하게 온화해졌고 또 언젠지도 모르게 용모까지 바뀌어 버렸다. 아마도 그와 같은 얼굴색깔 변화에서 유래한 명칭이겠지만, 이른바 이 백훈족(White Huns)은 머지 않아 스키타이인적인 유목생활도 그만두고 말았다. 그 후 카리즘(Carizme)이라는 이름으로 한때 번영을 구가했던 고르고시(Gorgo 市)*야말로 이 훈족왕의 수도였는데, 이곳의 수장은 온순한 신민들을 상대로 법치적 지배의 실적을 올렸다. 그들의 번영과 사치를 지탱한 것은 오로지 소그드인의 근로였다. 다만 여전히 남겨진 고래의 만족 풍습의 유풍 중 한 가지는 부유한 주인이 죽었을 때, 생전에 그의 은혜를 입었던 사람들 (아마도 20명정도로 생각되지만)을 모두 같은 무덤에 순장(殉葬) 시키는 관행이었다. 이들은 그 국토가 페르시아에 인접해 있었기 때문에, 여러번 이 왕국과의 유혈전에 말려들지 않을 수 없는 경우가 있었다. 그러나 평시에는 협정의 신의를 존중했고, 설사 교전상태에 들어간다 해도 인도상의 규칙만은 지켰다. 특히 페로스족(Peroses, 또 다른 이름은 피루즈<Firuz>라고 한다)을 격파한 눈부신 승리는 그들의 무용을 과시한 것일 뿐만 아니라 절도(節度) 억제의 미덕까지 아울러 실증한 것이기도 했다. 다음으로 이들과 행동을 달리

* 카리즘(Carizme)이나 고르고(Gorgo)는 무엇을 뜻하는 지 명확치 않으나 기번의 주석에 의하면, 이미 나온 바 소그디아나(Sogdiana)의 지명 내지 국명인 것 같다. 시대는 훨씬 내려와 13세기 초엽으로서 징기스칸 군대에 정복당하여 완전히 황폐화된 바, 이때는 설탄 모하메드(Sultan Mohammed)가 통치했었다고 하는데, 어쩌면 이것이 얼마간의 단서가 될는지도 모른다.

했던 또 하나의 훈족집단은 점차 북서쪽으로 진로를 택했는데, 그 쪽은 혹한과 고난에 가득찬 행로였으므로 참담한 간난신고를 겪어야만 하였다. 막다른 골목에 몰린 뒤에야 비로소 취한 조치였지만, 그들은 하는 수 없이 중국산 비단과 시베리아산 모피하고 서로 물물교환하는 방법밖에 없었다. 그리고 미미하게 남아 있던 문명생활의 흔적마저 모두 불식당하고 말았다. 이리하여 원래부터 극심하던 흉노족의 흉포성은 사막의 야수라고도 할 수 있는 원시야만적인 토착부족과의 접촉으로 한층 더 흉악해졌다. 오로지 독립불기(獨立不羈)를 목표로 하는 그들의 정신은 이윽고 선우(Tanjou)라는 세습적 계승의 수장호칭까지도 폐지하고 각 부족들은 그의 독특한 족장(mursa) 지배하에 들어가고, 전체 훈족의 방침을 지도한 것은 전체 족장회의였다. 그런데 이 족장회의가 또한 시끄럽게 떠드는 회의체였다. 그 후 13세기에 이르러서도 그들이 여전히 이 볼가강 동쪽 연안지대에 얼마간 정주했다는 것은, 대(大)훈가리(Great Hungary)라는 지역명칭을 남긴 것으로도 명확히 알 수 있다(기번의 주기에 의하면, 13세기에 루브루퀴스<Rubruquis>라는 수도사가 元나라 수도인 대도<大都, 또는 燕京, 지금의 北京>로 가고자 볼가강 하류지대 동쪽 연안의 평원을 지나갈 때, 언어의 공통성까지 볼 수 있는 훈가리라는 이름의 땅을 발견했다는 내용이 그의 여행기에 있다고 한다). 겨울이 되면 그들은 가축무리와 함께 볼가강 하구지대로 남하하고, 여름이 되면 다시 사라토프(Saratoff. 볼가강변에 있는 도시로서 대략 북위 43도선에 위치한다)시의 계선, 어쩌면 카마강(Kama 江)과의 합류지점 부근까지도 북상한다. 적어도 이것이 근세에서의 흑칼무크족(Black Calmuck 族)의 이동한계였다(칼무크족은 통상 토르구트<Torgout>족으로 불리운다. 이 부족이 이동한 것은 1771년으로서, 청나라 高宗때인 乾隆 36년의 일이다). 그런데 그들은 약 100년 가까이나 러시아의 보호하에 있다가, 그 후 다시 그들의 고향인 중국땅 변경지대로 돌아갔다. 이 방랑적인 타타르인의 총수는 막사, 즉 가구수로 쳐서 약 5천호로 보이는데, 그들의 이동과 또 귀향은 일찍이 고대 훈족이 행한 바, 장거리 이동을 그대로 재현시킨 것으로 보인다.

볼가강 지대의 훈족이 중국사람들의 시야로부터 사라진 후에 로마인들 앞에 다시 그들의 모습을 나타낼 때까지 그간의 암흑기를 메꾼다는 것은 불가능하다. 그러나 그들을 향토로부터 몰아냈던 것과 같은 그런 힘은 그 사이에도 여전히 그들을 유럽의 변경지역에로 몰아 세웠다고 생각해도 별로 잘못이 없을 것같다. 당시 그들의 숙적이던 선비족 세력은 동서 3천마일 이상에 미치고 있던 만큼,

가공할 이 인방의 존재가 점차 그들에게 강력한 중압과 공포를 가했음이 틀림없다. 그리고 스키타이 제부족의 패주는 필연적으로 훈족 전력의 증강이든가, 아니면 역으로 그 영토의 축소라는 결과를 가져왔을 터이다. 그런데 참으로 무미건조하게도, 머나먼 벽지의 부족이름 따위를 나열하는 것이 독자들의 이해를 돕기는 커녕 오히려 쓸데없이 귀를 번거롭게 할 뿐이라고 생각되지만, 저자로서는 역시 아래와 같은 당연한 추측을 도저히 생략할 수 없음을 이해해 주기 바란다. ① 남방의 훈족 왕조(소위 남흉노 선우)는 3세기에 이르러 중국 한나라 통치하에 항복, 귀속되어 있었지만, 그의 망명전사들을 받아들인 북방의 훈족(소위 북흉노)은 크게 전력증강을 가져올 수 있었던 것이 아닌가, ② 특히 용감한 그 전사들은 똑같이 자유를 사랑하고 모험을 즐기는 동포들을 찾아내기 위하여 다시 이동을 계속한 것이 아니었을까, ③ 순조로운 환경에 놓였기 때문이야말로 오히려 분열도 했지만, 일단 공동의 역경을 만나면 쉽게 또 다시 재통합을 이룩했던 것이 아닐까 하는 것이다. 이리하여 훈족은 그의 처자들과 가축군, 나아가서는 예속부족이나 맹우부족까지도 합쳐서 볼가강 서안지구로 대거 이동했을 뿐만 아니라 광대한 스키티아 사막을 점거하여 어쩌면 이곳을 황폐화시키고 있던 유목민인 알라니족(Alani 族)의 영역까지도 대담하게 침공을 감행한 것이다. 볼가와 타나이스(Tanais, 오늘날의 돈강) 두 강 사이에 전개된 평원은 눈에 띄는 한, 온통 알라니족의 천막군으로 덮여 있었는데(이 알라니 또는 알란이라는 민족은 오늘날에는 대략 이란계 민족이라는 것이 정설 같은데 민족학적으로는 다분히 수수께끼의 민족인 것 같다), 이 민족의 이름과 이들의 습속은 연이은 정복으로 다시 광대한 지역으로 침투하고 있었다. 예를 들어 전신에 문신을 넣는 것으로 알려진 아가티르시족(Agathyrsi 族)이나 겔로니족(Geloni 族) 등도 그의 신속(臣屬)부족의 하나였다. 이리하여 그들의 지배는 북쪽은 시베리아 동토지대에 살면서 기아와 분노로 격해지면 인육까지 아무렇지도 않은 듯이 먹는다고 일컬어진 야만족에게까지 미쳤고, 남쪽은 페르시아·인도 변경지대까지 침공의 손을 뻗쳤던 것이다. 알라니족에는 사르마티아족이나 게르만족과의 혼혈이 있었던 탓인지, 그의 용모도 일변하여 검던 피부색이 희어졌고 두발색깔도 금빛을 띄고 있었는데, 이것은 본래의 타타르인에게서는 거의 볼 수 없는 특징이다. 또한 그의 체구용모도 훈족 만큼은 기형적이 아니고 습속도 그다지 잔인하거나 야수적이 아니었다. 그러나 그의 독립불기의 상무정신, 심지어 가사노예의 사용조차 싫어할 정도의 자유에 대한 사랑, 그리고 전쟁과 약탈이야말로 인생의 기쁨이요 영광이라는, 무력과 싸움을 사랑하는 점에서는 저 무서운 훈족에게 조금도 뒤떨어지지 않았다. 대지 위에 우뚝 세운 언월도(偃月刀)가 그들에게는 유일무이한 종교적 예배대상이며, 또 그들이 말에게 치장시키는 값비싼 장식품은 모두가 적을 죽이고 벗긴 머리털 가죽이었다. 노령으로 인한 쇠약과 장기질병의 업고를 인내성 강하게 견뎌내는 그런 겁약한 전사는 경멸과 연민의 눈초리로 내려다 보았다. 그런 알라니족과 훈족이 이제 타나이스강(돈강)에서 격돌한 것이다(372~378년간?). 무용이라는 점에서는 호각지세였지만 승패는 반드시 그렇지가 않았다. 혈전에서는 훈족이 승리하여 알라니족의 왕이 살해되었다. 패배한 알라니족 잔당은 궤멸상태에 빠진 나머지 패주하거나 항복하는 두 가지 방법 중 하나밖에 없었다(암미아누스-마르켈리누스의 「역사」 제31권 2장, 요르다네스의 「고트족사」 24절 등). 먼저 패주자 집단의 행동을 말한다면, 그들은 겨우 흑해와 카스피해와의 중간에 위치한 카우카수스(Caucasus, 오늘날의 카프카즈)산맥 속에 안전한 대피소를 발견하고 정주한 이래, 그 민족이름과 독립정신만은 오늘날까지도 보존하고 있다. 또 하나의 패주자 집단이 있었는데, 이들은 한층 더 불굴의 용기를 발휘하여 발트해 연안을 향하여 진로를 취하고 다시 북방게르마니아 제 부족과 연계를 취하자 다 같이 의좋게 갈리아·스페인(히스파니아) 등 로마제국 각 속주를 약탈하며 돌아다녔다. 그러나 이들은 요컨대 일부분이고, 대부분의 알라니족은 유리하고도 명예로운 훈족의 연합제의에 응하였다. 무운이 나빠서 패배하기는 했지만 그들의 용기를 높이 평가하고 있던 훈족은 이제 이런 연합으로 급격히 전력이 증대되어 자신감이 배가되자 다시금 고트왕국의 변경을 침범하기 시작한 것이다.

동고트왕인 대(大) 헤르만릭은 당시 그의 영토가 발트해 연안에서 흑해에 이르도록 광대했고 또 성숙한 때에 이르게 되면서 명성도 절정에 이르러, 그때까지 연전연승한 성과를 만끽하고 있던 참이다. 바로 그때 그는 갑자기 미지의 대적군, 아마도 그 자신이 통솔하는 만족들조차 「야만족」이라고 부른다 해도 결코 부당하다고 말할 수 없을 정도로 가공할 만족군의 내습이라는 정보에 깜짝 놀랐다. 훈족의 병력·무력·행동의 경이적인 신속성, 게다가 언어로서는 표현하기 힘든 정도의 잔인성에 대해서는 고트족의 농지와 부락이 연속적으로 불태워지고 모든 주민들까지 무차별 살륙당하는 것을 목격함으로써 그것을 실감으로 두렵게 여기게 되었고, 때로는 심지어 이것이 과장되어 전해지기도 했다. 더욱이 이런 현실적인 공포에 더하여 훈족들이 말하는 소란스러운 부르짖음이나 기괴하고도 이상한 언동과 이형추괴(異形醜怪)라고 할 수 있는 그 지체(肢體)는, 그들에게는 경악과 혐오감의 씨앗이었다. 이들 스키티아 지방의 만족은 그야말로 흉하기 그지없어 보이는 두발 짐승, 마치 저 옛날 다리에 놓였던 색다른 모양의 테르미니신(Termini, 괴물상. 로마신화상의 경계신. 2월 23일에는 경계선상에서 테르미니신이 깃들어 있을 것으로 믿어진 굴 속에 희생의 제물을 바쳤다)으로까지 비교되었는데(사실 그것의 화상은 많이 닮은 점이 있었다) 그의 넓은 어깨, 납작한 코, 움푹들어간 안와(眼窩)와 그 속에서 날카롭게 빛을 발산시키는 작고 검은 눈동자 등, 모두가 타인종하고는 전혀 다른 종류의 인간들 뿐이었다. 더욱이 거의가 수염이 나지 않았으므로 젊음의 남성적인 풍모도 없거니와 그렇다고 해서 나이 많은 사람들의 위풍도 찾아 볼 수 없다. 이와 같은 용태와 풍속인 만큼 당연히 황당무계하고 괴상한 기원설까지 억지로 끌어다 붙이게 되었다(이 훈족의 기형설은 단순히 고트족의 문헌뿐만 아니라 오랫동안 유럽인의 흉노관으로 통용되어 왔다. 그러나 중국사서에 나타난 흉노의 모습은 장신이며 용모도 대체로 훌륭했던 것으로 되어 있다). 그 기원설이란 이런 것이다. 즉 일찍이 수치스러운 악행으로 말미암아 추방되었던 스키티아의 마녀들이 사막으로 도망친 후, 지옥의 악귀들과 교합하였다. 불결한 이 교합에서 태어난 것이 바로 훈족이라는 것이었다. 물론 한푼어치의 가치도 없는 저주할 망탄(妄誕)이지만, 훈족을 미워하는 한가지 마음으로 불타는 고트인들의 경신성(輕信性)은 진심으로 이말을 믿고 있었다. 이로써 그들의 증오심이 충족되었는지 모르지만 동시에 그것은 공포심의 증폭으로도 되었다. 악귀와 마녀사이에서 태어난 자손이라면 거기에는 유전에 의하여 당연히 양친의 사악성과 함께 그들의 초자연적인 능력까지도 역시 이어받았을 것이기 때문이다. 이제 이런 강적을 맞이한 헤르만릭왕은 곧 고트왕국의 총력을 집결시키기에 힘썼다. 그러나 미구에 알게 된 일은 그전부터 헤르만릭왕의 압정에 분격하고 있던 예속적인 제 부족이 왕을 반발하고 나서면서, 훈족침구에 반격을 가하는 대신 오히려 그들을 돕는 방향으로 움직이기 시작한 사실이었다. 예컨대 로크솔라니족(Roxolani 族. 오늘날의 노브고로드 주변에 살았던 러시아인의 먼 조상뻘 된다는 설도 있었지만, 지금은 부정되고 있다)의 한 족장은 확실히 그전에 헤르만릭왕의 지배로부터 이탈할 것을 기도한 적이 있었다. 그러나 그때 잔인한 이 폭군은 아무런 죄도 없는 그의 처와 여아까지 반역자라 하여 몇 마리의 사나운 말들에게 팔다리를 묶게 해서 갈가리 찢어 죽이는 참형에 처했던 것이다. 그랬던 만큼 불행했던 그녀의 형제들은 지금이야말로 보복할 절호의 기회라고 생각하였다. 그들의 단검으로 중상을 입은 노왕은 그래도 얼마간 더 살아 남았지만, 이미 중태의 몸으로서 전쟁지도가 도저히 불가능하게 되자 싸움은 장기화될 조짐을 보였다. 전 국민에 의한 여러차례의 평의회도 질투와 불화로 혼란만 가중될 뿐이었다. 결국 그가 죽은 뒤(아마도 절망에 의한 죽음일 것이라고 일컬어진다) 국정의 최고 권력을 장악한 것은 비티메르(Withimer)라는 사람이었다. 그는 믿을 수 없는 스키타이인 용병대의 도움을 받아 얼마 동안 훈족 및 알라니족의 두 무력을 상대로 불리한 항전을 계속했지만 결국은 결전에서 패하여 전사하고 말았다(395년의 일인지?). 여기서 동고트(Ostrogoth)족의 운명도 끝나고 말았다. 이후 아말리(Amali)왕족의 이름이 역사에 다시 등장하는 것은 저 효웅(梟雄)인 아틸라(Attila)왕 신하의 한 사람으로서이다. 하기야 나이 어린 왕 비테릭(Witheric)의 신병만은 알라테우스(Alatheus)와 사프락스(Saphrax)라는 무용과 충절이 모두 뛰어난 사람들의 분투에 의하여 구출되었는데, 이들은 다시 동고트족의 독립잔당을 이끌고 세심하고 신중하게 진로를 탐색하면서 오늘날 터키 제국과 러시아 제국과의 국경선을 이루는 큰 강인 도나스트리스(Donastris), 즉 드니에스테르(Dniester) 강안지대를 목표로 정하였다. 그러나 이 드니에스테르 강변에는 이미 빈틈없는 서고트족(Visigoths)의 집권자 아타나릭(Athanaric)이 전 부족의 안전보다도 차라리 자기 일신의 안전만을 생각하여 서고트군의 진영을 견고하게 구축하고 있었다. 승리에 교만해진 훈족을 어디까지나 저지시키겠다고 일단 결의를 굳혔으나, 다만 자기편에서 스스로 도전하고 나선다는 것은 졸렬한 행동일 것이라고 생각하였다. 한편 훈족 쪽에서도 보급품이라는 중량부담과 포로군이라는 귀찮은 짐도 있고 해서 평소의 진격속도가 몹시 둔화되고 있었다. 그러나 뭐니뭐니해도 군사행동에서는 노련한 그들인지라 감쪽같이 아타나릭군을 속이고서 거의 이것을 모두 괴멸에 빠뜨렸다. 즉, 서고트족의 최고권력자인 아타나릭이 드니에스테르강의 방어선을 굳히고 있는 사이에, 훈족의 기병 대부대는 밝은 달빛을 통하여 벌써 도강지점을 발견하자 기회를 놓치지 않고 곧 도하에 성공한 것이다. 아타나릭이 이 사실을 알았을 때는 이미 그들의 포위망에 들어서 일제 공격을 받고 있었다. 어떠어떻게 해서 겨우 산악지대로 후퇴는 했지만 그것은 결사적인 용기를 다한 퇴각행군이었다. 그러나 불굴의 아타나릭은 이때에 이미 일대 방위전의 새 전략까지 생각하고 있었다. 즉, 만약에 프루트(Pruth)와 다뉴브 두 강 사이에 있는 산악지대에 강력한 방어선을 정비해 놓기만 한다면, 오늘날 말하는 발라키아 공국(Wallachia 公國)의 저 광대한 옥야만은 어떻게든 훈족의 파괴적 침공으로부터 방어할 수 있을 것으로 생각하고, 이미 그것의 건설에 착공했던 것이다. 그러나 그와 같은 아타나릭의 희망이나 조치도 공포에 질린 동족인들의 인내력 부족에 화를 입어 곧 좌절되고 말았다. 즉, 너무도 공포심에 사로잡힌 나머지 서고트족은 스키타이 만족(여기서는 훈족, 즉 흉노를 말하는 것)의 신속한 진격과 그들의 무적불패의 용기에서 벗어나는 길은 단 한가지, 다뉴브강을 사이에 두고 방어하는 이외에는 도리가 없다고 속단한 것이다. 프리티게른(Fritigern)과 알라비부스(Alavivus) 두 사람에게 통솔된 그들의 대집단은 급히 다뉴브강변으로 달려가 동방황제(발렌스 황제였다)의 비호를 요청하였다. 그러나 아타나릭 자신은 위서(僞誓)의 죄를 짓게 되는 것을 겁내어 충실한 일단의 부하들만을 데리고 카우칼란드(Caucaland)의 산간지역으로 퇴각하였다. 이곳이라면 트랜실바니아(Transylvania) 지방의 밀림으로 보호되어 우선은 거의 탐지될 우려성이 없을 것으로 생각되었기 때문이다*.

여기서 또다시 발렌스 황제가 등장하게 되는데, 그는 대고트전에서 얼마간의 영광스러운 전과를 올리면서 전쟁을 끝내자, 다음에는 소아시아의 전체 소할영토를 순행한 다음, 결국 시리아 속주의 수도인 안티오크시에 자기의 거처를 정하였다. 그리고 여기서 보낸 5년간은 주로 아래에 말하는 여러가지 일에 전

---

* 본절에는 별로 귀에 익지 않은 지명이 많이 나왔으므로 간단히 해설을 가하고자 한다. 프루트(Pruth)강은 드니에스테르강이나 다뉴브강과 함께 흑해로 흘러드는 대하지만, 이것들은 드니에스테르-프루트-다뉴브의 순서로 점차 서남쪽으로 치우쳐 있다. 프루트강과 다뉴브강은 하구가 가까이 있지만, 전자의 상류는 루마니아와 소련의 몰다비아 공화국과의 경계선을 이루면서 북북서쪽을 지향하고 있는데 반하여, 다뉴브강의 최하류는 루마니아의 남쪽과 불가리아와의 국경선을 따라서 동쪽으로 흐른다. 이들 두 강에 의하여 만들어지는 가위형태의 평야와 산악지대가 19세기 중엽까지 발라키아 공국을 형성하고 있었다. 지금은 거의 대부분이 루마니아령으로 되어 있다. 트랜실바니아는 루마니아 오지의 산악지대를 가리키는 것으로서 오늘날도 이 호칭은 남아 있다. 카우칼란드는, J.B. 베리에 의하면, 이것은 고유명사가 아니라 하우할란드(Hauhaland), 즉 Highland정도라는 의미라고 한다. 다만 이렇게 말하는 J.B. 베리도 정확한 위치는 알지 못하고 있다. 생각컨대 트랜실바니아의 남부인 평야지대에 가까우며, 지금도 트랜실바니아 알프스로 불리우는 산악지대가 아닌가 생각된다.

념하였다. 먼저 페르시아왕의 침공기도를 멀리 떨어진 안전한 거리에서 감시하는 동시에, 한편으로는 사라센족(Saracen 族)과 이사우리아족(Isauria 族. 소아시아의 남부, 타울루스산맥 북쪽에 기원전 4세기경부터 있던 비적과도 같은 만족이다. 여러번 가도에 출몰하여 약탈을 자행하였다)에 의한 약탈을 저지시키는 것, 아리우스파 신학에 신종(信從)하는 문제에서는 이성과 웅변의 논리보다도 좀 더 유효한 논법을 사용하여 이것을 강요하도록 노력하는 것, 그리고 조금이라도 의심스러운 인물은 무고한 사람이건 유죄로 드러난 사람이건 가리지 않고 무차별 처형함으로써 자기의 기우를 없애는 일 등등이었다. 그러나 이에 못지않게 그의 마음을 강하게 고뇌케 한 것은 다뉴브강의 방위를 위탁한 문무관들로부터 보내 오는 중요한 정보들이었다. 그런 보고에 의하면 북방에서는 격심한 동란의 회오리 바람이 몰아쳐 지금까지 전혀 알려지지 않은 미지의 만족, 즉 훈족이 갑자기 입구하여 이미 고트족 세력이 완전히 괴멸되어, 그처럼 상무호전(尙武好戰)의 민족인 그들조차 지금은 완전히 자부심을 버리고, 몇 만이라는 다수의 집단이 다뉴브강 연안 몇십마일에 걸쳐 오로지 구원을 간청하고 있다는 것이었다. 두 손을 들고 비통한 목소리로 과거의 비운과 현재의 위기를 슬퍼하고 있었다. 남겨진 유일한 희망은 다만 로마제국 정부가 인자성을 베푸는 일 뿐인데, 만일 황제의 특별한 배려로 트라키아 속주의 황무지 개간을 허용해 준다면 그 은혜를 깊이 명심하고, 감은(感恩)과 의무의 관념으로부터도 앞으로는 영원히 로마의 법에 복종하면서 국경방위의 일익을 담당할 생각이라는 취지를 엄숙히 선언했다는 것이다. 이 확약은 고트족 사절단에 의하여 뒷받침되었다. 그들로서는 불행한 동포들의 운명을 최종적으로 결정하게 될 회답을 어떻게든 발렌스 황제의 입으로부터 직접 듣기를 학수고대하고 있었다. 그런데 불운하게도 그 전해 말에 형인 발렌티니아누스 황제가 사망한 것이다(375년 11월 17일의 일). 발렌스 황제는 이로써 전적으로 의지하고 있던 형제(兄帝)의 지혜도, 또 권위도 잃어버린 것이다. 막다른 골목에 처한 고트족으로서는 한시바삐 조속한 결단을 요구했지만, 가장 중요한 위치에 있는 바로 그 황제가 겁약한 사람이 즐겨 쓰는 상투수단, 즉 일부러 쓰는 애매한 천연책이야말로 지고최상의 현명한 방책으로 생각하는 그런 지혜의 원천(발렌티니아누스 황제를 말하는 것)을 잃어버렸던 것이다. 인간의 감정과 이해관이 고금을 통하여 변하지 않는 한, 고대의 각의에서 흔히 논의됐던 화전(和戰)의 문제, 나아가서는 정의냐 술책이냐 하던 문제는 이제 근대정부의 정책논의에서도 가끔 나타나는 토의제목일 것이다. 그런데 당장 절망과 기아에 몰린 만족의 대집단이 갑자기 문명국가의 영토내에 그들이 정주할 땅을 요구해 온 것이다. 과연 이것을 허용할 것인가, 아니면 거부할 것인가, 이의 타당성과 위험성을 종합검토하도록 국무회의가 소집되는 경우 그 당시는 물론 이거니와 오늘날 아무리 경험이 풍부한 유럽의 정치가라 해도 좀처럼 결론을 내리지 못할 것이다. 그런데 근본적으로는 국가의 안위문제와 관련될는지도 모를 이처럼 중요한 의제가 이제 발렌스 황제의 각료회의에 상정된 것이다. 과연 그들은 곤혹하였고 또 견해도 양분되었다. 그러나 이윽고 암묵리에 의견 일치를 본 그들의 결론은, 어쨌든 이번만은 황제의 자존심과 나태한 버릇 그리고 욕심을 충분히 만족시키고 기쁘게 할 그런 아부적인 건의를 드리는 것이 상책이라는 것이었다. 하기야 노예신분에서 민정총독이니 장군이니 하는 중책을 맡을 만큼 입신출세한 사람들은, 말하자면 이런 전민족적인 이주－그 전에는 멀리 떨어진 제국변경에서 아주 적은 수의 그것도 우발적이라고 할 수 있는 입식(入植)의 전례는 있었지만 그것과 이번 일은 천양지 차이다－ 의 위험성에 대하여 공포심을 느끼지만, 그것은 슬쩍 덮어두든가, 특히 무시하는 태도로 나갔다. 뿐만 아니라 이제 발렌스 황제의 옥좌를 지켜주기 위하여, 세계의 맨 끝에 있는 나라들에서까지 수많은 정강무적(精強無敵)의 이방인 대부대가 파송되어 온 이 운명의 혜택에 대하여 그들은 찬양까지 했다. 이렇게 되면 해마다 징모되는 새로운 보충병의 대상금(代償金)으로 속주민들로부터 납입되는 막대한 양의 황금이 황실의 금고를 크게 풍족케 하는 결과로도 될 것이라고 하였다(로마제국도 쇠퇴기가 되면, 군대에 징모되는 것을 모면하기 위하여 금납으로 대신하는 속주민이 많아졌다). 이리하여 고트족의 간청은 받아 들여져 군무(軍務)에 취역하는 문제까지 궁정에 의하여 인정되었다. 트라키아 관구의 문무관에게는 곧 긴급명령이 하달되었다. 고트족에게 적절하고도 충분한 새 정착지가 할당될 때까지, 우선 급한 대로 그 대집단의 통과와 그들의 생활물자 조달준비에 차질이 없도록 하라는 것이었다. 그러나 발렌스 황제의 이런 관대한 조치에는 비록 두가지 뿐이지만 엄격한 조건이 붙여졌다. 로마측으로서는 당연하고도 현명한 배려였겠지만, 고트족의 입장에서 보면 몹시 궁한 지금으로서는 싫어도 수락하지 않을 수 없는 조건이었던 만큼 매우 화를 냈다. 그 조건이란 다뉴브강을 도하해오기 전에 무기류는 모두 로마군에게 인계할 것이고, 어린이들은 남김없이 부모의 손에서 떨어져 아시아 여러 속주에 분산배치하여 거기서 개명된 교육을 실시하는 동시에, 그들 부모들의 충성심을 보증하는 볼모로서도 보탬이 되게 하려는 것이었다.

원격한 곳에서의 이 교섭이 아직도 난항을 거듭하는 사이에 기다리다 지쳐버린 고트족은, 그때 자기들의 보호를 요청했던 로마정부의 허가가 나오기 전에 성급하게도 다뉴브강의 도하를 시도한 바 있다. 물론 강안을 따라 엄중한 경계망이 설치되어 있었으므로 그들의 행동은 곧 감시망에 걸려 선발부대는 다수의 사상자를 내고 격퇴되었다. 그러나 발렌스 황제측의 태도 또한 소극적이어서, 이번 작전에서 당연한 의무를 수행하여 조국에 봉사한 충용의 장교들은 오히려 처벌되어 보직을 빼앗기고 말았다. 처형을 모면한 것이 불행 중 다행이라는 형편이었다. 결국 고트족 전원의 도하를 허용한다는 명령이 하달되었다. 그런데 이번에는 그 명령의 시행이 매우 곤란해졌다(암미아누스-마르켈리누스의 『역사』 제31권 4장, 조시무스의 『신로마사』 제4권 20절, 요르다네스의 『고트족사』 25~26장 등에 상세하다). 이 부근의 다뉴브강의 폭은 1마일 이상인데다가 연일 내린 비로 강물이 크게 불어나 있었다. 그런 환경에서의 소란스러운 도하작전인 만큼, 적지 않은 사람들이 급류에 떠내려가 익사하였다. 크고 작은 배에서부터 카누에 이르는 대선단이 동원되었고, 고트족들은 연일 주야겸행으로 초인적인 노력을 경주하여 왕복을 거듭하였으며, 또 발렌스 황제 휘하 군관민들의 필사적인 노력도 있었던 덕택으로, 만족들은 끝내 마지막 한 사람까지 로마령인 차안(此岸)에 수용될 수 있었다. 장차에는 로마제국의 기초를 그 뿌리로부터 전복하게 될 그들을 이렇게 맞아들인 것이다. 처음에는 이 만족 대집단의 정확한 수를 파악해둘 필요가 있다고 생각하여 그렇게 했지만, 끝없이 계속된 방대한 그 수에 계산담당자 자신이 먼저 놀라고 또 질려서 그렇게 하는 것이 불가능하다고 생각하자 도중에 그만 포기하고 말았다. 이와 관련하여 당시 최대의 사학자(암미아누스-마르켈리누스를 말하는 것)로 지목되던 사람은 자기나름대로 진지하게 쓰고 있는데, 그에 의하면 일찍이 저 다레이오스(Dareios/Darius I. 재위 BC 522~486)와 크세르크세스(Xerxes. 재위 BC 486~465)왕들이 통솔했다는 페르시아 대원정군(유명한 페르시아 전쟁에 관한 이야기. BC 492년에 행한 다레이오스왕의 제1회 그리스 원정과, BC 480년에 있은 크세르크세스왕의 제3회 그리스 원정에서 그의 육군은 모두 헬레스폰투스 해협을 건넜는데, 본문은 이것을 언급한 것이다. 암미아누스-마르켈리누스, 『역사』 제31권 4장 6절 참조)은, 모두 고대인의 경신성(輕信性)이 지어낸 황당무계한 전승이라고만 오랫동안 생각되어 왔지만,

이제 그런 일이 현실적인 경험사실로서 사람들 앞에 입증되었다는 것이다. 대략 진실에 가까운 것으로 생각되는 증언은 이때 도강해 온 고트족 전사의 수만도 20만이라고 했는데, 이들에게 딸린 처자식과 노예까지 합하면 가공할 이번 대이동을 구성한 인원수는 남녀노소를 합쳐서 100만 가까이에 이르렀음이 틀림없다. 그리고 그의 어린이들, 그 중에서도 특히 상층부에 속하는 사람들의 어린 자녀들은 일반집단에서 분리되어 각각 거주와 교육을 위하여 지정된 벽지에로 곧 이송되었다. 이처럼 인질군이라고나 할까, 아니면 포로들이라고나 할까, 적지 않은 수의 이들이 도중에 여러 도시를 통과할 때면, 화려한 그 복장이나 그들의 완강해 보이는 무인다운 풍모는 속주민들을 놀라게 했고 또 선망의 정까지 일으키게 했다고 한다. 그러나 고트족으로서는 이 이상의 굴욕이 없었을 것이고, 로마인에게는 최고의 중대사였던 이 협약도 결과는 참으로 수치스런 형태에서 공문화(空文化)되었다. 즉, 무기를 가짐으로써만 명예의 표장이며 안전의 보장으로 생각하는 고트족은, 로마측 군관민의 호색성과 물욕을 받아들여 무기를 계속 휴대하는 대가로 그들의 그러한 행위의 대상물을 제공할 것을 생각한 것이다. 다시 말하여 무기몰수를 모면하기 위해서라면, 그렇게도 존대한 고트족 전사들도 얼마간의 저항감은 느꼈지만, 어쨌든 자기의 처나 딸의 매춘행위까지도 묵인키로 한 것이다. 처음부터 미소녀와 미소년들은 검사관들의 깊은 관심을 끌었다. 이유는 이 속리(俗吏)들이 새로 복종하게 된 백성들인 이 만족이 소유하는 술달린 양탄자류와 아마천으로 지은 피복쪽에 처음부터 욕심을 나타냈는가 하면, 자기 농장의 가축수를 공짜로 더 늘린다든가, 가내노예를 한 사람이라도 더 많이 획득하려는 치사한 근성으로부터 가장 중요한 자기 직무를 아주 내팽개치는 직무태만성에 빠졌기 때문이다. 그런 까닭에 결국 만족들은 무장한 그대로 승선 도하하는 것이 허용되었다. 이리하여 그들의 전 병력이 다뉴브강변에 집결을 끝마쳤을 때 하(下)메시아 속주의 산야를 뒤덮다시피 설치되었던 그 방대한 막사는 위협이라기보다도 차라리 일대 적국이라는 광경까지 생각케 하는 것이었다. 한편 나이 어린 주군인 비테릭을 옹립하고 있는 동고트족의 지도자들인 알라테우스와 사프락스 두 사람도 머지않아 다뉴브강 북안에 모습을 나타내어 곧 사절단을 안티오크시에 있는 발렌스 황제 궁정으로 보냈다. 서고트족이 행한 것과 똑같이 충성스런 순종과 감사를 표명하면서 앞서 서고트족에게 허용된 것과 똑같은 은전을 자기들에게도 베풀어 달라는 취지의 간청을 드렸다. 그러나 이것은 황제의 단호한 거부에 부딪혔다. 때문에 그들도 한때 그의 서쪽을 향한 전진을 중지했는데, 안티오크 당국의 이 거부야말로 제국 각의의 후회와 의혹, 그리고 불안감을 유감없이 폭로한 조치였다.

무통제·무정주(無定住)의 만족을 통제하려면 확고부동한 의지와 교묘하기 이를 데 없는 조종술이 필요하였다. 자그마치 100만명에 가까운 이 특수한 백성들에게 매일매일의 식량을 보급하는 일만도 숙달된 솜씨의 부단한 노력이 있음으로써 비로소 가능한 지극히 어려운 사업이었는데도, 이것이 또한 끊임없는 시행착오와 사고에 의한 지장이 자주 일어났던 것이다. 더욱이 고트족이란 두려운 상대이기 때문에 우대해야 한다는 점을 알게 되면 고압적인 태도로 나오고, 모멸당했다고 느끼면 곧 분통을 터뜨려 어떤 무법적·자포자기적 폭거로 나올지 모르는 몹시 귀찮은 만족이었다. 제국의 명운은 전적으로 발렌스 황제 휘하 장수들의 공정한 태도와 현명한 배려 여하에 달려 있었다고 보아도 무방했다. 이와 같은 중대한 위기에 처하여 트라키아 속주의 군사권을 쥐고 있는 것은 루피키누스(Lupicinus)와 막시무스(Maximus) 두 사람이었다. 두 사람 모두가 어쩌면 하나같이 부패한 도배들로서 털끝만한 사리사익에도 어떤 국물이 있을 것이라고 보면, 곧 국가이익 따위는 제2차적인 문제로 생각하는 위인들이었다. 만일 이들의 죄목에 약간이라도 참작할 여지가 있다면, 그것은 경솔하기 그지없는 그 범죄적 학정에서 온 나쁜 결과조차 인식하지 못한다는 무지성이라고 하겠다. 황제의 명령에 복종하지 않았으며, 또 적절하게 관대성을 보이면서 고트족의 요구를 만족시키는 것이 아니라, 이와는 반대로 기아에 직면한 만족들의 필수물자에 대하여 오히려 지나치게 비인도적인 가혹한 세금을 부과한 것이다. 도대체가 조악한 식량이 터무니없이 비싼 값으로 팔렸고, 시장에서는 건강에 좋고 영양가 높은 식품 대신에 문자 그대로 개고기, 심지어 병에 걸려서 죽은 짐승의 고기가 진열되는 형편이었다. 귀중한 빵 1파운드를 입수하기 위하여 고트족은 편리하기는 하지만 몹시 돈이 드는 노예를 하는 수 없이 그때마다 건네주어야 했다. 또한 소량의 식용육류를 입수하려 해도, 귀중하기는 하지만 용도가 거의 없는 은화 10파운드(이 은화는 decem libras 라고 불리웠다)를 지불하면서 다시 머리 숙여 간청하여야만 했다. 이런 자산도 바닥이 나자, 다음에는 아들딸들을 팔아서라도 필요한 물품을 사지 않으면 안될 형편으로 전락되었다. 고트족이라고 하면 한결같이 가슴이 자유애로 불타고 있었을 터이지만, 이러한 그들도 자기들의 어린 자식이 자유로운 독립인간으로서 비참하게 굶어 죽는 것보다야 차라리 노예적인 환경이지만 그래도 살아 남는 쪽이 아직 유리하다는 굴욕적인 처세술을 감수한 것이다. 이에 더하여 그들을 가장 화나게 한 것은 이른바 독지가연(篤志家然)하는 도배의 횡포였다. 틀림없이 한번은 은혜를 베풀었다. 그러나 그것은 그 후에 거듭된 극악무도한 행위에 의하여 이미 탕감되었을 터이다. 그럼에도 불구하고 여전히 감사의 부채만을 갚도록 엄격히 강요하는 것이었다. 불만스러운 생각이 언제부터인지도 모르게 만족들의 막사 안에서 높아져 갔다. 인내성 강하게 의무를 계속 수행해 온 자기들의 공도 어떻게든 인정해 달라는 호소를 여러번 해보았지만 그에 대한 반응이 전무했다. 따라서 새로운 맹우들로부터 받은 무도덕성에 대한 원망의 목소리만이 높아갔다. 어디를 보나 주위는 비옥한 속주의 부로 풍요롭지만, 그 한가운데 들어 있는 유독 그들만이 인위적인 기아정책에 참을 수 없는 고난을 겪고 있었던 것이다. 생각해 보면 자조(自助), 아니 보복수단까지 그들 손아귀에 있었다. 압제자들의 탐욕심도 무기의 보유와 그 사용만은 아직 이 피압제자들 손에 남겨두고 있었던 것이다. 감정을 속일 줄 모르는 만족 대중의 외침은 점차 반항의 징조를 보이기 시작하였는데, 이것은 루피키누스와 막시무스 등 부정을 저지른 간악한 자들을 떨게 하였다. 그러나 워낙 노회간휼(老猾奸譎)한 속리들인 만큼, 그들은 정책 전반의 현명한 전환을 꾀하는 대신에 임시적인 현실모면을 위하여 교활한 수단을 취하였다. 즉, 고트족을 제국변경 가까운 이런 위험한 곳으로부터 이동시켜, 어딘가 좀 더 내륙속주의 개별막사로 분산시킬 것을 생각한 것이다. 또한 루피키누스와 막시무스 두 사람으로서는 자기들이 이미 고트족의 경의와 신뢰성을 잃었음을 충분히 알고 있었으므로, 우선 각 방면으로부터 착실하게 병력을 모으고 있었다. 상대도 아직 로마제국의 신민이라는 자격과 의무를 버리지 않고 있는 만큼, 어떻게 해서든지 이런 군사적인 위압으로 별로 좋아하지 않는 그들에게 이번 이동의 결의를 촉구하려는 심산에서 병력을 집결시킨 것이다. 한편 발렌스 황제의 장군들은 불만에 가득한 서고트족의 동향에만 주로 신경을 쓴 나머지 방심하여, 다뉴브강 방위에 임하던 선단과 방어진지의 병력을 해체시켰다. 치명적이라고도 할 이런 부주의 상태를 보고 지체없이 이것을 이용한 것이, 줄곧 훈족의 추적에서 도망치고자 좋은 기회만을 엿보던 동고트족의 알라테우스와 사프락스 두 사람이었다. 급히 확보할 수 있는 한도내의 모든 뗏목과 선박들을 징발한 다음, 아무런 저항도 받지 않고 나이 어린 군주와 그의 모든 병력의 도하를 성공시켰을 뿐만 아니라 대담하게도 로마제국 영토 안에 독립적인 적대진영으로서의 세력을 굳힌 것이다(암미아누스-마르켈리누스, 「역사」 제31권 4장 5절. 단, 이에 의하면 이들의 도하는 발렌스 황제의 승인을 얻고서 취한 행동인 것 같다).

집권명목으로 평시와 전시를 불문코 서고트족을 통솔하던 사람은 알라비부스(Alavivus)와 프리티게른(Fritigern)이다. 천성적으로 이 두 사람이 띠고 있던 권위는 전 민족의 자유합의에 의한 승인결과이다. 평시에 이 두 사람의 권한은 그들의 신분과 마찬가지로 거의 동등했지만, 일단 동포들이 기아나 압정과 같은 곤경에 빠지게 되면, 그때는 능력이 뛰어난 프리티게른이 군사적인 지휘권을 행사하였다. 전 민족의 행복을 고려한 기초 위의 병력사용이라는 점에서는 프리티게른 쪽이 적임자였던 까닭이다. 압제자에 의한 비도와 모욕이 만인의 눈에도 저항을 당연시하게끔 보일 만큼 극악사태에 이르기까지, 그는 격하기 쉬운 서고트족의 불만을 잘 억제시키고 있었다. 그러나 그렇게 참을성 있는 그도 다만 공정이니 온건이니 하는 허명(虛名) 때문에 현실적인 국익을 희생시키는 그런 인간은 결코 아니었다. 하나의 정기 밑에, 전 고트족을 통합시키는 이점을 충분히 알고 있었으므로 그는 오히려 남몰래 동고트족과의 친선을 도모했던 것이다. 그리고 로마군 장군들의 명령에는 절대복종을 표명하면서 한쪽에서는 다뉴브 강안에서 약 70마일 남쪽에 위치한 하(下)메시아 속주의 수도 마르키아노폴리스(Marcianopolis, 흑해연안에 가까운 거리의 로마식 옛 이름. 오늘날 불가리아 바르나시에서 약간 서쪽인 프로바디야<Provadiya>부근인지?)를 향하여 조용하게 진격을 계속하였다. 그런데 이 운명적인 시점에서 로마측과 서고트족 사이에 불협화와 상호증오심이 갑자기 무서운 불을 뿜어댄 것이다. 때마침 루피키누스가 성대하게 연회를 베풀고 고트족장들을 초대하고 있었고, 그들의 병사들은 무장한 그대로 궁전입구에 남아 있었다. 그러나 시의 성문은 모두가 엄중한 경계하에 놓여 있었으며 여러가지 물자가 풍부한 시장의 이용도 고트인에게는 엄격히 금지되어 있었다. 그들은 로마국민으로서 또 맹방의 백성들로서 평등한 이용권을 주장했지만, 그런 간청은 오만스러운 비웃음과 함께 거부되었다. 사태가 여기에 이르러서는 그들도 드디어 울화통을 터뜨려, 시민과 사병들 그리고 고트인들은 격렬한 말다툼과 비난의 노성 속으로 말려들었다. 어리석게도 철권이 난무했고, 서둘러 칼을 뽑는 자가 나타나면서, 이처럼 우발적인 언쟁이 동기가 되어 흘려진 최초의 피가 그대로 참담한 장기전의 계기가 되고 말았다. 한창 소란스럽게 떠들며 먹고 마시고 있을 때, 루피키누스는 한 전령으로부터 보고를 받았다. 그의 부하 다수가 살해되었고 무기까지 빼앗겼다는 것이었다. 그때는 이미 그가 마신 술이 머리에까지 올라와 있었고, 게다가 심하게 졸음까지 밀어 닥쳤던 때문인지 갑자기 경솔하기 이를 데 없는 명령을 내리고 말았다. 수하 병사들의 죽음에 대해서는 보복해야 한다. 여기서는 프리티게른과 알라비부스 두 사람의 호위병들을 도살하라는 것이었다. 소연한 외침과 빈사상태의 신음소리가 곧 프리티게른 신변에 극도의 위기가 닥쳐 왔음을 가르쳐 주었다. 그러나 냉정하고 불굴의 영웅정신을 가졌던 프리티게른은 만일 이처럼 깊은 상처를 준 적에게 한순간이라도 시간적 여유 따위를 준다면 이것은 바로 자기가 파멸될 것으로 판단한 것이다. 그는 곧 의연한 태도로 그러나 목소리만은 매우 온화하게 「무엇인가 조그마한 충돌이 두 국민 사이에 일어난 것 같군요. 그러나 여기서는 우리들이 무사하며, 그리고 우리가 여기 있다는 사실을 보여주면서 즉각 사태를 수습하도록 노력하지 않는다면 또 어떤 위험한 사태가 벌어질는지 모르겠어요」라고 말하였다. 이렇게 말하고 나자마자 프리티게른 이하 전원이 곧장 칼을 빼들고 급히 연회장을 빠져 나와 말 위에 올라 앉자, 마르키아노폴리스시 궁전은 물론이거니와 시가와 성문에까지 운집해 있던 시민들 사이를 아무런 저항도 받지 않고 아차하는 사이에 놀라는 로마인들의 눈에서 모습을 감추어 버렸다. 이리하여 고트족군의 장군들은 성대한 환호로 환영하는 자기 군영으로 돌아왔다. 그리고 곧장 일전을 벌이기로 결정하고 즉각 그것을 실행에 옮겼다. 조상 이래의 관습에 따라 민족의 정기가 먼저 일제히 올려지고, 이어서 민족 특유의 뿔피리를 불어대는 바, 불쾌하지만 애수에 찬 피리소리가 주위의 공기를 진동시켰다. 원래 이 무서운 강적을 화나게 한 일이라든가, 또 이들에 대하여 멍청하게 토벌을 잊었거니와, 지금도 여전히 그들을 경멸하고 있는 원천은 모두가 이 평범하면서도 간녕(奸佞)한 무장 루피키누스가 장본인이었는데, 이제 그가 갑자기 소집할 수 있는 한도의 최대전력을 통솔하고 스스로 진두에 나서서 고트족에 대한 진격을 시작한 것이다. 한편 만족군도 마르키아노폴리스시에서 약 9마일 정도 떨어진 지점에 진을 치고 적의 내습을 기다리고 있었다. 이런 경우에 승리를 크게 좌우하는 것은 무기나 훈련의 정도(精度)보다도 오히려 그 무력을 통솔하는 장수의 재능 여하에 달려 있는 것인데, 이런 고트족군의 무예와 용기를 훌륭하게 발휘케 한 것은 오로지 프리티게른의 군사적 수완이었다. 그는 곧 맹렬과감한 육박전을 결행하여 로마정규군단의 전열을 격파해 버렸다. 루피키누스는 패배하자 무기와 군기는 물론 휘하 군단 사령관(tribunus)들과 용감성을 발휘한 장병들까지 전쟁터에 남겨둔 채 도주하였다. 병사들의 용전분투는 모두 허사로 돌아갔을 뿐만 아니라 쓸데없이 우두머리 장군의 수치스러운 도주를 도와주는 것만으로 끝났다. 「이날의 전승은 만족들의 고난과 더불어 로마인들의 안태로운 생활에 종지부를 찍었다. 그 이래 고트족은 귀양살이 하는 이방인이라는 불안정한 신분에서 완전히 탈각하여 어엿한 시민이며 가장으로서, 지주들에 대해서는 절대지배권을 주장하였고, 동시에 다뉴브강을 경계선으로 하는 제국 북방의 여러 속주를 말하자면 고유의 권리로 영유하게 되었다.」 매우 난폭한 논법이라고 하겠지만, 이것은 동포들의 영광을 찬양한 한 고트인 역사가가 남긴 말이다(요르다네스, 「고트족사」 26절). 만족들이 주장한 영유권이란 주로 약탈과 파괴를 위해서만 이용한 구실에 지나지 않는 것으로서, 그들의 경우, 자연의 공동은혜니 공정한 사회적 접촉이니 하는 것은 모두가 이미 황제 밑의 고급관리들에 의하여 박탈된지 오래이므로 이런 부정행위에 대한 보복을 만족들은 이제 제국 백성들을 향하여 요구한 것이다. 즉, 루피키누스가 범한 죄과에 대한 대가가 그대로 곧장 평화적인 트라키아 농민들에 대한 약탈과 부락들의 화공(火攻), 나아가서는 죄 없는 가족들에 대한 학살과 포로 및 노예화라는 형태로 치루어진 것이다. 고트족 승리에 관한 소식은 곧 인접한 여러 속주에도 전달되었다. 로마인들은 당연히 공포와 낭패로 떨었는데, 여기서는 역시 그들이 범한 경솔하기 이를 데 없는 대응이 한층 더 프리티게른의 병력과 속주의 재난을 증대시키는 결과가 되었다. 그 이유는 이러하다. 전술한 바 고트족 대이동이 있기 얼마전의 일이지만, 콜리아스(Colias)와 수에리드(Suerid)라는 두 족장이 통솔하는 고트족의 대집단이 제국의 보호하에 들어와서 군무에까지 복무하고 있었다. 그리고 하드리아노폴리스 성 밖에 막사를 설치하고 있었다. 여기서 발렌스 황제의 각료들로서는, 그들이 헬레스폰투스 해협의 대안, 즉 그들의 동족들과 가까이 있기 때문에 쉽게 그들의 승리에 관한 소식이 전달될 것을 우려한 바, 그렇게 되면 이것 또한 위험한 유혹으로 몰아낼 우려가 있으므로 그렇게 되기 전에, 어떻게 해서든지 그들을 어딘가 멀리 떨어진 곳으로 격리시켜야 한다고 생각하였다. 만일 이 이동명령에 순순히 응하여 따르면 당연히 그것은 그들의 충성심의 증거로 생각될 수 있었다. 이에 대한 그들의 요구는 다만 충분한 식량보급과 이틀 동안의 생각할 시간적 여유를 달라는 것이었는데, 그것도 아주 온당한 말로 요청했던 것이다. 그런데도 하드리아노폴리스시 장관이라는 사람은, 앞서 그의 별장에서 일어난 한 소요사건으로 기분이 좋지 않았는지, 이들의 온당한 요청을 함부로 물리치고 말았다. 뿐만 아니라 이 대도시의 시민과 노동자들(하드리아노폴리스에는 거대한 병기창이 있었다. 암미아누스-마르켈리누스, 『역사』 제31권 6장)을 무장시킨 다음, 적의에 가득찬 공갈로써 즉각 출발할 것을 강요하였다. 처음에 그들은 어안이 벙벙하여 침묵했지만, 시민들의 모욕적인 악매와 활·투창 등 날으는 무기류를 보고 또 듣자, 드디어 이것은 분노로 바뀌었다. 그리고 인내심과 모멸감에도 한계점에 이르게 되어 그들은 갑자기 오합지졸인 시민군중을 습격하여, 도망치는 그들의 등에 불명예스러운 등뒤 상처를 입혔을 뿐만 아니라 그들에게는 신분에 어울리지도 않는 갑옷·투구류까지 벗겨 버렸다. 받은 고난도 마찬가지였다면 궐기한 행동도 마찬가지였던 셈이다. 이 승리집단은 머지않아 서고트족 전원과 합류하게 되었다. 콜리아스, 수에리드 두 사람의 부대는 이윽고 영웅 프리티게른의 도착을 기다려 그의 휘하로 들어갔고, 하드리아노폴리스시 공략전에서는 훌륭하게 용감성을 발휘하였다. 그러나 이 전투에서는 로마군 수비대의 저항도 매우 강력하였다. 그들은 본격적인 요새공격에 이르면 공성장비도 없거니와 미숙하고 미훈련의 용전만으로는 대개 효력이 없음을 만족들에게 가르쳐 주었다. 프리티게른 역시 이런 오산을 인정하고,「본인은 축벽(築壁) 상대로는 싸우지 않겠다」(암미아누스-마르켈리누스, 『역사』 제31권 6장 4절)고 말하면서, 포위공격전을 그만두고는 이런 좌절감에서 온 분풀이를 인근 일대의 약탈파괴 행각으로 마음껏 즐겼다. 뿐만 아니라 트라키아의 각 금광(이들 금광은 당시 트라키아 속주 서북부의 벳시<Bessi>라는 지방에 많았다. 오늘날로 말하면 불가리아의 남부, 그리스 국경에 가까운 로도페<Rhodope>산간지역 일대이다)에서는 여기서 일하고 있던 건장한 광부들로부터 원조하겠다는 제의를 기분좋게 받아 들였다. 그들은 피도 눈물도 모르는 고용주 밑에서 오로지 주인의 이득을 위하여 채찍질을 당하면서 고역에 얽매여 있었던 것이다. 이들 새 협력자들은 만족들의 앞에 서서 비밀스러운 샛길로 빠져 사람들이 전혀 눈치채지 못하게 하면서 오지로 그들을 안내하였다. 원래 그곳은 로마당국이 주민들과 가축류, 나아가서는 곡물창고의 안전을 도모하여 선정했던 벽지지만, 이제 이런 안내인들의 협력을 얻은 이상 어디든 침입불가능한 장소 따위가 있을 수 없어진 것이다. 그러니 이곳 주민들은 저항으로 나가면 그것은 곧 죽음이요, 그렇다고 해서 도망 또한 불가능하였다. 워낙 상대방이 정복자인 만족인 만큼, 무력무고한 농민들이 인종의 항복을 했다 해서 동정을 받는 일은 좀처럼 없었다. 이와 같은 약탈이 반복되는 사이에, 노예로 팔려 왔던 고트족의 많은 어린이들도 탈환되어 수심에 가득찼던 양친의 품속으로 되돌아갔다. 보통이라면 이와 같은 부모와 자식간의 재회로 그들의 마음에는 당연히 얼마간이라도 인간다운 감정이 되살아날 터이지만, 여기가 바로 잔인성이라고나 할까, 여하튼 쓸데없이 그의 보복심만 불타게 할 뿐이었다. 붙잡힌 신세로서 체험한 바, 주인들의 비열성, 격노케 한 나머지 받아야 했던 잔인하기 그지없는 굴욕의 갖가지—그런 것을 호소하는 아이들의 이야기에 그들은 열심히 귀를 기울였다. 그런 연후에는 똑같은 잔학성, 똑같은 굴욕감을 이번에는 로마인 자녀들에게 용서없이 가한 것이다(상게서 제31권 5장 6절).

참으로 사려가 얕다고나 할까, 발렌스 황제의 신료(臣僚)들은 제국 중심부에, 그것도 거대한 적국 세력을 청해 들인 셈이었다. 그러나 이런 시기에도 그들이 만일 과거의 잘못을 사나이답게 솔직히 인정하고, 앞서의 협약이행에 성실성만 보여서 그대로 수행했더라면 아마 서고트족과의 화해는 성립되었을 것으로 생각된다. 더욱이 이런 온화한 미봉조치란, 원래가 소심한 동방황제로서는 바야흐로 정확히 정곡을 찌르는 조치일 것으로 보였는 데도, 이 때에 한하여 황제는 오히려 몹시 강경하게 나갔다. 그리고 그가 취한 바 장소에 어울리지도 않는 강경책이, 그에게나 또 국민들에게도 생명을 빼앗기는 것이 되었다. 위험하기 이를 데 없는 이 반란을 진압하기 위하여 황제는 안티오크시로부터 수도 콘스탄티노플까지 진격하겠다고 말하고 나선 것이다. 물론 그로서도 이번 토벌전의 곤란성을 알고 있었던 만큼 서방제국의 전 병력을 장악하고 있는 조카인 그라티아누스 황제의 원조도 요청했다. 또한 아르메니아 방위에 임하고 있던 노련한 정예부대도 급히 소환했으므로, 이 중요한 변경일대는 오히려 사포르왕이 뜻대로 할 수 있는 정세가 되었다. 그리고 자기자신이 도착할 때까지의 대고트전 지휘는 대장(代將. 정식으로는 보병대 총사령관)인 트라야누스(Trajanus)와 프로푸투루스(Profuturus) 두 사람에게 일임하고 있었다. 그런데 이 두 장군이야말로 자기들의 재간을 너무 과신하고 있는 좀 곤란한 인물들로서, 이들은 트라키아에 도착하자 곧 친위대 독군인 리코메르(Richomer)와 합류하였다. 후자가 지휘하는 서방제국의 보조군은 갈리아 군단으로 편성되어 있었지만, 전의(戰意)가 전혀 없고, 쓸데없이 군대역량이 크다는 인상만을 줄 뿐이었다. 작전회의 한 가지만 하더라도 그것은 이성보다도 자부심이 좌우할 따름이었는데, 그들은 곧 적을 찾아 일전을 벌이기로 결정하였다. 한편 고트족은 다뉴브강 6개 하구 중 가장 남쪽에 위치한 하구 가까운 비옥한 대목야(大牧野)에 그의 진영을 넓게 설치하고, 여느 때와 마찬가지로 막사 주위에는 다수의 짐마차군으로 바리케이드를 치고 있었다. 이 광대한 울타리 안이라면 우선은 안전하므로, 그들은 자기들의 용기의 성과와 약탈로 얻은 획득물의 즐거움을 만끽하고 있었다. 전원이 만취하여 몹시 떠들고 있는 동안에도 오직 한 사람, 조심성 많은 프리티게른만은 빈틈없이 로마군의 동정을 관찰하고 그들의 의도까지도 간파하고 있었다. 보아하니 적의 병력은 끊임없이 증대해 갈 뿐이었다. 더욱이 추측컨대 적의 의도는 아군의 가축사료가 떨어져 막사이동이 불가피해졌을 때, 갑자기 공격을 가해올 것으로 판단되었다. 여기서 그는 곧장 인근지방에 출동시키고 있던 약탈부대를 남김없이 휘하로 소환시켰다. 신호의 화전(火箭)을 멀리서 보자마자 그들은 믿을 수 없을 정도의 신속성으로 수장(首將)의 지시를 따랐다. 모든 막사안은 투지로 불타는 만족의 병사들로 넘쳐 흐르고 있었다. 그들은 소란스럽게 우렁찬 외침으로 즉각 개전을 촉구하는 것이었다. 이것은 대장들을 크게 기쁘게 했는데, 이런 대장들의 투지는 또한 전사들의 이처럼 높은 사기에 더욱 고무되었다. 그러나 시각은 이미 깊은 밤중이므로 양군이 모두 다가오는 결전준비를 갖추는 것으로 날이 새기를 기다렸다. 아침이 되자 드디어 나팔소리가 전투개시를 고했는데, 두려움을 모르는 고트족의 용맹성은 서로가 교환한 엄숙한 서약 때문인지 더욱 높았다. 적을 향한 일제 돌격이 시작되었다. 그런 돌격 사이에도 부조(父祖)의 영광을 찬양하는 그들의 군가는 소란스러운 그 만성(蠻性)의 우렁찬 외침과 하나가 되어, 일부러 만들어져 상쾌하게 들리는 로마군의 계음적(階音的) 함성과는 아주 좋은 대조를 보여 주었다. 여기서도 프리티게른은 훌륭하게 그의 무명(武名)을 증명해 보였는 바, 여하튼 적은 다수인지라 어쩔 수 없이 만족들의 중압에 밀려서 먼저 로마군의 좌익이 괴멸되면서 막대한 살륙사체가 전쟁터에 흩어졌다. 이 국부적 패배에 대하여 다른 한편에서는 부분적 승리도 있어서 결국은 상쇄되었는데, 이리하여 오후도 늦게 양군이 각각 자기 진영으로 돌아갔을 때는, 아직도 쌍방 공히 결정적 승리의 영예나 또 그만한 전과를 자랑할 수 있는 것은 아무것도 없었다. 다만 로마군은 처음부터 열세였기 때문에 그 손실의 실감이라는 점에서는 보다 심각하였다. 고트군도 역시 로마군의 완강한, 전혀 예상하지 못했던 저항에 부딪혀 아주 동요했던 모양으로, 이후 7일간은 방책 안에 틀어박힌 채 출격하지 않았다. 고급장교들에 대해서만은 이런 상황하에서도 가능한 한 최대의 의례로써 정중하게 장례식도 치뤄 주었으나 일반적인 병졸에 이르서는 매장조차 해주지 못하고 그대로 전쟁터에 방치되었다. 그리고 이 사체들은 당시로서는 전쟁이라고 하면 반드시라고 할 정도로 모두가 진수성찬에 맞닥뜨린 맹금류의 좋은 먹이가 되었던 것이다. 그 후 몇 년이 지난 다음의 일이지만 광대한 이 전쟁터를 뒤덮었던 무수한 백골이 사가인 암미아누스-마르켈리누스의 눈에도 띄어 이것이 가공할 살리케스(Salices) 전투의 혈전을 기념하는 것으로 깊은 감명을 받았다고 하였다(「역사」 제31권 7장 16절).

승패는 고하간에 이날의 혈전이 가져다 준 덕분으로 고트군의 진격은 한동안 억제되었다. 한편 로마군 장군들로서도 이와 같은 혈전을 거듭한다면 아마 자군의 병력도 크게 소모되는 것이 아닐까 하고 생각했는지, 이때는 차라리 만족군의 양초결핍(糧草缺乏)과 또 그의 우세한 숫자에서 오는 중압으로 자멸하는 날이 오기를 기다린다고, 좀더 합리적인 작전방향으로 전술을 바꾸었다. 즉, 서고트족을 다뉴브강과 스키티아 사막, 그리고 헤무스(Haemus)산맥 사이에 끼어있는 좁은 일각으로 몰아넣어 거기서 당연히 일어날 굶주림의 압박이 부지불식간에 그들의 병력과 사기의 쇠퇴를 가져오게 되는 날을 기다리겠다는 것이다. 이 계획은 어느 정도 성공을 거두었다. 사실 만족들은 비축식량도, 또 현지수확한 것도 거의 다 먹어갔고, 한편 로마군측에서는 기병대 총사령관 사투르니누스(Saturninus) 지휘하에 열심히 그의 방책들을 강화했고, 또 그의 방위권을 축소시키기에 노력하였다. 그런데 이 노력을 갑자기 중단하지 않을 수 없었다. 왜냐하면 이제 만족의 새로운 대군이 프리티게른군을 지원하기 위해서인지, 아니면 그의 선례를 본받을 생각에서인지, 어쨌든 방어진이 전혀 없는 다뉴브강을 이미 도하완료했다는 긴급보고에 접한 까닭이다. 이렇게 되면 오히려 사투르니누스 자신이 적의 엄중한 포위망 속에 들게 되어 미지의 이 만족군에 압도당하지 않을까 하는 당연한 불안이 그로 하여금 이윽고 고트군에 대한 포위공격전의 개시를 단념케 하였다. 이렇게 되자 격분한 서고트군은 곧장 봉쇄망을 돌파하여 다뉴브 강안으로부터 헬레스폰투스 해협까지 300마일 이상에 걸친 풍요한 옥토지대에 대하여 여러번 철저한 약탈을 반복함으로써 그동안 주렸던 창자를 채우는 동시에 보복심도 만족시켰다. 이보다 앞서 지장(智將) 프리티게른은 맹우인 각 만족들에게 그들의 이해관념과 감정의 쌍방에 교묘히 호소하여 훌륭한 성공을 거두었다. 이에 더하여 그들의 약탈취미와 로마에 대한 증오심은, 그로부터 파견되어 온 사절단의 웅변을 구태여 기다리지 않고도 그를 지지키로 사전에 이미 결정하고 있었다. 이리하여 프리티게른은 나이 어린 군주의 후견인으로 활약하는 알라테우스와 사프락스 두 사람의 지도를 받고 있는 바, 방대한 동고트족 집단과의 사이에 긴밀유력한 동맹관계를 공고히 하였다. 이리하여 장기간에 걸쳐 대립해오던 두 고트족 사이의 반목도 이제 공통의 이해관계라는 의식에서 단번에 완전히 해소시켰다. 그리고 각각 독립집단이었던 두 고트족의 일부가 하나의 정기 밑에 연계되면서 동고트족의 대장들도, 재능이 뛰어난 서고트족의 장수(프리티게른을 가리키는 것)에게는 진심으로 복종의 뜻을 표명한 것 같다. 프리티게른은 또한 저 무서운 타이팔레족(Taifalae 族. 다키아 속주<오늘날의 루마니아> 동쪽변경지대에 있던 고트의 한 부족)의 강력한 지원도 약속받았다. 원래 이 타이팔레족은 그의 효용(驍勇)으로 널리 알려져 있었는데, 다만 그 부족내에서의 모종의 수치스러운 악습 때문에 심한 오명을 쓰고 있었다. 그 오명이란, 그들의 젊은이가 세상에 나올 때면, 반드시 그 누군가 같은 부족내 다른 전사와의 사이에 이른바 의로운 우정과 더불어 모종의 야수적인 애정관계(호모섹스 관계를 말하는 것)를 맺어야만 한다는 것이다*. 더욱이 제아무리 그가 이런 반자연적인 관계로부터 해방되기를 바란다 해도 거기에는 그가 숲속에 사는 큰 곰이나 멧돼지와 일대일의 격투로 넘어뜨림으로써 자기의 성년상을 증명하지 않는 한, 절대로 인정되지 않았다. 그러나 고트군의 가장 강력한 보

---

* 이 이상습속에 관한 기사는 암미아누스-마르켈리누스의 역사 제31권 9장 5절을 거의 그대로 인용한 것이다. 기번은 이와 똑같은 습관이 그리스인, 그 중에서도 특히 크레타 섬사람들 사이에 있다고 보충주석을 달고 있다. 어떤 의미에서는 고대에는 이것이 거의 동서공통이었는지도 모른다.

조군은 기실 이 고트족을 이들의 고향땅에서 몰아낸 바로 그 적대만족(훈족을 말하는 것) 속에서 모여진 사람들이었다. 왜냐하면 훈족과 알라니족과의 애매한 종속관계와 그들이 광대한 영토를 보유했던 일이 오히려 이 전승 만족에 의한 정복을 지연시켰을 뿐만 아니라 군사평의상의 불통일까지 조성했기 때문이다. 사실 몇몇 부족 등은 프리티게른으로부터의 관대한 공약에 감동됐을 뿐만 아니라 다시 스키타이인 쾌속기병대의 내원이 고트족 보병대의 일관된 저항의욕에 커다란 힘을 더해 준 것이다. 한편 발렌티니아누스 황제의 후계 황제(그라티아누스 황제를 말하는 것)를 불구대천의 원수로 적대시하던 사르마티아족도 이와 같은 국가적 혼란을 오히려 환영하는 태도였고, 심지어 그 혼란을 조장하는 선동까지 하고 있었다. 이에 더하여 때마침 갑작스럽게 알레만니족이 갈리아 여러 속주에 침입해 들어간 것이 또한 서방황제의 관심을 빼앗아 그의 병력을 둘로 나누지 않을 수 없게 하였다.

만족을 군대나 궁정 안에 들여놓는 데서 생기는 최대 위험의 하나는 당연히 그의 동포들인 적성인들과의 사이에 연락의 길이 트인다는 것인데, 이것이 부주의에 의한 것인지 아니면 악의에 의한 것인지는 별개문제로 하더라도, 요컨대 그런 통보가 로마제국의 취약점을 모두 그들에게 전하여 파악케 한다는 점이다. 이것은 명백히 느낄 수 있는 문제다. 그라티아누스 황제 친위대원 중 한 사람으로, 알레만니족의 한 부족이며 콘스탄스호(Constance 湖. 서독과 스위스 국경에 있는 호수. 오늘날은 보덴시호라고 부르는 것이 보통이다) 피안에 사는 렌티엔세족(Lentiense 族) 출신의 병사가 있었다. 때마침 집안일로 휴가를 받아 고향에 돌아가 가족과 친구들과 얼마 동안 지내는 사이에, 그들로부터의 호기심 많은 질문공세에 직면하여 원래가 요설(饒舌) 버릇이 있는 병사였으므로 국가의 비밀로부터 황제의 계획까지, 자기가 알고 있는 정보를 의기양양해서 말해 버린 것이다. 현재 그라티아누스 황제가 숙부인 발렌스 황제에의 원군으로서, 스스로 갈리아 및 서방의 총병력을 통솔하고 출진하기 위하여 준비 중에 있다는 정보는 그렇지 않아도 호시탐탐 기회만 노리고 있던 알레만니족에게 지금이야말로 침략의 절호의 기회임을 판단케 하였다. 때는 2월로서, 먼저 몇 개의 소지대가 얼어붙은 라인강의 얼음 위로 도하했는데, 이것이 계기가 되어 사태는 보다 중대한 전란으로 발전하였다. 대담한 약탈행위, 그리고 운수가 좋으면 정복이라는 야망이, 신중한 배려도 또 민족적 신의까지도 잊게 하였다. 부락마다, 또 숲마다에서 표한한 모험자들이 줄지어 모습을 나타냈다. 알레만니족의 대군이 접근함에 따라 사람들의 공포심도 도움이 되었겠지만, 처음에는 그 수가 4만명으로 추산되던 것이 미구에는 로마측 궁정인들의 아부적인 경신성까지 가세하여 총 인원수가 7만이라는 과장된 숫자로 불어났다. 정세가 이렇게 급변하자 판노니아를 향하여 진격하도록 명령되었던 정규군단도 곧 소환되거나, 현재 위치하고 있는 그 지점에 그대로 정지하라는 지시를 받았는데, 이들은 모두 갈리아 방위로 돌려진 것이다. 군의 지휘권을 위임받고 있던 사람은 난니에누스(Nannienus)와 멜로바우데스(Mellobaudes) 두 장군이었는데, 아직 나이가 젊은 그라티아누스 황제는 난니에누스의 오랜 경험과 신중한 지모를 깊이 존경하였지만, 본심은 역시 두드러진 멜로바우데스의 용맹성에 훨씬 더 강하게 마음이 끌리고 있었다. 그와 같은 사정도 있고 해서, 멜로바우데스는 친위대 독군에 더하여 프랑크왕이라는 본래 양립할 수 없는 지위까지 겸하는 것을 허용받고 있었다(암미아누스-마르켈리누스, 역사 제31권 10장 6절). 한편 적인 알레만니족을 지휘 통솔하는 프리아리우스(Priarius)왕 역시 누구에게도 뒤지지 않는 강용(剛勇) 외골의 무장이었다. 이리하여 쌍방이 모두 이와 같은 지도자에 의하여 강제 독전되고 있었다. 양쪽 군대가 이처럼 그의 장군들에 의한 독려로 사기가 크게 고양되어 있었는데, 그러자 양군이 알자스(Alsace) 평원의 아르겐타리아(Argentaria), 별명 콜마르(Colma-r) 거리 가까이에서 마주치자마자, 곧 격렬한 조우전으로 되고 말았다. 이 날의 로마군 승리의 원인은 오로지 병사들이 가졌던 날으는 무기류와 숙련된 기동성에 있었다. 장시간에 걸쳐 그 진지를 내내 고수하던 알레만니족군은 용서 없이 대살육을 받아 겨우 5천명 정도만이 삼림 속이나 산으로 도망쳐 목숨을 건졌는데, 이때 프리아리우스왕 자신도 전장에서 명예롭게 전사한 까닭에 동포들로부터 비난만은 어떻게든 모면할 수 있었다. 왜냐하면 이 알레만니라는 만족은 패전이라도 하면 반드시 전투의 정당성, 나아가서는 전략상의 책임을 묻는 것이 항례였기 때문이다. 이 눈부신 승리로 갈리아의 평화는 확보되었고 로마군의 명예도 증명되었으므로, 그라티아누스 황제는 이어서 곧 동방원정에로 발진하는 것이 아닌가 하고 생각되었다. 그런데 알레만니족 영역의 경계선 가까이에 이르자, 그는 갑자기 왼쪽으로 전진(轉進)하더니 그들의 의표를 찔러 라인강 도하작전을 강행하여 대담무쌍하게도 그들 영내 깊숙한 곳으로 침입하는데 성공하였다. 만족들도 유리한 지형을 이용하여 거기에 의거하면서 용기를 다하여 황제군의 진격에 방어전을 전개하였다. 한 언덕 또 한 언덕씩 후퇴를 계속하는 과정에서 거듭되는 시련을 통하여 로마군의 실력이나 내구력을 충분히 알아본 듯, 끝내는 황제의 군문에 이르러서 항복하였다. 이 항복을 로마군측은 틀림없이 인정하였다. 그러나 이 항복을 진심에서 나온 개전의 증거로 간주한 것이 결코 아니고, 다만 그들의 현실적인 궁한 처지를 잠시 모면하기 위한 전술적인 후퇴로만 인정한 데 지나지 않았다. 상대는 신의 따위는 모르는 만족인만큼 그들 중에서도 특히 용감하고 건장한 청년들만을 선발하여 장래에도 귀순했다는 가장 확실한 담보로 인도할 것을 로마측은 요구하였다. 대저 알레만니족에 속하는 만족이란 무력으로 억압복종시키는 것이 좀처럼 어려운 일이거니와 그렇다고 해서 조약으로 속박하는 것도 불가능하다는 쓴 잔을 로마국민은 여러번 마시고 있는 만큼, 어차피 강고하고 영속적인 평화 따위는 믿지 않았지만, 다만 처음 본 그들의 젊은 황제의 걸출한 자질에는, 그와 협조할 때 어쩌면 앞으로 장기간에 걸쳐 안정번영의 치세도 기대할 수 있을 것이 아닌가 하고 생각하였다. 산, 또 산을 넘고 넘으면서 로마군단이 연이어 만족군의 방채를 제거하고 전진했을 때, 그라티아누스 황제는 항상 군의 최선두에 그 모습을 나타냈으며 그의 용전분투상은 사람들을 놀라게 했다. 때문에 끊임없이 그의 신변 가까이에서 경호에 임하고 있던 친위대원이 받들고 다니던 황제의 금색찬연한 갑주구족류까지도 적으로부터 받은 창검으로 찔리고 베어져 너덜너덜 찢겨져 있었다. 불과 19세지만 발렌티니아누스 황제의 외아들인 이 황제는 훌륭하게 화전 양면의 영명한 재능을 갖추고 있는 것으로 보였다. 그리고 이 알레만니족에 대한 그의 승리는 장차 고트족의 제압도 기대할 수 있다는 충분한 전조로 생각되었던 것이다.

그라티아누스 황제가 전 국민의 칭찬을 받고 있을 무렵에 동방의 발렌스 황제는 겨우 그의 궁정과 군을 안티오크시로부터 이동시켰지만, 그를 맞이한 콘스탄티노플 시민의 눈은, 이 발렌스 황제야말로 국난을 초래한 장본인이라고 보는 그것이었다. 수도에서의 휴양이 겨우 10일밖에 안됐는 데도, 벌써 대경기장(Hippodrome)에서 터진 시민들의 요란한 노호는 곧장 일어나 만족 토벌차 떠나라는 것이었다. 즉, 만족들을 제국 영내에 맞아들인 것은 황제 자신이 아니었나라는 것이다. 현실적인 위험에서 떨어져 있는 한 언제나 용감한 것이 민중이다. 무기만 준다면 우리들만으로도 저 교만한 적으로부터 속주를 훌륭히 구원해 보이겠다고, 사뭇 자신있는 듯이 호언장담하였다. 결국은 무지몽매한 대중의 이런 방언적(放言的) 비난이 로마제국 자체의 붕괴를 재촉하게 되었는데, 요컨대 그들의 무책임한 방언이 그 평판이나 성격으로 보더라도, 국민의 이와 같은 모멸에 대하여 의연한 태도로 견디어 나가는 의지 따위는 털끝 만큼도 가지고 있지 못한 발렌스 황제로 하여금 자포자기적인 경거망동으로 나가게 하였다. 그리고 대장(代將)들로부터 로마군이 훌륭한 전과를 올렸다는 보고를 받고 나자, 그는 심지어 고트족의 실력을 가벼이 보려는 심경에까지 이르게 되었다. 당시 이 고트족은 프리티게른의 활동으로 하드리아노폴리스시 근교에 그의 병력을 집결시키고 있었다. 타이팔레족의 내원이 용감한 로마군의 장군 프리게리두스(Frigeridus)의 분투로 도중에서 저지되었는데, 이때 그들의 왕까지 전장에서 전사했는가 하면, 항복한 포로들은 멀리 이탈리아내 모데나(Modena)와 파르마(Parma. 두 곳 모두가 이탈리아 북부 포강 평야가 있는 에밀리아주에 소재한다. 모데나의 옛이름은 무티나<Mutina>였다. 지금은 두 곳이 모두 시로 되었다) 등 무인 황무지 개간에 종사케 하기 위하여 압송되고 있었으며, 또 근년에 발렌스 황제에게 중용되어 보병대 총사령관이라는 요직에까지 등용된 세바스티아누스(Sebastianus)가 올린 전과도 그 자신에게는 한층 큰 영예였거니와 국가에게도 일대 공헌으로 되었다. 세바스티아누스는 당시 각 군단으로부터 각각 300명씩의 정예군사들을 간발(簡拔)하는 것을 허용받았는데, 이렇게 엄선한 병사들만으로 편성한 독립별동대에게, 그는 발렌스 황제 치하에서는 거의 잊혀졌던 군기엄정에 관한 정신무장과 무예수련을 철저하게 단기 재교육을 실시했다. 그리하여 용장 세바스티아누스는 자기의 직접 지휘하에 고트군 대부대를 그의 진영으로 급습하여 큰 전과를 올렸던 것이다. 그때 만족군으로부터 탈환에 성공한 대량의 약탈물자는 하드리아노폴리스시와 그 주변에 산더미로 쌓였다고 한다. 이와 같은 위훈을 담은 훌륭한 보고서가 세바스티아누스 장군 자신으로부터 전해지자 이것은 굉장한 위재(偉材)의 출현이라 하여 전 궁정을 놀라게 하였다. 그 자신은 오히려 고트족과 전쟁의 곤란성을 매우 신중하게 강조했지만, 이것은 오히려 그의 무용을 더욱 찬양케 하였을 뿐 진언쪽은 무시되고 말았다. 황제는 득의만면으로 궁정 환관들의 아부하는 진언에만 귀를 기울였고, 자신도 쉽게 확실한 전승의 영광을 얻고자 초조해하는 기색조차 나타냈다. 황제의 전력도 다수의 노련한 군사들의 증원을 받아 현저하게 강화되고 있었다. 수도 콘스탄티노플에서 하드리아노폴리스시까지의 진격은 교묘하기 그지없는 용병술로 이루어졌으므로, 중간 지대의 좁고 험한 길을 장악하고 로마군 자체와 그 보급부대의 요격을 기도하던 고트군의 행동을 선제공격으로 보기 좋게 저지시켰다. 하드리아노폴리스시 성벽 밑에 포진한 황제군의 막영은 로마군 고래의 관행에 따라 깊은 호와 보루로써 방색화되었다. 그러자 황제 자신과, 나아가서는 제국의 운명까지도 좌우할 중요한 전략회의가 소집되었다. 이 석상에서 당분간은 서둘지 말고 차라리 합리적인 작전을 펼 것을 극력 주장한 신중파의 대표는, 원래 성격이 급하기로 유명한 사르마티아 출신이지만 오랜 체험에서 얻은 교훈으로부터 고유의 저돌적 성격을 스스로 고치고 있던 빅토르 장군이었고, 이에 대하여 사세가 여기에 이르러서 속전승리의 시비를 의심하는 것 같은 신중발언이나 또 그런 방책을 입에 담는 따위는, 상승황제 발렌스의 무용과 위신에 어울리지 않는다는 내용을 정신(廷臣) 특유의 원전활탈(円轉滑脫, 말하는 데서 모나지 않고 거리끼지 않는 것)하게 아부적인 변설을 휘둘러 말한 사람은 바로 세바스티아누스였다. 더욱이 발렌스 황제를 파멸시킨 운명은 다시 적장 프리티게른의 간사한 책략과, 서방황제 그라티아누스의 신중한 권고에 의하여 단번에 촉진되었다. 즉, 전쟁을 한창 벌이고 있을 때라도 한편에서는 절충을 계속하는 일의 이점을 이 만족의 장군(프리티게른을 말하는 것)은 완전히 이해하고 있었다. 여기서 그는 기독교 성직자로 자칭하는 한 인물을 평화사절로 보냈던 것인데, 이 사람이 황제측 전략회의에까지 나타나 회의의 혼란을 가져오게 한 것이다. 이 사절은 먼저 현재 고트족이 놓여 있는 비극적인 환경과 이에 대한 그들의 분노에 대하여 역설한 다음 프리티게른의 이름으로 이렇게 제안하였다. 즉, 유랑하는 동족들을 위하여 하다못해 트라키아 속주의 황무지도 좋으니 어딘가 안주할 땅을 지정해 주는 동시에 곡식류와 가축을 필요한 만큼 공여해 준다면, 이제라도 프리티게른은 기꺼이 곧 무기를 버릴 것이며, 설사 그것을 쓴다 해도 오직 제국방위를 위해서만 사용할 생각이라고 했다. 또한 이 사절은 우정어린 마음에서 나온 비공식적인 이야기라고 전제하면서 다음과 같은 말도 비밀인양 첨가하였다. 즉, 현재 분통을 터뜨리고 있는 만족들은 아마 이와 같은 타당한 조건만으로는 도저히 만족하지 않을 것이다. 사실 프리티게른 자신조차 그의 배후에 로마제국군의 직접 입회라는 시위적 후원이라도 없으면, 과연 이런 조약체결로까지 사태를 끌고 나갈 수 있을는지가 의문이라는 것이었다. 마침 그 무렵이지만, 독군인 리코메레스(Richomeres)가 서방으로부터 돌아와, 알레만니족의 패배와 귀순에 관한 정보를 전했을 뿐만 아니라, 이제 조카인 그라티아누스 황제가 승승장구 갈리아의 정예병단들을 이끌고 동방황제를 돕기 위하여 목하 급히 행군 중이라는 내용을 보고하였다. 따라서 서방황제와 제국의 이름으로 전언컨대, 여기서는 동서의 두 황제가 회동합류하여 고트족과의 전쟁 결과가 반드시 승리하리라는 전망이 설 때까지 일체의 위험한 결정적인 행동만은 보류해 주기 바란다는 것이었다. 그러나 여기서 바로 암둔한 황제 발렌스인 만큼, 오로지 자부심과 질투심만의 치명적인 환상에 사로잡혀서 행동한 것이다. 쓸데없는 간섭이라 하여 이 충언을 무시했을 뿐만 아니라 일찍이 원군을 요청했던 일도 잊은 듯 이제 굴욕적인 원군 따위는 일체 필요치 않다고 하면서 물리쳤다. 아마도 그로서는 체면이 서지 않는 일이라고 생각했든가, 적어도 생기 없는 그 자신의 치세라는 생각과 아직 대가리에 피도 마르지 않은 애숭이 주제에 벌써부터 영명하다는 혁혁한 명성을 얻은 서방황제하고 남몰래 자기를 비교하여 스스로 열등의식을 느꼈던 모양이다. 이리하여 그는 환상적인 전승기념비를 머리 속에 그리면서 일편단심 전쟁터로 달려갔다. 공동통치 황제인 그라티아누스의 빛나는 활약이 있으면 그로 말미암아 그 자신의 전승영예의 일부가 빼앗길 것이라는 위구심에서도 그가 전쟁터에 도착하기 이전에 한시바삐 전투를 시작하고자 서둘렀던 것이다.

8월 9일(378년)-이날은 이윽고 로마 달력에서 최대의 액일 중 하나로 여겨지는 날이 되지만- 발렌스 황제는, 그의 치중대와 군용고리짝류를 강력한 호위하에 남겨둔 채 하드리아노폴리스시를 출발하여 시의 근교 약 12마일 정도 떨어진 곳에 포진하고 있던 고트군을 공격코자 나섰다. 그러나 지시에 잘못이 있었던 때문인지, 아니면 지리를 잘 몰랐던 탓인지, 기병대의 우익이 벌써부터 적진을 지호지간에 바라보는 지점에까지 육박했음에도 불구하고, 좌익은 아직도 훨씬 후방에 남겨진 형태였다. 한여름의 폭염하에서 하는 수 없이 병사들은 필사적으로 지휘관을 뒤따랐으나 그래도 전선정비에는 심한 혼란과 방심에서 오는 생각지도 않았던 지체가 있었다. 하기야 고트족 측에서도 그의 기병대는 식량징발을 위하여 가까운 부락에 파견되어 있었고, 한편 프리티게른은 여전히 득의의 뒷공작을 계속하고 있었다. 즉, 그는 먼저 화의의 사절을 다시 보내어 무엇인가 화평제안을 하거나 인질을 요구하는 등 교묘하게 천연책을 쓰면서 농간을 부리고 있었다. 그 사이에 로마군 병사들은 혹독한 더위 밑에 놓여진 채 기갈과 피로로 **초췌해질 대로 초췌해져** 있었다. 여기서 발렌스 황제도 끝내는 고트족 진영에 사절을 보내는데 동의했는데, 이때 위험하기 그지없는 이 사명을 떠맡겠다고 나선 용감한 사람은 서방에서 돌아온 리코메레스 독군 한사람 뿐이었다. 그의 왕성한 의기는 전군으로부터 칭찬을 받았다. 이리하여 이 친위대 독군이 전신을 자기의 위엄을 나타내는 표장류로 장식하고 양군의 중간을 상당히 전진했을 때였다. 바로 그때 갑자기 개전의 경보가 울려 퍼지면서 그는 그대로 되불리어 갔다. 사수대(射手隊, archers)와 방패대(targeteers)를 지휘하고 있던 이베리아인 바쿠리우스(Bacurius)라는 사람이 그만 부주의하게도 재빨리 공격을 가한 것이다. 그들은 맹렬한 돌격으로 나갔지만 곧 굴욕적인 손해를 입고 패퇴하였다. 그때 고트군으로서는 기다리고 기다리던 알라테우스와 사프락스 두 사람이 지휘하는 **별동기병대가,** 비록 소란스러운 잡군(雜軍)이긴 했지만 구릉지대로부터 질풍처럼 **쇄도하자,** 평원을 가로 질러 압도적으로 우세한 만족군의 돌격에 합세함으로써 새로운 공포의 맹위를 가중시켰다. 이리하여 발렌스 황제에게나, 또 로마제국에게도 치명적인 상처를 준 이 하드리아노폴리스 회전의 결과는 몇 마디의 말, 즉 로마군 기병대가 패주하자 남겨진 보병대는 엄중한 포위망에 들어 완전히 분쇄되고 말았다는 그것으로 총괄할 수 있다. 전쟁터는 탁 트인 평원이고, 게다가 로마군이란 보병대가 주력이었으니 그것이 기동력에서 몇 배나 우세한 만족군 기병대의 포위망에 들었으니, 아무리 능수능란하게 기동선회하는 재주를 가졌고, 또 불굴의 용기를 발휘한다 해도, 이런 포위로부터의 탈출은 거의 불가능하였다. 적군의 중압과 아군의 공포심이라는 두 가지 압력에 눌린 발렌스 황제군은, 좁디좁은 국지(局地)에 떼지어 모여서 우왕좌왕할 뿐, 여기서 전열을 재정비하여 전투태세로 전개하려는 생각은 고사하고, 검과 투창류를 유효하게 사용하여 혈로를 뚫고 빠져 나가보려는 지휘관은 한 사람도 없었다. 사실 그것은 불가능한 일이었지만, 이런 혼란·살륙·낭패의 와중에서 황제 자신도 친위대의 버림을 받았을 뿐만 아니라, 아마도 유시(流矢)로 입은 상처겠지만 중상을 입고 란케아리이(Lancearii)대와 맛티아리이(Mattiarii)대에게 일신의 보호를 요청하였다*. 이 두 부대만이 어떻든 그때까지도 군대다운 질서를 유지하면서 진지를 고수하고 있었던 것이다. 황제의 위난을 알아차린 충직한 장군들인 트라야누스와 빅토르는 큰 소리로 외쳤다. 여기서 황제의 한 목숨을 구하지 못한다면 만사는 끝장이라고. 이들의 외침에 정신을 가다듬게 된 얼마간의 병사들이 곧 황제를 구해내기 위하여 달려갔는데, 그들이 거기서 본 것은 다만 유혈의 현장뿐이었다. 파쇄된 병기들과 창칼에 찔려서 죽은 사체더미 사이에서 불운한 황제의 모습은 죽은 사람들 속에서나 또는 생존자들 속에서도 끝내 발견되지 않았다. 황제의 죽음에 대해서는 몇몇 사가들이 기록하고 있지만 만일 이들의 기술에 얼마간이나마 진상이 들어 있다면, 수색은 처음부터 실패로 끝나게 되어 있다. 왜냐하면 황제는 측근들의 부축으로 일찌감치 전쟁터를 탈출하여 가까이에 있었던 오두막집에 수용되어 우선 상처의 치료를 받은 다음, 금후의 안전책까지 강구하고 있었던 모양이다. 그러나 이 피난의 초가집도 곧 적군의 포위를 받았다. 그들이 출입문을 부수고 들어가려고 했을 때, 지붕 위에서 비오듯이 쏘아대는 화살에 맞아 부상함으로써 결말이 나지 않는 지체(遲滯)에 애가 타고 또 화도 나자, 드디어 마른 나무가지 다발을 집 주위에 산더미로 쌓은 다음 불질러 버린 것이다. 이리하여 그 안에 들어 있던 황제는 이 오두막집이 불타면서 그의 시신(侍臣)들과 함께 불타 죽은 것이다. 물론 황제는 타 죽었지만, 그 중 오직 한 사람만이 창문으로부터 탈출하는 데 성공하여 겨우 죽음을 면한 젊은이가 있었다. 바로 그가 이 비극적 결말의 증언자가 되었는 바, 고트족으로서는 모처럼의 최대 전과를 너무 서두룬 나머지 잃어버린 사실을 그들에게도 전했다고 한다. 이 하드리아

---

* 이 한 줄의 문장(the Lancearii and the Mattiarii)을 기번의 원래 서술대로 우선 「란케아리이대와 맛티아리이대」로 번역했지만, 이것의 내용이 무엇인지는 알 수 없으며, 따라서 번역에 자신이 없다. 혹자는 이것들이 부족명이라고 하지만 그것은 명백히 잘못인 것 같다. 이처럼 난해의 원인을 제공한 것은 기번이 의거한 원출처에 있다고 하겠다. 이 하드리아노폴리스 회전을 상술한 것은 암미아누스－마르켈리누스의 『역사』가 거의 유일한 사료인 듯한데, 문제의 두 부대에 대한 언급은 전후에 꼭 2회만 나온다. 즉, 동서 제21권 13장 16절과, 제31권 13장 8절이 그것이다. 그런데 전자에서는 Lancearii et Mattiarii라고 대문자로 시작한데 대하여, 후자에서는 lancearii et mattiarii라고 보통명사 취급하여 소문자로 시작하고 있는 것이다. 이로써 부족명이 아니라는 것이 명백해졌는데, 어의(語意)로 말한다면 lancearii는 lancea 즉, 「창(槍)」에서 유래된 말로서 「창기병(槍騎兵)」인 lancearius의 복수형이어야 한다. 이러한 추정에서 말한다면, mattiarii 역시 그 어떤 무기를 소지한 기병대가 아닐까 하고 추측된다. 로브판의 『역사』 편저자인 롤페(Rolfe, J.C.)는 이것을 mattium이라는 무기를 가진 전투대라고 해석하고 있다. 그러면서도 가장 중요한 mattium의 정체는 알 수 없다고 주석을 달고 있는 것이다. 사실 mattium 또는 mattiarius라는 어휘는 오래된 것으로는 스미스(Smith, Sir William, 1813～93. 영국의 고전학자·성서학자)의, 가까이는 옥스퍼드대학의 라틴어－영어 사전들에도 나와 있지 않다. 따라서 내용에 이르기까지의 번역어는 찾지 못한 것이다.

노폴리스 회전에서 잃어버린 용감했던 수많은 로마군의 간부장교는 그 숫자에서 일찍이 칸네(Cannae)전쟁터(BC 216년. 이탈리아에 침공해 들어 왔던 카르타고의 명장 한니발＜Hannibal. BC 247~183＞이 8만 6천이나 되는 로마군을 상대로 싸워서 생존자를 겨우 1만 4천밖에 남기지 않고 섬멸함으로써 역사적인 대승을 거두었던 남부 이탈리아의 전쟁터)에서 잃었던 그것에 좋이 필적할 만한 것이며, 다시 그의 치명적인 영향에 이르러서는 그때를 훨씬 상회하였다. 전사자 중에는 기병대와 보병대의 총사령관 2명과 궁정내 중요부서의 고관 2명 외에도, 사령관(tribunus)급만 35명이 포함되어 있었다. 특히 세상 사람들을 납득시킨 것은 세바스티아누스의 죽음이었다. 왜냐하면 그도 틀림없이 희생자이긴 하지만, 동시에 그 사람이야말로 이번 국난을 격발시킨 장본인이었기 때문이다. 이리하여 동방황제가 통솔하던 로마군의 3분의 2이상이 단번에 섬멸되었는데, 이날 해떨어진 뒤의 어둠이야말로 로마군 잔존자에게는 더없는 행운이었다. 그것은 대군의 패주를 감추어 주었고, 빅토르·리코메레스 두 장군의 지휘하에 정연한 퇴각을 훌륭하게 보호해 준 까닭이다. 사실 전군의 완전붕괴 속에서 이들 2명만이 냉정한 용기와 올바른 군기를 계속 유지했던 것이다.

슬픔과 공포가 아직도 사람들의 마음속에 생생하게 살아 있던 무렵이지만, 당시 가장 이름 높았던 한 수사학자가 패배한 로마군과, 그때는 이미 옥좌를 외부 오랑캐에게 빼앗겼던 이 악평높은 그 황제 (발렌스 황제를 가리키는 것)를 위하여 한편의 조사(弔辭)를 짓고 있다. 리바니오스가 바로 그 사람인데, 그는 솔직히 이렇게 말하고 있다. 「황제의 사려분별을 비방하거나 그의 국난적 비운의 원인을 군기의 이완과 무용의 부족으로 돌린 논자가 결코 없었던 것은 아니다. 그러나 적어도 나 개인으로서는 그들의 지난 날의 빛나는 공업에 대해 깊은 경의를 표하는 바이며, 또 이번 회전에서도 어디까지나 전열을 사수하여 명예로운 전사(戰死)로서 끝까지 용감하게 싸운 그들에게 역시 깊은 경의를 바치는 바이다. 그들의 피와 그리고 만족들의 그것으로 물든 전쟁터에 대해서도 나는 여기서 깊은 경의를 표명하고자 한다. 이미 명예로운 유혈의 흔적은 빗물로 씻겨 나갔지만, 높이 쌓인 장군·백인대장(centurion)·용감한 전사들의 백골더미가 보여주는 숭고한 기념비는 앞으로 오랫동안 기억되어야 할 것이다. 사실 황제 자신도 군의 최전방에 나서서 용전분투하였고, 그러다가 쓰러진 것이다. 시신(侍臣)들도 황제를 위하여 황실 마구간에서 제일가는 준마를 제공하였는 바,

그런 말들을 탄다면 적의 급한 추격에서 벗어나는 일도 매우 용이할 것으로 생각했던 것이다. 모든 국민은 장래에도 오랫동안 귀중한 황제의 한 목숨이 우리나라를 위하여 바쳐지도록 자중자애하기를 간절히 요청했었는데도 그것은 허사로 돌아갔다. 황제는 이렇게 말하였다. 이처럼 용감하고도 충성스런 신하들을 수없이 죽음에 이르게 한 이상에는, 이미 과인 자신만이 죽음을 면하여 오래 살아갈 값어치가 없다고 말이다. 그리하여 황제는 훌륭하게 사체더미 밑에 자기 몸을 묻은 것이다. 따라서 어느 누구도 오랑캐의 이번 승리를 가지고 로마군의 겁약·열약 나아가서는 경거망동의 결과 따위로 보아서는 안된다. 각급 제대(梯隊)의 대장과 병사들도 남김없이 조상들이 세운 전통적인 용기에 고무되었는 바, 사실 군기에서나 전술에서 추호도 손색이 없었다. 장렬하기 이를 데 없는 그들의 용전을 뒷받침한 것은 오로지 영광에 대한 사랑이었는데, 이것이야말로 그들로 하여금 혹서와 기아, 검과 불을 동시에 적으로 삼아 역전(力戰)하게 하였고, 패주라는 오명을 받기 보다는 차라리 명예로운 죽음을 흠연히 택한 것이다. 만일 오랑캐에게 승리를 가져다 준 것이 있다면 그것은 단 한가지, 신의 분노였다」고 (리바니오스, 「연설 제14」<통칭 「율리아누스 황제의 원한을 설욕한다」의 3~5절의 대의>. 발렌스 황제가 죽은 뒤 얼마 있다가 후계황제인 테오도시우스 1세에게 보내기 위하여 이것을 기초한 것으로 생각된다). 이 송덕문은 역사적 사실에서 보면 명백히 얼마간 잘못된 곳이 있을 것이다. 예를 들어 이에 의하면 발렌스 황제의 성격이나 현실전투상황과는 엄밀히 말하여 일치되지 않기 때문이다. 그러나 이상의 일절은 이곳 안티오크시의 철학자 리바니오스의 말치고는 그의 웅변의 묘라기 보다도 그의 아량을 풍부하게 나타낸 공정한 찬사로 보아야 할 것이다.

이 획기적인 승리로 고트족의 자부심은 크게 부풀어 올랐다. 그러나 제국으로부터의 노획품 중 가장 값진 것은 모두가 하드리아노폴리스 성 안에 있음을 알게 되자 그들의 욕심은 심각한 실망감을 맛보았다. 여기서 먼저 장병들에게 용전의 은상을 줄 현물을 입수코자 즉시 동시에 대한 공략을 서둘렀으나 여기에는 생각치도 않았던 패잔병들의 불굴의 결의에 의한 저항이 기다리고 있었다. 그것은 결사적인 항전인 동시에 그것만이 그들에게 남겨진 유일한 활로였던 것이다. 시의 성벽이나 인접한 진영의 보루에도 노포(弩砲)들이 일제히 거치되어 있었는데, 그것들이 발사하는 커다란 돌이 현실적으로 주는 실제효과란 별로 크지 않고, 그보다도 그것의 놀랄 만한 발사음과 비행속도라는 점에서 무지한 만족들로 하여금 심리적으로 놀라게 한 효과가 훨씬 더 컸다. 이러한 위기에 처한 이번 방위전에는 병사나 시민들, 속주민이나 궁정할 것 없이 모두 일심동체가 되어 참가했기 때문에 고트군의 맹공격도 끝내 격퇴시킬 수 있었다. 한편 그들이 추진시키던 비밀의 배신공작도 탄로되었고, 장장 수시간에 걸쳐 집요한 전투가 계속되었지만 어지간하던 고트군도 드디어 그들의 막영으로 철수하였다. 그리고 현명한 그들의 수장(首將)인 프리티게른도 여러 대도시의 요새들과 암묵리에 맺어둔 화약을 준수하는 쪽이 훨씬 득책임을 새삼스럽게 납득하였다. 이리하여 고트군은 300명이라는 로마군의 탈주병을 아주 졸렬한 방책이지만 급히 학살한 다음(하기야 로마군의 군율로 보아서는 매우 고마운 제재였지만), 몹시 화는 났지만 부득이 하드리아노폴리스시의 포위망을 풀었다. 소란스러웠던 전장도 일순간에 정적무인경으로 바뀌고 대군의 모습은 홀연히 사라졌다. 산들과 숲의 사잇길에는 죽음의 공포에 떨면서 멀리 일리리쿰과 마케도니아의 거리거리로 숨을 곳을 찾아서 지나간 도망병들의 발자국이 점점이 남겨져 있었다. 그러나 충실한 궁정관리와 재무관리들은 아직도 발렌스 황제의 사망을 모르고 두려운 마음으로 이 발자취를 따라 수색활동을 벌이고 있었다고 한다. 그러나 팽배하게 일어난 바, 고트군의 이동이라는 이 거대한 파도는 곧 하드리아노폴리스시 성벽으로부터 수도 콘스탄티노플의 근교에까지 밀어 닥쳤다. 이 고트군도 장려하고 웅대한 동방수도－길게 꾸불꾸불 이어진 높은 성벽, 누벽(壘壁) 앞에 무리지어 공포에 떨고 있는 수많은 부유층 시민들, 다시 육해의 변화 많은 주위경관을 바라보고는 그들 역시 참으로 경탄하지 않을 수 없었다. 고산지대의 꽃으로도 비유되는 수도의 이런 아름다운 경관을, 그들이 헛되이 선망의 정을 가지고 넋 없이 바라보던 바로 그때였다. 갑자기 성문 중 하나가 활짝 열리더니, 일찍이 행운으로 발렌스 황제의 휘하군대에 편입되었던 사라센인의 1대가 일제히 돌격해 나왔다. 정말 훌륭한 아랍산 준마와 그들의 날카로운 기백에는 스키타이인 기병대조차 질리지 않을 수 없었던 정예부대였다. 이 사라센인 기수들의 게릴라전적인 기동성이야말로 그들의 뛰어난 장기였다. 이리하여 북방만족들은 남방만족군의 동물적인 표한성에 그만 혼비백산으로 놀랐다. 예컨대 온 몸뚱이가 털투성이의 발가벗은 한 아랍병사가, 단검으로 찔러 고트인을 쓰러뜨렸는가 했더니, 이 만족 병사는 갑자기 쓰러진 그 고트족 병사의 상처에 그의 입을 대고 급기야 거기서 흘러나오는 생피를 빨아 먹었는데, 이때 그는 보기에도 기쁨에 넘친 형상을 하고 있었다(암미아누스－마르켈리누스의 「역사」 제31권 16장 5절, 조시무스의 「신로마사」 제4권 22절. 단 후자는 이 사라센군의 출격을 발렌스 황제 생존 중의 일로 기술하고 있다). 고트군은 비록 수도는 공략하지 못했지만 결국 부유한 근교의 마을들과 근린일대로부터 약탈해서 얻은 막대한 전리품을 선물로, 유유히 보스포루스(Bosphorus. 보스포러스해협 부근에 위치한다. 트라키아－보스포루스라고 불리었다)로부터 물러나 트라키아 속주의 서쪽 경계선을 이루는 산악지대로 병력을 이동시켰다. 그간 요충지대인 숫키(Succi)고개의 수비를 맡고 있던 로마군의 지휘관 마우루스(Maurus)는 그의 겁약성과 작전 잘못으로 패퇴함으로써 고트군으로서는 이미 동방로마군의 패잔병 무리에 의한 저항 따위를 걱정할 필요없이 멀리 이탈리아 변경으로부터 아드리아해까지, 풍요한 농경지대 전역에 걸쳐 그의 병력을 전개하게 되었다.

로마군단이 행한 바, 소위 정의의 응징에 대해서는 실로 냉정하고도 간결하게 언급하고 넘어가는 것이 로마인 사가들의 상례인데(여기서 기번은 이의 실례로서 케사르의 「갈리아 전기<De bello Gallico>」를 들고 있다. 그는 당시 로마군이 범했던 만행의 몇 가지에 대하여 케사르가 거의 무관심하게 넘어간 사실을 구체적인 예로 지적하고 있다), 이에 반하여 그의 속주가 만족들에 의하여 침략 및 약탈당했을 경우의 피해에 대해서는 소중히 간직해둔 동정(同情)을 많이 섞어서 웅변으로 써대고 있다. 예를 들어 어딘가 한 고을이 괴멸되거나, 한 가족이 비운에라도 빠졌다고 하자, 만일 이에 관한 상세한 기록이 한 편이라도 남아 있으면, 아마도 그것은 매우 흥미롭고도 귀중하며 또 교훈에 넘치는 인간습속의 양상을 나타내는 자료가 되게 마련인데, 그러나 그와 같은 막연한 열변조의 한탄스러운 말을 장황하게 중언부언한다면 아무리 인내심 강한 독자라 해도 지루한 감을 가질 뿐이다. 그리고 이와 꼭같은 비판은 이 불행한 시대를 묘사한 일반사가들 뿐만 아니라 정도의 차이는 있지만 교회사가들에게도 그대로 적용된다고 하겠다. 즉, 그들의 마음은 쓸데없이 다만 서민대중의 분노와 신앙상의 적개심만으로 불타고 있으며, 따라서 무슨 이야기를 한다 해도 그것의 참된 규모나 상황은 모두가 잘못된 웅변에서 오는 과장으로 왜곡되게 마련이다. 예컨대 저 격정의 인간인 성 히에로니무스(Hieronymus, Sophronius Eusebius, 340<－50>～419?. 기독교 교부·교회박사·성인·Vulgate성경의 번역자)는 그의 고향인 판노니아 속주를 비롯하여 멀리 콘스탄티노플 성벽에서 알페스－율리아에(Julian Alps) 산록지대에 이르는 광대한 지역에 든 여러 속주가 모두 고트족과 그의 맹방만족들에 의하여 커다란 재난을 입은 것을 한탄하고 있다. 즉, 강간·학살·방화, 특히 교회를 마구간으로 개조한 모독, 순교자 유품류에 가한 모욕 등등을 한탄했다. 이와 같은 일에 대한 개탄은 물론 당연한 일이지만, 바로 여기가 성자의 자기도취라고나 할까, 「이런 황량한 국토에는 이미 하늘과 대지 이외에 남은 것이라곤 아무것도 없었다. 도시는 모두가 완전히 파괴되었고 사람이란 사람은 한사람도 남김없이 살륙되었으니, 눈에 뜨이는 한 국토를 뒤덮은 것은 울창한 삼림과 사람을 꼼짝 못하게 하는 가시밭 숲, 그저 그것 뿐이었다. 짐승이나 새, 심지어 물고기조차 살지 않으리라고 한 저 예언자 제파니아(Zephaniah. BC 7세기의 히브리의 예언자, 그의 예언을 기록한 것이 「구약전서」의 「스바냐」 편인데 여기에 인용한 취지가 쓰여 있는 것은 그것의 제1장 3절이다)가 말한 바, 전 세계의 황폐화가 이제 여기에 실현될 것이다」라고 쓰고 있다. 이쯤되면 명백히 자연과 역사의 한계를 이미 넘어선 일종의 신들린 망상이라고 보는 수밖에 없다. 이 일절은 발렌스 황제가 죽은 뒤 약 20년이 지났을 무렵에 쓰여진 것이다. 물론 이 일리리쿰의 제 속주가 만족에 의하여 끊임없이 침략과 통과로 고통을 받아 온 것은 사실이지만, 그럼에도 불구하고 1천년에 걸친 재액을 거친 뒤에도 이곳은 여전히 약탈과 파괴의 대상물을 제공하고 있는 것이다. 원래 넓은 국토란, 가사 경작도 하지 않고 주민도 살지 않은 채 그대로 방치된다 해도, 하등생물의 번식과 생육에는 결코 절망적이 아니다. 왜냐하면 인간의 손으로 사육되는 애잔한 유용동물이야말로 그의 보호의 손길이 없어지면 곧 수난의 절멸을 보게 될는지 모르지만, 한편 인간의 적이며 또 그의 희생으로도 되는 숲속의 야수와 같은 동물들은 방해하는 사람도 없이 자유로이 그의 무인영토를 점유하게 되면, 이번에는 역으로 크게 번식하게 될 것이기 때문이다. 그리고 공중이나 수중을 삶의 터전으로 하는 각종 생물에 이르러서는 인간의 운명 따위와는 전혀 관계가 없다. 예컨대 다뉴브강 어족에게는 고트족의 침구보다도 식욕 왕성한 꼬치고기떼의 접근이야말로 훨씬 더 공포와 재액의 씨앗이었음이 틀림없을 것이다.

유럽 전역이 입은 재액이 정확히 어느 정도였는가는 잠깐 보류하고, 그와 같은 재액이 이웃고 평화로운 아시아의 여러 나라에까지 미칠 것이라는 근심에는 그 나름대로의 이유가 있었다. 앞서 인질로 잡아 두었던 고트족 소년들에 관한 것인데, 동방황제는 현명하게도 그들을 모두 동방의 여러 도시에 분산시켜 놓고 있었다. 그리고 그들의 선천적인 표한성을 교정시키고자 온갖 종류의 교육을 실시하고 있었다. 이리하여 약 12년이라는 사이에 그들의 수는 증가하는 한편, 최초의 이민조치로 헬레스폰투스 해협을 건너왔던 소년들은 벌써 훌륭하게 성장하여 완전히 성년으로서의 체력과 정신을 구비하고 있었다. 고트전쟁의 결과를 그들에게 내내 감춘다는 것은 불가능하였다. 이 용감한 청년들은 공교롭게도 아직 입발림으로 그럴 듯하게 거짓으로 꾸며대는 버릇 따위를 가지지 않는 순진성을 가지고 있던 만큼, 아버지들의 멋진 승리를 듣자 자기를 역시 이 빛나는 실례에 뒤지지 않겠다는 소원과 그런 일의 실행의도까지도 명확히 입에 담게 되었다. 더욱이 시대의 위기상은 그들에 대한 속주민들의 의혹 위구심을 충분히 정당화시키는 것처럼 보였다. 그리고 이런 의심이 이제 그대로 아시아의 고트족이 국가치안을 교란시키는 비밀모의를 기도하고 있는 확증으로까지 곧 생각되기에 이르렀다. 발렌스 황제가 죽은 뒤에 동방세계는 군주부재상태였다. 여기서 군 총사령관이라는 가장 중요한 직위에 있었고 정려유능(精勵有能)한 인물로 평판이 아주 높았던 장군 율리우스(Julius)는 여기서는 우선 콘스탄티노플시 원로원의 의견을 듣는 것이 의무라고 생각하였다. 생각컨대 옥좌가 비어 있는 이상, 콘스탄티노플시 원로원이야말로 국가의 대표회의라고 생각한 것이다. 원로원에서는 그가 제국 안보에 대하여 최선의 조치로 판단하는 한 어떠한 행동을 취해도 좋다는 독단전행권(獨斷專行權)을 그에게 부여하였다. 그래서 그는 곧 군대 간부들을 소집하고 어떻게 하면 그가 의도하는 가공할 유혈계획을 가장 유효하게 실시할 수 있는가에 대하여 비밀리에 구수협의를 가졌다. 그 결과에 따라 곧 모종의 명령이 내려졌는데, 그것은 지시된 특정 날짜에 고트족 청년들을 남김없이 각 거주 속주의 수도에 집결시키라는 것이었다. 그리고 당국은 이날의 소집 목적이 이 청년들에게 토지와 돈을 듬뿍 나누어 주기 위한 것이라는 소문을 널리 퍼뜨렸다. 그들도 이 낭보에는 평소의 격렬한 분노마저 잊고 아마 예의 반항모의도 일시적으로 뒤로 미루어 놓은 것으로 보였다. 드디어 그날이 되자 고트족 청년들은 무기도 전혀 가지지 않고 지정 장소에 도착하자, 좀더 세심한 배려하에 그들은 광장이나 포룸 등지로 집결하도록 안내되었다. 좁고 넓은 도로는 모두 군대에 의하여 차단되고 집집마다의 지붕에도 궁사병과 투석병 등으로 메꾸어져 있었다. 이때 동방 전역의 각 도시에 이들에 대한 무차별 학살의 신호가 동시에 일제히 발령되었다. 이리하여 잔인하기 이를 데 없는 이 율리우스 장군의 지략에 의하여 아시아내 제속주는 내부의 적으로부터의 위기만은 모면될 수 있었다. 사실 만일 2, 3개월만 더 늦었더라면 헬레스폰투스 해협에서 유프라테스강에 이르기까지 어쩌면 그들의 불길과 창검에 의하여 석권되었을는지도 모르기 때문이다. 그러나 과연 이와 같은 이유, 그리고 이외에 어떠한 이유가 또 있다고 하더라도, 그것은 어디까지가 정의의 인도와 자연의 의무로부터 해방시키는 것인지, 적어도 저자는 이와 같은 설교에 대해서는 무식한 사람 그대로 있고 싶은 염원이다.

그리티아누스 황제는 처음에는 혼란한 풍문으로, 다음은 빅토르와 리코메레스 등으로부터의 확실한 보고에 의하여, 성급히 전기(戰機)를 잘못짚은 발렌스 황제의 전사와 그로 말미암아 로마군의 3분의 2가 승리에 교만해진 고트군 창검의 녹을 벗겨주는 대상으로 되었다는 내용의 보고를 받았을 때, 이미 그의 군대는 멀리 하드리아노폴리스시의 평원을 목표로 진발한 뒤였다. 생각이 얕고 질투심 많은 이 숙부황제의 공명심에 대하여 당연히 그라티아누스 황제의 노여움은 컸겠지만, 여기가 바로 아량 있는 사람의 상례로서, 그런 노여움도 미구에는 비탄애련의 정으로 간단히 완화되었다. 그리고 이제 국가가 직면한 중대한 위기에의 배려를 앞에 두고, 그 연민의 정도 곧 잊혀지고 말았다. 그라티아누스 황제의 경우, 이미 비운으로 간 공치제(발렌스 황제를 가리키는 것)를 구원하기에는 시기를 잃었고 그렇다고 원수를 갚기에는 너무도 힘이 모자랐다. 이제 낙일(落日)과도 같은 이 세계를 지탱하는 것으로서, 용기는 있었지만 만사에 조심스럽게 행동해 오던 청년 황제로서는 자기자신의 힘이 부족함을 절실히 통감하였다. 사실 갈리아의 여러 속주에는 금방이라도 무서운 게르만 만족들이 일으키는 폭풍이 불어닥칠 것만 같았다. 황제의 마음은 서방제국의 통치만으로도 중압감과 오뇌로 괴로와했다. 이제 이 중대위기에 처하여, 동방을 통치하면서 대고트전까지 지도하려면 아무래도 누군가 영웅적인 정치가가 전심전력으로 대처해 나갈 필요가 있었다. 그렇다고 해서 갑자기 그런 대권을 부여받은 신하가 언제까지나 그처럼 멀리 떨어져 있는 은인에게 충성을 지켜 나가리라곤 도저히 기대할 수 없었다. 결국 황제의 각의는 그와 같은 모욕을 감수하기보다는 차라리 처음부터 은의적인 책무형태로 주어버리는 쪽이 현명하므로 그렇게 용단을 내리는 것이 좋겠다는 결론에 이르렀다. 그라티아누스 황제 본인의 희망으로서는 차라리 이참에 훈공에 대한 은상으로서 자의(紫衣)까지 곧장 주어버리고 싶었다. 그러나 아직 겨우 19세밖에 안되는 젊은 황제, 더욱이 그가 받은 교육은 전적으로 최고 통치자로서의 그것 뿐이었던 만큼, 각료와 장군들의 참된 인물상까지 알아 본다는 것은 결코 쉬운 일이 아니었다. 일단은 공평한 관점으로부터 그들의 장점과 결점을 고려해 보기로 하였다. 그리고 한편으로는, 성급한 야심가의 자신과잉을 억제시키는 동시에 다른 한편으로는, 이미 국가의 운명에 가망성이 없다고 생각하여 현명한 척 단념하면서 거드름을 피우는 신중파에게도 신뢰감을 두지 않았다. 그러나 이제 한순간이 지연되는 사이에도 다음대의 동방황제의 권력과 재원이 시시각각으로 잃어져 가는 형편이므로, 당시의 정세는 질질 끌기만 하고 결론을 내지 못하는 논의 따위를 전혀 허용하지 않았다. 그런 사정도 있고 해서 결국 그라티아누스 황제는 이윽고 한 추방자를 지명하였다. 그런데 이 인물의 아버지가 바로 3년 전에 황제 자신의 권한으로 부당하고도 수치스러운 처형을 당한 사람이었다. 이리하여 그라티아누스 황제 궁정에로 호출을 받은 사람이 역사상으로도 그 이름이 높고, 또 가톨릭 교회로부터도 평가가 높은 저 대(大) 테오도시우스(Theodosius I, 346~395. 재위 379~395)이다. 당시 황제의 궁정은 이미 트라키아 변경으로부터 점차 후퇴하여 보다 안전한 시르미움시로 옮겨지고 있었는데, 하여튼 발렌스 황제가 죽은 뒤 5개월이 되어서야 그라티아누스 황제는 겨우 그의 공치제이며 또 전군의 통솔자이기도 한 인물을 국민들 앞에 공표할 수 있었다. 테오도시우스도 일단은 겸허하게 이것을 사양하였다(아마도 본심으로부터의 저항이기도 했겠지만). 그러나 결국은 전군의 환호 속에 하는 수 없이 제관(帝冠)과 자의, 그리고 대등위의 정제(Augustus)칭호를 받지 않을 수 없었다. 이리하여 트라키아·아시아·이집트 등 발렌스 황제 통치하에 있던 제 속주가 모두 새 정제의 지배하에 이관되었다. 이 새 정제에게 특히 기대되었던 것은 대고트전의 지도였는데, 이를 위하여 일리리쿰의 행정구가 분할되어, 다키아(Dacia)와 마케도니아(Macedonia)의 2개 관구가 동방제국령으로 편입되었다.

일찍이 용맹스런 황제인 트라야누스(재위 98~117. 판도를 다뉴브강 유역과 소아시아 지역 등으로 확장시켜 제국 최대판도를 확보한 황제)와 뒤이어 영재인 하드리아누스 황제(재위 117~138. 트라야누스 황제의 조카로서 내치에 주력하여 법치제도의 기초를 닦았고 문예미술을 장려했다)를 배출시킨 동일한 속주, 아마도 출신도시까지도 같은 이곳은 이제 또 하나의 스페인(히스파니아) 출신 황제가계의 발상지가 되었다(트라야누스와 하드리아누스 두 황제가 스페인 출신인데, 새 황제인 테오도시우스가도 역시 스페인의 바에티카 속주 출신이라는 뜻. 동일한 도시라 함은 스페인 남부지방의 이탈리카<Italica>로서, 오늘날의 구아달키비르강가에 위치한 세빌라<Sevilla>시와 가까운 곳. 테오도시우스가는 오래전에 상기 두 황제가와 같은 혈통에서 나왔다는 설도 있으나 이것을 의문시하는 사람도 있다). 이 테오도시우스가야말로 로마제국 비운의 시대에 80년 가까이나 장기집권하게 된다*. 처음에는 무명의 평범한 시민층에 속했었지만, 먼저 황제의 아버지되는 테오도시우스의 공업, 즉 장수로서 브리타니아 및 아프리카에서 세운 수훈이 발렌티니아누스 황제의 치세를 장식하는 가장 빛나는 사적의 한 페이지가 되었다고 해서 갑자기 가명(家名)이 높아졌다. 그리고 그의 적자(嫡子)도 마찬가지로 테오도시우스라는 성명을 칭했는데, 청년시절부터 우수한 스승들의 지도를 받았고 각종 교양교육도 이수한 바, 특히 군사학을 철저히 익히게 된 것은 전적으로 부성애 넘치는 아버지의 배려와 엄격하기 그지없는 훈육때문이었다. 이와 같은 아버지의 휘하에서 청년 테오도시우스는 멀리 떨어진 변경지대의 실전장에서 영광과 군사적 체험을 다같이 얻게 되었다. 이런 실전을 통하여 계절과 풍토에도 익숙해지면서 육해에서 자기의 용맹성을 발휘하였다. 스코트족·색슨족·무어(Moor)족 등의 전투모습도 실제로 보았다. 그리고 자신의 전공과 나아가서는 아프리카의 정복자가 된 아버지의 추거도 있고 해서, 그 자신도 이윽고 독립병단의 사령관에 제수되었다. 예컨대 메시아(Maesia) 속주의 독군(督軍)으로서는 사르마티아족 토벌에 성공하여 동 속주를 만족으로부터 구출했고, 병사들의 경애심도 높아져 오히려 궁정으로부터 질투까지 받을 정도가 되었다. 그러나 그의 관운도 고명하던 아버지의 실각과 사형에 의하여 단번에 좌절당하였다. 다만 테오도시우스만은 특별 은전에 의하여 스페인 고향땅에서 일개 시민으로 은서생활을 보내는 것이 겨우 허용되었다. 그러자 이처럼 갑작스럽게 변화된 신세에도 그는 불만없이 쉽게 적응하는 데 성공함으로써 의연한 태도를 취하는 동시에, 절도를 분별할 줄 아는 그의 성격을 유감없이 발휘해 보였다. 그의 일상생활은 도시와 지방을 거의 2등분하여 왔다갔다 하면서 생활하는 형태였지만, 그 어느쪽 생활에서도 그의 공적 활동을 지배한 정신은 모든 사회적 의무이행에 애정 깊은 적극성을 나타내보인 것이었다. 또한 군인으로서의 정려성(精勵性)은 그대로 광대한 세습령의 개량개발에 향해졌는데 이것 또한 성공을 거두었다. 이 세습령지란 발라돌리드(Valladolid)와 세고비아(Segovia)와의 중간인 가장

＊ 「80년 가까이나 장기집권」한다는 것은 테오도시우스 1세(대제)로부터 그의 자식들인 아르카디우스(Arcadius)와 호노리우스(Honorius) 두 황제, 다시 손자인 테오도시우스 2세 황제까지를 계산한 것인지? 그렇다면 379년 테오도시우스 1세의 즉위로부터 450년, 테오도시우스 2세의 사망까지 70여 년밖에 안되는데 이것은 대략 그렇다는 뜻인지 모르겠다. 이 기간은 틀림없이 테오도시우스 일가의 군림시기였다. 다만 이 시기는 동서로의 로마제국의 분열이 결정적인 것으로 되어 제위계승문제도 매우 복잡하게 된다.

아래에 테오도시우스 황제가의 가계보를 게재한다.

테오도시우스가의 가계보

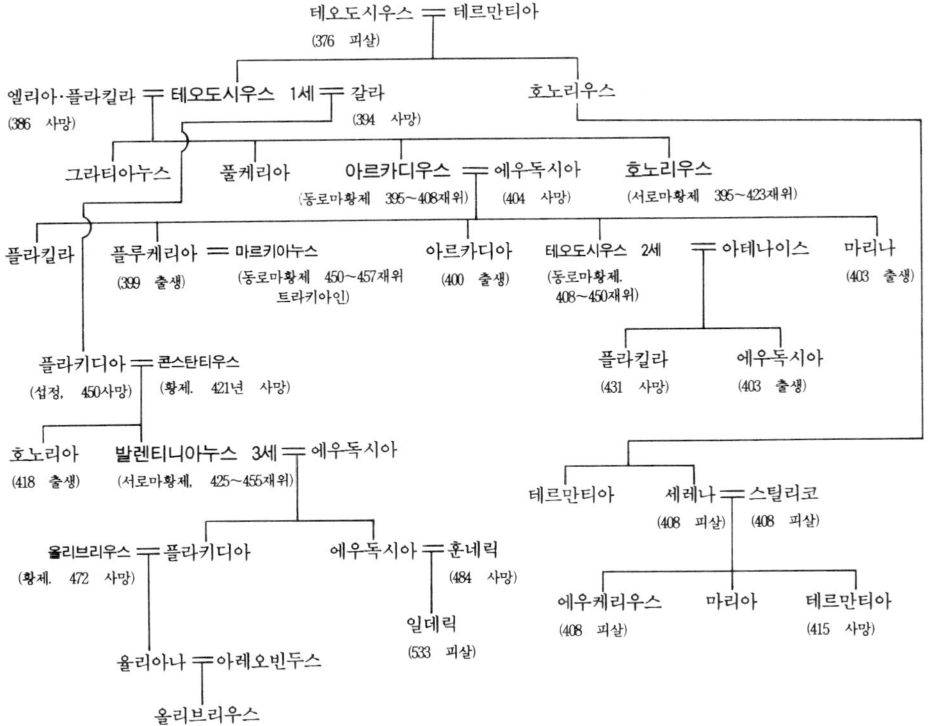

로마제국은 테오도시우스 1세(대제)때에 일단 동서제국이 통일되지만, 그의 아들대에서부터 동서의 로마제국으로 분열된다. 분열 당시 큰 아들인 아르카디우스(Arcadius. 377~408. 재위 395~408)는 동로마를, 차남인 호노리우스(Honorius, Flavius. 384~423. 재위 395~423)가 서로마를 통치하게 되었다. 동로마는 테오도시우스 2세(재위 408~450)까지 이어지지만, 그 뒤는 동서로마제국 모두에서 테오도시우스가의 제통이 끊어진다. 다만 서로마제국은 테오도시우스 대제의 후실인 갈라(Galla)와의 소생인 플라키디아(Placidia)의 남편 콘스탄티우스 황제(421 사망)와 또 이들의 소생인 발렌티니아누스 3세(Valentinianus Ⅲ. Flavius, 419~455. 재위 425~455)로 서로마제국의 제통이 이어가지만 이것은 외손자, 즉 혈통외의 간접계승으로서, 테오도시우스가 남계의 제통이라고는 볼 수 없는 것이다.

비옥한 지대의 중심부에 있는 땅이었는데, 오늘날도 이곳은 가장 우수한 종류의 양의 생산지로 유명하다. 이처럼 무심무욕으로 생활하면서 아직 완전히 야인의 노동에 익숙해지지 않은 그가, 초야에 묻힌 지 불과 4개월도 못되어 이런 노동과 생활에서 떨어져 갑자기 동방제국의 황제로서 옥좌에 앉혀진 것이다. 세계사의 전 기간을 통하여 도대체가 이처럼 청렴결백하고, 게다가 명예롭게 승진영달한다는 것은 아마도 그 유례가 드문 것이 아닐까. 부조로부터의 제홀(帝笏)을 평화리에 세습받는 군주들은 그것이 당연한 법적 권리이며 향수이기도 하다. 그것은 그들의 개인적 자질과는 전혀 무관한 만큼 보다 안정적이라고 말할 수 있다. 그런데 민주주의적 형태를 취하는 군주국에서는 신하된 사람이 최고 권력을 장악할 경우, 그것은 재능이나 덕성이 탁월하다는 이유로 수많은 동료들을 제치고, 말하자면 자력으로 등극하는 일도 가능한 것이다. 다만 그 덕성에는 대부분의 경우, 동시에 야심이 수반되는 것이 상례이고, 승리를 제어하는 후보자의 명분에는 가끔 음모 또는 내란이라는 오점이 얽히는 경우가 적지 않다. 하기야 재위 중의 군주가 스스로 공동통치자와 후계자의 지명을 인정하는 관행이 없는 것도 아니지만, 그런 정치체제에서조차 자칫 잘못하면 그의 선택이 맹목적인 편애로 좌우됨으로써, 가끔 부적격한 인물이 선택되는 사례도 적지 않다. 그러나 아무리 남을 의심하기 잘하는 악의에 넘친 인간이라 해도, 혼자 카우카(Caucha. 코카라고도 하는데 정확한 위치는 알려지지 않았다. 아마도 스페인 서북부, 갈리시아주의 어디인 것 같다. 테오도시우스가의 발상지인 이탈리카에서는 퍽 떨어진 먼 곳이지만 여기에도 세습령이 있었지 않았나 생각된다)의 고원(故園)에 은서하면서 농장이나 경영하고 있던 테오도시우스에 대하여 위에서 말한 것과 같은 야심적인 정치가의 책동·욕념 또는 소망을 지적한다는 것은 불가능할 것이다. 순수하고 사심 없는 그의 높은 덕성이 궁정안에 깊은 인상을 남기지 않았던들 아마도 이와 같은 일개 추방인의 이름 따위는 일찌감치 잊혀져 버렸음이 틀림없다. 국운이 융성하는 동안에는 완전히 무시되었던 그가 일단 국난이 밀어닥치자, 갑자기 그의 걸출한 재능이 새삼스럽게 국내 모든 사람에 의하여 통감되면서 재조명을 받게 된 것이다. 그렇기로서니 이것은 그의 고결성에 대한 그 얼마나 큰 신임인가! 바로 이 그라티아누스 황제는 그의 아버지를 죽인 장본인이기도 하였다. 아무리 조국을 위해서라곤 하지만, 효심 많은 친자식인 테오도시우스가 그런 황제로부터 죄를 사면받으리라고는 꿈에서나 기대해 보았을까? 한편 그의 재능에 대한 이 얼마나 놀랄 만한 기대일까! 이제 그라티아누스 황제는 자기의 한쪽 팔로서 위기에 처한 동방제국을 구출하고 또 재건시킬 수 있는 인물은 오직 테오도시우스 뿐이라는 희망을 걸은 것이다. 이리하여 테오도시우스는 33세에 자의를 받고 제위에 올랐다(379년 1월의 일). 국민은 그가 남성적인 풍모와 위엄은 갖추었지만 전혀 맹한(猛悍)스러워 보이지 않는 용자를 보고 놀랐다. 그러면서 저 트라야누스 황제의 초상이나 그것이 든 메달류와 슬그머니 비교해 보았다. 한편 교양 있는 식자층은 그의 심정과 지력(智力)의 작용 속에서 좀더 중요한 공통성, 즉 로마 역대황제들 중에서도 최고 지선의 영명한 황제(아우구스투스 초대 황제를 가리키는 것인지?)로 일컬어지는 인물과의 사이에 공통된 자질을 보았던 것이다.

여기서 진심으로 유감스럽게 생각하는 일 중 먼저 말하지 않을 수 없는 한가지는, 자칫하면 동시대 사람들의 견해가 빠졌던 편견과 감정 따위에 의하여 왜곡됨이 없이, 저자 자신의 동시대사를 가장 정확하고도 성실한 붓으로 전해주던 길 안내인적 인물과 드디어 여기서 작별을 고하지 않으면 안되게 된 그것이다. 즉, 암미아누스－마르켈리누스는 그의 귀중한 사서(타키투스<Tacitus, Cornelius, 56~115이후>의 명저 「역사<Historiae>」를 계속할 목적으로 저술한 그의 「98년부터 378년까지의 31권사」 <제14권 이후밖에 전해지지 않는다>를 말하는 것)를 발렌스 황제의 패배와 그의 전사(378년 8월 9일)라는 시점에서 붓을 놓고, 이윽고 도래할 보다 빛나는 제기(帝紀)의 기술은 이것을 모두 다음 세대 젊은 사가들의 노작과 건필(健筆)에 위임하고 있는 것이다. 그런데도 이들 젊은 세대의 사가들은 그의 충고에 따르지 않았고 또 선례를 본받을 생각도 하지 않았다. 따라서 테오도시우스 황제의 치세를 알아보려면 조시무스(Zosimos/Zosimus, 5세기 그리스의 사학가. 그의 「신사<Historia nea>」 <전6권 425년 이후>는 아우구스투스 황제로부터 410년까지의 로마제국쇠퇴 역사를 저술하고 있다. 그는 이 쇠퇴의 원인을 기독교 신앙의 확산에 있다고 하였다)의 붓으로 된 편향적 기록을 기초로, 기타 단편적인 자료와 연대기류에서 얻을 수 있는 애매한 암시와 시 또는 송덕문 등에 나타나는 비유적인 표현, 나아가서는 신앙상의 교파적 열정에 사로잡힌 나머지 성실과 절도라는 세속적인 덕성을 흔히 멸시하는 교회사가들의 위태롭고 불확실한 기록도 방증 정도로 얼마간 도움을 받는 수 밖에 없게 되었다. 로마제국 쇠망기에 해당하는 부분을 차지할 금후의 서술은, 이와 같은 악조건을 알고 있는 만큼 참으로 위태위태하여 조심스럽게

써 나가지 않을 수 없을 것 같다. 다만 다음의 일만은 자신을 가지고 단언할 수 있을 것으로 생각한다. 즉, 하드리아노폴리스에서의 패전은 그 후 테오도시우스 황제의 재능을 가지고도 끝내 만족들에 대한 결정적인 승리의 보복을 할 수 없었다. 이 문제는 황제 어용의 웅변가들까지 굳게 입을 다물고 말하지 않는 것으로도 반증되고 있다. 생각컨대 그들도 당시의 제반정세를 고려했다면 당연히 그렇게 확인했을 것이다. 대저 시대를 거듭하면서 꾸준히 쌓아올린 강대국이라는 건축물이 단 하루의 패전으로 붕괴된다는 따위는 몹시 불길한 예감적인 상상이 재액의 실제 규모를 과장확대해서 생각하지 않는 한 도저히 있을 수 없는 일이다. 예컨대 하드리아노폴리스 들판에서 쓰러진 4만명이라는 장병의 손실만이라면, 몇 백만이라는 주민이 살고 있는 동방의 제속주이니 만큼, 이것의 보충은 머지않아 능히 할 수 있었을 것이다. 또 병사들의 용기란, 말하자면 인간성 공통의 매우 값싼 자질인 만큼 별로 문제시할 것이 없고, 또 군사훈련 따위를 전혀 받지 못한 적을 상대로 싸울 정도의 전투기술은 생존한 100인 대장(centurion)들로 하여금 훈련만 시킨다면 곧 몸에 익힐 수 있을 것이었다. 가령 만족들이 패전한 로마군에게서 빼앗은 말을 타고, 또 그들의 갑주류로 몸을 감쌌다 해도 캅파도키아와 스페인 지방의 많은 종마사육장은 새로운 기병대부대에게 언제든지 군마를 보충해 줄 수 있었을 것이다. 또한 제국내 34개소에 설치된 무기고에는 공격용 및 방어용 무기라면 모두 차고 넘칠 만큼 저장되어 있었다. 게다가 아시아의 부는 전비 정도는 얼마든지 댈 수 있었을 것이다. 그러나 하드리아노폴리스에서의 일전이 만족과 로마군민 쌍방의 사기에 준 영향은 전자에게는 승리감을, 후자에게는 패배감을 안겨주었는데, 그것은 단 하루동안에 일어난 승패감을 훨씬 넘는 심대한 심리적 작용이었다. 한 고트족의 대장은 거만하게 가슴을 활짝 펴고 이렇게 큰 소리쳤다고 한다. 나 개인으로서는 이미 살륙전에 너무도 피로하고 지쳤지만, 저 양떼마냥 도망만 다니던 국민이, 지금도 여전히 자기들의 재산과 속주의 보유권 운운한다는 것은 하도 어이가 없어서 말이 안나올 지경이다라고. 그러나 이런 큰 소리조차 기실 아직 약과이다. 마치 저 훈족(흉노의 다른 이름)이라는 이름의 공포감이 고트족 사이에 일반화되어 있던 것처럼, 이번에는 고트족이라는 공포의 민족 이름이 로마제국내 모든 국민과 군인들에게 전율의 씨앗으로 된 것이다. 만일 여기서 테오도시우스 황제가 급거, 이 패잔병들을 규합하여 그들을 이끌고 승리에 도취해 있는 만족군과의 한판 싸움차 출전하였다면, 아마도 그 군대는 무엇보다 먼저 자기 자신의 공포심 때문에 패배했을 것이고, 이런 황제의 경거망동은 만에 하나밖에 없는 요행수에 승부를 걸었던 것이라는 변명만으로는 무사하지 못했을 것이다. 그러나 이 위대한 테오도시우스 황제(그렇다, 이 중대한 위기를 앞에 둔 그의 행동이야말로 위대하다<great>는 형용사가 어울리는 것이다)는 참으로 의연하고도 충성스런 호국자로서 행동하였다. 우선 대본영을 마케도니아 속주의 수도 텟살로니카시(Thessalonica 市. 오늘날 그리스의 테르메만 안쪽에 있는 살로니카<Salonika>시)에 설치하였다. 여기서부터라면 만족군의 신출귀몰하는 행동이라도 충분히 감시할 수 있었고, 또 콘스탄티노플시 성문에서 아드리아해 연안에 이르기까지 대장(代將)들의 작전에 적시적인 지령을 내릴 수도 있었다. 각 도시의 방색과 수비대는 일제히 강화되었고, 다시 질서와 군기에 대한 자각을 회복한 각 부대는, 이로써 자기들의 안전에 확신이 생기자 그들의 사기도 스스로 높아졌다. 이와 같은 안전한 기지들을 본거(本據)로 삼음으로써 로마군은 부근일대를 제압하고 있는 만족군에 대한 출격도 반복하게끔 되었다. 지형의 이점과 숫자에서 절대우세가 보장되지 않는 한, 거의 고트족과의 교전을 허용하지 않았으므로 전투는 대개가 승리로 끝났다. 이와 같은 체험의 결과로, 아무리 상승무적의 만족이라곤 하지만 이것을 격파하는 것도 가능하다는 확신이 생긴 것이다. 다음에는 분산상태에 있던 이런 수비대들을 점차 규합하여 몇 개의 작은 군단으로 편성키로 하였다. 그리고 이 작전은 보다 광범하고도 정합(整合)된 계획으로 이행함에 따라 역시 마찬가지의 신중한 행동이 계속되었다. 이리하여 날마다 올라가는 전과는 로마군의 전력과 사기를 배가시켰다. 이와 같은 전승에 관한 기쁜 소식은 이것을 곧 각지에 전파시키는 황제의 교묘한 홍보활동으로 만족군의 자부심은 날로 저하되는 반면에 로마국민의 희망과 용기는 날마다 높아졌다. 이상은 정말 불완전하고도 막연한 개설에 지나지 않지만, 그 대신 만일 테오도시우스 황제가 감행한 바, 연이은 4차례의 전투에서 그때마다 그가 취했던 절묘한 군사전략과 전술적인 재능을 상세히 알게 된다면, 아마도 모든 군사문제 연구가들은 극구 칭찬하는 것을 아끼지 않을 것으로 확신한다. 일찍이 공화정의 로마는 장군 파비우스(Quintus Fabius Maximus Verrucosus, Cunctator, BC203 사망. 제2차포에니전쟁<BC218~201> 당시의 로마 장군. 처음에 그의 「결전을 피하고 기습이나 역습 따위의 지연전법으로 적을 골탕먹이는 전략」을 로마사람들은 조소의 뜻을 담고 비웃었던 말인「천연자<Cunctator>」라는 별명을 그가 전승한 후에는 이것을 오히려 존칭으로 불러 존경했다)의 지연전술에 의하여 구원받은 바 있었다. 오늘날 그의 후세사람들은 아프리카 대륙내 자마(Zama) 벌판에 우뚝 서 있는 스키피오(대 아프리카누스 Publius Cornelius Scipio, Africanus Major. BC 236~184)의 전승기념비에 정신을 빼앗길지 모르지만, 기실 독재집정관(dictator)인 퀸투스 파비우스가 캄파니아(Campania)의 구릉지대에서 전개했던 막영사들과 진격의 사적(事績)들이야말로 훨씬 더 충실한 독립독행의 명성을 요구해야 마땅할 것이다*. 생각컨대 이것은 행운과, 휘하부대 등은 전혀 알지 못하는 그의 독점적 영예였기 때문이다. 테오도시우

---

* 이의 전후기사는 제2차 포에니전쟁(BC 218~201)과 관련되는 것이므로 사족이지만 일단 간단하게 보충주석을 달고자 한다. 퀸투스 파비우스(파비우스가는 로마 굴지의 오래된 명문가문이다)는 로마의 무장이며 정치가이다. BC 217년, 카르타고의 명장 한니발(Hannibal, BC 247~183)은 알프스 산맥을 넘어서 이탈리아에 침공한 후, 칸네 전투(이 전투에서 로마군 8만 6천명 중 생존자가 겨우 1만 4천밖에 안될 만큼 대패했다)를 비롯하여 연전연승의 맹위를 떨쳤다. 이러는 사이에 파비우스는 재차 독재집정관에 임명되자, 장수로서 한 전략을 가지고 적에 대응하였다. 즉, 그의 전략은 전적으로 한니발군과의 직접교전을 회피하고, 로마군으로 하여금 적 기병대의 활동을 봉쇄하면서 산악지대에 전개한 다음 기습이나 역습으로 집요하게 적의 추미(追尾)를 잡는 등, 요컨대 게릴라전적 지구전 개념하에 한니발군의 자연소모와 곤궁자멸을 기다렸던 것이다. 이탈리아 반도의 중부(캄파니아·아프리아)로부터 남부지역까지를 적에게 내맡기면서도 여전히 직접결전만은 거의 벌이지 않았다. 때문에 쿤크타토르(Cunctator. 원래는「돌다리를 두드려 보고도 건너지 않는 겁장이」라는 뜻)라는 오명까지 받았었다. 그러나 결국은 이 전략이 성공하여 한니발군의 전력은 점차 소모되면서 고립무원의 곤경에 함입하였다. 물론 마지막 숨통을 끊은 것은 젊은 장군 스키피오-대(大)아프리카누스이다. 그는 원로원의 반대를 무릅쓰고 BC 202년, 모험적인 도양공격으로 카르타고 본국을 습격하여, 급거 귀국한 한니발과 자마(Zama)에서 싸워 대승을 거둠으로써 포에니전쟁 그 자체를 종결시켰는데, 이 공로로 그는「아프리카누스(Africanus)」라는 별명을 얻었다. 물론 이에 앞선 그의 공로도 컸다. 즉, 한니발과의 칸네전투에서 겨우 죽음을 모면했던 그는 스페인에 출정하여 BC 209년에는 카르타고 노바(Carthago Nova)를 함락시켰고, 그 다음 해에는 한니발의 동생인 하스드루발(Hasdrubal, BC 207사망)을 격파하고 로마의 스페인 지배체제를 확립한 바 있다. 그간의 경위에 대해서는 리비우스(Livius, Titus, BC 59~AD 17. 로마의 역사가)의 대저「로마건국사(Ab urbe condita libri)」(전 142권. 그 중 35권은 현존)에 상세하지만 파비우스전은 유명한 플루타르코스(Plutarchos/Plutarchus, 46?~120이후)의「대비열전(vitae parallerae)」(통칭 <영웅전>)에도 1개장이 할당되어 있다. 그런데 파비우스의 이 전략은 처음에는 문무관 쌍방으로부터 일제히 반대를 받았을 뿐만 아니라 그의 휘하 장병들조차 냉안시하였다. 그러나 그는 이렇듯 맹렬한 반대를 무릅쓰고 실행에 옮겨 결국 성공을 거둔 것이다. 이것이 본문에서 말한「독립독행의 명성」,「행운과 휘하부대 등은 전혀 알지 못하는 그의 독점적 영예」라는 평가로도 되는 것이다. 이것은 이 전략이 테오도시우스 황제의 그것과 흡사함을 지적한 것이다. 여담이지만, 영국에서 시작된 점진적 사회주의를 페이비아니즘(Fabianism)이라고 불렀고, 이런 사회주의자들이 결집된 조직을 페이비안 협회(the Fabian Society, 1884년 웹<Webb. Sidney James, Baron Passfield. 1859~1947>부처 등이 창립)라고 칭한 유래는 이 파비우스라는 이름과 또 파비우스식 지연(점진)전법에서 온 것이다.

스 황제의 공업이 바로 그런 것이었다. 당시 그는 공교롭게도 위험한 중병의 장기질병으로 고통받고 있었음에도 불구하고, 그의 기력만은 조금도 쇠약해지지 않고 단 하루도 정무에 관심을 소홀히 하는 일이 없었다.

로마 각 속주의 구출과 그의 평화문제는 무용보다도 차라리 예지가 해결하여야 할 성질의 것이었다. 틀림없이 테오도시우스 황제의 예지는 행운의 도움을 받았다. 즉, 그는 좋은 기회만 보면 절대로 놓치지 않고 그것을 한층 유리하게 전개해 나갔다. 예컨대 저 프리티게른의 훌륭한 재간이 서고트족의 통일을 확보했고, 또 그가 동족의 행동을 지도하고 있는 동안에 보여준 그의 실력은 어쩌면 대제국조차 정복할지 모를 그런 것이었다. 그러나 이 영걸－그는 저 유명한 알라릭왕(Alaric/Alaricus Ⅰ. 370?～410. 재위 395～410. 서고트왕)의 전임자이며 주인이기도 하지만, 이런 영걸의 사망은 지금까지 그의 엄정한 군기와 절도하에 견디기 어려웠던 서고트족 대중을 단번에 해방시키는 결과가 되었다. 지금까지 그의 권위하에 억압되어 오던 만족도 이제 완전히 감정욕념(感情欲念)의 노예가 되었는데, 더욱이 그 정념은 거의 통일성이 없고 또 지속성도 전혀 없는 것이었다. 이제 이 만족은 정복의 주체였던 군의 질서도 아무것도 없는 다수의 광포한 강도단으로 분열해 버린 것이다. 이런 게릴라 집단의 맹목적 광포성은 적에게도 물론 두려움의 공포심을 주겠지만, 동시에 그들 상호관계에서도 성가신 요소였다. 즉, 이와 같은 그들의 광포성은 대상을 약탈할 힘이나 그것을 맛볼 여유가 자기들에게 없다고 보면, 그것을 모조리 파괴해 버리는 폭거로 표출되는 것이었다. 참으로 무사려의 어리석음이라고나 할까, 그들은 가끔 분노를 이기지 못하여 수확물이나 곡물창고까지 모조리 불태워 버리곤 하였다. 그런데 그것은 머지않아 그들에게도 생존을 위해 절대불가결의 필요물자로 되는 것이었다. 통일됐다곤 하지만, 극히 느슨한 자발적 동맹이라는 유대감만으로 결합되어 있던 그들인 만큼, 이 독립심 왕성한 제부족이나 왕국 사이에서는 곧 내분이 일어날 징조가 나타났다. 예를 들어 훈족과 알라니족 등의 군대는 당연히 고트족의 패주를 비난(모처럼 힘들여 획득한 우위적 입장을 신중하게 이용할 생각이 전혀 없었다고 한 것이다)하였으며, 또 동서 양 고트족 사이에는 옛날부터의 불신감이 그렇게 오랫동안 잊혀질 리가 없었다. 사실 자고자대하는 족장들은 일찍이 그들이 아직 다뉴브강 피안 각지에 살고 있었을 무렵, 서로 주고 받았던 모욕이나 피해에 대한 감정을 여전히 잊지 않고 있었다.

이와 같은 내부적 분열의 진행은 좀더 깊숙히 침투되어 있던 전민족적 적개심마저 냉각시키는 결과가 되었다. 테오도시우스 황제군의 무장들은 황제로부터 훈령을 받고 있었다. 그것은 아낌없이 선물이나 공약을 줌으로써, 적 부족내의 불평분자들을 포섭하여 그 소굴에서 탈출하거나 아니면 배신을 촉구하도록 뒷공작을 전개하라는 것이었다. 그 중에서도 특히 아말리(Amali) 왕족의 한 사람인 모다르(Modar)를 귀순시켰다는 것은 대담하고도 충실한 전사의 한사람을 로마측에 가담시키는 결과가 되었다. 그리고 이 유명한 귀순왕족은 미구에 군사령관(magistermilitum)으로 영진되어 강대한 군사지휘권까지 장악하게 되었다. 그는 언젠가 술에 만취하여 잠들어 있던 동포인 고트족의 부대를 급습하여 놀란 나머지 대혼란에 빠진 동포들을 무참히 학살한 다음, 막대한 약탈품을 4천대의 마차에 거두어 싣고 돌아와, 이런 대전과의 선물을 테오도시우스 황제에게 바친 일도 있었다. 교묘한 방법을 쓰는 책모가라면 이번에는 아주 다른 수단으로 똑같은 목적을 위해 뒷공작을 전개함으로써 역시 훌륭하게 성공을 거두는 경우가 드물지 않았는 바, 이렇게 고트족의 분열과 지역적 격파전술로 확보되어 온 로마제국의 평화가, 이번에는 오히려 고트족의 재통합으로 훌륭하게 달성되기에 이르렀다. 즉, 비정상적이라고도 할 수 있는 이와 같은 사태의 진전을 끈질기게 정관하고 있던 아타나릭이 드디어 전기(戰機)가 성숙된 것으로 보았던지 갑자기 카우칼란드(Caucaland)의 깊은 산림지대에서 나온 것이다. 그리고 아무런 주저도 없이 다뉴브강을 건넜다. 종전에 프리티게른의 지배하에 있던 고트족의 대다수도 이미 무정부상태의 불리함을 통감한 탓인지, 매우 간단하게 이 고트족의 집권(Gothic Jadge)을 왕으로 추대하는 것을 양해 및 승인하였다. 생각컨대 서고트족은 그의 태생에 깊은 경의를 표명하고 있었고, 또 뛰어난 그의 재간은 여러번 겪은 경험으로 충분히 알고 있었기 때문이다. 그런데 이 아타나릭도 이미 늙은 탓인지, 일찍이 그가 보여주었던 과감하고 대담했던 기백은 이미 없어져 고트족을 이끌고 승리의 싸움터로 향하기 보다는 현명하게도, 유리하면서도 명예로운 공정한 화약제안이라면 일단 그것을 들어볼 생각을 갖게 되었다. 한편 이 새로운 맹우의 걸출한 실력과 재능을 충분히 알고 있던 테오도시우스 황제로서도, 여기서 차라리 얼마간 저자세로 나가 수도 콘스탄티노플로부터 수 마일 떨어진 곳에서 그와 회견하는데 동의했을 뿐만 아니라, 회견 후는 다시 그를 수도의 성 안에까지 맞아들여 마치 오랜 지기에 대한 그것과도 같은 신뢰감과, 그리고 군주를 맞이하는 것과 꼭같은 성대한 의례로서 환대까지 하였다. 이리하여 이 만족의 왕은, 눈으로 보는 모든 사물을 호기심 가득찬 관심으로 바라 보았을 뿐만 아니라 끝내는 진심에서 우러나온 경탄의 말을 내뱉았다. 「이 얼마나 놀라운 황제도성의 위관인고！」 도저히 진실이라고는 생각되지 않는 것을 자기는 처음으로 보았다고 그는 외쳤다. 그리고 사방을 돌아봄에 따라 그는 이 수도가 차지하는 바 경승과 지형이 절대적으로 유리한 위치, 성벽과 공공건축물들의 견고성과 아름다움, 무수한 선박이 떠 있는 넓고 탁 트인 항구, 멀리 이국땅과도 왕래하는 끊임없는 교류, 끝으로 군대의 무기와 그들의 엄격한 기율 등등에 대하여 그는 새삼스럽게 경탄의 눈을 크게 떴다. 또 그는 이렇게 말했다. 「진실로 로마황제야말로 지상의 신인 즉, 그런 사람에 대하여 감히 군사를 일으키려는 심보가 고약한 자는, 그 죄 마땅히 자기 자신의 피로써 처벌되어야 한다」고 (요르다네스, 「고트족사」 28절). 그러나 이처럼 멋진 환대를 즐긴 나날은 짧았다. 생각컨대 절제라는 미덕은 그들 고트족의 것이 아니었던 모양인지, 이때 그가 얻은 죽음의 병의 원인은 아마도 이 궁전에서 베푼 향연에서의 쾌락에 있었던 것이라고 생각해도 좋을 것이다. 그러나 상대방은 지략이 출중한 황제 테오도시우스였던 만큼, 그는 아타나릭의 죽음으로부터 아마도 그가 이 새로운 맹우에게 기대할 수 있었던 가장 충실한 봉사보다도 훨씬 더 큰 이익을 이끌어냈던 것이다. 즉 아타나릭의 장례식이 이곳 동방제국의 수도에서 엄숙하게 거행(381년 1월 25일)되었는데, 황제가 그를 위하여 당당한 기념비까지 세워주었던 바, 이것을 본 그의 전체 군인들은 테오도시우스 황제의 후한 대접과 깊은 애도 표시에 아주 감격하여, 그대로 로마제국 군대의 정기 밑에 편입되기를 청원한 것이다. 이리하여 서고트족의 대부대가 귀순했다는 것은 당연한 일이지만 대단히 좋은 파급효과를 가져왔다. 즉, 힘과 설득, 그리고 매수방법까지 곁들인 수법이 날로 강력해져 보다 더 광범한 효과를 올리게 된 것이다. 이상 더 완고하게 주저한다면 자기 혼자만이 고립무원상태가 되어, 정복자의 보복내지 제재 대상이 될 것이 틀림없다는 우려에서였는지 각각 독립적이던 부족장들도 그 후 앞다투어 개별적으로 화의를 맺게 되었다. 이리하여 고트족의 전면항복이요 최종적 항복이라고도 할 수 있는 결과가 발렌스 황제 패사 후 불과 4년하고 1개월 25일만에 달성되었다.

다뉴브강 연안의 여러 속주는 이보다 빨리 알라테우스(Alatheus)와 사프락스의 자발적인 철수로 그루퉁기(Gruthungi), 즉 동고트족의 강력한 압박으로부터 이미 해방되고 있었다. 즉, 휴식을 모르는 그들의 활동정신은 그들로 하여금 새로운 약탈과 영광의 무대를 탐구하게 하였다. 그들은 파괴할 목표를 서방제국으로 바꾼 것이다. 그러나 이런 모험에 대해서는, 유감스럽지만 매우 애매하고도 불완전한 지식으로 만족하여야만 했던 것같다. 이들 동고트족은 갈리아내 각 속주에서 몇개의 게르만부족을 구축함으로써 일단은 그라티아누스 황제와도 화의했지만 이윽고 이 화약을 파기하였고, 게다가 북방 깊숙한 미지의 나라들에까지 침공하였다. 그리고 4년 남짓 지난 뒤에는 훨씬 우세한 병력을 가지고 또다시 다뉴브강 하류지대로 군을 되돌려왔다. 그들은 게르마니아 및 스키티아 지방에서 징모된 가장 표한한 전사들로 구성되어 있었는데, 이들에 대해서는 제국의 장군들과 역사가들도 이미 그의 부족명이나 풍모가 앞서 침입했던 부족과 같은 부족이라고는 인식할 수 없을 정도로 일변하고 있었다. 당시 트라키아 변경지대의 제국 육해군을 지휘하고 있던 장군까지도, 이 때에 자기무력의 우세성을 과시한다는 것은 국가에 대하여 오히려 불리할 것이고, 또 만족들도 아마 그의 함대와 병단의 존재에 두려움을 느끼는 나머지, 다뉴브강을 도하하여 침입하는 것은, 이윽고 다가올 동계까지 연기시킬 것이라고 판단하고 있었다. 그런데 그가 적의 진영내에 잠입시켰던 스파이들이, 교묘하게 만족들을 설득하여 무서운 죽음의 함정 속으로 그들을 유인한 것이다. 즉, 이제 건곤일척의 승부를 위하여 어두운 밤의 고요를 뚫고 잠자는 로마군을 급습한다면 승리는 땅짚고 헤엄치기라고 설득하는 데 성공한 것이다. 여기서 고트군은 전원이 3천 척의 뗏목(원서에는 카누<canoe>로 되어 있다)에 급히 올라탔다. 선봉에 나선 것은 동고트군에서도 최정예로 이름난 부대였다. 이를 뒤따르는 본대는 나머지 병사들과 비전투요원들로 구성되어 있었고, 다시 그 배후에는 부녀자의 일단이 안전태세로 뒤따르고 있었다. 계획은 달이 뜨지 않은 어느 캄캄한 밤중에 실행에 옮겨졌다. 이것이라면 상륙이 용이할 뿐만 아니라 로마군 진영 또한 경계하지 않으리라고 아주 확신하고 도하작전을 개시했던 것인데 거의 다뉴브강 남안에 도착하기 직전에 그들의 전진은 뜻하지 않은 장해에 의하여 갑자기 저지되었다. ―서로 굳게 비끌어 맨 3중의 로마군 선단행렬이, 강상 2마일 반에 걸쳐 줄지어 나란히 매어져 있어서 도저히 돌파가 불가능할 만큼 견고한 방벽을 이루고 있었던 것이다. 열세함을 각오로 강행돌파를 시도했더니, 곧 우익이 로마군 갤리선단의 맹렬한 공격을 받고 먼저 무너지기 시작하였다. 갤리선단은 강물의 흐름을 타고 있었는데 그 유세(流勢)와 역조(力漕)를 모두 이용하여 돌격해 온 것이다. 이 군선단의 중압과 속력은 허술하고 취약한 만족 측의 뗏목선단 따위를 어이없이 파괴침몰시키면서 여지없이 짓밟아 버렸다. 고트군은 자기들의 용감한 무위를 발휘해 볼 겨를도 또 방법도 없었다. 동고트족왕이며 장군이기도 한 알라테우스도 로마병이 휘두른 칼에 의해서인지 또는 다뉴브강의 물결에 의해서인지, 하여튼 정강한 휘하장병들과 함께 헛된 죽음이 되었다. 만일 이 불운한 선단 중 마지막 한 집단만이라도 여기서 되돌아 갔더라면, 원래 출발했던 강기슭에 도착할 수 있었겠지만, 뭐니뭐니해도 전군 총붕괴라는 대혼란 속에서는 움직이는 것도, 또 생각하는 것도 할 수 없이 우왕좌왕하는 사이에, 승리에 날뛰는 로마군에게 동정의 관용을 베풀 것을 간청하였다. 그런데 다른 많은 경우도 그렇거니와, 여기서도 역시 테오도시우스 황제 시대의 기록자들이 전하는 여러가지 편견적인 견해 사이에서 공통된 일치점을 발견한다는 것은 매우 어려운 문제다. 예컨대 테오도시우스 황제 치하의 사적이라고 하면 덮어놓고 사사건건 곡필(曲筆)하려는 악의에 가득찬 한 사가에 의하면, 이번 싸움에서도 황제 자신은 좀처럼 전쟁터에 모습을 나타내지 않다가 겨우 나타난 것은 대장(代將. 이때는 보병대 총사령관이었다) 프로모투스(Promotus)의 용전분투가 만족군을 제압한 다음이었다고 단언한다. 그런가 하면 호노리우스 황제(Honorius, Flavius. 서로마 제국 최초의 황제. 384~423. 재위 395~423) 궁정에서 이들 부자 황제의 영광, 찬양을 업으로 하던 아부 잘하는 시인의 붓에 의하면, 이때의 승리는 오로지 황제 자신의 용기에 의한 것이었다고 칭찬하면서 심지어 동고트왕 알라테우스를 넘어뜨린 것도 테오도시우스 황제 바로 그 자신인 것처럼 암시하고 있다. 어쩌면 역사적 사실은 이들 두 극단의 모순되는 주장의 바로 중간이 아닌가 생각된다*.

고트족이 정주할 지역을 결정하고, 그들의 모든 권리를 확인하는 동시에, 아울러 그들의 의무도 규정했다는 최초의 화약은 테오도시우스 황제와 그 후계자들이 남긴 치세사의 일부분을 전해 줄 터인데도, 어찌된 셈인지 그들의 역사를 다룬 일련의 자료는 이 주목할 협정정신과 그 본질을 매우 불완전하게 밖에는 전해주지 않고 있다. 전쟁과 폭정에 의한 황폐화는 비옥하지만 완전히 미경작이라는 광대한 땅을 도처에 남겼는데, 정부는 이런 곳을 농사일의 노고를 조금도 싫어하지 않는 이런 만족들의 손에 위임하고 있었다. 이렇게 해서 다수의 서고트족 식민지가 트라키아 속주에 설치되었고, 나머지 동고트족들도 프류기아와 리디아 등 여러 속주로의 이동정주가 허용된 동시에 당장 필요한 물자로서 곡물과 가축의 배급도 있었다. 또한 일정기간은 공납금의 면제조치까지 취함으로써 장래에 대한 그들의 근로의욕을 북돋아 주었다. 만일 이때 그들이 각 속주에의 분산 등을 인정받았더라면, 만족 귀순자들에 대한 정책이 조석으로 변하는 로마황제의 궁정방침인 만큼, 언젠가는 또다시 괴로운 경험을 했음이 틀림없다. 그러나 그들은 정주지로 지정된 마을들과 지방의 독점권을 요구했고 더욱이 이런 권리를 획득함으로써 그런 비극을 모면했던 것이다. 또한 그들은 자기들 고유의 습관과 언어를 여전히 그대로 유지할 뿐만 아니라 그것을 전파시킬 수도 있었다. 그들은 틀림없이 황제의 주권을 승인하고 있었지만 그런 전제적 독재체제의 한복판에서도 그들만의 내정적 자유를 향유하고 있었다. 그러나 로마의 제 법령이나, 그의 관료들에 의하여 집행되는 하급사법권에는 끝까지 복종하지 않았다. 각 부족과 각 가족의 세습적인 수장(首長)들은 평시나 전시를 막론하고 그 부족민과 가족성원들에 대한 명령권을 여전히 허용받고 있었다. 다만 왕으로서의 권위만이 폐지되어, 고트족 출신 장군들도 그의 임면은 모두 황제의 의지로 이루어졌다. 또한 동방제국의 상시 방위를 위하여 4만의 고트족 군대가 유지되었는데, 동맹군(Faederati)이라는 칭호를 받고 있던 자랑스러운 이 고트족군은 금빛 칼라, 과분한 급여 그리고 파격적인 특권 등 완전한 특별대우를 받고 있었다. 이리하여 그들의 천성적인 용맹성은, 신무기의 사용과 군기의 엄정성을 알게 되면서 한층 더 정강성(精強性)을 더해 갔다. 다만, 이처럼 방심할 수 없는 만족들의 무력에 의하여 비로소 국가가 방위－차라리 위협당하고 있는 것같은 사태에 이르러서는 로마시민들의 마음 속에서

---

* 이 전승은 386년 10월 12일에 있었다. 전투상황은 조시무스의 「신로마사」 제4권 38~39절에 상세하다. 테오도시우스 황제에 대한 비판적인 사가라고 한 것은 아마도 이 조시무스를 가리킨 것으로 생각된다. 사실 그 39절에는, 이때 황제가 전쟁터에서 그다지 멀지 않은 후방에 있으면서도 끝내 전투현장에 나타나지 않았고, 승리를 거둔 다음에 프로모투스가 황제를 맞이하여 전과를 올린 유적을 보여주었다고 기록되어 있다. 한편 「아부 잘하는 시인」이라고 불리운 사람은 아마도 그 뒤 얼마 안가서 호노리우스 서방로마제국 황제의 궁정시인이 된 클라우디아누스(Claudianus/Claudius. 4~5세기의 로마시인)를 지목한 것 같다. 그는 이런 종류의 어용 송시를 수없이 쓰고 있기 때문이다.

불타던 군사적 관심의 불꽃도 이제 영원히 꺼져버리고 말았다. 다만, 테오도시우스 황제는 이들 동맹군을 교묘히 설득하여 원래는 타산과 필요성 때문에 하는 수 없이 인정했던 화평조건이었음에도 불구하고, 이것이 마치 그들 고트족에 대한 황제 자신의 마음 속에서 우러나온 자발적인 우호정신의 발로나 되는 것처럼 설득하는 데 성공한 것이다. 물론 이처럼 위험하고도 수치스러운 양보에 대하여 로마인들은 일제히 비난의 목소리를 높였다(조시무스도 그런 사람의 하나다. 이외에 아르카디우스 황제<Arcadius, 377~408. 재위 395~408. 동로마 황제>에게 이상적인 군주의 길을 설교한 "*De Regno*"의 저자이며 프톨레마이오스의 사교인 사네시우스 등이 있다). 이런 불만에 대해서도 황제는 반론이라고나 할까, 변명이라고나 할까, 어쨌든 전혀 다른 논법으로 대항하였다. 즉 전쟁에 의한 참화를 생생하게 역설하는 동시에 이런 조치야말로 질서와 풍요성 그리고 안정회복에 대한 서광이라는 취지를 소리 높여 강조한 것이다. 황제의 지지자들 또한 상대는 이제 조국을 잃고 절망적인 궁지에까지 빠져 있는 이 수많은 만족을 어떻게 섬멸시킬 수 있는가, 차라리 그들로부터 새로운 군대와 농민들의 보충을 받는 일이야말로, 피폐된 각 속주의 회생도 기대할 수 있는 것이 아니겠는가 하는, 또한 도리에 맞는 듯한 주장을 내세웠다. 그들 만족들도 지금은 아직 자기들의 무서운 적대적인 의사를 보이고 있지만, 과거의 경험에 비추어서라도 머지 않아 근로복종의 습관을 몸에 익히게 될 것이고, 또 시일이 지나고 교육도 받는 동시에, 기독교의 감화효과만 나타나면 그의 습속이 개명화될 날이 반드시 올 것이다. 그리고 자기들의 후예들은 반드시 무의식 중에 로마국민의 다수 속에 동화될 것이라고 하였다.

이와 같은 그럴듯한 생각과 낙관적인 기대에도 불구하고, 다른 모든 안식 있는 인사들의 눈에는 이 고트족들이야말로 앞으로도 오랫동안 로마제국의 적대자로서, 종국에 가서는 정복자가 될 것이 명백해 보였다. 조포하고 거만하기 이를 데 없는 그들의 태도는 로마시민과 속주민들에 대한 경멸감을 명백히 나타내고 있었고, 그들이 가하는 모욕행위는 천하공인으로 통용되었다. 확실히 테오도시우스 황제의 군사적 승리는 이 만족 군대의 전의(戰意)와 무용에 힘입은 바가 매우 컸다. 다만 그들의 원조라는 것은 거의 믿을 만한 것이 못되었다. 향배무상(向背無常)이 그들의 민족성이라고나 할까, 그들은 그들의 도움이 가장 중요하고도 절실하게 요구되는 바로 그런 위기에 처하여 갑자기 황제의 정기 밑에서 이탈해 간 일도 드물지 않았다. 현실적으로 막시무스(Maximus, Magnus Clemeus, 388사망. 재위 383~385. 387년 이탈리아에 침공하여 발렌티니아누스 2세를 축출했으나 테오도시우스 1세에게 패하여 피살)를 토벌하는 내전 당시도, 적지 않은 수의 고트족이 도망병화하여 마케도니아 속주의 소택지대로 후퇴한 다음, 오히려 부근의 여러 속주를 약탈하고 돌아다녔던 것이다. 이리하여 황제도 불가불 일신의 위험을 노출시키면서까지도 우선 이런 반항의 불길을 꺼버리기 위하여 모든 정력을 여기에 쏟아야만 했던 일까지 있었다(조시무스, 「신로마사」 제4권 48절. 황제 자신이 5명의 기병대원만을 데리고, 적진 깊숙히 잠입하는 모험적인 행동을 취하면서 귀순공작을 벌였다고 한다). 더욱이 이와 같은 국민적 불안감을 한층 더 깊게 한 것은 이런 소요가 결코 우발적인 감정의 폭발로서만 일어나는 것이 아니라 진작부터 세밀하게 기도된 계획의 결과일지 모른다는 강한 의심이었다. 앞서 그들이 화약에 조인한 것도, 기실 이면에는 몰래 품고 있던 적개심을 감추고 행한 짓이었던 바, 사실 족장들 사이에서는 이와 같은 화약에 서명하기에 앞서 로마인과의 신의 따위는 결단코 지키지 않고 표면상으로만 단지 충성과 우호체제를 취할 뿐, 일단 시기만 되면 언제든지 곧 약탈·정복·보복행위로 나가겠다는 말하자면 대기적(待機的)인 비밀서약을 굳게 맺었던 것이라고 일반에게는 믿어지고 있었다. 그러나 이 만족들이라 해도 얼마간은 감은심(感恩心)이 없는 것이 아니었다. 그들의 영수급 가운데서 몇 사람은 제국에의 헌신, 적어도 테오도시우스 황제 개인에게 봉사할 것을 마음속 깊이 간직했던 것이다. 이런 일도 있고 해서, 언제부터인지도 모르게 고트족은 서로 대립하는 양파로 분열하였는데, 그들이 맺은 최초의 조약과 제2의 조약이 각각 규정한 의무조항을 비교논의하는 과정에서는 아주 격심한 궤변도 가끔 사용되었다. 그들 중에서도 평화·정의 그리고 로마인의 벗으로 자인하는 일파를 이끌고 있던 지도자는, 강직용감한 청년 전사 프라빗타(Fravitta)인데, 그의 우아한 행동과 개명적인 사상, 그리고 사회생활에서 보여준 온화한 미덕은 그들 동포들 사이에서도 한층 두드러져 보였다. 한편 다수파를 지도한 것은 프리울프(Priulf)라는 인물이었다. 그는 배신 같은 것은 식은 죽 먹기로 하는 사나운 사람으로서, 그렇지 않아도 싸우기 좋아하는 추종자들의 심정을 선동하여 민족적 독립을 부르짖었다. 어느 축제일의 일이다. 때마침 이 두파의 지도자들이 나란히 테오도시우스 황제의 향연에 초대된 일이 있었다. 몇 순배 술잔이 돌아가 술기운이 돌자 모든 사람이 평소의 조심성이나 예절도 잊게 되었다. 이때 장소도 많을 터인데 하필이면 어전에서 그들 동족간의 내홍논쟁을 벌였던 것이다. 비정상적이라고 할 수 있는 이 항쟁장면을 하는 수 없이 노여움과 불안감을 감춘 채 불쾌한 생각으로 한때 바라보고 있던 테오도시우스 황제는, 드디어 이 소란스러운 연회를 파할 것을 명령하였다. 그러나 프리울프의 이런 오만불손한 태도에 놀라움과 분노를 참지 못한 프라빗타는, 만일 이대로 그의 황궁퇴거를 허용한다면 이것은 반드시 내전의 계기가 될 것으로 확신하고, 대담하게 곧 그를 뒤쫓아가 한 칼에 죽여버리고 말았다. 그러자 양파 사람들이 제각기 무기를 가지러 달려갔다. 만일 여기서 때마침 궁정친위대의 개입과 보호의 손길이 뻗치지 않았더라면 아마도 이 충실한 로마측 전사인 프라빗타도 절대우세한 적대파의 손에 쓰러졌음이 틀림없다(조시무스의 「신로마사」 제4권 56절. 에우나피우스의 당대사에도 단편적으로 나온다. 두 사람 모두 이 이상의 것은 알지 못한다. 다만 프라빗타는 후자에서는 트라빗타<Travitta>로, 또 조시무스의 책에서 프리울프는 에리울프스<Eriulfs>로 되어 있다. 프라빗타는 그 후 테오도시우스 황제에게 중용되어 출세해서 다음대의 아르카디우스 황제대까지 충실하게 제국에 봉사하였다). 이상과 같은 광경이 황궁 및 로마 황제의 연회석을 욕되게 한 만족들의 광포성이었다. 이렇게 성급하고 폭발적인 고트족을 제압할 수 있는 인물이 있었다면, 그것은 오직 의연하면서도 충분히 억제할 줄 아는 테오도시우스 황제 이외에는 절대로 없었던 만큼, 이제 국가안전의 열쇠는 오로지 한사람의, 특정개인의 생존과 또 그의 재능 여하에 달려 있는 것으로 보였다.

제27장 그라티아누스 황제의 사망—아리우스 파의 몰락—성 암브로시우스—제1차 내전, 대(對)막시무스—테오도시우스 황제의 성격, 시정 및 고해성사—발렌티니아누스 2세 황제의 사망—제2차 내전, 대(對)에우게니우스—테오도시우스 황제의 사망

〈378~395〉

만 20세를 맞이할 때까지(380년) 그라티아누스 황제에 대한 여론은, 최고의 명성으로 찬양되었던 여러 황제들에 뒤지지 않을 만큼 인기가 높았다. 온후하고 붙임성 있는 그의 위인(爲人)은 사적인 교우에서도 깊은 친애감을 얻고 있었으며, 우아하고 점잖은 행동거지는 국민들의 마음을 크게 매료시키고 있었다. 황제의 은고(恩顧)를 받은 사람들은 황제의 취미성과 웅변을 한결같이 높이 평가하였고, 또 군사면에서 보여준 용기와 수완에 대해서도 역시 일반국민 못지않게 군부측으로부터 높은 칭찬을 받고 있었다. 게다가 교회도 황제의 신앙을 그의 최대 미덕으로 생각하고 있었다. 사실 콜마르(Colmar)에서의 전승(Colmar의 로마명은 콜룸바리움, 라인강 좌안 가까운 서독의 프라이부르크하고 강을 사이에 두고 대응하고 있다. 이 전승이 379년 전후라는 것은 확실하지만 엄밀하게는 불명이다)은 가공할 외적의 침구로부터 서방제국을 구출한 것으로서 동방제국의 제속주 등은 테오도시우스의 이 공훈을 그라티아누스 황제의 위대성 때문으로 생각하여 그를 심지어 국가안전의 회복자로까지 생각하였다. 그러나 이 그라티아누스 황제 자신도 이와 같은 눈부신 성공적 대사건이 있은 뒤에 생존한 것은 불과 수 년에 지나지 않고, 반란의 희생자로 쓰러졌을 때(383년의 일. 다음에 기술하는 막시무스의 반란으로 쓰러진다)의 그의 명성은 이미 처참한 것이었다. 그에 대한 로마세계의 존경과 신뢰감은 거의 대부분이 상실되고 있었다.

그의 성격과 몸가짐이 놀라울 만큼 일변했는데, 이것은 그가 그의 어린 시절부터 발렌티니아누스 황제의 적자(嫡子)로서 항상 아첨하는 무리에게 둘러싸여 있었다는 것, 표면상 온화해 보였던 이 청년 군주가 기실 완고하기 이를데 없는 격정을 그 밑에 감추고 있었던 것같다는, 단지 그런 것이 원인이었다고만은 말할 수 없을 것같다. 좀더 자세하게 그의 생애를 관찰해 본다면, 아마도 그가 국민의 기대를 배신한 참된 원인이 대략 분명해질 것같다. 왜냐하면 표면상으로 그럴듯하게 보였던 그의 미덕도, 결코 자신의 체험과 고난을 거쳐서 터득한 것이 아니라 오로지 어릴 때부터 주입당한 인위적인 제왕학(帝王學)의 결과에 지나지 않았던 것이다. 자식을 생각하는 어버이의 일념이라고나 할까, 발렌티니아누스 황제는 자기 자신에게 결여되어 있었기 때문에야말로 더더욱 중시한 군주의 모든 미덕을, 어떻게든 이 아들에게만은 갖추게 하고자 밤낮으로 전념했던 것이다. 모든 학문과 기예에 능한 노련한 사부들이 어떻게 해서든지 이 젊은 황자의 심신을 바르게 형성하게끔 열심히 노력하였다(이의 대표적인 사부 중 한 사람이 아우소니우스<Ausonius, Decimus Magnus, 310?~395? 로마의 시인·수사학자. 시 "Mosella"가 유명하다>인데, 이 사람은 이교도였다고 한다). 이런 사부들이 애써 전한 지식은 매우 화려하게 과시되었을 뿐만 아니라 지나친 칭찬으로 훤자(喧藉)되었다. 유화하고도 온순했던 그의 성질은 이런 현명한 사부들의 가르침을 적극적으로 받아들였는데, 정념(情念)의 결여는 오히려 이성(理性)이 강하기 때문인 것으로 간단히 잘못 해석되었다. 이리하여 사부 자신들도 점차 제국의 중요한 직위로 승진했지만, 현명하게도 그들은 이와 같은 내밀의 권세를 교묘하게 감추고 있었으므로, 황제의 생애에서 그가 제위에 앉아 있는 동안 국가의 가장 중요한 정책은 그 모든 것이 마치 황제 자신의 의연한 판단으로 적절현명하게 결정되는 것으로 보였던 것이다. 그러나 이와 같은 고심의 교육효과도 표면적 성과를 넘어서 내부 깊숙이까지 침투하는 것은 불가능하였다. 어떻게 해서든지 사랑하는 제자인 황제의 치적을 진실로 올바르게 영도코자 노력한 이 숙달된 사부들의 고심도 원래가 천성적으로 유약유타(柔弱遊惰)한 황제인 만큼 영웅적인 명군으로서의 성업(盛業)추구, 즉 그 생애에서 절대 불가결한 영광추구를 위하여 노력하도록 독립불기의 행동적인 정신을 함양할 수는 없었다. 시간과 그리고 우연한 사정이 점차 이 충실한 고문관들을 황제측근으로부터 멀어지게 함에 따라 이 서방황제는 곧 언젠지도 모르게 본래의 평범한 인물로 전락하자,

정무에 대한 말고삐를 전적으로 그것을 목표로 움직이는 야심가들의 손에 내맡기고, 자신은 그 여가의 모든 것을 말초신경을 자극하는 우열경박(愚劣輕薄)한 욕정만족에 탐닉할 뿐이었다. 궁정이나 지방관서도 그의 위엄을 매세(賣勢)하는 속리들에 의한 공공연한 매관매직과 부정부패의 수라장으로 변하여, 장난으로라도 이것을 비방하려 한다면 곧 「신성모독」의 죄명을 뒤집어 쓰곤 하였다(「유스티니아누스 법전」 제9권 29장 2조 참조). 황제의 경신성을 전적으로 지도한 것은 다름 아닌 바로 성직자와 사교들이었는데, 이들은 심지어 교회법을 위반하거나 무시, 또한 이것을 알지 못하는데 대해서조차 엄벌로서 임할 수 있다는 칙령까지 발포케 한 것이다. 소년기 이래, 황제가 습득하기에 노력해 온 여러가지 기예 중에서 기묘한 취미라고나 할까, 특히 연습에 열중하여 상당한 수준으로 숙달을 보여준 것은 승마·활쏘기 그리고 투창술이었다. 모두 무인에게는 정말 유용한 무예였는지 모르지만, 황제의 경우는 이런 무예를 전적으로 수렵이라는 어리석은 취미에 악용한 것이다. 광대한 장원(莊園)이 황제 전용사냥터로서 담장이 둘러쳐지고, 그 안에서는 여러가지 종류의 야수류가 많이 사육되었다. 그리하여 그라티아누스 황제는 정무, 심지어 황제의 위엄조차 잊어버리고 매일마다 수렵에만 몰두했는데, 그 묘기와 대담성을 과시하는 일만으로 나날을 보내고 있었다. 어차피 사냥기술 따위는 최하층의 노예라 해도 황제의 솜씨를 능가하기란 아주 쉬운 일인데도, 적어도 로마제국의 황제된 사람이 그것의 숙달을 자랑으로 여기며 또 숙달되기를 염원하기에 이르러서는, 이것을 관람하는 사람들로 하여금 네로 황제(Nero. 재위 54~68)나 코모두스 황제(Commodus. 재위 180~192)의 전례를 상기케 한 것도 당연하였다. 다만 그라티아누스 황제의 경우는 일단의 절도와 자제심을 가지고 있었으니, 상술한 두 황제의 폭군적인 악행과는 어느 쪽인가 하면 거의 인연이 없으며, 또 그가 손을 더럽힌 것은 동물의 피만으로 끝난 점이 다르다고 하겠다(네로와 코모두스 황제들은 인간을 희생시켰던 것이다).

이와 같은 그라티아누스 황제의 행위는 당연히 사람들의 비난을 샀다. 그래도 만일 군대까지 그들이 받은 특수한 모욕에 대하여 분통을 터뜨리는 사태만 없었던들, 그나마 어떻게든 치세의 안태 정도는 확보할 수 있었을 것이다. 이 젊은 황제가 아직 그의 사부들의 지도하에 있었을 때만 해도, 그는 오히려 자기가 군대편이며 제자임을 말하였고, 또 오랜시간 동안 병사 안에 머물면서 그들과 친밀하게 대화를 나눈 일도 있었고, 또 충직한 장병들의 건강·위안·은

상·영예 등등이 특히 그의 깊은 관심사인양 말하기도 하였다. 그런데 그렇듯 군대에 자상하던 그가 일단 수렵과 궁사술 등 전적으로 그의 취미활동에만 열중하게 되자마자, 당연한 일로서 그의 친교관계는 이런 취미길에 도통한 간신들만으로 한정되기에 이르렀다. 이에 더하여 알라니족의 일단이 군대와 궁정내 친위대에 대량적으로 채용됨으로써, 저 한없이 넓은 스키티아(Scythia) 평원에서 항상 발휘하고 있던 그들의 묘기가 이제 갈리아 속주의 그보다 훨씬 좁은 장원을 무대로 연출되기에 이른 것이다. 이들 친위대의 무예(武藝)와 습속에 감탄하는 마음을 깊이 한 황제는, 이때부터 신변경호는 모두 그들에게 일임케 하였다. 여론 따위는 마치 처음부터 무시한 듯이 황제 자신이 스키타이 전사의 군장과 무기, 즉 털외투를 입고, 장궁에 우는살(sounding quiver. 효시 또는 향전)로 무장한 모습으로 군대나 시민들 앞에 여러번 나타나곤 하였다. 조국 전통의 복장과 풍습까지 버린 수치스러운 황제의 모습을 보고 정규군단의 장병들은 가슴을 슬픔과 분노로 가득 채우게 된 것이다(조시무스, 『신로마사』 제4권 35절 등). 제국군 안에서 용맹성으로 이름 높았던 게르만인 병단의 장병들까지도, 이들 북방의 만족-그들은 불과 몇년 사이에 멀리 볼가강 연안지방에서 센강변까지 유랑하면서 이동해 온 사람들인 만큼, 그들의 괴상한 외양모습을 보고 명백히 혐오하고 모멸하는 생각을 가졌던 것이다. 서방제국군의 막사와 수비대 안에서는 알라니족 친위대에 대한 방자한 악매(惡罵)의 목소리가 소리 높이 교환되었다. 더욱이 우유부단하고 어찌할 바를 모르는 그라티아누스 황제는, 이들 불만의 징후를 재빨리 감지하고 그것을 해소시키는 조치조차 게을리하고 있었으니, 제아무리 황제의 위엄을 가지고도 이미 경애하는 마음을 회복시키기는 불가능해졌다. 다만 확립된 정권의 전복이라는 대사는 현실문제로서 또 객관적으로 본다 해도 지극히 어려운 일이었으므로, 결국 그라티아누스 황제의 제위는 앞서 콘스탄티누스 대제의 정책으로 확립을 본 바, 관습·법률·종교의 추인과, 문무 두 세력간의 미묘한 균형 위에서 겨우 유지되고 있었을 따름이다. 브리타니아 속주의 반항이 어떤 원인으로 일어났는가를 여기서 규명하는 것은 그다지 중요한 문제가 아니다. 대개 동란의 계기가 되는 것은 사소한 우발사건이 통상인데, 반란의 씨앗 자체는 폭군이나 찬탈자 등을 배출시키는 점에서 다른 어디보다도 적지로 보이는 토양에 심어지는 법이다. 대륙과 격리된 이 섬의 여러 군단은 예전부터 증상만(增上慢, 깨달음을 얻지 못하고도 얻은 것으로 생각하여 제가 잘난

체하는 거만-불교용어)의 괘씸한 무리들로서 유명했다. 과연 막시무스(Maximus, Magnus Clemens, 재위 383~388)는 군과 속주민 전원일치의 소란스러운 환호 속에 황제로 추대되었다. 그런데 이 막시무스는 아직도 황제냐 또는 반도냐 하는 운명이 확정되지 않았지만, 어쨌든 그의 출신지는 스페인(히스파니아), 따라서 테오도시우스와는 동국인이며 동료인 동시에 경쟁상대였던 사람이다. 그러므로 테오도시우스의 등극에 대하여 그는 당연히 일찍부터 질시하고 불만의 눈초리로 보고 있었다. 전반생의 경력을 보면, 그는 오랫동안 브리타니아에서 근무하면서 케어나본주(Caernarvonshire)의 한 부유한 영주의 딸과 결혼했다는 이야기까지 나돌았는데, 이 소문에는 얼마간의 증거가 없는 것도 아니다(한 부유한 영주란 에웃다<Eudda>이고, 그 딸의 이름은 헬레나<Helena>이다. 그녀의 가족 예배당은 아직도 Caersegont, 지금의 케어나본 <Caernarvon>에 남아 있다). 그러나 관점에 따라서는 이런 속주에서의 높은 지위 따위는, 당연하지만 유배된 자의 불우한 신세와도 같은 것으로 생각되었던 모양이다. 문무관 어느 쪽이든 간에 설사 어떤 관직에 보직되었다 해도, 그것은 총독 또는 장수(將帥)와 같은 권력이 주어진 것도 아니었다. 그의 재능과 청렴성에 대해서는 아무리 편견에 가득찬 당대의 기록자라 해도 한결같이 인정하고 있다. 그가 테오도시우스 황제의 적이 되어 패배한 이후에도 이렇게까지 높은 찬사를 받고 있다는 사실은, 그가 대단히 뛰어난 인재였다는 증거로 보아야 할 것이다. 그런 만큼 막시무스의 불만은 당연히 황제의 행동에 대하여 비판의 눈초리를 돌리게 하였고, 처음에는 제위에 대한 야망은 없었다 해도 군부내의 불만을 앞에 두고 어쩌면 이것을 선동했는지도 모른다. 그러나 사실은 군에 의한 동란이 일어난 다음에도, 그는 아직 모종의 속셈이 있었던 때문인지 아니면 참된 겸양에서였는지 제위에 오르는 일만은 어디까지나 사양했다. 그리고 자의(紫衣)라는 이 위험하기 이를 데 없는 선물을 수락한 것도 강요에 이기지 못한 불가피한 결과였다고 말한 그의 공공연한 성명까지도 어느 정도 인정을 받았던 모양이다.

그러나 자의를 거부하는 것도 그것을 받는 것과 마찬가지로 위험은 있었다. 따라서 정통군주에의 충성을 파기한 그 순간부터가 막시무스에게는, 가령 그의 야망을 브리타니아 속주만으로 한정시킨다고 해서, 그의 통치는 물론이거니와 생명의 안전을 기대하는 일조차 불가능하다는 것은 명백하다. 여기서 그는 대담, 또는 현명하다고나 할까, 그라티아누스 황제의 토벌계획에 대하여 오히려 자기편에서 선제공격으로 나갈 것을 결심하였다. 브리타니아의 젊은이들이 흡연(翕然)히 그의 깃발 밑으로 모여 들자, 그는 이들을 육해 양군으로 편성한 다음 그대로 이들을 이끌고 갈리아 속주로 침공해 들어갔다. 이 거사는 후세에까지 브리텐 도민의 대거이동으로 기억되는 대사건으로 되었다. 파리황궁에서 평화로운 나날을 보내고 있던 그라티아누스 황제는 막시무스군의 진격에 관한 소식을 듣고 깜짝 놀랐다. 사자나 곰 따위를 상대로 헛되게 낭비되던 투창류도 이번에야말로 이들 반도를 상대로 좀 더 무기답게 사용하여야 할 좋은 기회였지만, 여기서도 역시 한없이 꾸물거리는 대응태도는, 쓸데없이 그의 우유부단하고 나약함을 보여주었을 뿐만 아니라, 절망적인 상황을 조성시키는데 불과하였다. 그런데 이 때까지만 해도 아직은 능히 신하들과 맹방군의 지원을 얻어서 얼마든지 대항할 수 있는 방도가 있었음에도 불구하고 그런 기회조차 놓쳐버린 것이다. 갈리아 병단은 막시무스의 진격에 대항하기는 커녕 오히려 환희와 충성하겠다는 외침으로 그들을 맞이하였는데, 이리하여 패주의 오명은 백성으로부터 군주에게까지 이르렀다. 직접 황궁 경비에 배치되었던 군대까지도 파리시 가까이에서 막시무스군의 정기가 나부끼는 것을 보자마자 곧 황궁수비 임무를 내팽개치고 도망침으로써, 서방황제는 겨우 300명의 기병만을 이끌고 리용시를 목표로 패주하고 말았다. 더욱이 지나가는 도중에 각 시에서 황제는 어떻게든 숨을 집, 아니 하다못해 통과의 안전이라도 보장해 줄 것을 요청했으나 냉혹하기 이를 데 없는 이번 패주행각에서 그가 체험을 통해서 배운 교훈은, 모든 도시가 이 비운의 황제에게 그들의 성문을 굳게 닫고 거절했다는 사실이다. 그러자 어떻게 어떻게 해서 겨우 동생 황제(이복동생인 발렌티니아누스 2세 황제)가 지배하는 영토에까지 무사히 도착하였다. 그는 여기서 새삼스럽게 이탈리아 병단과 동방제국의 병력을 이끌고 어쩌면 반격에 나설 수도 있을 것으로 생각하였지만, 여기서도 황제는 리요네수스(Lyonnesus) 속주의 배신자인 총독이 꾸민 간계에 그대로 넘어가고 말았다. 말로는 번지르르하게 늘어놓는 총독의 충성어린 맹서와 이에 더하여 지원에 대한 불확실한 기대로 아주 기뻐하고 있는 사이에, 과연 막시무스의 기병대 총사령관인 안드라가티우스(Andragathius)가 도착함으로써 덧없는 황제의 한가닥 희망도 사라져 버렸다. 비정하고 단호한 이 무장은 찬탈자 막시무스의 명령, 명령이라기 보다도 그의 의도를 알아차려서 용서없이 그것을 실행에 옮겨버린 것이다. 즉, 황제가 밤참의 식탁에서 막 일어난 순간이었다. 바로 그때 그는 자객의 손에 쓰러졌다. 안드라가티우스는 황제 동생인 발렌티니아누스 2세 황제의 간절한 소원에도 불구하고, 그의 유해조차 인도하는 것을 거절하였다. 황제의 죽음에 이어서 프랑크왕으로서 황제군의 유력한 장군이던 멜로바우데스(Mellobaudes)도 똑같은 운명을 걸었다. 이 멜로바우데스라는 사람은 죽는 순간까지도 수서양단격(首鼠兩端格)의 매우 애매한 행동을 취한 것으로 유명한데 이런 태도로 볼 때, 그의 운명도 어떤 의미에서는 제 꾀에 제가 넘어간 당연한 응보였는지도 모른다. 그런데 이런 처형은 국가의 안전을 위해서는 필요한 조치였는지 모르지만, 이제 서방의 모든 속주로부터 권력을 승인받아야 할 승리의 찬탈자 막시무스로서는, 무운이 나빠서 전장의 이슬로 사라진 사람들은 그렇다치고, 그 이외의 사람들에게는 그의 이 승리, 즉 단 한사람의 로마인의 피도 흘리지 않은, 전혀 오점이 없는 혁명이었다고 호언할 자격이 있었고, 또 그에 대한 만족감도 당연히 가졌을 것이다.

이번의 혁명과정을 보건대, 그것이 너무도 황급히 진행됐던 탓인지, 테오도시우스 황제로서는 그의 은인을 구원하기 위하여 진발하는 것도 불가능한 채, 그의 패배와 또 죽음에 관한 보고를 앉아서 받은 것이다. 진심에서 나온 비탄인지 또는 표면치레의 애도인지는 별개 문제로 제쳐놓고, 어쨌든 그 사이에 황제는 갑자기 막시무스 황제의 시종장을 칭하는 사람의 방문을 받았다. 통상적이라면 환관정도로도 무방할 이런 임무수행을 위하여, 이처럼 특별히 늙은 고위직 관리를 지명했다는 한가지 일만으로도 과연 절도를 분별할 줄 아는 이 브리타니아 찬탈자의 신중성을 좋게 평가한 나머지 콘스탄티노플 궁정은 그를 맞아들이기로 하였다. 사절은 먼저 주인의 행동의 정당성을 진변(陳辯)한 다음, 그라티아누스 황제의 살해는 공명을 다투는 병사들의 혈기에 넘친 흉행에 불과하고, 막시무스 자신은 일체 관지(關知)하지 않으며 또 동의한 사실도 없음을 여러번 변명하기에 힘썼다. 그러나 그 다음의 이야기는 벌써 테오도시우스 황제에게 평화를 선택할 것인지, 아니면 전쟁을 택할 것인지, 양자택일을 냉정하기는 하지만 단호한 어조로 들이대는 것이었다. 그의 결론은, 물론 막시무스도 로마인의 한 사람이며, 또 백성의 국부로서 다 함께 국가방위를 위해서만 군대의 사용을 바라는 바이지만, 만일 이 우호적인 제의조차 거부한다면 그 역시 전쟁터에서 세계 제국의 패권을 다투기 위한 전쟁준비는 이미 되어 있다고 엄연한 어조로 협박하였다. 뿐만 아니라 이에 대한 즉각적인 회답을 고압적인 태도로 요구하였다. 그러나 테오도시우스 황제로서는 이제 이 중대한 문제를 결정함에 있어 자기의 감정에 따를 것인지, 아니면 국민의 기대를 만족시킬 것인지, 그의 선택이란 극도로 어려운 일이었다. 황제로서의 면목과 감은(感恩)이라는 지상명령에서 보면 당연히 이것은 복수하지 않으면 안되는 일이었다. 사실 그 자신은 그라티아누스 황제의 지대한 은혜로 제관과 자의를 받은 사람인데, 만일 여기서 황제의 횡사를 인종(忍從)하고만 있다면, 그것은 그가 이 몇년 사이에 받은 두터운 은혜보다도 오히려 그 전에 받았던 굴욕쪽에 좀더 깊이 원한을 품고 있는 듯한 불쾌한 의혹을 자아낼는지 모르고, 그렇다고 해서 여기서 그의 우호공존 제의를 받아들인다면, 이것 또한 그라티아누스 황제를 시해한 자와의 공범으로 몰릴 것이 틀림없었다. 만일 이대로 막시무스의 대역 범죄행위가 백주에 당당하게 대로를 횡행한다면 정의의 제재와 사회공공의 이해라는 제원칙조차 치명적인 타격을 받게 되고, 또 찬탈성취라는 이 기성실례가 정부라는 인위적인 구축물을 단번에 해체로 이끌어 갈 뿐만 아니라 제국 자체를 또다시 전대(前代) 그대로의 범죄와 재액의 와중으로 전락시킬 우려가 없지도 않았다. 설사 한 개인의 진퇴문제라 해도 그것은 언제나 감은과 명예라는 관념으로 다루어야 할 터인즉, 황차 그것이 군주의 심정쯤 되면, 좀더 고차원의 의무관에서 우선시켜야 한다는 것은 더 말할 필요가 있으랴. 잘못되어 그가 과하는 형벌의 결과가 무고한 백성들까지 말려들게 한다면 설사 정의와 인도주의라는 2대 원칙이 있다 해도, 때로는 흉악범의 처벌면제를 불가불 허용하지 않을 수 없는 경우도 있을 것이다. 그라티아누스 황제를 시해한 자(막시무스를 가리키는 것)는 틀림없이 찬탈자이다. 그러나 현실적으로 그는 용감하기로 제국내에서 가장 이름이 높은 여러 속주를 완전히 장악하고 있었다. 한편 동방제국은 고트족과의 계속되는 전쟁으로 불행한 일이 이어졌고, 이제 그들에 대하여 승리는 했지만 국력의 피폐는 극에 달했다. 만일 승패도 알 수 없는 운명을 걸고 쟁패전을 결행하여 국가의 활력을 죄다 소모한 후에는, 약체화된 승리자가 다음에는 간단하게 북방 만족들의 좋은 먹이가 될 수 있다는 것도 충분히 고려해야 할 중대한 걱정거리였다. 이와 같은 여러가지 중요한 배려가 이때 테오도시우스 황제로 하여금 일시적으로 자기의 불만을 감추고, 오히려 찬탈자와의 동맹관계를 받아들이게 하였다. 다만 한가지 조건으로서 다음의 사항만은 공약시켰다. 즉, 막시무스는 알프스 이북의 국토영유권만으로 만족해야 한다.

즉, 이탈리아·아프리카·서일리리쿰의 주권은 그라티아아누스 황제의 이복동생인 발렌티아누스 2세의 것으로 확인할 것, 이외에 고제(故帝)의 유명과 그의 제법령 등도 엄격히 존중한다는 내용을 명예조건으로서 조약문에 삽입시켰다. 그리고 당시의 습관에 따라 공치황제 세 사람의 초상을 널리 만천하에 공시하고 전체 로마 국민의 존숭을 호소하기도 했다. 따라서 이 엄숙한 화약이 체결되었을 때, 테오도시우스 황제의 의중에는 남모르는 배신감과 더불어 복수의 의도가 숨겨져 있었다(조시무스도 이러한 견해를 가진 사람의 하나였다. 그의 「신로마사」 제4권 37절 참조)고 함은 얼마간 경솔한 억측이라고 할 수 있다.

로마군 장병들에 대한 그라티아누스 황제의 경멸은 당연히 그들의 분노심을 촉발하였으며, 결국은 그것이 그의 생명을 빼앗은 것으로 되었다. 그러나 기독교 성직자단에 대한 그의 깊은 존경심은 강력한 이들 집단으로부터 감사의 칭찬으로 보답되었다. 원래 그들은 어느 시대에서도 현세와 내세 양쪽의 영예를 재량할 수 있는 특권을 주장해 온 집단이며, 따라서 정통파 사교들은 그라티아누스 황제의 죽음과 그들 자신의 보상받을 수 없는 손실을 깊이 슬퍼하였다. 그러나 머지 않아 안심하게 된 것은, 고인이 된 황제가 그의 동방제국의 제홀(帝笏)을 보다 강의한 성격과 재능을 가졌으며 겸양의 신앙심과 열렬한 구도심으로 일관되어 온 군주의 손에 위임하고 있음을 알게 된 까닭이다. 교회의 은인이며 비호자들 중에서 그 명성이 콘스탄티누스 대제에 필적할 만한 군주는 겨우 테오도시우스 황제의 영광뿐이라고 보아도 무방했다. 전자의 공적이 저 십자가 대군기를 제정한 데 있었다면, 이에 필적할 수 있는 후자의 그것은 명백히 아리우스파 이단을 탄압하고 로마세계를 통하여 완전히 우상숭배를 폐기시킨 공적이다. 테오도시우스 황제야말로 참된 3위일체적인 신앙으로 세례를 받은 최초의 로마황제였다. 기독교도 일가에서 태어나기는 했지만 당시의 원칙이라고나 할까, 적어도 습관에 따라서 세례받는 성사는 연기되고 있었는데, 마침 등극한지 첫 해 말경(379년)이지만, 그는 빈사상태의 중병에 걸려 생사까지도 염려될 정도로 위중했다. 바로 이때였다. 이 이상의 연기는 위험하다는 경고를 받았다. 여기서 두번째 고트족 토벌전에의 출진을 앞두고 그는 급히 텟살로니카(Thessalonica)의 정통파 사교 아콜리우스(Acholius)의 손으로 세례를 받았다(380년 2월 28일의 일). 재생의 기쁨에 불타게 된 그는 세례반(洗禮盤)에서 일어나자마자 즉석에서 아래와 같은 칙령을 엄숙히 구술하여 자기의 신앙을 표명했을 뿐만 아니라 신하들의 그것까지 규정한 것이다. 이하는 이 황제가 구술한 칙령의 요지다. 「과인의 자비 및 관용에 의한 통치를 받는 전 국민은 일찍이 저 성 사도인 베드로가 로마인들에게 설시(說示)한 신앙에 시종일관해서 충실하여야 한다는 것이 과인의 뜻이다. 그리하여 이 참된 신앙의 전통은 그 후 다마수스 교황(Damasus Ⅰ. 제37대 교황. 304?~384. 재위 366~384. 성인. 대립교황인 우르시누스<Ursinus. 385 사망>와 항쟁하였고 국가권력과 결탁하여 로마교회를 성대화하였다) 및 사도적인 성자로서 그 이름이 널리 알려진 알렉산드리아의 사교 베드로(Peteros. 성 베드로와는 별개 인물로서 311년 경에 순교한 알렉산드리아시의 사교로 알려졌을 뿐 기타사항은 불상)에 의하여 수호되어, 현실적으로 오늘날도 공인되어 있는 것이다. 모름지기 우리는 성 사도들의 정수(精修)와 복음에 관한 교의에 의거하여 한결같이 숭고한 3위일체설 밑에 성부와 성자와 성령의 절대신격을 믿어야 한다. 이 교의를 믿는 자만이 짐은 가톨릭·그리스도교도라는 칭호를 공인할 것이며, 나머지 참칭 신도무리는 요컨대 모두 터무니없는 광신도로 간주할 것인즉, 그들에게는 모두 이단이라는 오명을 각인하는 동시에 그의 집회장소에도 앞으로는 교회라는 이름의 참칭을 일체 금함을 여기에 선언하는 바이다. 그런 자들에게 신의 단죄가 내릴 것은 틀림없지만, 이에 더하여 신지(神智)의 인도를 받는 과인에게 부여된 권한에 의하여 지당하다고 믿는 엄벌을 내리리라는 것도 당연히 각오하여야 할 것이다.」(『테오도시우스 법전』 제16권 제1장 2조). 원래 무인의 신앙이란, 자기자신의 구도결과라기 보다도 차라리 다른 사람으로부터의 교육성과라는 것이 보통이지만, 그것이 이 테오도시우스 황제의 경우는 다르다. 그는 그 자신이 정통파 신앙체계가 확립될 때까지의 각 단계를 처음에서 끝까지 계속 주목해 왔던 만큼, 그의 종교적 견해가 그럴듯하게 보이는 아리우스파 학자들의 문헌이나 교묘한 논의, 나아가서는 애매한 신조 등에 의하여 영향받은 일이 전혀 없었다. 하기야 꼭 한번이지만 황제는 수도 콘스탄티노플시 근교에 은서하고 있던 웅변가이며 석학인 에우노미오스(Eunomios/Eunomius. 394 사망. 큐지코스<Kyzikos>의 아리우스파 사교. 아에티우스<Aetius>와 함께 아노모이오스(비유사설)파라고 불리우는 후기 아리우스주의의 극단으로 까지 치달은 이단파의 대표적인 논객. 이런 주장 때문에 몇 번인가 추방과 부활을 거듭한 끝에 결국은 테오도시우스 황제에 의하여 궁극적으로 유형된 후 유배지에서 죽었다)와 회담을 가지고 싶다는 취지를 은근히 시사한 적이 있었다. 그러나 이 위험한 회담은 황후 플락킬라(Flaccilla)의 간고한 청에 의하여 중지되었다. 부황(夫皇)의 영혼구제를 그녀는 줄곧 걱정하고 있었기 때문이다. 그리고 황제 자신의 마음 또한 그 나름대로 신학적 이론으로 확신을 얻고 있었다. 그 이유는 이렇다. 이 일이 있기 직전이지만, 그는 큰아들인 아르카디우스(Arcadius, 377~408. 첫번째 동로마황제. 재위 383~408)에게 정제(Augustus) 칭호와 영예를 주고, 부자 2대의 군주가 나란히 영광스러운 옥좌에 앉아서 군신(群臣)의 존경을 받은 일이 있었다. 일은 바로 그때에 벌어진 것이다. 이코니움(Iconium)의 암필로키우스(Amphilochius, 당시 가톨릭파 사교의 대표적 인물의 한 사람. 340?~395. 나찌안주스의 그레고리우스<Gregorius Nazianzus. 329?~384. 동방교회의 교회박사. 성인>와는 4촌 형제간이라고 한다. 만년에는 이코니움<소아시아 내륙의 소도시로서 지금은 코니아라고 부르는 곳>의 사교로 있었다)라고 칭하는 한 사교가, 갑자기 옥좌 앞으로 나와서 먼저 부제(父帝)에게 존경의 인사말을 한 바, 그것까지는 괜찮았지만, 그 뒤에 젊은 새 황제에 대해서는 마치 평민의 아들에게 말하듯 매우 버릇없이 말을 건네는 것이었다. 이 무례하고 불손한 태도에 대하여 발끈 화가 난 황제는 이 시골뜨기 사교놈을 당장 여기서 끌어내라고 명령하였다. 그러자 경호원들이 그를 끌고 출입구까지 갔을 때 이 노회한 논객은 기회를 엿보다가 재빨리 소기의 목적을 달성한 것이다. 즉「오－, 황제여. 아버지인 신을 예배하는 것처럼 가장하면서 그 아들되는 신에게 똑같은 권위를 인정하는 것을 거부하는 불신불경의 도배들에게, 신이 갖추고 계시는 처우는 바로 이것이로소이다 !」라고 큰 소리로 외친 것이다. 이 말을 듣자 테오도시우스 황제는 즉시 달려가 이코니움의 그 사교를 끌어 안았다. 그리고 이 극적인 에피소드에서 받은 중대한 교훈을 그는 일생동안 잊지 않았다고 전해진다.

원래 동방수도 콘스탄티노플은 아리우스파의 본거지, 말하자면 아성이었다. 사실 40년간에 걸친 오랜 기간 동안, 이 동방제국 수도에 군림했던 역대황제와 고위성직자들의 신앙은 좀더 순정(純正)한 로마와 알렉산드리아 등의 각 교파로부터는 명백히 이단으로서 배척되어 왔다(여기서 40년간이라고 한 것은 콘스탄티누스 대제가 사망한 뒤 얼마 안되는 339년에 아리우스파의 니코메디아 사교 에우세비오스<이는「교회사의 조상」으로 알려진「Eusebios/Eusebius Caesarea, 263?~339」와는 동명이인인 Eusebios Nicomedia, 341사망이다>가 콘스탄티노플의 대사교가 된 다음부터 테오도시우스 황제가 즉위한 해인 379년까지의 사이를 말한 것이다). 예컨대 막대한 신도들의 피로 더럽혀진 마케도니우스(Macedonius, 362?사망, 半아리우스파의 콘스탄티노플 사교. 상기 에우세비오스가 죽은 뒤인 342년경에 그 자리에 대사교로 앉혀졌다)의 대사교좌 같은 것도, 그 후의 계승자는 여전히 아리우스파인 에우독쿠스(Eudoxus)와 다모필루스(Damophilus. 두 사람 모두 半아리우스파 사교인데, 전자는 360년에 수도사교로 취임하고 있다. 다만, Eudoxus는 Eudoxius가, Damophilus는 Demophilus가 옳은 표기라고 한다) 였는데, 그들이 통할하던 이 교구는 그야말로 악덕과 이단을 거리낌없이 공공연하게 제국내 모든 속주들로부터 공개적으로 받아들였다. 따라서 종교적 논쟁의 열기는 분주한 가운데서도 한가한 이 수도에 새 직업을 탄생시켰을 정도였다. 이 떠들석한 논쟁의 결과를 얼마간 유모어까지 섞어서 묘사한 한 냉정한 관찰자가 있었는 바, 그가 말한 것은 대체로 믿을 수 있는 것이 아닐까 생각된다. 「이제 이 도시는 전 시민이 남김없이 대단한 신학자들이 되었는데, 상점 앞이나 가두 등 무릇 장소를 가릴 것 없이 설교하는 직인(職人)이나 노예들로 넘쳐 흐르고 있다. 예를 들어 은전 한닢의 환전을 부탁했다고 하자. 그러면 상대방은 곧 『성부』와 『성자』가 어떻게 다른가에 대하여 도도하게 일장 해설을 먼저 늘어놓는다. 또한 빵 한 덩어리 값을 물어보면 곧 되돌아오는 대답은 『아들』은 『아버지』보다 하위라는 말이다. 다시 목욕할 준비는 다 되었느냐고 물으면, 그 대답이란 『아들』은 무에서 창조된 것에 지나지 않는다고 나온다」(이것은 기번이 나찌안주스의 그레고리우스의 「연설」 제33 속의 1절을 인용한 모양인데, 본서의 편집자 베리의 보충주석에 의하면, 이것은 기번의 잘못인 바, 같은 그레고리우스라 해도 이 인용문의 출처는 동시대인으로서 늣사<Nyssa>의 사교인 그레고리우스<Gregorius, 331경~396. 동방교회 교부·성인>의 저작에 있는 것이라고 한다). 모든 교파의 이단자들이, 여기서는 수도 콘스탄티노플 아리우스파의 보호를 받아 평화리에 공존하고 있었다. 한편 그들은 니케아 신경(Nicene creed)의 신봉자들을 제압했던 승리를 용서 없는 엄혹성을 가지고 남용하였으나, 사실은 이들 소회파(小會派)의 호의를 확보코자 노력하고 있었다. 콘스탄티우스 2세 및 발렌스 두 황제에 의한 아리우스파 편중시대에, 3위동질파(Homoousianus)의 잔존 신도군은 사실 공사(公私)를 막론하고 예배의 권리조차 박탈되어, 마치 목자를 잃은 양떼처럼 산야를 우왕좌왕하든가, 그렇지 않으면 욕심많은 승냥이떼의 먹이가 되는 수밖에 없었다는, 심히 비참하고 한탄스러운 신세였다는 사례까지 전해지고 있다. 그러나 탄압에 의해서도 그들의 열렬한 신앙은 추호도 굴복하는 기세를 보이지 않았을 뿐만 아니라 오히려 한층 더 활기를 얻었고, 발렌스 황제의 사망으로 불완전하나마 자유가 회복되자마자, 그 순간부터 곧 감독목자의 지도하에 정규의 신도단을 결성하였다. 그런데 이 무렵에 캅파도키아 속주태생으로서 바실리우스(Basilius/Basil) 및 나찌안주스(Nazianzus)의 그레고리우스(Gregorius/Gregory)라는 두 동명이인이 있었다. 세속적인 웅변과 정통파 신앙을 훌륭하게 구비했다는 점에서 두 사람은 모두 단연코 당대의 동료들을 능가하고 있었다. 두 사람 모두가 고대 그리스의 최고급 웅변가들 하고도 능히 어깨를 나란히 겨눌 수 있는 변론가로 자부하였고 세상사람들도 그것을 인정하던 인물들이지만, 이것이 또한 두 사람을 굳은 우정으로 맺게 하였다. 두 사람이 다같이 뒤질세라 정력과 끈기를 다하여 아테네 여러 학파의 학예를 습득하기에 스스로 힘썼고, 동시에 헌신적인 신앙에서도 뜻을 하나로 하여 다같이 폰투스(Pontus) 사막에서 은둔생활을 하고 있었다. 세상사람들은 이 나찌안주스와 바실리우스 할 것 없이, 이 성정무욕(聖淨無欲)의 두 사람 가슴 속에서는 서로 질투하고 경쟁하는 불꽃 따위는 티끌만큼도 없는 것으로 생각했다. 그런데 그 바실리우스가 뜻밖에도 넓은 사막 속의 운둔자이던 신분에서 갑자기 케사리아의 대사교직에 선출됨에 이르러 그의 본성 속에 잠재해 있던 바, 자부심에서 나오는 오만성이 세상사람들에 대해서 뿐만 아니라 자기자신에 대해서조차 뚜렷이 나타나기 시작하였다. 사실 그는 대사교좌에 앉자마자 그의 친구(나찌안주스의 그레고리우스를 말하는 것)에게 자기로서는 어떤 은고를 베푼 것으로 생각했겠지만 상대방으로서는 오히려 비정한 모욕으로 간주되는 한 조치를 취했는데, 사실 바실리우스에게는 모욕하려는 의향이 전혀 없었던 것도 아니었던 것같다. 왜냐하면 마음 속으로 우쭐해진 이 대사교는 친구인 그레고리우스의 탁월한 재간을 어딘가 유용한 고위급 직책에 앉혀서 발휘케 하기는 커녕, 광대한 이 속주내에 50개나 되는 교구 가운데서도 하필이면 고르고 골라서 가장 황량한 벽촌인 사시마촌(Sasima 村. 지금은 터키령. 소아시아의 수도 안큐라의 동남방향에 있는 토우즈호에서도 다시 동남쪽에 있으며, 세 갈래 가도가 합치는 지점이라고 했으니, 오늘날의 케세리시 부근으로 볼 수 있다고 한다)의 그것을 준 것이다. 물도 없거니와 풀도 나지 않으며 세 갈래 가도가 합류하는 지점에 위치하고 있었기 때문에 끊임없이 덜렁대는 마차꾼 따위가 모여들어 떠들 뿐인 곳으로서 마을형태도 이루어지지 않았다. 이 굴욕에 가까운 유배생활에 그레고리우스는 불만이면서도 용케 참고 사시마의 사교직에 취임하였다. 그러나 동시에 그는 이렇게 엄연하게 공언(公言)하고 있다. 즉, 나는 이 꺼림칙한 신부와의 영적 결혼에서 절대로 잠자리를 같이 한 기억이 없다고. 그 후 그는 고향인 나찌안주스의 모교회(그것은 그의 아버지가 45년 이상이나 담당해 온 교회였다)를 담당하게 되지만, 이때도 여전히 그 자신은 좀더 다른 청중,

즉 다른 무대가 주어지는 것이 당연하다는 자부심을 가지고 있었다. 그러자 머지 않아 수도 콘스탄티노플의 정통파 신도들로부터 져 온 명예로운 초청에 접하자, 분에 넘치는 야심에서가 아니라 기꺼이 이를 수락하였다. 그리하여 수도에 도착하였더니 그는 곧 먼 친척의 한 사람이며 사랑에 넘친 경건한 신도의 저택에 맞아 들여졌다. 더욱이 저택 안에서도 가장 큰 홀이 예배소로 성별(聖別)되어 있었는데, 그 이름은 니케아 신경의 부활이라는 의미로「아나스타시아」(Anastasia. 그리스어로「부활」을 의미하는 anastasios에서 딴 것)로 지어져 있었다. 이 가정집회소는 그 후 장대한 교회로 개축되어 다음 시대에는 벌써 성모 마리아가 출현했다느니, 적어도 그녀의 가호가 있었다는 등 기적의 증언과 환상에 관한 이야기가 믿어지게 되었다. 요컨대 이 아나스타시아의 설교단은 그레고리우스의 노력과 승리의 무대가 되어 불과 2년 사이에 그는 선교자의 순경(順境)과 비운(非運)을 상징하는 온갖 영적 사태를 경험한 것이다. 대담하기 이를 데 없는 그의 행동에 분격한 아리우스파 신도들은 그의 설교를 가리켜 마치 성부와 성자와 성령의 세 가지 신격을 명확히 별개의, 더욱이 대등한 것이나 되는 것처럼 설교했다고 주장하였다. 그리고 흥분한 일반신도들은 이와 같은 위법적인 아타나시우스파 이단들의 집회 따위는 설사 폭력에 호소해서라도 탄압해야 한다고 떠들어 댔다. 이리하여 성 소피아 대성당(the cathedral of St, Sophia)으로부터는「불쌍하다고 동정받을 자격 따위가 털끝만큼도 없는 거지무리와 염소나 새터르(Satyr. 그리스 신화에 나오는 바, 주신인 박카스<Bacchus>를 섬기는 반인반수<半人半獸>의 숲의 신이라는 괴물) 따위와 똑같은 풍모의 수도사들, 이사벨(Jezabel/Jezebel.「구약전서」「열왕기 상」16장 31절 이하에 나오는 바, 시돈 사람의 왕 엣바알의 딸이며, 이스라엘 왕인 아합<Ahab>의 방탕한 아내. 악녀와 독부의 전형으로 여겨진다)이 무색할 정도의 굉장한 형상의 여자들」로 구성된 백귀야행(百鬼夜行)과 같은 군중이 일제히 밀고 나서자, 집회소인 아나스타시아의 출입구들은 부서지고, 막대기·돌맹이·횃불 등을 손에 들고 철저하게 만행을 저질렀다. 아니 적어도 저지르려고 하였다. 이런 소란과정에서 한 사람의 희생자까지 나오자, 다음날 아침에는 벌써 그레고리우스가 사정관(司政官)의 환문을 받았던 것이다. 그러나 이와는 반대로 이때 그는 당당하게 널리 그리스도의 이름을 입에 담을 수 있었음을 생각하고 오히려 크게 만족해 하였다. 이리하여 외부의 적으로부터의 불안과 위험으로부터는 모면되었지만, 그후 머지 않아 창립된 지 아직 일천한 그의 이 조그마한 교회는 뜻하지 않았던 내부적 분열이라는 수치스런 혼란을 가져오게 되었다. 그 이유는 이러했다. 스스로 막시무스(Maximus)라고 자기를 소개하는 견유파 철학자같은 모습의 한 이방인이 교묘하게 그레고리우스에게 빌붙어서 두터운 신임을 받게 되었다. 그러한 그가 그레고리우스를 속이고 또 그의 호의를 악용했을 뿐만 아니라, 비밀리에 이집트내 일부 사교들과 결탁하고 내밀하게 품계를 주면서 은인이며 비호자인 그레고리우스의 수도대사교직을 빼앗으려 한 것이다. 이런 음모에 대해서는 그레고리우스도 깊이 심통함을 느끼게 된 나머지, 때로는 이미 버린 지난 날의 고독한 은둔생활을 그리워하는 날도 있었다. 그러나 그의 이와 같은 심적 고통도 날로 높아지는 명성과 발전하는 집회에 의하여 보상되었다. 그리고 수많은 회중(會衆)의 절대다수가 그의 웅변적인 설교 내용에 극히 만족해하는 동시에, 그들 자신의 신앙과 실천에 많은 결점이 있음을 반성하면서, 귀가하는 모습을 볼 때마다 그는 역시 마음이 흡족하고 기뻤다.

수도 콘스탄티노플의 가톨릭 교도들은 테오도시우스 황제의 세례와 그의 칙령에 접하여 환희와 자신감에 용기백배하였다. 이 우악(優渥)한 공약의 성과를 하루가 천추같은 생각으로 기다렸던 것이다. 그들의 기대는 착착 실현되었다. 먼저 토벌전이 끝나자 황제는 곧 승리의 군대를 이끌고 수도로 개선하였는데 그 다음날에는 벌써 다모필루스를 황궁으로 환문하여, 이 아리우스파 대사교에게 양자택일하라는 어려운 문제를 내놓았다. 즉 니케아 신경을 준봉할 것을 맹세하든가, 아니면 대사교청을 비롯하여 성소피아 대성당과 기타 수도내 전 교회의 사용권과 소유권을 모두 정통파 신도들의 손에 즉각 인계하고 물러날 것인가를 결정하라는 것이었다. 열렬한 아리우스파 신도였던 다모필루스는 한 순간의 주저함도 없이 유형과 성빈(聖貧)의 길을 택하였다(이 견고한 신앙이 만일 가톨릭파 성자의 그것이었다면 당연히 크게 찬양되었으련만). 그의 파면에 이어서 곧 수도 전체에 걸친 숙청사업이 뒤따랐다. 이 점은 아리우스파로서도 충분히 수소(愁訴)할 만한 문제(더욱이 어느 정도의 정당성을 가지고서 말이다)였다. 왜냐하면 극히 얼마 안되는 가톨릭 소수파 신도집단이 100개소나 되는 성당을 빼앗으려 했으며, 따라서 가톨릭파 신도들만으로는 도저히 이 모든 교회를 가득 메울 수 없었는데 반하여, 한편 이보다 훨씬 다수파를 형성하던 아리우스파 신도들은 무도(無道)하게도 모든 예배당에서 축출된 까닭이다. 그러나 테오도시우스 황제는 여전히 강경한 태도로 가톨릭과 교의를 수호하는 천군(天軍)의 모습이란 원래 참된 신도들의 눈에만 보일 것이라는 이유로부터, 현명하게도 이들 천군을 돕기 위하여 지상의 살인무기를 보다 유효한 보조수단으로 원용하였다. 이리하여 성소피아 대성당은 친위군 대부대에 의하여 점거되었다. 만일 이때 그레고리우스가 자부심과 오만성으로 불타는 인간이었다면 황제 자신이 그를 인도하여 마치 개선행렬인양 거리거리를 두루 행진하며, 다시 황제가 손수 그를 수도 대사교좌에 앉게 했을 때 반드시 만강의 만족감을 맛보았음이 틀림없었겠지만, 아직까지도 인간성의 약점을 완전히 극복하지 못하고 있던 성자(그레고리우스를 말하는 것)인 만큼, 그의 마음 속에서는 깊은 오뇌감이 오가고 있었다. 즉, 그는 자기의 목계(牧界. 교회행정계를 말하는 것)로의 복귀가 과연 목자(성직자)로의 귀환이라고 볼 수 있는가, 오히려 승냥이로서의 침입이 되는 것은 아닌가, 신변을 둘러싸고 있는 이 번쩍거리는 무기들은 과연 나의 신변안전을 위해 필요한 도구들인가, 나 혼자만이 다수파 신도군 앞에서 저주의 표적으로 되어 있는 것이나 아닐까, 나 자신은 인간으로서 또 시민으로서 도저히 그들을 멸시할 기분이 나지 않는다는 등등 마음이 천갈래 만갈래로 갈라져 고민하였다. 밖을 내다보면 거리는 말할 것도 없고 모든 집들에서는 창가는 물론 옥상까지도 무수한 남녀노소의 시민들이 가득 메운, 노여움·슬픔·놀람 그리고 절망을 호소하며 떠들석하게 외치는 소리가 귀에 들려오는 것만 같았다. 그는 정직하게 말했다. 「이 기념할 만한 서품의 날에 동방수도의 광경은 마치 야만족을 정복한 사람에 의하여 강습(強襲)을 받아, 그의 수중에 떨어진 도시와도 흡사하였다」고 (그레고리우스, 「자전」에 나온 것). 그로부터 6주 정도가 지난 다음, 테오도시우스 황제는 또 다시 하나의 결정을 선언하였다. 니케아 공회의에서 채택된 신경의 봉교(奉教)를 끝까지 거부하는 사람, 적어도 그것의 지지표명을 거부하는 사교와 그의 하급성직자들은 한 사람도 남김없이 제국내 모든 교회로부터 추방형에 처한다는 것이다. 그리고 이 문제의 집행관인 사포르(Sapo-r)에게는 전면적인 법의 집행권과 특별위임권한 게다가 병력까지 주어졌다. 다만 이번의 종교개혁은 매우 신중하고도 강력하게 수행되었기 때문에 소란한 아무런 유혈사태도 없이 이루어져 동방제국 전 속주에 걸쳐 황제 자신의 종교가 확립되기에 이르렀다. 이리하여 아리우스파의 기록자료는 모두 없어졌는데, 설사 현존한다 해도 그것들은 아마도 이처럼 이단을 불신하는 테오도시우스 황제 치세하에서 교회가 받은 박해비화의 여러가지 사례가 적혀 있을 것이며,

그 중에서 아리우스파의 고해를 듣는 사제들이 견뎌낸 수난의 기사들은 어쩌면 공평한 제3자적 독자들의 동정을 살는지 모른다. 그러나 저항이 거의 없었기 때문에 광신에 입각한 보복적 폭력행위도 어느 정도 회피되었고, 역경에 놓이게 된 아리우스파도 앞서 콘스탄티우스 2세와 발렌스 두 황제치하에서 정통파 신도들이 보여준 의연한 저항에 비해서는 그의 신앙태도가 훨씬 약했던 것같다. 요컨대 서로 적대시하는 양파의 도의성과 행동을 지배하던 것은 다같이 공통의 자연과 신앙원칙이었던 모양이고, 다만 그의 신학적 신념의 열정도(熱情度)라는 점에서만 중대한 차이가 있었던 것 같다. 양파 공히 학원과 교회에서는 모두가 기독교의 신적(神的) 존엄성을 인정하고 이것을 예배하였다. 그러나 우리는 흔히 자기의 사상과 감정을 신성(神性)과 관련시켜서 생각해 보려는 버릇이 있는 만큼 「신의 아들」의 숭고한 완전성의 한계를 생각하기 보다는 오히려 이것을 과장하는 쪽이 보다 현명하고도 독신(篤信)인양 생각하고자 한 것같다. 이리하여 이 아타나시우스의 제자인 그레고리우스는, 자기야말로 신의 은총을 받을 만한 가치 있는 자신감과 긍지감에 도취되는 한편, 아리우스의 제자들은 「세계의 심판자」에게 찬미하는 것을 삼가하며 또 영예의 얼마간을 아끼려는, 그런 허용할 수 없는 자라는 죄를 범하고 있는 것이 아닌가 하고 남몰래 자책불안감에 사로잡혀 있었음이 틀림없다*. 원래 아리우스파의 설교란 냉정하고 사변적인 인간을 만족시켰는지는 모르지만, 한편 신앙과 헌신의 공을 가장 강력히 요구하는 니케아 신경쪽이 신앙시대에는 대중의 마음에 호소하는 점에서 훨씬 유리하였다.

진리와 지혜는 정통파 성직자 집회에서만 볼 수 있으리라고 기대한 테오도시우스 황제는 150명의 사교들로 구성된 공회의를 수도 콘스탄티노플에 소집하였다(381년의 일). 그들은 거의 아무런 지체나 곤란도 없이 저 니케아 공회의에서 확립을 보았던 신학체계를 한층 더 완성단계로 끌어 올렸다. 4세기를 통하여

---

* 아타나시우스-그레고리우스로 이어지는 니케아 신경의 정통파 지지자들은 어디까지나 성부·성자·성령을 3위, 즉 일체(tres personae in unasubstantia)를 주장한 데 반하여, 아리우스파와 반(半) 아리우스파들은 얼마간 각자의 강조점에 차이는 있지만, 어쨌든 「세계의 심판자」인 신의 아들 그리스도라 해도 그는 신에 의하여 창조된 것, 환언하면 로고스(Logos)의 수육(受肉)에 의하여 인간의 형태를 취하여 강림한, 말하자면 2차적 존재라는 요지를 강조한 것이다. 이것이 이른바 아리우스파 주장의 중핵인 바, 위의 문장은 이점에 대하여 언급한 것으로 생각된다.

격렬한 논쟁대상이 되었던 문제는 주로「신의 아들」의 성격을 둘러싼 것이었는데, 3위일체 중 이 제2신격에 관하여 고려된 여러가지 견해는, 이윽고 자연의 유추로서 제3신격 문제로까지 확대파급된 것이다. 한편 아리우스주의와의 투쟁에서 승리한 정통파측으로서도 애매하기 이를 데 없는 일부 유력한 신학자들의 용어에는 명확한 설명을 가하여 가톨릭 교도들의 신앙을 견고히 하는 동시에, 한편에서는 또 세 분의 신의 존재를 인정하는 것으로 보이지나 않을까 두려워하면서도「아들」과「아버지」와의 동질성을 자진해서 인정하는 악명높은 마케도니우스파의 모순을 규탄할 필요가 있다고 생각하였다. 이리하여「성령」의 동위신격을 공인하는 결의가 만장일치의 형태로 최종적으로 채택되었는데, 그때 이래 이 신비로운 교리가 기독교 세계의 전체 국민과 모든 교회에 의하여 채택되기에 이르렀다. 그리고 감사하는 마음이 넘친 그들은 테오도시우스 황제의 사교들에게 총공회의(general councils. 이것은 가역이다. 모든 교회로부터의 사교가 소집되는 Concilium oecumenicum을 말하는 것인지? 이 해의 콘스탄티노플 공회의가 바로 이런 것이었다)에서는 황제 다음가는 서열을 주었다. 종교적 진리에 관한 그들의 지식은 전승(傳承)으로 호지(護持)되어 있었거나, 또한 영감에 의하여 전달되어 있었는지도 모른다. 그러나 사실적 증거에 의하여 냉정하게 말하면, 그들 콘스탄티노플 교부들의 개인적 권위를 크게 평가한다는 것은 무리인 것 같다. 성직자들의 신앙을 모범으로 해야 할 저 사도시대의 순수성으로 볼 때, 당시는 두려워해야 할 타락상태의 시대이기도 한 까닭이다. 각종 성직자 집회에 가장 열심히 출석하여 언제나 그 집회를 혼란에로 이끌어간 것은 정해놓고 타락한 파계의 성직자들이었다. 대립되는 이해관계, 상반되는 기질의 참석자들 사이에서 조성되는 알력과 상극은 쓸데없이 사교들의 격정을 부추길 뿐이었다. 더욱이 그들을 지배한 감정은, 요컨대 황금욕과 쟁론을 즐기는 버릇에 지나지 않았던 것이다. 지금에 이르러 테오도시우스 황제의 정통파 신앙을 찬양하는 사교들의 대부분도 빈틈없는 유연성이라고나 할까, 지금까지 몇 번이고 자기들의 신조견해를 변전시켜온 자들이 태반이었다. 교회와 국가의 변혁이 있을 때마다 황제의 신앙여하가 그대로 그들의 아부적 신앙을 결정하는 기준으로 되어 있었다. 따라서 황제가 그의 지배적 영향력 행사를 일시적으로 억제하고 있으면, 사교회의는 곧 만심·증오·원한 등과 같은 모든 부조리하고도 이기적인 제동기가 횡행하는 맹목적 혼란의 소연한 장소로 변해버리곤 하였다. 그런데 때마침 공교롭게도 콘스탄티노플 공회의가 열리고 있는 동안에 멜레티우스(Meletius, 360년 이래 안티오크시의 사교로 있으면서 소위 멜레티우스파를 이끌고 이 공회의에 참가하는 동시에 의장직도 담당하였다)가 죽은 것이다. 이것이 뜻밖에도 그의 오랜 적대자인 파울리누스(Paulinus, 381년에 상기 멜레티우스가 죽은 뒤 안티오크시의 사교가 된 것 같지만 그 이상의 경력은 불상. 다만 성 히에로니무스<Hieronymus, Sophronius Eusebius. 342?～420. 교부·교회박사·성인·Vulgate 성서의 번역자>와도 교우관계에 있었고, 정통파 신앙의 사교였다는 것은 확실한듯 하다)도 사교직에 있는 동안에 조용히 인생을 끝마치게 하는 결과가 되었는데, 이것은 안티오크시의 분파소동을 종식시키는 절호의 기회가 되었다. 파울리누스의 신앙과 그의 높은 덕성은 한점의 티도 없는 순진무구한 것이었다. 그러나 그의 교설을 지지한 것은 다만 서방교회 뿐이었고, 따라서 회의에 참가한 사교들은 설사 신의 아들인 예수 그리스도의 탄생과 죽음을 둘러싼 주장에서 보는 것처럼, 동방교회의 가상적인 권위를 배신하기 보다는 차라리 위서자(僞誓者) 후보인 플라비아누스(Flavianus. 멜레티우스의 동지 성직자 중 한사람이었는데, 교회의 평화를 유지하기 위하여 이 안티오크시의 사교를 배신하는 듯한 타협설을 내놓은 것 같다. 이 이상의 상세내용은 알 수 없다)를 사교직에 임명함으로써 불화의 화근을 영속시키는 길을 택하였다. 그렇기로서니 이와 같은 부당난맥의 의사진행은 특히 진지한 참석자들에게 탈퇴와 분리를 부득이하게 하였다. 그리고 그 뒤에 잔존하여 회의장을 위압하면서 시끄럽게 떠드는 다수파의 모습을 굳이 비유한다면, 그것은 말벌떼나 잘 종잘거리는 까치류, 아니면 왜가리 또는 거위무리가 일제히 날아 오르는 것과 같은 것이었다.

이처럼 사교들의 공회의 광경을 혹독하게 묘사함에 있어 필자가 참고한 자료는 아마도 그 누군가 이단고루한 사람이 쓴 것이나, 아니면 악의에 가득찬 불신도배의 편향적인 묘사에 의거한 것으로 의심할는지 모른다. 그런데 이 교훈적인 광경을 후세에 전한 것은 매우 성실한 한 역사가인데, 그의 이름만 댄다면 아마 이것을 미망(迷妄)이라고 말하여 편집이라고 부를 무력한 원성따위는 즉석에서 침묵해 버릴 것이 틀림없을 것이다. 왜냐하면 이 사가야말로 당시에는 독신자(篤信者)이며 가장 웅변가로 알려진 사교의 한 사람이고, 성자로서, 또 교회의 최고 신학자로서 아리우스파에게는 철추(鐵槌)요, 정통파 신앙에서는 주석(柱石)이라고 할 수 있는 인물이었기 때문이다. 사실 콘스탄티노플 공회의에서도 가장 현요(顯要)한 참석자였고, 전기한 멜레티우스가 죽은 뒤에는 그의 의장직까지 수행했던 사람―즉 나찌안주스의 그레고리우스 그 사람이다. 그는 자기가 받았던 부당한 처우에도 불구하고 증언의 진실을 왜곡하기는커녕 오히려 이 공회의에서의 토의를 움직이고 있는 정신을 다시 방증하는 것으로 보였다. 만장일치에 의한 니케아 신경 재확인에 관한 의견은 이 수도사교(그레고리우스를 가리키는 것. 그는 이 공회의가 열리고 있을 때 수도사교로 선출임명되고 있었다)가 국민의 선택과 황제의 재가를 얻어서 도출한 주장을 다만 새삼스럽게 확인한 데 지나지 않는 것이었지만, 이 그레고리우스 본당자는 곧 악의와 질투의 희생자가 되었다. 안티오크시 교회문제에서 취한 그의 유화책을, 연약한 것이라 해서 화를 낸 그의 지지자단인 동방사교들까지도, 고립무원의 형태에서 그를 버림으로써, 반대파인 이집트 사교단의 공격에 내맡기고 말았다. 그들은 먼저 그의 의장선출에 대하여 이의를 제기하였고, 또 자의적인 사교교구의 변경을 금지한 곰팡이 냄새나는 교회법(Canon)까지 들고 나와 완강하게 그의 정당성을 논란하였다. 그러나 그레고리우스는 자존심인지, 또는 겸억성인지는 모르나 자칫 잘못하면 야망·욕심에 입각한 논쟁으로 보일는지도 모를 이런 논쟁을 일체 회피하고 논하지 않았다. 그리고 얼마간 분노하지 않은 것도 아니지만 그는 자기자신이 정력과 끈기를 다하여 부활 아니 거의 창성했다고 해도 무방한 교회의 관리까지 포기하겠다, 즉 사임해도 좋다는 취지를 공공연하게 제안하였다. 더욱이 이 사의표명은 그 자신에게도 뜻밖이었을 만큼 아주 싱겁게 공회의와 황제로부터 수리되었다. 그레고리우스로서도 겨우 승리의 성과를 기대할 수 있을 것으로 생각하던 때였는 데도 결국 물러나게 되었고, 이때 대사교직에 새로 임명된 것은 뜻밖에도 원로원 의원인 넥타리우스(Nectarius)였다. 새 대사교는 모든 문제를 매우 안이하게 생각하는 성격과 노성해 보이는 그의 풍모가 좋게 평가되어 이런 현요한 직위에 임명되었는데, 다만 그의 서품식은 먼저 그가 세례받는 의식을 끝낼 때까지 연기하는 도리밖에 없었다. 한편 군주와 사교들에 의하여 이처럼 지독한 배은망덕의 대접을 경험하게 된 그레고리우스는 또 다시 궁벽한 캅파도키아 시골의 은거지로 물러나 이후 남은 8년간의 여생을 주로 신앙과 시작(詩作)의 정수(精修)로 조용하게 보냈다. 그 후 성자(The Saint)라는 칭호가 주어졌지만, 필경은 이 나찌안주스의 그레고리우스라는 유명에 한층 더 상쾌한 광채를 발산케 한 것은 그의 심정의 우아함과 정신의 한아성(閒雅性)에 있었다고 할 수 있다.

테오도시우스 황제는 교만성으로 불손해진 아리우스주의의 지배를 제압하였고 또 콘스탄티우스 2세와 발렌스 두 황제의 광신에 견뎌온 가톨릭파 신도들의 수난에 대하여 충분히 보복까지 해주었지만 그것만으로는 아직 만족하지 않았다. 정통파의 황제인 테오도시우스의 입장에서 보면 도대체가 이단의 무리라면 모두가 하늘과 땅 양쪽 최고 권력에 대한 반역도로 간주되었다. 그리고 천상·천하 양쪽의 권력은 죄인들의 영혼과 육체에 대하여 다같이 특별재판권의 행사도 가능하다고 생각하였다. 어쨌든 콘스탄티노플 공회의가 이미 말하자면 신앙의 기준을 교령(敎令)으로 확립했으므로, 황제의 양심을 지배하고 있던 성직자들은 가장 효과 있는 박해방법까지 이것을 진언하였다. 사실 이단자, 그 중에서도 특히 3위일체를 부정하는 신도들을 겨냥하여 황제가 포고한 혹령(酷令)의 가지가지는 불과 15년 사이에 적어도 15건이나 되었다. 더욱이 일체 면죄에 대한 희망을 단념시키기 위하여, 만일 그들에게 유리한 법령이나 칙령이 원용될 경우에는, 재판관들의 재량으로 그런 것들을 모두 기만이나 위작(僞作)에 의한 비합법적 산물로 간주한다는 엄중한 법률까지 제정하였다. 이리하여 이단파의 성직자나 그들의 집회, 나아가서는 신도 개개인에 대해서까지 엄중한 처벌령이 제정되어 입법자 자신(테오도시우스 황제를 말하는 것)의 감정까지 몹시 격한 탄핵적 언사로 토로되곤 하였다. ① 제멋대로 사교·사제 등 신성한 칭호를 참칭하는 이단파의 괘씸한 교사들은 단순히 정통파 성직자들에게 아낌없이 부여하는 제 특권과 각종 수당지급에서 모두 제외시켰을 뿐만 아니라, 이와 같은 저주할 이단교리를 설교하든가, 또는 그런 의례를 집권하는 데 대해서는 추방과 재산몰수라는 중벌에 처한다는 것이었다. 예컨대 이단적인 서품식을 거행하거나 그것을 받으며 또 이런 의전절차를 굳이 추진시킨 자들에게는 한 사람도 남김없이 황금 10파운드(영국화폐로 환산하여 400파운드 이상)의 벌금형을 부과한다는 것이다. 만일 이런 일로 말미암아 성직자가 한 사람도 남지 않게 된다면, 남겨진 불쌍한 양떼는 무지와 기아로 말미암아 싫어도 가톨릭파 교회의 울타리 안으로 돌아오리라고 예상하였다. ② 일체의 비밀집회를 금지하는 엄중한 금지령이 세심하게 확대해석되어 이단파 신도들이 각각 자기의 양심이 명령하는 바에 따라 신과 그리스도를 예배드리기 위하여 모이는 모든 기회에까지 이것을 적용하였다. 공사를 불문코 또 주야를 가리지 않고 도시와 지방에서의 그들의 모든 종교적 집회는 한결같이 이 테오도시우스 황제의 칙령에 의하여 불법화되었고, 이와 같은 불법적 목적을 위하여 사용된 장소는 건물이건 또 지소(地所)를 가리지 않고 모두 황실소유로 몰수되었다. ③ 생각컨대 이단파 신도들이 과오를 범하게 된 유래는 한결같이 그의 완미하고 고집이 센 데서 나온 것인 바, 이런 성정이야말로 규탄되고 처벌되어야 할 대상이라고 생각되었다. 여기서 그들에게는 교회로부터의 파문조치와 시민사회로부터는 추방형태를 취하면서 한층 더 탄압이 강화되었다. 즉, 그들에게 특수한 오명의 낙인을 찍음으로써 동포시민들로부터 따돌림을 당하도록 조치케 하였다. 더욱이 최고위정자(황제를 말하는 것)로부터의 선언이고 보면, 이것은 광신적인 민중에 의한 모욕과 공격에도 충분한 정당화 근거가 되었는가 하면, 민중의 집단적 가혹행위에 대한 변명의 이유로도 되었다. 이리하여 여러 이단파 지도자들은 점차 명예직과 높은 수입의 직책으로부터 축출되기에 이르렀다. 현실적으로 에우노미오스파가 「아들」의 성격과 「아버지」의 성격과의 차이를 강조했을 때만 해도, 테오도시우스 황제는 그들에게 유언장을 작성하는 일도, 또 유언서에 입각하여 증여를 받는 일도 허용하지 않는다는 법령을 발포함으로써 황제는 스스로 자기의 정당성에 대하여 크게 만족감을 가지기도 하였다. 이교인 마니교(Manichaean)도의 범죄성에 이르러서는 바야흐로 최대의 것으로 간주되었는데, 그것은 이 신도의 죽음에 의하지 않고는 달리 보상할 방도가 없는 것으로 규정되었다. 마찬가지로 죽음의 형벌은 별명이 「14일파 (Quartodecimanism)」인 아우디우스파(Audius 派)에게도 가해졌다. 도대체가 당치도 않은 날짜에 그들은 굳이 부활제를 경축하는 무서운 범죄를 범하고 있었기 때문이다*. 로마시민은 누구를 막론하고 공소권(公訴權)을 행사할 수 있었지만, 여기서 이단심문관(異端審問官, Inquisitor)이라는 이름(이것은 당연히 격심한 혐오의 표적으로 되었지만)의 직제가 처음으로 설치된 것도, 기실 이 테오도시우스 황제시대였다. 하기야 황제의 이 칙령형법이 시행된 사례는 거의 없었는 바, 이에 대한 이 독신황제

---

* 아우디우스파는 4세기경에 아우디우스라는 평신도가 성직자들의 타락을 개탄하여 창시한 조그마한 교파로서의 이단이었다. 가톨릭교회의 부활제는 니케아 신경에서 일요일로 정해졌는데도, 이교파만은 춘분이 지난 후 첫번째 달 14일(유태 달력상 과월<過越>의 축제일에 해당한다. 예수 그리스도가 십자가에 못박힌 날로 알려졌다)에 이것을 축하한다는 것이다. 이것이 「부당한 날」로 하는 이유이며, 또한 14일파(Quartodecimanism)라는 호칭의 유래이기도 하다. 콘스탄티누스 대제시대부터 이미 탄압을 받고 있었는데 고트인 사이에 포교활동을 전개했던 모양이다.

의 참뜻은 이런 괘씸한 신하신도들을 벌하려는 것보다도 그들을 올바른 믿음의 길로 불러들이든가, 그들을 위협하려는 데 있었던 것으로 생각된다.

박해의 기본원칙을 확립한 것은 테오도시우스 황제였다. 이 정의와 독신은 성도들로부터 대환영을 받았으나, 막시무스를 기다려야만 했다. 그런데 이것의 실시를 여행하려면 황제의 경쟁자이며 공치제이기도 한 참제 막시무스야말로 신앙상의 견해를 이유로 기독교의 피를 흘리게 한 최초의 기독교 군주였다. 또한 신흥이단분파로서 스페인내 여러 속주를 떠들석하게 한 프리스킬리아누스파(Priscillianus 派)*에 대해서도 속주민으로부터 상소가 있었는데, 이 문제는 보르도(Bordeaux)의 사교구 회의로부터 트레브의 제국 추기경회의에로 이첩되었다. 이리하여 이 사건은 민정총독(Praefectus Praetorio)에 의한 판결에 의하여 7명의 신도가 고문을 받고 유죄로 판결 처형되었다. 스페인에서는 이의 우두머리가 아빌라(Avila. 마드리드에서 서쪽으로 70㎞정도 떨어진 곳)의 사교였던 프리스킬리아누스 장본인이었는데, 그는 자기의 출신신분과 가문이 높다는 우위성에 더하여 학식·변설이라는 점에서도 걸출한 인물이었다. 이때 각각 2명씩의 사제(presbyter)와 부제(diaconus)들도 자기들의 경애하는 스승을 따라 순사했는데, 세상사람들은 이들을 영광의 순교자로 간주하였다. 이 순교자들의 최후를 장식한 것은 그의 시재(詩才), 즉 고대시인의 명성에도 필적되는 시인 라트로니아누스(Latronianus)와 대웅변가인 델피디우스(Delphidius)의 미망인이며, 보르도의 고귀한 자모(慈母)로 불리우던 에우크로키아(Euchrocia) 2명이다. 게다가 프리스킬리아누스와 종교신조를 같이 하던 2명의 사교들은 머나먼 변방벽지의 황무지로 유배되었다. 다만 보다 경미한 죄로 일찌감치 회개의 결과를 보여준 사람들에게는 어느 정도의 사죄(赦罪)조치가 취해졌다. 공포와 고통으로 강요당한 고백과 막연한 소문(그것은 당연히 악의와 경신성과의 산물임에 틀림없지만)이 만일 조금이라도 신용할만한 가치가 있으면, 이 프리스킬리아누스의 이단파에는 마법·독

* 프리스킬리아누스파 이단소동은 4세기 말엽, 이베리아 반도를 중심으로 일어난 것으로서, 당대의 교회사가 술피키우스 세베루스(Severus, Sulpicius)의 연대기가 주된 사료인 것 같은데, 기번도 대체로 이에 의거하고 있는 것으로 보이지만, 그러나 그들에게 가해진 비방악매까지 합하여 간단하게 신용할 수는 없는 점이 많다. 그러나 프리스킬리아누스가 설교한 교의에는 마니교의 2원론과 외전(外典, Apocrypha)의 영향까지도 강하게 나타나 있는 것 같고, 따라서 니케아 신경을 기본으로 하는 정통파 신앙에서 보면 당연히 승인될 리가 없고 본문과 같이 박해로 끝난 것이다. 그러나 강력히 그를 지지하는 성직자도 적지 않았는 바, 특히 여성귀의자가 많았다고 한다.

신(瀆神)·음행 등등과 같은 저주할 소행까지 있었던 것으로 될 것같다. 예컨대 다수의 동정녀(sister)들과 세계를 유랑하고 있던 프리스킬리아누스는 집회가 절정에 이르렀을 때마다 전라로 기도를 드렸다는 이유로 규탄을 받았고, 또 그와 에우크로키아의 딸과의 패륜적인 밀통에 대한 뒷처리가 다시 과장되어 저주할 범죄적 방법으로 은폐되었다는 등의 이야기를 마치 확신성 있는 듯이 주장한 자도 있었다. 그러나 이런 일은 만일 엄밀이라기 보다도 공정한 검토만 가해도 곧 분명해질 것이었다. 즉, 설사 프리스킬리아누스파 신자들의 행동이 자연의 규범을 파괴했다 하더라도, 그것은 결코 음행방자 등에 의해서가 아니라 이와는 반대로, 엄격한 그들의 금욕생활이야말로 오히려 문제가 되었던 것이다. 그들은 부부동침조차 절대로 금지했는데, 사려가 부족한 이런 별거생활의 강요로 가정평화가 파괴되는 일조차 드물지 않았다. 또한 일체의 육식을 엄금하고 전적으로 채식을 권고하였다. 끊임없이 기도와 단식과 잠자지 않는 계행(戒行)을 장려하고, 준엄완전한 헌신정수(獻身精修)의 계율을 지키도록 주입시켰다. 그리스도의 위격(位格, persona), 인간영혼의 본질에 관한 그들 일파의 사변적 교의에는 확실히 그노시스파(Gnostic)와 마니교(Manichaism) 교의에서 도입한 것이었다. 그리고 이집트에서 스페인에로 들어온 이런 종류의 공리적(空理的) 사변은 아직까지도 거칠고 촌스러우며 또 둔감하던 서방제국의 정신에는 적응하기가 어려웠다. 이리하여 프리스킬리아누스의 직제자들은 물론, 그의 말단무명의 무리들도 수난의 고통을 겪어야만 했고 교세도 쇠약해져 점차 소멸되었다. 그의 교의 자체는 성직자들이나 민중으로부터 배척되었지만, 그의 죽음만은 오랜 기간에 걸친 격렬한 논쟁의 씨앗이 되었고, 그가 받은 판결의 정당성 여부도 이것을 비난하는 사람이 있는가 하면, 반대로 찬양하는 사람도 있었다. 이 문제를 고찰하면서 흥미 깊었던 일은, 당시 가장 저명하던 성도(聖徒) 사교들(예컨대 밀라노의 암브로시우스<Ambrosius/Ambrose, 333?~397. 교회박사·성인·기독교 찬송가의 아버지>나 투르<Tours>의 마르티누스<Martinus> 등)조차 모두가 이 사건에서는 관용을 베풀었어야 했다고 주장한 인간심정의 모순성이다. 트레브에서 처형된 불행한 사람들에 대하여 이 두 사람은 모두 깊은 동정심을 표명하면서, 이때 이후 살인귀적 범죄를 범한 사교들하고는 같이 성체배령하는 미사도 일체 거부하였다. 다만 마르티누스의 경우는 그 후 이 고결한 결의로부터의 후퇴를 나타낸 일도 있지만 그러나 동기는 역시 훌륭하며 또한 그의 회오성도 모범으로 할 가치가 있었다. 원래 투르와 밀라노의 이 두 사교(암브로시우스와 마르티누스)는 이단자에 대해서는 아무런 주저도 없이 영겁단죄(永劫斷罪)를 선언하곤 했었는데, 그들도 이번의 유혈처형 광경을 목격하고는 커다란 충격을 경험한 것이다. 그리고 새삼스럽게 인간자연의 심정에서 신학이라는 부자연스럽고도 인위적인 편견에 대하여 저항하였다. 즉, 프리스킬리아누스와 그 신도들에 대한 극악무도한 이 처벌로 말미암아 암브로시우스와 마르티누스 두 사람의 인간적 심정은 오히려 새삼스럽게 굳어진 것이다. 사정관들이나 성직자들도 모두가 각자의 권한영역을 초월하고 있었던 것이다. 속계의 재판관이 자기분수를 넘어서 신앙문제와 교회행정문제에 관한 상소까지도 그것을 수리하여 최종판결을 내리는가 하면, 사교는 또 사교대로 형사소추사건에서 고발인의 역할까지 맡고 나섬으로써 자기자신이 성직자로서의 몸을 욕되게 하였다. 눈앞에서 벌어지는 고문을 빤히 보면서도 이단신도들의 사형을 자진해서 요구한 이타키우스(Ithacius, 현 포르투갈령인 오소노바의 사교. 프리스킬리아누스파를 규탄한 것으로 유명하다)의 냉혹성은 당연히 세상사람들의 분노를 샀다. 더욱이 이 파계사교의 여러가지 악업으로 보아 이번 사건에 대하여 그가 열광한 동기도 전적으로 그의 불결한 이해관계상의 욕심에서 나온 것이라고 생각되었다. 사실 프리스킬리아누스가 처형된 이후는 이 난폭하기 이를데 없는 박해기도도 신성한 직권(이른바 이단심문, 즉 Inquisition을 말하는 것)형태에서 한층 더 정비되고 세련화되어 영계(靈界)와 속계(俗界)의 명확한 역활을 각각 쌍방이 나누어서 담당하게 되었다. 즉, 지목된 희생대상 신도는 반드시 성직자의 손에서 속계의 사정관에게 인도되고, 다시 사정관으로부터 사형집행리의 손에 넘기게 된다. 그리고 당해범죄자의 영적인 죄과를 일단 교회가 선언하면 그것은 이미 부동의 판결로 간주되고, 다만 문서상으로만 연민의 정에 넘치는 중재라는 겉치레의 언사로 꾸며진다.

테오도시우스 황제치하의 저명한 성직자들 중에서 특히 웅변의 재능이 뛰어난 것으로 유명한 설교자는 나찌안주스의 그레고리우스였다. 또한 투르의 마르티누스같은 사람은 수도정수(修道精修)의 덕행에 더하여 다시 기적능력까지 갖춘 사람이라는 세상사람들의 말이 그의 이름을 더욱 유명하게 하였다. 그러나 이런 정력적인 선교라는 점에서 제1인자로 꼽힌 사람은 뭐니뭐니해도 불요불굴의 대사교 암브로시우스였다. 로마귀족의 후예로 태어나, 그의 부친은 일찍이 갈리아의 민정총독이라는 고위직에 있었다. 암브로시우스 자신도 고등교육을 받은 다음 사정관의 길을 단계적으로 올라가 밀라노 황궁까지 포괄하는 리구리아(Liguria) 속주*의 총독으로까지 영진하고 있었다. 그때 그의 나이 34세였다. 그런데 아직 세례도 받지 않았다는 데도 갑자기 총독직에서 대사교로 간발(簡拔) 됨으로써(374년의 일) 그 자신도 놀랐거니와 세상사람들도 어안이벙벙해졌던 것이다. 여기에는 책모라든가 뒷공작 따위도 전혀 없었던 모양이지만, 어쨌든 전 국민이 일치하여 그를 이런 고위성직자로 맞이하였다고 한다. 그들의 이러한 일치, 일관된 환영모습은 일종의 불가해한 충동결과라고 일컬어지지만, 어쨌든 이로 말미암아 민정관이던 암브로시우스도 마음 속으로는 썩 내키지 않았지만 부득이하게 영계의 이 대임을 수락하지 않을 수 없었다. 종전의 경력이나 경험에 비추어 보면 전혀 생소한 중책이지만, 원래가 탁월하고 적극적인 재능을 갖추었던 탓인지 곧 이런 교회행정이라는 직책에도 훌륭하게 적응되어 열의와 현명한 배려로서 착실하게 그의 책무를 수행해 나갔다. 속세적인 영달에 대한 헛된 희망 따위는 기꺼이 버리고 오로지 교회만을 위하여 역대황제들의 양심을 도입하였고 또 제국의 통치방침을 영도하고자 꾸준히 노력하였다. 사실 그라티아누스 황제도 그를 사부(師父)처럼 경애하였고, 암브로시우스 쪽도 역시 3위일체의 신앙에 관한 역작의 논책(論策)을 기초하여 이 젊은 그라티아누스 황제를 교육하기에 힘썼다. 그 그라티아누스 황제의 비극적인 최후가 있은 다음에 황후이던 유스티나(Justina)는 그녀 자신과 독자인 발렌티니아누스(Valentinianus)의 안전을 걱정하여 공포에 떨고 있었는데, 이 밀라노의 대사교(암브로시우스를 말하는 것)는 사명은 달랐지만 두번씩이나 사절로서 트레브 궁전에 파견되고 있다. 그때마다 그는 그의 영속(靈俗)양계의 권능과 의연성을 실로 교묘하게 행사하였고 또 그의 변설과 권위를 훌륭하게 활용하여, 아마도 참제인 막시무스의 야망을 누르고 이탈리아의 평화를 수호함에 있어 커다란 기여를 한 것으로 안다. 이 암브로시우스는 그의 생명과 능력의 모두를 교회를 위하여

---

* 밀라노시가 리구리아 속주에 속한다는 기술에 대해서는 보충설명이 필요하다. 리구리아 속주는 원래 리구리아족의 거주지역이라는 데서 유래한다. 이탈리아 서북부, 오늘날은 리구리아해에 면한 리비엘라라고 불리우는 해안지대에 해당한다. 로마의 정복을 받아 속주화되었지만 처음에는 밀라노가 포함되지 않았다. 밀라노는 원래 리구리아주 북쪽에 인접한 갈리아-트란스파다나주의 수도였다. 그러나 속주의 개편이 여러번 행해져 여기서도 3세기말, 디오클레티아누스 황제 시대의 개편으로 리구리아주와 통합되었고, 따라서 밀라노는 제국의 수도를 겸한 주도(州都)가 되었는데, 그 상태가 5세기 초엽까지 계속되었다. 본문은 이 시기의 일을 말한 것이다.

바쳤다. 부는 모멸의 대상이었고 사유재산도 모조리 내놓았다. 포로들의 몸값을 마련하기 위해 봉헌된 성기류까지 미련 없이 내다팔기도 했다. 밀라노에서는 성직자나 시민들도 한결같이 이 대사교를 진심으로 경애하였고, 또한 자기 쪽에서도 암둔한 군주에 가까운 황제들의 특별한 보살핌 따위를 바랄 생각도 가지지 않았거니와 그렇다고 황제의 역정을 겁내는 일도 없이 훌륭하게 신뢰에 보답하였다.

이탈리아에서의 통치, 그 중에서도 특히 그것이 젊은 황제에 의한 통치에서는 당연히 그 실권이 미모에다 억척스러운 모후인 유스티나의 손에 돌아가지 않을 수 없었다. 그런데 불행하게도 그녀는 시민이 모두 정통파 신도들인 그 한가운데서 공공연히 아리우스파의 신앙을 표명하였고, 더욱이 그런 신앙을 자기 아들에게까지 주입시키기에 힘썼던 것이다. 그녀의 신념으로서는 적어도 로마의 황제인 이상, 그 판도 안에서는 황제 자신의 신앙에 입각한 공적 예배의 집행권 요구가 당연한 것으로 생각한 것이다. 여기서 그녀는 대사교인 암브로시우스에게 모종의 제안을 냈는데, 그녀로서는 이것이 충분히 도리에 맞는 양보를 행한 것으로 생각한 것이다. 그런데 그 제안이란 밀라노 시내든 또는 그 근교도 좋으니 어딘가 한 교회를 비워서 그것의 사용권을 양도받을 수 없는가 하는 것이었다. 그러나 암브로시우스의 지도원칙은 이와 완전히 달랐다. 즉, 지상의 궁전은 과연 황제의 것인지 모르지만 교회는 모두가 신의 집이다. 그는 자기 교구에 관한 한 사도들의 합법적인 후계자이므로 자기만이 유일한 신의 종이라고 생각했다. 속계와 영계를 불문하고 기독교가 가지는 모든 특권은 참된 신도들에게 한정되어야 한다. 그리고 대사교인 암브로시우스는 자기자신의 신학설이야말로 진리와 정통의 기준임을 만족감을 가지고 확신하고 있었다. 농담으로라도 사탄(악마)의 앞잡이들을 상대로 협의절충하는 일을 일체 거부한 그는, 표현은 비록 온화했지만 불경스런 독성(瀆聖)등에 굴복하기 보다는 차라리 순교의 죽음을 선택할 것이라고 의연한 태도로 대답한 것이다. 그의 이 거절을 괘씸한 반역의 뜻으로 해석하여 화가 난 모후 유스티나는, 곧 자기 아들인 발렌티니아누스 2세의 황제권을 발동하기로 결심하였다. 때는 바야흐로 부활절 직전으로서 그녀는 이 날의 국가적 예배를 드리고 싶다는 의향이었으므로 암브로시우스에게 명하여 궁정회의에 참석할 것을 요청하였다. 여기서 충량한 한 신민으로서의 경의를 표하기 위하여 그도 이 환문에 응했는데, 이때 그의 등뒤에서는 그의 동의를 전혀 받지 않고 수많은 시민들이 줄지어 따르는 것이었다. 굉장한 광신적인 열기를 보이면서 그들은 황궁문 앞에까지 육박하였다. 이것을 보고 혼비백산한 발렌티니아누스 황제 측근의 중신들은 대사교에게 추방령을 내리기는커녕, 오히려 비굴하게 허리를 굽신거리고 말을 낮추어 어떻게 해서든지 그의 권위를 가지고 황제의 신변을 보호하고 수도의 치안을 회복시켜 주는 중재역활을 맡아주도록 요청하였다. 그러나 암브로시우스가 교섭과정에서 획득한 승리의 조항으로서 군중들에게 전한 공약들은 모두가 곧 불신의 정신(廷臣)들 손에 의하여 파기되고 말았다. 이리하여 기독교도들이 신성한 신앙행사기간으로 예정하고 있던 기간 중의 6일간은 전체 도시의 이르는 곳마다에서 비정상적인 폭동과 광신의 폭풍우가 불어닥쳤다. 여기서 정신들은 우선 황제와 모후를 맞이하기 위하여 처음에는 먼저 포르티아 성당(Portian Basilica)을 다음에는 또 새 성당(Basilica)을 준비해 놓으라는 명령을 받았다. 관례대로 훌륭한 옥좌용 천개(canopy)와 벽걸이(hanging)의 배치도 끝났는데, 이런 것을 민중의 방해로부터 보호하기 위해서는 강력한 경비병력이 필요하다는 것을 알았다. 현실적으로 가두에 모습을 보였던 아리우스파 성직자들은 곧 목숨만 겨우 건지는 위난을 겪었는데, 다른 한편 암브로시우스는 이처럼 분노에 들끓는 군중들의 손으로부터 자기 개인으로 볼 때는 적대자가 되는 사람들의 생명까지 구해주는 실적을 올림으로써 그의 명성을 한층 더 높이는 결과를 가져왔다.

확실히 그의 노력은 이 군중의 열광을 진정시키고 억제했지만, 그러나 비창하기 이를 데 없는 그의 맹렬한 설교는 오히려 끊임없이 밀라노 시민들의 분노와 반의(叛意)를 선동하고 있었다. 불성실·불경스럽게도 모후에 대하여 에바(H-awwa/Eua/Eve. 「창세기」에서는 「하와」라고 번역하고 있다. 인류의 시조인 아담의 처. 「구약전서」 「창세기」 2~4장 참조), 욥(Ijob/Job. 「구약전서」 「욥기」의 주인공)의 처 이세벨(Jezebel), 심지어 헤로디아(Herodias. 헤로디아스라고도 한다. BC 14경~AD 40이후. 헤롯<Herodes Antipas>의 후처로서, 그와 결혼한 것을 비난한 세례 요한을 죽이도록 사주한 악녀. 「신약전서」 「마태복음」 14장 3~12절)와 같다는 등으로 악녀취급을 하였다. 그리고 그녀가 아리우스파를 위하여 교회 중 한 곳을 양도하기를 바란 사실을, 일찍이 그리스도교가 이교도의 지배하에서 참고 견딘 그런 최악의 잔인했던 박해와도 같음을 비교해 보였다. 게다가 궁정이 취한 모든 조치는 오히려 그의 악업이 크다는 것을 폭로하는데 도움이 되었을 뿐이었다. 궁정은 상공업자 단체에 대해 황금 200파운드의 벌금을 부과하였고, 각 법원의 상사와 하급관료들에게는 소요상태가 계속되는 한 전원이 자택에 남아 있으라는 금족두문(禁足杜門)의 엄명을 황제 이름으로 내렸다. 이에 더하여 발렌티니아누스 2세 황제의 정신들은 경솔하게도 밀라노 시민 최상층부가 한결같이 대사교의 주장에 동조하고 있다는 것까지 정직하게 고백하고 말았던 것이다. 여기서 또다시 암브로시우스는 황제로부터 간청을 받았다. 어떻게 해서든지 이번만은 황제의 의향에 따라서 국가의 평화를 회복해 달라는 요청이었다. 이에 대한 암브로시우스의 대답은 언사만은 정중하고 저자세였지만 그 내용은 명백히 중대한 내전의 선언으로도 해석되는 것이었다. 「신(臣)의 생명과 재산은 물론 황제의 수중에 장악되어 있습니다. 그러나 다만 그리스도 교회를 배신하고 대사교의 권위를 실추시키는 일만은 결단코 하고 싶지 않습니다. 이 문제에 관해서는 어떠한 악마의 사념(邪念)이 부과하는 고난이라 해도 신은 기꺼이 감수할 각오가 되어 있습니다. 신이 바라는 것은 어디까지나 충실한 신도들 앞에서 그리고 제단 밑에서 죽는 일 뿐입니다. 신이 국민의 분노에 기름을 부었다는 따위의 사실은 절대로 없습니다. 그들의 분노를 가라앉힐 수 있는 힘은 신(神)만이 가지고 계십니다. 신 자신은 오히려 예상되는 유혈과 혼란사태에 대하여 강력히 반대한 사람입니다. 신으로서는 크게 번영하고 있는 이 수도의 궤멸이나 나아가서는 전 이탈리아가 황폐화될는지도 모를 이런 사태를 차라리 보지 않고서 인생을 끝마치겠다는 것이 간절한 소망입니다.」 이 밀라노시 교회와 시민들을 적대시한 궁정의 항쟁에서, 만일 모후인 유스티나가 황궁경비대의 적극적인 지지만 확보하고 있었던들, 아마도 그녀의 편집적인 광신은 그녀의 나이 어린 아들 황제가 다스리는 제국 전체도 위태로운 처지에 빠뜨렸을지 모른다. 왜냐하면 이때에는 이미 황궁경비대인 고트군 대부대가 항쟁의 표적이던 성당(바실리카)을 점거코자 진격하고 있었으며, 또 아리우스주의의 기본교리와 이들 용병이방인들의 만풍(蠻風)으로 말하면, 어떠한 유혈적 명령에 대해서도 그들이 즉각 이것의 실행에 조그만치도 주저하는 기색을 보이지 않을 것임이 예상되었기 때문이다. 그러나 그들은 교회의 출입구에서 암브로시우스의 저지를 받았다. 그는 갑자기 큰소리로 그들 머리 위에 파문하겠다는 벼락을 내리는 동시에, 한편으로는 가부적(家父的) 및 사장적(師長的)인 인자성과 위엄을 보인 장엄한 어조로, 도대체 너희들이 국가의 두터운 비호를 요구해서 온 것이, 이처럼 신의 궁궐에 침입하기 위해서였는가라고 반문한 것이다. 만족의 병사들도 여기에는 자기도 모르게 기가 꺾였다. 여기서 몇 시간에 걸쳐 보다 유효한 담판과 절충이 이루어진 끝에 어지간한 모후도 결국은 현명한 고문관들의 충고에 따라 밀라노시에 소재하는 교회는 모두 가톨릭파 신도들의 손에 넘겨주되, 장차 좀더 좋은 기회가 올 때까지 보복할 의도를 감추어 두라는 설득에 복종한 것이다. 그렇지만 발렌티니아누스 황제의 이 모후는 절대로 암브로시우스의 승리를 허용하지 않았다. 그리고 나이 어린 황제까지도 비통한 마음을 큰소리로 외쳤다고 한다. 즉, 과인의 직속 가신들까지 그 언제 나를 배반하고 증상만(增上慢)의 사교손에 넘겨줄는지 모른다고.

황제의 제법령(이들 중에는 발렌티니아누스의 나이 어린 황제가 서명한 것도 있었지만)은 여전히 아리우스주의를 이단으로 단정함으로써 가톨릭파에게 근거를 주고 있는 것처럼 보였다. 그러나 모후인 유스티나의 배후조종도 있었던 때문인지, 밀라노 궁정은 자기 관할하에 있는 각 속주에 대하여 신교자유의 칙령을 내리고 있었다. 이리하여 리미니(Rimini) 공회의의 결정을 신봉하는 한 모든 신도에게 신앙의 자유실천이 허용되었다. 그리고 발렌티니아누스 황제도 이렇게 선언하였다. 즉, 타당하고도 신성한 이 법에 위배되는 자는 모두 국가 공안의 적으로서 사형에 처한다고. 밀라노 대사교(암브로시우스를 말하는 것)의 성격과 그의 언사로 미루어 보아, 언젠가 머지 않아서 아리우스파 성직자들에게 그 스스로가 그럴듯한 논거, 적어도 적당한 구실을 제공할 것으로 밀라노 궁정이 생각한 것도 당연했을지 모른다. 그가 칙령을 가리켜 기괴하게도 피와 전제의 악법이라고 비평한 이상, 반드시 불복종 행동으로 나올 것임이 명백해 보였다. 그런 기회를 포착하여 그를 체포하고자 노렸던 것이 그들이다. 그러나 판결은 뜻밖에도 가벼운 신사적인 추방형이었다. 밀라노시로부터 즉각 퇴거해야 했지만 유배지와 동반자 수의 선택은 자유에 맡긴다는 것이었다. 그러나 그때까지만 해도 비록 소극적이긴 하지만 군주에 대한 충성의 원리를 일단 설교했고, 또 그것의 실천도 해온 성직자들의 권위도 암브로시우스에게는 틀림없이 큰 일이었지만, 이제 임박한 교회 자체의 최대 위기에 비교하면 이미 그런 일 따위는 문제가 아니었다. 여기서 그는 대담하게도 추방령에 복종할 것을 거부하였다. 그리고 그의 충실한 신도들도 일제히 이 거부를 지지할 것을 표명하였다(이 사실은 성 아우구스티누스<Augustinus, Aurelius. 354~430. 교부·성총박사>의 「고백<

Confessiones>』 제9권 7절에도 나온다). 그들은 교대로 대사교의 신변을 보호하고 성당과 대사교관의 문에는 엄중한 경계진이 펴져 있었다. 일단 황제 친위대에 의한 포위태세가 형성되었지만, 그 이상으로 강력한 방색에 대하여 공격을 감행하는 일에는 그들 친위대원들도 끝내 움직이려 하지 않았다. 또한 일찍이 암브로시우스의 은혜로 구제되었던 막대한 빈궁민의 무리도, 지금이야말로 감사와 신앙의 열정을 발휘할 절호의 기회라고 생각한 모양이다. 그러나 이 군중의 끈기도 연일 계속되는 불면의 경계로서는 피로곤비해질 수 있다고 보았으므로 암브로시우스는 현명하게도 밤낮으로 시각을 정하여 찬송가를 부르는 유효한 관습을 밀라노시의 교회들에 도입하였다. 이리하여 고난에 가득찬 이 항쟁이 계속되는 동안, 그는 어느날 밤, 꿈 속에서 이런 가르침을 받았다. 즉, 한 장소를 파보라. 거기에는 300년 이상이나 되는 옛날에 묻힌 2명의 순교자들인 게르바시우스(Gervasius)와 프로타시우스(Protasius. 2세기 후반경의 순교자로서, 6월 19일이라는 축제일까지 정해져 있지만, 전설적인 이야기로서 상세한 것은 알려지지 않았다)의 유해가 매장되어 있다는 것이었다. 과연 성당 안의 바닥돌을 제끼고 그 밑을 파보니 2구의 유골이 나왔는데, 머리가 동체에서 잘라져 있었지만 많은 피가 흘러내린 자국과 함께 완전한 모습으로 출토되었다(암브로시우스의 서한 제22에 나온다고 한다). 이 신성한 유해는 성대하고도 엄숙한 장례로써 신도들의 앞에 전시되었다. 그리고 이 행운의 발견은 그 모든 사정을 종합하여 대사교의 계획을 추진시킴에 있어 훌륭하게 이용되었다. 순교자의 유골과 피, 그리고 입었던 옷, 이것들에는 모든 병환을 고치는 치유력이 갖추어진 것으로 생각되었고, 더욱이 그의 초자연적인 효력은 아무리 먼 곳에 떨어져 있는 대상이라 해도 조금도 실효(失效)되지 않고 그대로 전해지는 것으로 여겨졌다. 그리하여 장님이 광명을 찾았다는 기적(이 기적에 관한 이야기는 그 자신의 서한과, 파울리누스<Nola의 Meropius Pontius Paulinus. 393?~431. 로마의 시인·기독교 선교자·성인>의 『성 암브로시우스전』, 기타 아우구스티누스의 『고백』·『신의 나라<De eivitate Dei>』 등 여러 책에도 나와 있는데, 맹인의 이름은 세베루스<Severus>라고 전해진다), 악마가 씌운 것으로 되어 있던 몇 명이 드디어 하는 수 없이 정체를 밝히면서 거짓임을 실토했다는 등의 이야기는 당연히 암브로시우스의 신앙과 신격을 입증하는 것처럼 보였다. 그리고 이런 기적의 진실성은 대사교 자신에 의해서도, 비서인 파울리누스에 의해서도, 또한 당시 아직 밀라노에서 수사학을 가르치고 있던 저 유명한 새 개종자이며 후일의 교부·성총박사이기도 한 아우구스티누스에 의해서도 훌륭하게 증언되었다. 오늘날의 이성(理性)은 어쩌면 그런 것을 믿지 않았던 모후 유스티나와 그녀의 아리우스파 정신들의 회의(懷疑)하는 쪽을 오히려 옳다고 시인할는지 모른다. 대사교에 의한 사기술이며 또 그의 비용지출로 연출된 이런 연극을 그들은 사실 비웃고 있었던 것이다(파울리누스, 『성 암브로시우스전』의 부록). 한편 일반대중의 마음 속에 준 그 영향은 눈 깜짝할 사이에 효과를 나타내어 이미 멈추게 할 수 없을 만큼 되었다. 약체에다 암우한 이탈리아의 나이 어린 황제는 도저히 이 신의 총아(암브로시우스를 말하는 것)의 적수가 아니었다. 더욱이 지상(地上)의 권력까지 암브로시우스를 옹호하는 데로 돌아섰다. 하나는 테오도시우스 황제의 사심 없는 권고인데, 이것은 참되고 거짓 없는 신앙과 우정에서 나온 것이었고, 한편 갈리아 참제(막시무스를 가리키는 것)의 그것은 종교적 신앙이라는 가면하에 적의(敵意)와 야망으로 가득찬 의도를 숨기고 있는 것이었다.

만일 막시무스가 3곳의 광대한 국토(그곳은 오늘날 근대유럽의 3대 번영왕국을 형성하고 있는 지역이지만)만의 영유로 만족하고 있었다면, 그의 치세는 어쩌면 평화와 번영리에 끝났을는지도 모른다. 그런데 야심만만한 이 찬탈자(사실 그의 꾀죄죄한 느낌의 야심에는 고매한 영광애, 무용애 따위는 편린도 찾아 볼 수 없었다)는, 그의 현재의 소유병력을 다만 장래의 대성을 위한 도구로 밖에는 생각하지 않았다. 때문에 승리가 그대로 곧 파멸의 원인이 되었다. 갈리아·스페인 그리고 브리타니아의 각 속주로부터 강압으로 수탈한 그의 부는 그 전부를 가공할 만족군, 그것도 대부분을 표한하기 이를 데 없는 게르마니아제 부족으로부터 긁어모은 것이지만, 그 돈을 그는 병사의 징모비와 군대의 유지비로 사용하였다. 이탈리아 정복이 그의 야망과 전비의 목표였다. 더욱이 이제 그의 통치자는 가톨릭파 신도들로부터 지지를 받지 못하는 표적으로서의 나이 어린 황제인 만큼, 그는 이 황제를 타도할 것을 혼자서 생각한 것이다. 그러나 그런 막시무스도 알프스의 모든 고개만은 무저항으로 점거하고 싶었다. 여기서 때마침 시리아의 돔니누스(Domninus)라는 발렌티니아누스 황제의 사절이 도착하자 그는 일부러 웃는 낯으로 맞이한 다음, 그를 회유하여 판노니아 전쟁 수행을 위한 증원병력으로서 상당수의 병력을 이탈리아에 파견하겠다는 것을 그에게 제의하고 또 응락시켰다. 그러나 이것은 암브로시우스의 형안에 의하여 이런 우호표명의 그늘에 비닉된 적의 함정이 재빨리 간파되었지만, 한편 시리아인 돔니누스쪽은 트레브 궁정에서 받은 후한 대접으로 매수되었든가 아니면 기만당하였고, 게다가 밀라노 궁정의 고문관 회의도 용기가 있어서가 아니라 오히려 공포심에서였지만, 막시무스의 말을 곧이 곧대로 맹신하여 오히려 위험성을 지적하는 목소리를 완강하게 물리쳤다. 이리하여 밀라노 황궁은 돔니누스 자신이 선도하는 적의 보조군을 털끝만큼의 의심도 두지 않고 알프스의 각 요새에 입성시킨 것이다. 더욱이 간지(奸智)에 뛰어난 막시무스 자신은 오히려 남몰래 후비군에 섞여서 앞길을 재촉해 나갔다. 그리고 자기 행동에 관한 정보를 일체 교묘히 비닉하고 있었으므로, 밀라노 궁정은 그의 기병대가 일으키는 먼지구름이나 무구류가 반짝거리는 광경을 멀리서 바라보았고 또 성문 가까이에 다가온 것을 보고서야 비로소 적장의 침공을 알아차리는 형편이었다. 이와 같은 존망의 위기에 서게 되자, 유스티나 모자도 새삼스럽게 자기들의 무사려와 적의 배신관계를 비난하면서 크게 후회했겠지만, 이제는 전쟁터에서나, 또 민심이 이반한 이 대도시의 성내에서도, 이들 갈리아와 게르만 두 민족을 상대로 일전을 벌이기에는 이미 시간도, 병력도, 아니 결심조차도 되어 있지가 않았다. 지금으로서는 도망치는 것이 유일한 살 길인데, 목표는 아퀼레이아(Aquilei-a)시만이 유일한 도피소였다(아퀼레이아는 아드리아해 안쪽, 지금의 베네치아 가까이에 있던 고대도시다. 강력한 요새도시이며 또 상업도시로서 번영하였다). 이렇게 되자 막시무스는 곧 자기의 본성을 들어내 보였다. 가엾게도 그라티아누스 황제의 어린 동생(발렌티니아누스 황제를 말하는 것) 역시 똑같은 자객의 손에 의하여 형과 동일한 운명을 겪게 되리라는 것은 명백했다. 막시무스는 밀라노시에 개선황제로서 입성을 끝냈다. 그러면 현명한 대사교 암브로시우스는 이때 어떻게 행동했을까. 설사 여기서 그가 이 찬탈자와의 위험하고도 범죄적인 협력관계를 거부했다 해도, 만일 그가 그의 설교단에서 저항의 의무보다도 차라리 체념의 의무를 설교했다면, 그것 역시 간접적으로 막시무스의 무력승리에 공헌한 것이 되지 않았을까. 한편 비운의 유스티나는 무사히 아퀼레이아에 도착했으나 여기서도 그녀는 요새 방위력을 의심하게 되었다. 포위공성을 겁냈기 때문이다. 여기서 그녀는 대 테오도시우스 황제의 보호를 요청키로 결심하였다. 생각컨대 그의 실력과 위명은 서방 전토에도 널리 알려져 있었기 때문이다. 발렌티니아누스 황제 일가를 수송하기 위하여 비밀리에 선박 1척이 준비되었다. 그들은 급히 베네치아(Venetia) 속주나 또는 이스트리아(Istria)의 어딘가, 이름도 없는 조그마한 항구에서 승선하여 멀리 아드리아해와 이오니아해를 항해한 다음, 다시 펠로폰네수스(Peloponnesus)의 최남단 곶을 우회하여 먼 항해이긴 하지만 무사히 텟살로니카(Thessalonica)항에 도착하였다. 여기서 발렌티니아누스 어린 황제의 모든 신하들은 황제에의 신속(臣屬) 됨을 버렸다. 황제 자신의 퇴위로 충성 순종의 의무로부터 그들이 해방되었기 때문이다. 그뒤에 이탈리아 동부변경에 있는 작은 도시인 에모나시(Aemona 市, 지금은 유고슬라비아령의 류블리아나 市)만이 감히 이 오욕에 찬 승리를 저지시키고자 시도했는데, 만일 이런 저항조차 없었더라면 아마도 막시무스는 무저항으로 전 서방제국을 영유했을는지 모른다.

한편 테오도시우스 황제는 발렌티니아누스 황제 일행을 수도 콘스탄티노플의 황궁으로 맞이함이 없이 어떤 이유에서인지는 모르나 그들의 행궁을 텟살로니카시로 정하였다. 다만 이것이 그들을 경시한다거나 무관심에서 나온 조치가 아니라는 것만은 확실한 바, 그 증거로 테오도시우스 황제는 정신 및 원로원의원의 대부분을 대동하고, 즉각 텟살로니카시에로 표경행행(表敬行幸)한 사실을 들게 된다. 그리하여 그들의 비운을 우애심을 담아 다정하게 위로한 다음, 독실한 신자인 이 동방 황제는 유스티나 모후를 침착하고도 조용하게 타일렀다. 즉, 이단의 죄는 내세뿐만 아니라 현세에서도 벌을 받는 것인 바, 만일 나이 어린 황제의 복위를 추진시키고자 한다면 우선 니케아 신경의 신봉선언이야말로 천상 및 지상 양쪽의 만족감을 얻을 것인즉, 그렇게 하는 것이 가장 유효한 한 발자국일 것임을 설명하였다. 그리고 당면한 화전의 중대문제는 황제의 의향에 따라 각의심의에 위임되었다. 그라티아누스 황제가 횡사한 이래, 명예와 정의측에 편드는 논의가 갑자기 세력을 얻고 있었기 때문이다. 사실·테오도시우스 황제 자신도 큰 은혜를 받고 있는 이 황실일가에 대한 막시무스 참제의 박해는, 근간에 재삼차에 걸친 타격을 통하여 갑자기 그 격렬성을 더하고 있었다. 이미 선서도 조약도 만족할 줄 모르는 막시무스의 야망을 억제시킬 수는 없었다. 이 이상의 단호하고도 결정적인 조치를 지연시킨다는 것은 평화의 은혜를 지속시키기는 커녕 오히려 동방제국까지 적의 침입이라는 위기에 내맡길 우려가 있었다. 다뉴브강을 도하해 와서 근년간에 로마군의 군인 또는 제국신민의 형태를 취하고 있는 만족들의 본성적인 표한성은 아직까지 결코 완전히 순치(馴致) 되었다고는 말할 수 없었다. 오히려 그들의 무용을 발휘케 하면서 그들의 숫자를 자연감소시키는 전투행위야말로 견디기 어려운 그의 중압 밑에서 신음하고 있는 각 속주를 구제하는 것이 될는지도 모른다. 이처럼 모두가 조리에 합당한 논거였고 고문관회의의 대다수 참석자들도 여기에 찬성이었다. 그럼에도 불구하고 테오도시우스 황제는 이처럼 이미 화해의 여지도 없는 항쟁을 위하여 과연 칼을 뽑을 것인지의 여부에 대하여 망설이고 있었다. 하기야 그의 경우는 어린 자식들의 안전문제와 피폐한 국민의 복지를 걱정한 나머지의 망설임이었으므로 이것을 가지고 그의 광량대도(廣量大度)한 인물상을 헐뜯는 오점으로는 볼 수 없다. 이 로마세계의 운명이 이제 한 인물의 결심여하에 달려있는 이 중대한 순간에 나이 어린 동생인 발렌티니아누스 황제편으로서 테오도시우스 황제에게 강력하게 영향력을 행사한 것은 황녀인 갈라(Galla)의 매력이었다. 미녀의 눈물에는 테오도시우스 황제의 마음도 누진 바, 때묻지 않고 순진한 젊음의 매력 앞에서는 황제의 마음도 움직였다. 이에 더하여 모후인 유스티나의 수완은 매우 교묘하여 인간감정의 충동을 잘 조종하였다. 이윽고 두 황제집안 사이의 결혼축하(테오도시우스 황제의 재혼으로 갈라 공주가 그와 결혼하게 된 것)라는 사건은 그대로 내전에 대한 보증이며 또 그것의 실마리가 되었다. 생각이 좀 모자란다고 보여지는 역사가들이 애정면에서의 약점을 가지고 이런 것을 모두 이 위대한 정통파 황제의 유명에 씻을 수 없는 오점으로 남게 되었다는 것으로 보려는데 대해서도, 자칫 잘못하면 사가인 조시무스가 든 증언을 의문시하여 논란을 벌이려는 경향을 보인다(테오도시우스와 갈라의 애정결혼을 강조한 것은 조시무스인데<「신로마사」 제4권 참조>, 사가인 티유몽<Tillemont, Sebastien Le Nain de, 1637～98. 프랑스의 사가·성직자. 주로 교회사를 연구>등도 이에 의심을 품고 언급하고 있다. 여기서는 이에 대하여 말한 것). 그러나 저자는 오히려 솔직히 말하고자 한다. 세계의 허다한 혁명의 발자취를 더듬어 보면 거기에는 언제나 가정내에서의 모종의 전면(纏綿)한 연정이 움직인 사실들을 찾아 볼 수 있는 바, 저자 등은 차라리 그런 것을 탐구해보고 싶은 심정이다. 또한 용맹과 야망으로 유명한 허다한 정복자 중에도 사실 그의 갑옷과 투구를 애인의 섬수(纖手)로부터 받는다고 상상되는 그런 마음씨 고운 영웅의 존재를 저자는 오히려 모종의 만족감을 가지고 알고 있다. 각설하고, 페르시아왕과의 동맹관계는 조약상의 신의에 의하여 굳혔고, 호전적인 만족들도 적극적이고도 도량이 넓은 테오도시우스 황제로부터의 설득을 받아들여 그의 정기 밑으로 들어왔는가 하면 국경선도 존중한다는 것을 약속하였다. 이리하여 황제의 전 영토는 유프라테스강으로부터 아드리아해에 이르기까지 육해에 걸친 전쟁준비로 술렁거렸다. 더욱이 교묘하기 이를 데 없는 동방제국의 전투배치는 그 병력수를 실제 이상의 강력한 것으로 보이게 함으로써 막시무스의 주의력을 분산시켰다. 막시무스가 당연히 생각한 것처럼 동방의 제국군은 맹장 아르보가스트(Arbogast/Arbogastes, 394 사망. 프랑크인. 원서에는 'Arbogastes'로 되어 있으나 『岩波 西洋人名辭典』<증보판, 1989>에는 동일인물이 Arbogastes가 아니라 'Arbogast'로 해설되어 있으므로 이에 따랐다)의 지휘하에 그의 최정예부대가 다뉴브강을 따라 진격하여 레티아 속주를 거쳐 단번에 갈리아의 중심부를 공격할 것으로 되어 있었다. 또한 그리스와 에피루스(Epirus)의 각 항구에는 강대한 함대가 의장(艤裝)을 끝내고, 해전의 승리로 수로만 열리면 발렌티니아누스 황제와 그 모후도 곧 이탈리아에 상륙하여, 주저없이 로마로 진격하여 종교와 정치의 본거지를 점령하기로 명확히 계획하고 있었다. 그 사이에 테오도시우스 황제 자신은 용감하고 훈련이 잘된 정병을 이끌고 진발하여 상대로서는 좀 부족하지만 경적(競敵)과 대결키로 하였다. 한편 막시무스는 에모나시에 대한 포위공격전을 벌인 끝에 판노니아 속주의 한개 시와 사바강(Sava/Save 江)의 급류로 강력히 방위되는 시스키아시(Siscia 市. 지금은 유고슬라비아의 크로아티아 지방에 있는 시사크 부근으로서 고대 로마의 식민시) 근교에 진영을 꾸미고 있었다.

참제였던 마그넨티우스(Magnentius, Flavius Popilius. 콘스탄티누스 대제의 막내 아들인 콘스탄스 황제를 죽이고 제위를 찬탈했던 자. 재위350~353)의 장기간에 걸친 저항과 그가 연이어 내놓은 지략에 관하여 아직 기억이 생생한 노병들로서는, 아마도 또다시 유혈전이 벌어질 것을 각오하였을 것이다. 그런데 그의 후계자격인 막시무스 역시 마찬가지로 서방황제 자리의 찬탈자이긴 하지만 막시무스와의 이번 전쟁은 불과 2개월에, 200마일도 못되는 전쟁구역 안에서 아주 간단하고 싱겁게 끝나고 말았다. 물론 동방황제의 탁월한 전략이 평범한 장수인 막시무스를 압도한 것이지만, 심지어 막시무스는 이 중대한 위기에 처하여 좀처럼 군사적 수완이나 개인적 용기를 나타내 보인 국면도 없었다. 이에 반하여 테오도시우스 황제의 재능 배후에는 준민하기 이를 데 없는 다수의 기병대가 있었다는 우위까지 보장되어 있었다. 훈족·알라니족, 게다가 이들을 본받은 고트족까지도 궁사병단으로 편성되어, 말을 탄 자세에서 역전(力戰)하면서 타타르인식의 민첩한 기동작전을 통하여 갈리아인과 게르만인 병단들의 중후정지형(重厚靜止型)무용을 혼란에 빠뜨렸다. 그들 역시 한여름의 무더위를 무릅쓰고 먼거리를 진격해 왔으므로 피로가 겹쳐 있었지만, 거품을 물고 허덕이는 말에 다시금 박차를 가하여 사바강 흐름에 뛰어들어 적을 눈 앞에 보면서 단숨에 도하하여 곧장 대안고지를 지키고 있던 막시무스의 군부대를 급습하였다. 막시무스의 동생 마르켈리누스(Marcellinus)는 이것을 구원코자 자기 군대내에서도 희망과 기둥처럼 믿고 있는 정예부대 수개대대를 이끌고 급히 달려갔으나 공교롭게도 일몰과 더불어 전투가 일시 중단되었고 다음날 아침이 되어서야 재개되었다. 한바탕 격전이 있었지만, 여기서 겨우 살아남은 막시무스군의 용사들은 남김없이 무기를 버리고 승리자의 군문에서 투항하였다. 테오도시우스 황제는 충순(忠順)한 에모아시 시민들의 환영을 받기 위하여 일각의 휴식도 취하지 않고 그대로 진격을 계속하여, 문제의 경적(競敵)을 죽이든가 사로잡음으로써 이 전쟁을 종식시키고자 단번에 육박하였다. 그러나 공포의 도망이라고나 할까, 막시무스는 재빨리 도망치고 말았다. 이리하여 황제는 율리안-알프스(Julian Alps)의 산꼭대기로부터 믿어지지 않을 정도의 신속성으로 이탈리아 평원으로 뛰어 내려 그날 밤에는 벌써 아퀼레이아시에 당도하고 있었다. 이미 4방으로부터 겹겹이 포위된 한가운데 들었음을 알아차린 막시무스는 겨우 성문을 빨리 닫게 하는 것이 고작이었다. 그러나 이런 성문들이 승리한 황제군의 공격을 오랫동안 지탱한다는 것은 도저히 불가능하였다. 성내에 갇힌 병사들이나 시민들은 절망·이반·아불관언(我不關焉)의 방관적 태도를 취함으로써 패잔한 막시무스의 몰락을 재촉하였다. 옥좌에서 끌어내려져 황제의 표장인 자의와 제관 그리고 자홍색(紫紅色) 신발 등이 모두 용서 없이 벗겨진 다음, 그 신병은 범죄자와도 마찬가지로 끌려 나와, 아퀼레이아시에서 3마일 정도 떨어져 설치된 테오도시우스 황제의 막영에 이르러 황제 앞에 꿇어 엎디어졌다. 그러나 황제의 언동에는 조금도 모욕을 주는 면이 없었다. 개인적으로 보면 일찍이 한번도 그의 적대자가 되었던 일이 없었던 그가, 이제 굴욕의 대상으로 영락한 이 서방참제에 대하여 테오도시우스 황제는 오히려 연민과 유서(宥恕)의 정까지 느꼈다. 우리네 인간의 동정심은 대개 자신을 덮쳤던 불운불행한 경험을 상기할 때 가장 강력히 일어나는 법이다. 이 때도 역시 거만했던 경쟁자가 이제 발 밑에 꿇어엎딘 것을 보고 승리자인 황제의 마음에는 한때 초야에 묻혀야만 했던 경험에서 온 측은한 생각이 오가는 것을 금할 수 없었다. 그러나 그와 같은 뜻하지 않았던 연민의 정도, 일단 국가적 정의감과 그리고 그라티아누스 황제가 비명횡사한 것을 생각하자, 이런 감정도 강력히 억제하는 도리밖에 없었다. 황제는 이 희생자를 병사들의 신앙적 열정에 일임하였더니, 과연 그들은 황제의 면전에서 끌어내어 곧 신수처(身首處)를 달리하게 함으로써 결말을 짓고 말았다. 막시무스가 패배했다는 소식은 충심으로, 또는 의태적(擬態的)인 여러가지 모습으로 환영을 받았다. 그리고 막시무스의 외아들 빅토르(Victor)도 일찍이 정제(正帝, Augustus) 칭호를 받고 있었지만 테오도시우스 황제의 용장인 아르보가스트의 명령에 의해서인지, 또는 그 자신의 손에 의해서인지는 불확실하나 어쨌든 죽었다. 이리하여 테오도시우스 황제의 군사계획은 모조리 성공을 거두었다(이 내전에 관한 당대의 사료는 뜻밖에도 빈약하다. 조시무스도 「신로마사」 제4권의 여러 대목에서 이것을 다루고 있지만, 기번의 원주석에 의하면, 구체적인 내용은 주로 암브로시우스의 서한과 기타에서 취했다고 하였다). 당초에 생각했던 것보다 훨씬 적은 곤란성과 유혈로써 내전을 종식시키는데 성공한 테오도시우스 황제는 그해 겨울을 밀라노시 별궁에 머물면서 전화로 상처입은 여러 속주의 힘을 회복시키는데 전심전력하였다. 그리고 봄이 되자마자 일찍이 콘스탄티누스 대제와 콘스탄티우스 2세 황제의 전례를 본받아, 그도 로마제국의 구수도에 개선하여 입성식을 거행하였다(389년 6월 18일의 일).

테오도시우스 황제의 인물에 대해서는 입을 다물고 있음으로써 위험을 자초할 염려가 전혀 없는 그런 변론가조차 쉽게, 그리고 자진해서 칭찬하는 말을 아끼지 않았는데(예컨대 라티누스-파카투스<Latinus Pacatus, Drepanius>는 389년에 로마시에서 그를 찬양하는 대송사<大頌辭>연설을 행하였다), 후세 사람들도 과연 이런 송사를 받을만한 가치가 있음을 충심으로 승인할 것이다(빅토르<Victor, Sectus>의 저술로 알려진 사서 「케사르 열전<Epitome de Caesaribus>」에서 「테오도시우스 황제」 관계 기사). 그의 제 법령의 현명성과 군사상의 성공은 신하와 국민들의 눈에도 그의 시정전반을 존경할 만한 것으로 느끼게 하였다. 그는 가정생활의 미덕을 사랑하고 또 실천했는데, 이런 일은 제왕들의 궁전에서는 드물게 볼 수 있는 것이었다. 순결성을 지키고 절제를 본분으로 하였다. 구복(口腹)의 기호와 연회석에서의 즐거움 등도 충분히 맛보았지만, 그렇다고 해서 도를 지나치는 일은 없었다. 애욕의 쾌락과도 무연(無緣)하지 않았지만, 허용된 합법적인 대상에서 일탈하는 일은 절대로 하지 않았다. 황제라는 자랑스런 높은 칭호를 장식하는 조항에서도 그가 충실한 남편이며, 자애심 깊은 '아버지'라는 상냥한 표현이 반드시 붙어다녔다.

그의 숙부는 그의 두터운 사랑속에 제2의 아버지로서 존경받았다. 형제자매의 아이들도 친자식과 똑같이 사랑하였고, 그의 두터운 배려는 수많은 친척들과 무명의 먼 인척들에게까지 미쳤다. 또한 그의 가족적인 친구는 대등한 사적교우로 대해본 다음 일체의 가식적인 것을 벗어 던지고 본바탕 그대로를 나타내는 그런 인물들 중에서만 엄선하였다. 자기 자신의 장점과 재능을 자각하고 있던 만큼 자의(紫衣)와 같은 우연한 영달도 경멸할 수 있었던 것이다. 또한 과거에 받은 중상모략과 비방 따위는 모두 잊어버린 데 반하여, 로마제국 황제 자리에 오를 때까지 받았던 은혜와 호의에 대해서는, 그 모두를 감사하는 마음으로 기억하고 있음을 그는 행동으로 입증해 보이곤 하였다. 친밀하게 서로 교환한 신하들과의 회담은, 각각 상대방의 연령과 신분 또는 성격에 맞추어 혹은 장중하게, 혹은 활발하게 분위기를 이끌어 나갔다. 온화한 행동거지는 그대로 그의 심정을 나타내고 있었다. 선량하고 덕성높은 인사들이 나타내는 소박성을 깊이 존경하였고, 모든 기술재능(技術才能)에 대해서는 그것이 유용하다면 더 말할 나위도 없거니와, 설사 쓸모없는 것이라 해도 반드시 현명대도(賢明大度)한 은혜로서 보상해 주었다. 종교상의 이단적인 각 파에 대해서만은 단호하게 증오심을 가지고 박해했으므로 별개문제지만, 기타 사람들에 대한 그의 선의와 인자함은 광대무변하였던 바, 이것을 저지하는 것은 인간으로서의 한계 뿐이었다. 대제국의 통치문제에 이르면 당연히 인간이 가진 모든 시간과 능력을 충분히 발휘할 것을 요구하게 마련인데, 자강불식(自彊不息)의 이 황제는 격에도 맞지 않는 석학이라는 명성은 추구하지 않았지만, 틈만 있으면 그것을 유용한 책을 읽는 즐거움의 시간으로 충당하였다. 애독한 서적은 경험을 넓혀주는데 큰 도움이 되는 역사서적들이 주가 되었다. 1,100년의 장기간에 걸친 로마 편년사(編年史)들은 실로 여러가지 훌륭한 인생의 제상(諸相)을 보여주었던 것이다. 특히 킨나(Cinna, Lucius Cornelius, BC 84사망. 로마공화정 말기의 평민파 정치가)·마리우스(Marius, Gaius, BC 157~86. 로마의 장군·평민파의 대표·귀족출신 벌족파인 술라 <Sulla>파를 대학살)·술라(Sulla, Lucius Cornelius, BC 138~78. 로마의 장군·정치가, 귀족 출신 벌족파의 대표. 마리우스의 평민파를 물리치고 독재관이 되어 공포정치를 시행한 바 있다) 등의 잔학행위를 읽을 때는, 그때마다 이 인도와 자유의 적에 대하여 맹렬히 혐오하는 감정을 입에 담아 비난했다고 한다. 과거사에 대한 그의 공정하고도 객관적인 견해는 그대로 그 자신의 행동규범으로 활용되었다. 그리고 황제의 미덕은 그의 영달과 더불어 끊임없이 향상을 나타내는 것으로 보인 점에서 드물게 보는 칭찬할 가치가 있었다. 그의 순탄한 환경이 계속된 전성기는 곧 자기 억제의 시기이기도 하였다. 그의 관용성은 이번 내전의 위기와 승리가 있은 뒤에 가장 현저하게 나타났던 것 같다. 막시무스 참제가 고용했던 무어인(Moorish) 친위대원들이야말로 전승직후의 흥분속에 학살당했고, 또 소수의 극악무도한 범죄인들도 법에 의해 처단되었지만, 황제 자신의 심정은 죄인들을 징벌하기보다는 훨씬 더 무고한 백성들을 구제하는 방향으로 기울어져 있었다. 억압받았던 서방제국의 국민은 자기들의 소유지를 회복하는 것만으로도 행복하게 생각했었는데, 더욱 놀란 것은 그 손해에 상당한 금액의 하사라는 혜택까지 받았다. 이에 더하여 승리한 황제의 넓고 큰 도량은 막사무스의 노모에 대하여 부양비를 지급했고, 또 그의 고아가 된 여식들의 교육까지 인수한 것이다(암브로시우스, 「서한」 제40). 이상에서 말한 바, 훌륭한 테오도시우스 황제의 성격은 웅변가인 라티누스-파카투스가 자기의 대송사에서 내리고 있는 절찬의 평가도 당연한 것이라고 말할 수 있을 것 같다. 즉, 라티누스-파카투스는 만일 저 극단주의자인 대(大)브루투스(Brutus, Lucius Junius. 로마의 왕정을 폐지하고 공화정을 창시한 것으로 일컬어지는 역사적인 인물로서 BC 509년에 최초로 집정관이 되었다. 민간전승에 의하면 그는 국법을 어긴 자기 자식들을 극형에 처했고, 에트루리아 인들과 실바 아르시아에서 싸워서 승리했지만 전사하였다)가 이 지상에 다시 찾아오는 것이 허용된다 해도, 그런 브루투스조차 아마 테오도시우스 황제의 발밑에 꿇어 엎디어서 국왕들에 대한 자기의 증오감의 잘못을 사죄하고 그런 신념을 버리지 않을까? 테오도시우스 황제같은 인물이야말로 로마국민의 행복과 위엄의 가장 충실한 수호자라는 것을 그 역시 솔직하게 표명하는 것이 아닐까? 라고까지 말한 것이다(상술한 라티누스-파카투스의 테오도시우스 황제에 대한 송사).

하기야 이런 공화정 창건자의 형안쯤 되면, 동시에 두 가지의 중대한 결점도 반드시 간파했음이 틀림없을 것이다. 그리고 아마도 그것은 그가 만년에 좋아하던 전제적 독재제도에 찬물을 끼얹는 것으로 되었는지 모른다. 왜냐하면 테오도시우스 황제의 고매하고 높은 덕망정신도 가끔 나태에 습관화되어 이완되는 일이 있었고, 또 때로는 격정을 폭발시키는 일도 있었기 때문이다. 중대한 목적을 추구할 때의 그의 적극적인 용기는 어떠한 강력한 행동도 가능케 했지만, 일단 그 목적을 달성했거나 위기를 극복하고 나면 이 영걸도 곧 명예롭지 못한 안일성에 빠져 군주의 시간은 바로 국민의 재산이라는 것도 잊게 되며, 특히 악질적이라곤 말할 수 없다 해도 사려분별없이 궁정적인 호사스런 쾌락을 탐닉하는 버릇이 있었다. 그의 본래의 성격은 어느 쪽인가 하면 비교적 성급하고 신경질적이었다. 따라서 이제 그의 역린(逆鱗)이 가져올 치명적인 결과에 대하여 항거할 수 있는 인간은 한 사람도 없으며, 또 그것을 간할 사람도 거의 없는 최고의 지위에 있고 보면, 원래 인자한 군주인 그인지라 새삼스럽게 자기의 결점과 권력을 자각 및 반성해 보고 섬뜩했다. 그리고 이런 감정의 폭발을 억제하고 또 조절하는 것이 그의 생애의 끊임없는 노력이었다. 그리고 이런 노력에 성공했기 때문이야말로 그의 인자함에는 한층 더 가치가 있었던 것이다. 그러나 이처럼 훌륭한 성과를 가져오게 한 줄기찬 수양정진의 반면에는 그것이 손상될 걱정도 적지않다. 사실 현명인자한 명군의 치세라고 하는데도, 거기에는 네로 황제나 도미티아누스 황제의 연대사를 상기케 하는 오점의 잔학행위도 새겨져 있는 것이다. 모순에 가득찬 테오도시우스 황제의 실록을 편찬하는 사가는 아마도 불과 3년 사이에, 한편에서는 지극히 관용성을 베푼 안티오크 시민들에 대한 사면유서(赦免宥恕)가 있었고 또 다른 한편에서는 텟살로니카 시민들에게 감행한 비인도주의적인 극악한 학살도 말하지 않을 수 없었다.

원래 안티오크 시민들은 그들의 놓여진 상황이나 역대황제의 성격과 그들이 취한 태도에 대하여 끊임없이 심한 불만의 감정을 품고 있었다. 테오도시우스 황제 치하의 아리우스파 신도들은 자기들의 교회를 잃어버린 것을 깊이 슬퍼하였고 이에 더하여 3명의 사교가 동시의 사교좌를 놓고 경쟁을 벌였던 사건에 대하여, 그들 각자의 주장을 재단한 황제의 판결이 패배한 2개파 회중의 불만을 심히 자극하였다. 고트전의 난국과 또 화해조약 체결에 수반되는 불가피적인 경비 때문에 황제로서도 증세정책을 채택하는 수밖에 없었다. 그런데 아시아의 여러 속주는 이런 난국으로 말미암아 피해를 입은 것도 아니었으나 유럽을 구제하기 위하여 자금을 제공할 생각은 별로 없었다. 평화로운 테오도시우스 황제 치세도 10년째가 가까워져 그에 대한 경축일이 박두하자, 이의 축하행사는 일반 국민보다는 오히려 병사들이 더 기다리고 또 고마워했다. 왜냐하면 병사들에게는 막대한 임시보너스(donatium)가 나오지만, 일반 국민들에게는 원래 자발적이며 임의의 헌납금이던 것이 벌써 오래전부터 강압적인 혹세로 되어 있었기 때문이다. 증세에 관한 칙령은 안티오크 시민들의 안일과 쾌락의 중단을 강요하는 것인 만큼, 이런 불만스러운 씨앗의 시정을 요망하는 탄원자 무리가 민정법정을 포위하였다. 그들도 처음에는 비통하면서도 정중한 말씨로 호소하였지만, 교만해진 사정관들이 이들의 수소(愁訴)를 범죄적 항의로 취급했기 때문에, 그들의 분노는 점차 격해져갔다. 풍자적인 기지는 격노한 매도의 목소리로, 이들 대중의 노성은 정부의 하급관료들에 대한 그것으로부터 언젠지도 모르게 황제 자신의 신성한 인격에 대한 공격에로 변화해 갔다. 어설프게 얼마간 억압당하자 그들의 분노는 한층 더 선동되었고, 나중에는 시민표경(市民表敬)의 대상으로서 시내 중심가에 세워진 황제일가의 조각상까지 그의 피난처를 찾아야 하게끔 되었다. 테오도시우스 황제와 그의 부친, 전처인 플락킬라(Flaccilla), 그리고 2명의 황자들인 아르카디우스(Arcadius)와 호노리우스(Honorius) 등의 조상은 모두 대좌위에서 내동댕이쳐 산산조각으로 깨져 나갔고, 시민들은 모멸하는 뜻에서 그것에 밧줄을 걸어 질질 거리를 끌고 다녔다. 이처럼 국가위엄의 대표자상에게까지 가해진 모욕은 명백히 시민들의 무뢰한적 반의(叛意)를 공공연히 표명하는 것이었다. 원래 소요 그 자체는 궁사대의 도착으로 곧 진압되고, 안티오크시측 역시 자기들이 저지른 범죄행위의 본질과 그 결과에 대하여 조용히 반성할 여유를 가져다 주었다. 속주 총독은 그의 직무적인 의무에 따라 사건의 진상과 취한 모든 조치를 충실한 보고서로 하여 발송했고, 한편 시민측도 전전긍긍하는 심정에서 자기들이 범한 죄상의 고백과 더불어 회준(悔焌)의 증언을 서면으로 작성하여 이것들을 사교인 플라비아누스(Flavianus, 381년에 안티오크의 사교가 되었고, 그의 지도하에 테오도루스<Theodorus>같은 탁월한 성서학승이 육성되었다. 따라서 여기에 나온 플라비아누스는 본장에서 기술된 바 콘스탄티노플 공회의에 참석한 플라비아누스와는 동명이인이다)와 원로원 의원인 힐라리우스(Hilarius)에게 기탁하여 아무쪼록 플라비아누스의 신앙심과 힐라리우스의 변설로써 사건이 무마되어 무사하게 넘기도록 기대하였다. 특히 힐라리우스는 석학인 리바니오스(Libanios/Libanius. 314~393경. 율리아누스 황제와 사우<師友> 관계를 맺었던 철학자)의 벗이며, 아마도 그의 제자이기도 했었는데, 이제 이와 같은 궁지에 처하게 되자, 이런 석학의 학문이 자기 향토발전에 크게 도움이 될 것으로 생각한 것이다. 그러나 안티오크와 콘스탄티노플이라는 두 수도 사이는 자그만치 800마일이나 떨어져 있었다. 국립 역마차는 각 구간마다 열심히 달렸음에도 불구하고, 그 사이에도 떳떳치 못한 안티오크시로서는 끊임없이 불안이라는 공포의 장기형에 복역하고 있는 것같았다. 풍문이 나돌 때마다 시민들은 희망과 불안 사이에서 마음을 졸였다. 특히 겁을 먹게 한 것은 자기의 상과 사랑하는 전처의 상에 대하여 유난히도 심하게 가한 모욕에 대하여 황제가 격노하여 이따위 괘씸한 도시는 마땅히 폐허화시킴은 물론이거니와 범죄인인 시민들은 연령과 성별을 가리지 않고 모조리 몰살시킬 결의를 굳혔다는 소문이었다. 사실 많은 시민들이 불안한 나머지 시리아의 산속과 그 인근사막 속으로 피난하여 숨을 장소를 찾는 소동까지 벌였다. 그러나 사건일로부터 24일이 지난 후에야 장군인 헬레비쿠스(Hellebicus)와 관방장관인 케사리우스(Caesarius) 두 사람이 황제의 의사와 시에 대한 판결을 전해왔다. 증상만(增上慢)의 수도는 도시급(都市級)으로 격하시키며, 지금까지 동방수도(metropolis of the East)로서의 지배지·특권·세수의 모든 것을 박탈하고 앞으로는 촌락이라는 굴욕적인 호칭하에 그 소속을 라오디케아시(Laodicea, 아시아 속주에 있던 고대 로마의 도시 안티오크시에서는 100㎞쯤 북쪽인 흑해에 가까운 폰투스 속주에 있었다. 「신약전서」의 「요한계시록」 제3장 14절 「라오디케아 교회의……」로 나오는 데서 잘 알려진 곳) 관할하에 귀속시킨다는 것이었다. 욕장도, 대경기장(circus)도, 심지어 극장도 폐쇄되는 동시에 부유쾌락에의 원천은 남김없이 차단되고 곡물류의 배급까지 황제의 엄명으로 정지되는 형편이었다. 흠차관(欽差官, commissioner)들이 행한 그 다음의 일은 개별적인 인간들에 대한 심사, 즉 황제와 그 가족들의 상을 실제로 파괴한 자들과 이것을 제지하지 않은 시민들에 대한 죄상을 심문하는 일이었다. 헬레비쿠스와 케사리우스 두 사람이 주재한 법정이 포룸(대광장, Forum) 중앙에 설치되고 그 주위는 무장병에 의하여 경비되었다. 최상층부와 최부유층에 속하는 시민들도 포박된 모습으로 이들 앞에 세워졌다. 심문은 고문기구의 도움을 빌어서 진행되었고, 판결은 이들 특명대행관들의 판단에 따라서 즉석에서 언도되는 것이 있는가 하면, 잠시 유예되는 사람도 있었다. 유죄로 선고된 피고들의 저택은 경매에 붙여졌고 그의 처자들은 부유사치스럽던 생활에서 급전직하하여 극빈자로 전락되었다. 공포의 하루를 마감함에 있어 당연히 피의 처형집행도 예상되었다. 안티오크시의 설교자이며 웅변가인 크류소스토모스(Chrysostomos, Ioannes, 354경~407. 그리스 교회의 설교자·성인. 안티오크시에서 출생. 398년에 콘스탄티노플의 총대사교로 되었으나 그의 도덕적 준엄성 때문에 상류계급의 반대를 사서 유배(403)된 후 결국 순교)는 이런 광경을 표현하기를 세계 최후의 심판의 날을 방불케 하였다는 생동감 넘치는 글을 남기고 있다. 그러나 테오도시우스 황제의 신료들로서도 황제의 명령이라곤 하지만, 이런 살인행위를 본의 아니게 집행하면서도 시민들의 재난에 대해서는 깊은 동정의 눈물을 흘렸다. 그리고 무리지어 산에서 내려온 수도사와 은자들의 간절한 애원에도 정중하게 귀를 기울였다. 헬레비쿠스와 케사리우스도 처형집행의 보류라는 탄원에는 드디어 설득당하지 않을 수 없었다. 그리하여 헬레비쿠스는 안티오크시에 남고, 케사리우스는 급히 콘스탄티노플로 되돌아가 다시 한번 황제의 의사를 물어보기로 의견이 일치되었다. 시민의 대표들인 사교와 웅변가인 두 사람(앞서 나온 플라비아누스 사교와 힐라리우스 원로원 의원)에게 쾌히 황제 배알의 기회가 주어졌다. 그리고 이 때의 황제의 힐문도 자부심과 권력에 입각한 엄한 위협이라기 보다도 차라리 배신당한 우호정신에 대한 불만이었다. 이리하여 안티오크시와 그 시민들에게 무조건적인 대사령이 내려져 감옥의 문이 활짝 열렸는가 하면, 이미 죽음을 각오하고 있던 원로원 의원들도 모두 그의 저택과 토지의 소유권이 재확인되었고, 동방의 수도 안티오크시는 또다시 종전의 위엄과 번영을 되찾을 수 있게 되었다. 게다가 테오도시우스 황제는 궁지에 놓였던 동포시민을 위하여 호협한 기상으로 중재의 노고를 아끼지 않았던 콘스탄티노플시 원로원에게 칭찬의 칙어를 내렸다. 또한 힐라리우스 의원의 웅변에 대해서는 팔레스티나 총독으로 임명함으로써 보상하였고, 한편 안티오크 교구의 사교(플라비아누스를 말하는 것)에게는 정중한 감사의 말을 내린 다음 물러가게 하였다. 황제의 이 인자한 은혜를 받은 시민들은 새삼스럽게 몇백이나 되는 황제 일가족의 새로운 상을 건립하였는데, 이와 같은 신민들의 예찬의 표명은 황제 자신이 진심으로 받아 들임으로써 추인되었다. 그리고 황제도 정직하게 고백하기를, 만일 정의제재(正義制裁)의 실시가 군주된 자의 가장 중요한 책무라면 인정을 베푸는 은혜는 그의 최대의 기쁨이라고 하였다(이상은 주로 크류소스토모스의 설교인 『황제성상에 대하여<De Statuis>』에 의거하고 있지만, 리바니오스도 이 소요사건에 관하여 2편 이상의 연설문을 남기고 있다).

텟살로니카시의 폭동은 좀더 수치스러운 사유가 원인이 되어 일어났는데, 그 결과 또한 보다 가공할 사태를 낳게 하였다. 전체 일리리쿰 속주의 수도인 이 대도시는 강력한 방색과 다수의 주둔경비대에 의하여 고트족 침구의 재화로부터 방위되고 있었다. 그런데 경비대 사령관인 보테릭(Botheric)은, 그 이름으로부터도 그가 만족출신임을 알 수 있지만, 그의 노예 중 미소년이 하나 있었는데, 대경기장(circus)의 기수(騎手) 중 한 사람이 이 소년에게 불손한 동성연애적인 연정을 품고 있었다. 제잘난체 하면서 우쭐해 있던 이 구애자는 보테릭의 명령으로 투옥되었는데, 한편 시민들은 그의 괘씸한 소행보다도 기수로서의 실력을 중시하였다고나 할까, 어쨌든 공개경기하는 당일에 이 인기있는 기수의 모습이 보이지 않는 것을 심히 아쉬워한 나머지 집요하게 그의 방면을 요구하며 크게 떠들었다. 그러나 보테릭은 단호하게 이를 거부하였다. 시민들과의 사이에는 앞서도 몇 번이나 충돌이 있었기 때문에 그들의 분노는 단번에 격화되었다. 게다가 공교롭게도 경비대의 주력이 이탈리아에서의 전투를 위해 차출되었을 뿐만 아니라 잔존부대에는 탈영병까지 많이 있었으므로, 매우 약화된 병력으로는 난폭해진 폭도들의 광포로부터 비운의 사령관을 구출할 힘이 전혀 없었다. 보테릭과 간부급 장교 몇 사람이 무참하게 학살되어 토막으로 끊겨진 이들의 사체가 거리거리로 끌려다녔다. 당시 테오도시우스 황제는 밀라노시에 머물고 있었는데 대담무쌍한 텟살로니카 시민들의 이런 잔학행위에 관한 보고를 받고 깜짝 놀랐다. 아무리 공평냉정한 재판관이라 해도 이만한 범죄자라면 아마도 극형을 선고했을 것이고, 게다가 보테릭이 생전에 세운 공적은 황제의 슬픔과 분노를 더욱 가중시켰음이 틀림없다. 성급하고 격하기 쉬운 황제의 성격으로서는 정식재판 따위의 형식을 밟는 것은 너무도 굼뜨고 느려서 참을 수가 없었다. 자기 자신의 대행관(보테릭 사령관을 말하는것)이 흘린 피는 하수인들의 피로써 보상시키는 이외에 다른 방도가 없다고 곧장 결심하였다. 그렇기는 하지만, 황제의 마음은 여전히 자비와 복수 사이에서 심히 흔들리고 있었다. 사제들의 간절한 요구에 의하여 본의 아니게 대사하겠다는 공약을 하도록 강제요청 당한 형태였는데, 그때 마침 각료인 루피누스(Rufinus)의 아부적인 진언을 듣게 되자 그의 분노는 또다시 불타올랐다. 그리하여 죽음의 사자들을 떠나보냈는데, 다시 생각하여 이번에는 처형의 집행정지를 명령했지만 이미 때는 늦었다. 이리하여 황제의 도시에 대한 처벌이 대상을 가리지 않는 만족들의 창검에 맹목적으로 일임되었다. 게다가 불법적 모의라는 떳떳치 못한 속임수 방법까지 동원하여 응징할 준비가 진행되었다. 즉, 텟살로니카 시민들은 황제의 명의를 빌린 당국 선전에 속아서 초대받고 대경기장에 모였다. 이런 종류의 오락에 대한 그들의 취미는 만족할 줄 모르는 탐욕에 가까운 것이었다. 더욱이 모여든 사람들은 수많은 관객의 모습을 보자 불안도 의심도 일체를 잊었던 것이다. 그리하여 관람석이 만원이 되자, 대경기장을 둘러싸고 은밀히 배치되었던 병사들은 곧 경기개시의 신호가 아니라 이와는 반대로 총학살의 신호를 받았다. 여기서 이방인이나 토박이를 가리지 않고, 남녀노소나 유무죄를 일체 불문에 붙이고 무차별 살륙이 3시간이나 벌어졌다. 가장 적게 계산한 것조차 이날의 희생자 수는 7천명이라고 기록하고 있다. 다시 일부 기록자들의 문헌에 의하면 보테릭의 영령에 바쳐진 희생자가 1만 5천명을 넘었다고도 하였다. 한 외국인 장사치는 아마도 보테릭의 죽음과는 아무런 관계도 없었을 터인데도 2명의 자식 중 한 아이만이라도 살리고 싶은 나머지 교환조건으로 자기의 생명과 전 재산을 제공하겠다고 하였다. 그러나 이 아버지의 부정(父情)은 두 아들에 대해 똑같았던 만큼 이제 어느 아들을 살리고 어느 아들에게 벌줄 것인지에 대하여 망설이며 선택을 하지 못하는 사이에, 갑자기 무지한 병사들이 무저항인 두 아이의 가슴을 찌름으로써 그 아버지의 지의(遲疑)에 단안을 내려주었던 것이다. 이 자객들의 변명은 명령된 머릿수를 채우기 위하여 하는 수 없이 저지른 행위였다고 했지만 이것은 오히려 이 학살이 사전에 모의되고 계획된 것이었음을 시사하는 것이며, 테오도시우스 황제의 명령으로 행해진 학살인 만큼 처절하지 않을 수 없었다는 의혹을 한층 더 짙게 하였다. 그리고 테오도시우스 황제의 죄상은 그가 오랫동안 또 여러번 텟살로니카에 체류한 것으로서 한층 더 커진 것이 된다. 이리하여 불운한 이 도시의 상황―거리거리와 건물들의 상황, 주민들의 풍속용모 등은 모두 황제의 뇌리에서 지울 수 없고, 아니 눈앞에서 보는 것과 같은 생각을 가졌을 것이다. 그 자신의 명령으로 파멸시킨 사람들의 존재는 오랫동안 그의 머리속에 선명한 영상으로 남았다.

가톨릭파 성직자단에 대한 황제의 경애심은 당연히 대사교인 암브로시우스에 대한 경애감이 되고 또 그를 칭찬하는 말로 나타났다. 사실 그는 성직자들이 가진 모든 미덕을 최고로 구비하고 있었다. 따라서 황제의 벗이나 신료들도 황제를 본받아서 였는지는 모르나, 이 황제가 불쾌하다기 보다도 놀라게 깨달은 한가지 일은, 황제가 신하들과 비밀리에 나눈 담화들까지도 속속들이 이 대사교에게 곧장 전달된다는 사실이었다. 그리고 그 쪽에도 역시 황제의 민정 정책은 모두가 신의 영광과 참된 종교의 이익과 연결된다는 확신에 기초하여 행동하고 있었다. 예컨대 칼리니쿰(Callinicum)이라고 하면 페르시아 국경과의 변비한 지역에 위치한 작은 읍(또 다른 이름은 니케폴리온. 지금은 시리아령이고, 유프라테스강

북안에 있었다)인데, 이곳의 수도사와 읍민들이 그들 자신의 광신성과 또 이 지역 사교의 광신성에 선동되어 발렌티니아누스 황제파 신도들의 집회장소와 유태인들의 유태교회(Synagogue)를 폭동적으로 불살라 버린 사건이 발생하였다. 선동자였던 사교는 속주 총독으로부터 처벌을 받았고, 또 유태교회에 대해서는 이것을 다시 지어 주든가 손해배상을 하도록 명령되었다. 이 온당한 판결은 테오도시우스 황제로부터도 추인을 받았다. 그런데 이 판결의 추인을 밀라노의 대사교인 암브로시우스가 거부한 것이다. 그는 테오도시우스 황제에게 보내는 문책의 서한을 구술하였다. 황제가 만일 할례(割禮)의식을 치루고 세례의 신앙을 버렸다면 어쩌면 그것도 적절한 문책이었는지 모르지만, 어쨌든 암브로시우스의 견해에 의하여 유태인들에 대한 관용은 곧 기독교에 대한 박해라고 하였다. 따라서 그는 대담하게도 이렇게 선언하였다. 자기 자신과 참된 모든 신도들은 칼리니쿰의 사교와 함께 그 행위의 정당성과 순교의 영광으로 끝까지 싸워 나갈 생각인 바, 상술한 판결의 실행같은 일은 테오도시우스 황제의 명성과 그의 영혼을 구원함에 있어 치명적인 타격이 된다는 내용을 비통하기 이를 데 없는 문구를 나열해서 개탄한 것이다. 더욱이 이런 개인적인 권고만으로는 즉효가 없다고 보자, 이번에는 공공연하게 설교단에서 황제의 옥좌를 향하여 호소하기 시작하였다. 그리고 칼리니쿰의 사교와 그곳 수도사들의 무죄를 보장하는 엄숙한 선언이 황제의 입에서 나올 때까지 결단코 성단에의 성체봉헌에 응하지 않겠다고 선언하였다(이 사건은 388년 8월에 있었다. 상세한 내용은 암브로시우스의 「서한」에 나와 있다). 테오도시우스 황제의 처분철회는 성실하게 이루어졌다. 그리고 그의 밀라노시 체재 중에 암브로시우스에 대한 친애감은 거듭된 경건한 회담을 통하여 끊임없이 깊어갔다.

텟살로니카시 학살사건에 관한 보고를 받았을 때, 최초의 암브로시우스 마음은 전율과 고뇌의 생각으로 가득찼다. 곧 시골에 파묻혀 살면서 슬픔을 달래는 동시에 테오도시우스 황제와의 면담을 회피하였다. 그러나 그와 같은 심약한 태도로 침묵을 지키기만 한다면, 그 자신도 범죄의 연루자로 간주될 우려가 있다고 생각했으므로 새삼스럽게 사신을 썼는데, 그 죄야말로 회준의 눈물로 밖에는 씻어낼 방도가 없다는 정도로 써서 띄웠다. 하기야 사교로서의 엄격성도 여기서는 현명한 배려로 얼마간 부드럽게 표현되어 있었다. 즉, 은근히 파문처분을 내릴 수 있음을 비쳤을 따름이고, 다만 황제의 이름으로 되는 봉헌(oblatio)

이나, 황제 면전에서 성찬봉헌식은 일체 행하지 말라는 계시를 꿈에서 받았다는 것, 또 황제 자신도 그리스도의 제단에 접근하거나 무고한 백성의 피로 오염이 남아 있는 그 손으로 성체배령에 참여하는 일 없이 일편단심 밀실에 틀어 박혀 기도를 드리면서 속죄하도록 하는 것이 좋겠다는 충언을 올리는 것으로 만족했던 것이다. 황제 자신도 자괴자책감과 또 이 영부(靈父)의 문책으로 깊이 뉘우치는 바가 있었다. 여기서 자기 자신의 경솔한 분노 때문에 일어난 복구가 불가능한 결과를 진심으로 슬퍼한 다음, 여느 때와 마찬가지로 황제는 예배를 드리고자 밀라노 대성당으로 갔다. 그런데 그는 현관문 앞에서 대사교에 의하여 저지되었다. 암브로시우스는 마치 신의 사절과도 같이 엄숙한 어조로, 공중의 죄과를 보상하고 또 노하신 신의 정의를 용서받으려면 단순히 사적인 회오(悔悟)만으로는 부족하다고 공언하였다. 그러나 황제도 역시 은근하게 반문하여 이렇게 말했다. 과인이 살인죄를 범한 것은 사실이지만, 그렇다면 신 자신의 마음에도 꼭 닮은 인간이라고 일컬어진 저 다비데왕(Dawid/David. 성경에서는 「다윗」 이스라엘의 2대왕. 재위 BC 1010~971. 「주의 마음에 드는 사람」으로 불리우며 성모 마리아의 남편인 요셉의 조상이라고 한다. 구약전서 「사무엘 상」 16장 이하 참조)도 살인을 했을 뿐만 아니라 간음의 죄까지 범하지 않았는가 하고. 그러나 암브로시우스 또한 한 발자국도 물러서지 않고 대답하였다. 「폐하께서 다비데(다윗)왕의 죄를 본받았노라고 말씀하시면, 회개하는 일 또한 그 왕을 본받으심이 옳겠습니다.」 이리하여 화해와 면죄의 엄격한 조건을 황제도 흔쾌히 받아들였는데, 테오도시우스 황제가 행한 이 공개적인 회준의 고행은 교회사상으로도 최대의 명예로운 사건 중 하나로 기록되어 있다. 4세기에 이르러 제정된 가장 관대한 교회 기율조항에 비추어 보더라도 살인죄는 회준의 고행을 20년간 계속함으로써 겨우 보상되는 것으로 되어 있다*. 이에 의하면 텟살로니카시의 학살사건같은 중가죄(重加罪)를 씻으려면 인간 일생의 고행을 가지고도 아마 불가능했을

---

* 「교회기율」이라고 한 것은 아마도 훗날 케사리아의 사교인 성 바실리우스(Basilius/Basil, 330경~379경. 교부·성인)가 제정한 이른바 바실리오회 회칙, 즉 수도원 생활을 규제하기 위하여 쓴 규범을 가리킨 것인지 모르겠다. 바실리우스라면 유명한 캅파도키아 3대 교부 중 한분으로서 웅변가이며 석학에다 더욱이 아리우스파와 가장 과감하게 싸운 사람이다. 사후에 성인반열에 올려졌고, 대(大)바실리우스라고 불리운다. 젊었을 때 몇 군데에 수도원을 창설했는데 그 수도사들을 규율하기 위하여 358~364년간에 상술한 바실리오회 회칙을 기초하여 여행케 한 바, 이것은 그 후 얼마간 수정되기는 했지만 오늘날까지도 아직 동방교회의 기율로서 살아 있다.

것이며, 따라서 그의 살인범인은 죽는 날까지 성체배령이 허용되지 않았을 터이지만, 여기서 대사교 암브로시우스는 종교정책의 원칙에 비추어 보았고 또 제관(帝冠)의 위엄까지 대지 위에 내려놓고 회개한 귀현(貴顯)신분의 회준자에게는 어느 정도의 작량(酌量)이 필요함을 인정하였으며, 게다가 이번의 회준고행이 가져다 줄 교회의 사회적 효과를 고려하여 회준고행 기간의 단축이 이루어져도 무방할 것이라는 유력한 이유를 발견한 것 같다. 적어도 로마황제 되는 사람이 제위(帝位)의 모든 표장을 내동댕이치고 비탄애원하는 모습으로 공중 앞에 자기를 드러내어 밀라노 대성당 한복판에서 눈물과 한숨으로 죄의 용서를 빌었다면, 그것은 벌써 그것만으로도 충분히 속죄된 것이나 마찬가지였다. 더욱이 이 영적구제를 받는 기간 중에도 암브로시우스는 실로 관대와 엄격의 여러가지 방법을 취하였다. 약 8개월 후에는 황제도 신도들과의 성스러운 교제가 허용되었고, 또 판결과 사형집행과의 사이에 30일간의 시간적 여유를 둔다는 칙령의 공포도 명백히 황제의 개준에서 나온 가치있는 성과로 인정해야 할 것이었다(「테오도시우스 법전」 제9권 40장 13조. 단, 공포일은 불상인데 390년 경으로 추정된다). 후세 사람들도 대사교의 이와 같은 의연한 성덕에는 칭찬을 아끼지 않았으며, 한편 테오도시우스 대제가 보여준 이 사례는 인간의 손에 의한 처벌로부터는 초절한 존재인 제왕이라 해도 보이지 않는 심판자(invisible Judge. 신을 말하는 것)의 법과 그 집행자 앞에서는 싫어도 이것을 존중하여야 하는 대원칙의 좋은 효과를 훌륭하게 입증한 것이 아닐까. 몽테스키외(Montesquieu, Charles, 1689~1755)도 이렇게 말하고 있다. 「신앙상의 희망과 불안만으로 움직이는 군주란, 예컨대 그의 사육사의 목소리에만 온순해지고, 또 그의 손으로만 자유로이 조종되는 사자와도 비교될 수 있지 않을까」라고 (「법의 정신<De lesprit des lois>」<1748> 제24권 2장). 따라서 백수의 왕인 사자라 해도 그의 행동은 오로지 그에 대한 위험한 조종술을 터득한 인간의 의향과 힘 여하에 달려 있다. 마찬가지로 군주의 양심을 손아귀에 틀어쥔 성직자라면, 그의 잔인한 심정을 부추키는 일이나 또 진정시키는 것도 자유자재로 할 수 있다는 이야기가 된다. 이리하여 인자한 정치도, 또 포악한 정치도 대사교 암브로시우스에 의하여 한결같이 강력하게, 그리고 훌륭하게 추진되었던 것이다.

갈리아의 참제인 막시무스가 패배처형된 후의 로마세계는 모두 테오도시우스 황제의 영유로 돌아갔다. 그라티아누스 황제에 의하여 지명을 받고 동방 제

속주에 대한 통치권을 수중에 넣었고, 이제 또 전승권에 의하여 서방제국까지 획득한 것이다. 그는 이탈리아에 체재한 3년간을 실로 유효하게 살려서 막시무스의 찬탈기간과 그리고 발렌티니아누스 황제의 유년기를 통하여 아주 무법상태로 방치되었던 법의 권위를 회복하였고 여러가지 악폐도 바로 잡았다. 각종 공적인 법령에는 확실히 발렌티니아누스 2세 황제의 이름도 부기되어 있었지만, 유스티나 태후의 아들인 이 황제의 나이 어림과 또 그의 신앙에 대한 의혹은, 명백히 그 누군가 가톨릭파 후견인에 의한 현명한 감독을 필요로 할 것으로 보였다. 만일 이 후견인이 공정한 야심가라면 설사 이 불운한 어린 황제를 그의 통치권, 아니 상속권에서까지 배제했다 해서 저항은 물론이거니와 불만의 원성조차 오르지 못할 것이다. 만일 테오도시우스 황제의 시책이 국익과 정책과의 원칙에 엄밀하게 입각한다면, 아마도 그의 행동은 우선 자기편 동지들로부터 시인되었을 것이고, 다시 이 중대한 시기에 처하여 그가 취한 관대한 조치는 가장 강경한 적대자들로부터까지도 칭찬의 표적이 될 것이었다. 그는 발렌티니아누스 황제를 밀라노 궁전의 옥좌에 복위시키고, 현재 및 장래를 통하여 일체 아무런 대상이익(代償利益)을 요구함이 없이 막시무스가 무력으로 탈취했던 모든 속주의 절대통치권을 반환해 주었다. 게다가 이 광대한 세습영토의 회복에 더하여 테오도시우스 황제는 그의 전승으로 말미암아 그라티아누스 황제를 살해한 자(막시무스를 가리키는 것)로부터 탈환한 알프스 이북의 제 속주까지 실로 아낌없이 넘겨주었다. 이와 같이 은인의 죽음에 대한 보복도 하면서, 서방세계를 참제의 폭정멍에로부터 해방시키고 나자, 황제는 그 영광에 만족하고 밀라노시에서 수도 콘스탄티노플로 귀환하였다. 그리고 동방영토의 평화적 통치도 안정되자, 언젠지도 모르게 그는 또다시 이전의 영요안일(榮耀安逸)한 생활로 되돌아갔다. 황제는 고 발렌티니아누스 황제의 동생에 대해서도 실로 훌륭하게 자기의 의무를 완수하였고, 마찬가지로 그의 누님(갈라를 말한다)과의 부부사이의 금술도 매우 좋아서 애정이 아기자기한 편이었다. 그의 황제등극이 상징하는 바, 순수하고도 현저한 영광을 찬양하는 후세인들은, 그가 자기의 전승결과를 훌륭하게 선용한, 그 유례를 찾아보기 힘든 넓고 큰 도량의 위대성에 대해서도 마찬가지로 충심으로 칭찬을 보내야 할 것이다. 모후인 유스티나는 이탈리아에 돌아간 후 얼마 안 가서 병사하였다. 확실히 그녀는 테오도시우스 황제의 전승개선을 직접 목격했지만, 그러나 그의 아들인 발렌티니아누스 황제의 통치에는 일체 관여하는 것이 허용되지 않았다. 그녀의 실례와 교육으로 아리우스파 교리에 기울어져 고질화되었던 발렌티니아누스 황제의 신앙도 보다 정통파적인 교육에 의하여 미구에 고쳐져, 가톨릭파로 돌아오게 되었다. 니케아 신경에의 귀의도 자연적으로 열성을 다하게 되었고, 또 암브로시우스의 인격과 권위에 대해서도 아버지를 생각하는 것과 마찬가지로 존경하고 숭배하는 정이 깊어짐에 따라 가톨릭파 신자들도 이 젊은 서방황제에 대하여 점차 호감을 가지게 되었다. 그들은 황제가 정결절제(貞潔節制)하고 쾌락을 멸시하며, 정무에 정려할 뿐만 아니라 두분 자매에 대한 애정이 깊은데 대하여 모두 입을 모아 칭찬하기 시작하였다. 물론 이런 신도들도 그를 움직여서 공평한 판단을 좌우케 하거나, 설사 피고가 가장 비천한 백성이라 해서 그런 사람에게 부당한 판결을 내리도록 영향을 주는 일은 끝내 할 수 없었다. 그러나 이처럼 사랑스럽고 나이 어린 황제도 만 20세의 성년을 앞두고 국내의 반항세력에 의해서는 결국 고통을 받지 않을 수 없었는데, 제국은 또다시 내전의 참화에 휘말려 들고 말았다. 즉, 아르보가스트(Arbogast/Arbgastes. 394사망)라는 프랑크족 출신의 용장으로서, 그라티아누스 2세 황제 다음 가는 국가의 중요한 직책(국무총리직에 있었다. 막시무스 참제를 정토하는 전쟁에서 큰 공을 세웠다)을 맡은 인물이 있었는데, 막시무스 참제에 의해 그라티아누스 황제가 처형되자(383년의 일), 곧 테오도시우스 황제의 정기 밑으로 귀순하여, 그의 용감한 군사적 활동을 막시무스 타도 전투에서 전개하여 큰 공헌을 하였고, 막시무스를 타도한 전후에는 갈리아군의 총사령관에도 임명되어 있었다. 사실 그의 뛰어난 재간과 또한 적어도 표면상 충성심의 표시는 군민(君民) 쌍방의 신뢰를 획득하고 있었다. 그러나 동시에 그칠줄 모르는 그의 은상 남발주의는 군대의 충성심을 오히려 부패시키기도 하였다. 그가 널리 전국민으로부터 국가의 주석(柱石)으로 추앙되고 있는 사이에, 기실 이 간사한 만족 출신의 아르보가스트는 겁도 없이 남몰래 서방제국을 지배하든가 아니면 그것을 전복시킬 마음을 먹었다. 먼저 군대의 중요지휘권을 모두 프랑크족 출신에게 배분해 주었고, 민정분야에서도 그의 앞잡이들을 계속 고위고관으로 승진시켰다. 이런 음모를 진행시키면서 한편 발렌티니아누스 황제의 신변으로부터는 충직한 신료들을 온갖 구실로 멀리 물리침으로써, 황제로 하여금 이미 권력도 없고 정보에도 어둡게 해서, 부지불식간에 포로와도 마찬가지인 불안정하기 이를 데 없는 종속적·허수아비적인 지위로 격하시키고 있었다. 여기에는 어지간한 황제도 화를 내지 않을 수 없었다. 어쩌면 이것이 단순히 젊은 혈기에서 나온 짜증이었을는지 모르지만, 사실 이것을 액면 그대로 받아들이면, 뜻밖에도 그 자신이 통치자로서의 능력이 결여되어 있지 않다는 자각에 입각한, 과연 제왕다운 훌륭한 정신의 표현이었다고 해석할 수 있다. 여기서 황제는 남몰래 밀라노 대사교(암브로시우스였다)를 초청하여 자기의 성실성에 대한 증인, 그리고 신변안전을 보장해 줄 후견인으로서 아르보가스트와의 중개역을 맡아주도록 요청하였다. 동시에 동방황제인 테오도시우스에게도 현재의 곤란한 처지를 전하면서, 급거 구원군을 진발시켜 주지 않는다면 갈리아에 있는 비엔나(Vienne) 황궁, 차라리 감옥과도 같은 이 궁전으로부터 탈출을 시도하는 수밖에 없는데, 도대체가 이처럼 적대당파의 한복판에 주거를 정했던 것이 처음부터 잘못됐던 것이라고도 말하였다. 그러나 구원될 희망은 훨씬 멀었고 또 의문이기도 했다. 여기서 황제는 끝내 참을 수 없게 되자, 병력도 계획도 없이 무턱대고 경솔하게 행동을 취하여 곧장 이 강력한 장군을 상대로 자기의 운명을 걸기로 결심하였다. 먼저 아르보가스트를 옥좌 앞에 불러세웠다. 장군은 일단 공손한 태도로 접근하였는데, 이때 황제는 한장의 종이 쪽지를 그에게 주었다. 그것은 모든 관직에서 파면한다는 사령장이었다. 그러나 상대방은 모욕과도 같은 냉담성으로 대답하였다. 「저의 권한은 군주의 일빈일소(一顰一笑) 따위에 좌우되는 것이 아닙니다」라고. 그러면서 그는 비웃기나 하듯이 그 사령장을 땅바닥에 내동댕이쳤다. 격노한 황제는 호위병 중 한사람의 칼자루를 잡고 그것을 빼려고 하자, 그 순간 상대방의 힘에 눌리어 그 검은 이미 적을 향해 겨눌수도, 또 자기 자신을 겨눌 수도 없게 되었다. 이 이상한 사건이 있은 지 며칠 뒤였다. 이 사건으로 황제는 자기의 분노와 약점을 모두 노출시킨 셈이지만, 이 비운의 황제인 발렌티니아누스 2세는 자기방에서 교살된 시체로 발견되었다. 명백히 아르보가스트가 저지른 범행이지만, 이것을 위장하여 황제의 죽음이 마치 절망 끝의 자살인양 세상 사람들을 기만하기 위하여 그는 상당한 뒷공작을 전개했다. 유체는 일단 부끄럽지 않을 정도로 장중한 장례식으로 밀라노시 묘지로 보내졌는데, 이때 암브로시우스 대사교가 황제의 높은 덕성과 비운을 기념하는 일장의 조사를 진술하였다. 그도 이때만은 인간적인 심정에서부터 그랬던지, 그의 신학설교에는 전혀 언급하지 않고 눈물에 젖어있는 고제(故帝)의 자매들을 줄곧 위로하는 기분이 되었던 것 같다. 즉,

경건했던 형님 황제는 비록 세례성사는 아직까지 받지 않았지만, 반드시 아무런 지장없이 영원한 지복(至福)의 궁전으로 영입될 것이 틀림없다고 말한 것이다. 한편 빈틈없는 아르보가스트는 이때 이미 야망성취 후의 계획까지 착착 추진시키고 있었다. 이미 속주민들의 마음 속에서는 애국심이니 충성심 따위의 심정이 사라진지 오래이므로, 이제 프랑크인(아르보가스트를 말하는 것)이 어떤 미지의 인물을 지정하여 제위에 올려놓는다 해도 그런 일에는 다만 다소곳이 체념할 것이라는 기대를 걸었던 것이다. 그러나 로마인들에게는 다른 한편으로 아직 얼마간의 자부심과 편견이 남아 있었으므로 아르보가스트 자신이 제위에 오르려는데 대해서는 어지간히 저항감을 보였다. 현명한 프랑크인은 이런 정세를 충분히 알고 있었으므로, 여기서는 누군가 자기의 허수아비가 될 로마인을 즉위시키고 그의 배후에 숨어서 실제적으로 통치의 실권을 쥐는 것이 좀 더 득책이라고 생각하였다. 여기서 그가 자의(용포)를 넘겨준 것은 에우게니우스(Eugenius)라는 수사학자로서 아르보가스트 자신이 개인비서로 쓰다가 간발(簡拔)해서 관방장관이라는 높은 자리로 승진시킨 인물이다. 그가 개인비서에서 공직에 있는 전 기간을 통하여 아르보가스트는 시종일관 이 에우게니우스의 충성심과 재능을 높이 평가해 왔다. 장중한 행동거지에 더하여 그의 학식과 웅변은 백성들로부터 존경을 받고 있었는데, 더욱이 이번에 황제로 추거된데 대해서도 간절히 이것을 사양하는 것처럼 보인 것이, 그의 고덕과 겸억(謙抑)의 미덕을 한층 더 높여 매우 호감을 불러 일으킨 것 같았다. 이리하여 제위에 오른 에우게니우스는 곧 그의 특사단을 테오도시우스 황제 궁정에 보내어 마치 발렌티니아누스 황제의 뜻밖의 사망에 온 조정이 깊은 슬픔속에 잠겨 있는 듯이 보고케 하는 동시에, 아르보가스트의 이름은 숨긴 채 서방제국의 군대 및 전 속주의 만장일치에 의하여 추거된 이 새 시민황제를, 모쪼록 공치제로 인정해 줄 수 없느냐고 제의하였다. 테오도시우스 황제의 입장에서 보면, 앞서 그가 전승하기까지의 노고와 성과가 이제 한 만족 출신자의 배신에 의하여 단번에 와해돼 버린 것과 같이 되었으므로 당연히 분통을 터뜨렸다. 이에 더하여 사랑하는 황후인 갈라의 눈물도 황제의 마음을 움직였다. 불행한 그녀 남동생의 횡사를 보복하기 위하여* 이제 다시 한번 무력에 호소해서라도 땅에 떨어진 제위의 존엄성을 회복시키고자 결심한 것이다. 그러나 이런 정벌로 사태가 크게 벌어진다면 서방도 곤란해지거니와 위험성도 수반되는 어려운 일이었으므로, 결국은 푸짐한 선물과 애매한 회답만을 주어서 에우게니우스로부터의 사절단을 돌려보냈다. 그리고는 거의 2년간에 걸친 내전준비에 착수하였다. 그런데 신앙심이 두터운 테오도시우스 황제는 드디어 마지막 결심을 굳히기에 앞서 우선 신의를 묻기로 하였다. 당시는 이미 기독교 신앙이 널리 일반화되어 델피(Delphi)나 도도나(Dodona)의 신탁들도 들을 수 없었다. 여기서 황제는 이집트의 한 수도사(리코폴리스<Lycopolis>의 요하네스<Johannes>라고 불리우는데, 이 인물에 대해서는 그 당시에 쓰여진 전기도 있거니와, 16~17세기에 나온 『성자열전<Acta Sanctorum>』에도 전기가 실려 있다고 한다)에게 신탁을 부탁키로 하였다. 이 수도사는 당시 세상 사람들의 이야기로는 기적능력을 가졌고 미래를 알아맞추는 힘도 부여된 것으로 믿어졌다. 여기서 콘스탄티노플 황궁에서 가장 신임받는 환관의 한 사람인 에우트로피우스(Eutropius)가 알렉산드리아시로 도항했고, 거기서 다시 나일강을 거슬러 올라가, 멀리 테바이(Thebais)주 변경지역인 리코폴리스(Lycupolis. 이리 떼의 도시라는 뜻. 오늘날의 애슈트<Asyut>시) 시까지 장거리 여행을 하였다. 이 도시 근교의 한 높은 산꼭대기에는 오래전부터 성 요하네스가 몸소 자기 손으로 암자를 짓고, 벌써 50년 이상이나 쓸쓸하게 살고 있었다. 그 사이에 전혀 출입문을 열지 않고 여인네의 얼굴을 보지 않음은 물론이거니와 불과 사람의 손으로 요리된 음식물

＊ 이것은 지극히 복잡한 혈연관계를 압축 서술한 것이므로, 다소의 보충주석을 붙인다면 다음과 같다. 테오도시우스 황제의 후처인 갈라(Galla)는 발렌티니아누스 1세 황제가 재혼한 유스티나(Justina)와의 사이에서 태어난 황녀인데, 같은 배에서 그녀의 남동생으로 태어난 것이 발렌티니아누스 2세 황제이다. 이 발렌티니아누스 2세가 아르보가스트(아르보가스테스)에 의하여 살해된 것은 본문에 있는 바와 같다. 그런 갈라가 커서 테오도시우스 1세 황제(대제)와 결혼하여 황후가 되었으므로, 참고삼아 발렌티니아누스 황제가의 계보를 다음에 소개한다.

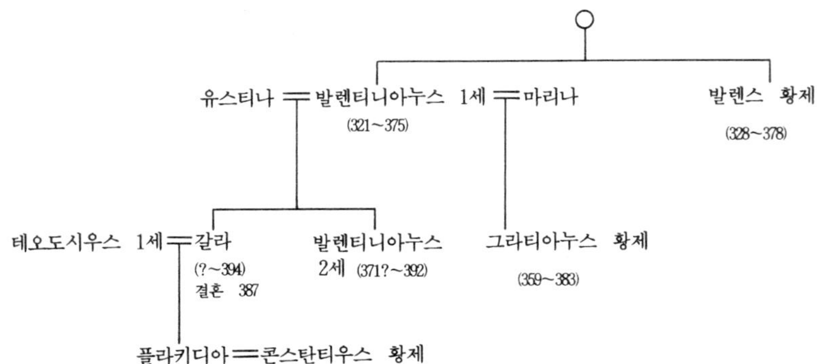

은 한입도 먹지 않고 있었다. 매주 5일간은 기도와 명상으로 보내고, 다만 토요일과 일요일만 반드시 작은 창문을 열고 그리스도교 전 세계에서 연이어 쇄도하는 탄원자들의 탄원에 귀를 기울였다. 환관 에우트로피우스도 공손히 그 창가로 다가가서 내전의 결과에 대하여 물어보았다. 그리하여 길조(吉兆)의 신탁을 얻어가지고 돌아왔으므로, 황제는 크게 용기를 얻어 힘을 내게 되었다. 유혈사태가 있다 해도 승리할 것은 의심할 바 없다는 보증이었기 때문이다(소조메노스<Sozomenos/Sozomenus, Salamanes Hermeias. 376이후~447경. 그리스의 초기 교회사가>의 「교회사」 제7권 22절. 단, 신빙성은 의문시 된다고 한다). 이 예언성취를 위하여 사람의 지혜가 미치는 한에서 방도가 추진되었다. 먼저 사령관인 스틸리코(Stilicho)와 티마시우스(Timasius) 두 사람이 필사적인 노력을 기울여서 로마 정규군단의 확충과 더불어 군의 부활을 기도하였다. 각각 자기 민족의 출신 대장들에 의하여 통솔되는 가공할 만족군이 진격을 개시하였다. 이베리아인, 아랍인, 고트인 등등, 서로가 얼굴을 맞대면 놀란 나머지 눈을 휘둥글게 할 그런 이민족 무리가 이제 동일군주하에 로마군에 편성된 것이다. 저 유명한 알라리쿠스(Alaricus/Alaric Ⅰ. 370?~410. 재위 395~410. 서고트왕 401년과 410년에 발간 반도 및 이탈리아에 침구하였고, 특히 410년에는 로마시를 3일간에 걸쳐 약탈했다)도 당시 이 테오도시우스 황제 밑에서 군사기술을 익혔던 것인데, 미구에는 이때의 지식으로 오히려 로마제국과 로마시를 철저하게 약탈하게 된 것이다.

서방황제, 좀더 실질적으로 말하면 장군 아르보가스트(아르보가스테스)지만, 그는 앞서간 막시무스 참제의 실패와 몰락에서 귀중한 교훈을 배우고 있었다. 즉, 수시로 여러가지의 공격전법, 예컨대 속도전이나 정지전, 또는 전력의 축소나 증강도 자유로이 할 수 있는 노련한 적을 상대로 싸우는 만큼 자기의 방어선을 넓히는 일이 그 얼마나 위험한 것인가 하는 교훈이다. 여기서 아르보가스트는 그의 방위 본거지를 이탈리아 국경으로 정하고, 알페스－율리에(Julian Alps) 산록지대까지 일체 무저항으로 판노니아 전 속주의 점령을 테오도시우스 황제군에게 허용하였다. 더욱이 산맥의 각 고개길목까지도 태만에서인지 또는 어떤 생각이 있어서였는지, 어쨌든 모든 곳을 대담한 침공군(테오도시우스 황제군을 가리키는 것)에게 내맡겼던 것이다. 그러나 황제가 산에서 평지로 내려와 보니, 놀랍게도 갈리아군과 게르만군의 병기와 막사가 아퀼레이아시의 성벽과 다시 프리기두스강(Frigidus 江. 별명은 냉강<Cold River>. 지금은 Wipbach로 불리운다고 본서의 편집자인 베리 교수는 주기하고 있는데, 정확한 위치는 알려지지 않았다) 강변에 이르기까지 광야에 잇따라 기다랗게 배치된 것을 멀리서 바라볼 수 있었다. 한편은 알프스 산맥이요 다른 한쪽은 아드리아해로서 퇴로가 막혀있는 이 좁은 싸움터를 무대로 하는 전투에서는 작전행동의 묘수를 발휘할 여지란 거의 없어 보였다. 사기가 높은 아르보가스트는 물론 관용을 베풀어 주도록 테오도시우스 황제에게 용서를 빌 의사를 전혀 가지지 않았을 것이고, 사실 그의 엄청난 죄상은 이미 교섭의 희망 따위를 초월하고 있었다. 테오도시우스 황제의 마음은 발렌티니아누스 황제의 시해자(弑害者)들을 응징함으로써 자기 자신의 영예욕과 보복심을 충족시키고자 몹시 설레고 있었다. 여기서 이 동방황제는 공격을 저지시키는 자연장해와 인위적인 장애에도 불구하고 갑자기 적의 요새를 공격하기 시작하였다. 명예로운 위험한 부서는 고트족군에게 담당시켰는데, 이것은 기실 이번 혈전으로 이들 정복자(고트족을 말하는 것) 무리의 교만성과 병력이 커다란 타격을 받을 것을 남몰래 원해서 취한 조치였다. 사실 이번 전투에서 1만명의 보조군(auxilia)과 이베리아군의 장수인 바쿠리우스(Bacurius)가 용감히 싸우는 과정에서 전사했지만, 이런 유혈로써도 동방군은 아직 승리를 얻지 못하였다. 갈리아군은 여전히 우세를 확보하고 있었는데, 이윽고 도래한 밤의 어둠이 테오도시우스 황제군의 궤멸패주라고나 할까, 어쨌든 그의 후퇴를 겨우 지켜준 형태처럼 되었다. 황제 자신도 가까운 구릉지대로 물러나 잠도 자지 않았거니와 아무것도 먹지 않고, 이제 희망도 끊긴 듯한 의기소침해진 한밤을 지새웠던 것이다. 얼마간 남아 있는 것이 있다면, 그것은 설사 어떠한 절망적인 상황에 빠졌다 해도 불굴의 정신만 있으면 반드시 운명과 생명의 깔봄으로부터도 아직 자신을 구출해 낼 수 있다는 강력한 확신, 오직 그것 뿐이었다. 한편 승리한 에우게니우스는 그의 막사 안에서 참람난취(僭濫亂醉)의 환희로서 축복받고 있었다. 그러나 그 사이에도 활동적이고 빈틈없는 아르보가스트만은 남몰래 상당수의 부대를 파견하여 알프스산의 각 고개를 점거하고 동방군을 그 배후로부터 포위공격할 태세를 갖추었다. 날이 밝아서 보니 테오도시우스 황제는 극도로 위기가 절박했음을 알았다. 그런데 바로 그 직후지만 이런 걱정은 뜻하지 않았던 사태로 불식되었다. 왜냐하면 적군의 몇몇 지휘관들로부터 우호적인 메시지가 도착한 바, 그에 의하면 포악한 장군인 아르보가스트의 정기 밑을 떠나고 싶다는 것이었는데 다만 배반의 대가로서 명예로운 다액의 은상을 내려

줄 것을 요구해 왔기 때문이다. 황제는 주저없이 이를 그자리에서 승인하고 이것을 문서화하고자 했으나 공교롭게도 잉크와 종이가 발견되지 않았으므로 우선 황제 자신의 서자판(書字板) 위에다 협약을 비준하는 글을 쓰고 서명한 것이다. 이 뜻하지 않은 증원으로 황제군의 사기가 단번에 소생되자 황제는 또다시 확신을 가지고 군의 전진을 명령하였다. 간부장교들까지도 이미 전쟁의 정의감도, 또 승리에의 신뢰감도 잃어버린 모양의 아르보가스트군에 대하여 기습공격을 가하기 위해서였다. 그런데 이 전투가 한창 벌어지고 있을 때에, 알프스산맥 지방에서는 결코 드문일이 아니지만, 갑자기 동쪽으로부터 강한 바람이 불어오기 시작하였다. 테오도시우스 황제군은 위치관계도 있고 해서 이 맹렬한 바람받이에서 모면되고 있었지만, 적은 정면으로부터 만천(滿天)의 먼지바람을 받아 전열이 흩어지고, 손에 들었던 무기도 바람에 날려버리는가 하면 투창 또한 날아가는 방향이 빗나가든가 심지어 되불려 돌아오는 경우조차 있었다. 황제군은 우연한 이런 우위성을 즉각, 그리고 교묘히 이용하였다. 강풍의 맹위를 본 갈리아군은 그들의 미신적인 공포감까지 더하여 한층 더 두려움을 일으켜 틀림없이 신앙심 깊은 황제 측을 편들어 싸우고 계시는 것으로 생각되는 보이지 않는 신의 위력 앞에 부끄러워 하기는 커녕 기꺼이 전군이 항복하였다. 이리하여 황제의 승리는 결정적인 것으로 되었다. 그리고 두 경쟁자들의 최후는 다만 그의 성격차에 따라서 달랐을 뿐이었다. 먼저 수사학자 에우게니우스에 대하여 말한다면, 어제까지는 거의 전 세계의 패왕과도 같은 강자였던 데 반하여, 지금은 일전하여 승리자가 된 테오도시우스 황제 앞에서 연민의 관용성을 베풀 것을 비는 수밖에 없었다. 그러나 그가 테오도시우스 황제의 무릎 밑에 꿇어 엎디는 순간, 가차없는 병사들은 곧 그를 머리와 몸통으로 두동강내어 버리고 말았다(394년의 일). 한편 아르보가스트(아르보가스테스)는 군인으로서 또 무장으로서 그의 의무를 다하여 싸운 전투에서 패배한 뒤, 며칠 동안은 산속을 방랑하면서 도망치고 있었다. 그러나 이제 정세는 완전히 비관적이어서 이미 도망치는 일도 불가능하다고 깨닫자, 과연 불굴의 만족무장답게, 그리고 고대 로마인들의 예를 본받아, 스스로 자기 가슴에 자기 검을 겨누고 엎어지면서 자결하였다. 이리하여 제국의 운명은 좁은 이탈리아의 한 귀퉁이에서 결정된 것이다. 그리고 발렌티니아누스가의 정통계승자인 테오도시우스 황제는 밀라노 대사교인 암브로시우스의 가슴을 껴안고 서방의 모든 속주의 위양을 경건한 마음으로 받아들였다. 이 속주들은 모두가 반란군 측에 복종하고 있었지만, 다만 대사교의 흔들리지 않는 호기(豪氣)만이 의기양양하던 찬탈자의 요구를 완강히 거부해 왔던 것이다. 다른 신하였다면 아마도 생명과도 관계될 호기있는 자유정신을 마음 속으로 굳게 다짐하면서, 에우게니우스로부터의 선물을 물리쳤는가 하면, 편지의 주고받음도 거부했으며 신중완곡한 말이기는 했지만, 그가 몰락하리라는 것도 예언하고 있던 그는, 이 저주할 폭압자와의 면담을 회피하기 위해 끝내는 밀라노시에서 퇴거해 버렸던 것이다. 이 암브로시우스의 훌륭한 진퇴는 테오도시우스 황제의 칭찬을 받았고, 황제 자신이 깊이 교회와 관계를 맺음으로써 그에 대한 국민의 헌신적인 사랑을 강고하게 했는데, 동시에 전후처리에서 보여준 황제의 인정(仁政)은 전적으로 이 대사교에 의한 자비심 깊은 주선에 의한 것이었다(이 내전을 서술함에 있어 기번은 암브로시우스·아우쿠스티누스·소조메누스·조시무스 등이 남긴 당대 문헌들을 종합하였다고 한다).

에우게니우스가 패배한 후 테오도시우스 황제의 공적과 권위는 로마세계 전체 주민이 자진해서 인정하게 되었다. 과거의 행동으로 그가 얻은 경험은 장래의 치세에 대해서도 매우 낙관적이라는 기대를 국민들에게 줄 수 있다는 것이었다. 그리고 아직 50세에도 미치지 않은 황제의 연령은 앞으로 장기간에 걸쳐 국가의 행복을 전망케 하는 것으로 보였다. 따라서 이 승리가 있은 후, 불과 4개월만에 생긴 황제의 사망은 국민들의 입장에서 보면 전혀 뜻하지 않았던 치명적인 사건이며, 다음 세대 국민의 희망을 한 순간에 분쇄해 버린 결과로 되었다. 그러나 사실은 안일과 사치에 잠겼던 나날의 궁정생활이 부지불식간에 병근을 키우고 있었던 것이다(병환 원인을 전쟁에 의한 과로로 본 사람도 있었고, 또 무절제가 직접 원인이었다고 한 사람도 있고 해서 일찍부터 논쟁이 있었던 모양이다). 이미 그의 체력은 황궁에서 전진(戰賑)에로라는 급변에 견뎌낼 수가 없었다. 날마다 더해가는 수종증후(水腫症候)가 이윽고 죽음이 급속히 접근해 옴을 예고하는 것이었다. 국민전반의 여론－여론이라기 보다도 차라리 이해관계에 대한 의식이, 이제 동서 두 제국의 분립을 움직일 수 없는 것으로 확인하고 있었다. 그리고 부성애에서였던지, 일찍부터 이미 정제(Augustus) 칭호를 받고 있던 2명의 황자들인 아르카디우스(Arcadius, 동로마 황제로 재위한 것은 395~408년간 이지만, 정제 칭호를 받은 것은 383년 만6세 때이다.)와 호노리우스(Honorius, Flavius. 서로마 황제로 재위한 것은 395~423년간이지만, 정제 칭호를 받은 것은 393년인 만9세 때다)는 이윽고 마땅히 콘스탄티노플과 로마의 옥좌를 차지하게끔 운명지어져 있었다. 이들 두 황자는 앞서 일어난 내전의 위험이나 그 영광도 다 함께 나누는 것이 허용되지 않았다. 그러나 테오도시우스 황제 자신이 저 비열하기 이를 데 없는 두 경적(競敵)을 타도하는데 성공하자, 곧 차남인 호노리우스를 밀라노시로 불러서 승리의 과실을 맛보게 하는 동시에, 죽음을 앞에 둔 아버지가 손수 제홀(帝笏)을 주었던 것이다. 호노리우스가 도착하자 대경기장에서 개최된 성대한 공개게임이 그를 맞이하였고, 이미 중태에 빠져서 고통을 느끼면서도 황제 자신이 굳이 여기에 참석하여 시민들의 환희에 대답한 바 있었다. 그러나 아무리 이를 아침나절 흥행에 첨화(添花)하기 위해서라곤 하지만, 이 무리한 임장노력이 얼마 남지 않았던 체력을 완전히 소모케 하였다. 그날도 나머지 행사는 호노리우스가 부황의 대역을 맡아야만 했다. 그리고 테오도시우스 대제는 바로 그날 밤 끝내 숨을 거두었던 것이다(395년 1월 17일의 일). 만년에는 내전에서 기인된 적의(敵意)도 나타냈지만, 어쨌든 그의 죽음은 제국 전체가 한결같이 애도의 뜻을 표했다. 그가 정복한 만족들도, 황제를 절복(折伏)시켰던 교회 측도, 모두가 자기들의 눈에도 가장 고귀한 인물로 비쳤던 고제(故帝)의 덕망을 진심으로 소리높여 찬양하였다. 이제 눈앞에 다가온 약체 주권자들의 분할통치의 위험을 생각하자, 로마의 인심은 공포로 전전긍긍하였다. 그리고 아르카디우스와 호노리우스 두 황제에 의한 불행한 치세는 사사건건 회복불능의 이런 중대손실을 상기시키는 것이었다.

이상 테오도시우스 황제의 여러가지 미덕을 충실하게 묘사해 왔지만, 그렇다고 해서 그의 결점을 잊고 있는 것은 절대로 아니다. 즉, 그의 잔학행위와 그 다음의 나태벽 등은 로마사 최고의 황제 중 한사람으로 평가되는 이 인물에게는 명백히 오점이었다. 이 황제의 명성에 대하여 시종일관 적의를 품어오던 한 사학가는 그의 악덕과 그가 끼친 해악을 심히 과장해서 기술하고 있다(조시무스, 「신로마사」 제4권 33절). 그는 공공연하게 단언한다. 상하 모든 계층의 신하가 군주의 유약한 생활을 그대로 본받았으므로 모든 종류의 부패가 공사생활에 침투하여 독소로 되었다. 게다가 의무니 국익이니 하는 배려까지도, 모든 것을 비열한 유타와 욕정을 만족시키는데 바쳐도 부끄럽지 않다는 도도한 게으름 풍조의 만연에 대해서는, 어설픈 규제와 예절의 강조 따위로 항거할 수 있는 가망성을 애초부터 배제하였다고 공언한 것이다. 사치와 부패의 심각화를 한탄하는 점에서는, 이 외에도 당대 여러 사람들의 한탄이, 각각 독자적인 기질과 입장에 의한 차이는 있었지만 발언의 요지는 공통적이었다. 다만 당시의 사회적 변혁에 대한 명확하고도 포괄적인 견해를 널리 파악하고, 대세가 움직이는 방향은 비록 하나라고 하지만, 그러나 대중 개개인의 맹목적이고 변덕스러운 감정을 움직이고 있는 행동의 내밀하고 미묘한 원천까지를 간파하고 있던 고찰자는 거의 없었다. 테오도시우스 황제 치세하의 로마국민의 사치영요가 콘스탄티누스 대제시대(재위 324~337), 아마도 아우구스투스 대제시대(재위 BC 27~AD 14)보다도 좀더 무치방종(無恥放縱) 했다는 사실이 만일 그 어떤 진실성을 가지고 확인된다면, 이와 같은 변화가 국부축적의 점차적인 증가의 덕택으로 일어난 것이라는 따위로 절대로 말할 수 없을 터이다. 사실 장기간에 걸친 국가적 재액과 피폐는 산업발전을 방해하였으니 백성들의 부도 감소되었음이 틀림없다. 따라서 물쓰듯이 마구 낭비하던 사치생활은 오히려 현재의 향락에 자기 자신을 잃게 하면서 장래에 대한 것은 일체 생각하지 않게 한 자포자기적 나태의 결과였다고 밖에는 생각되지 않는다. 재산에 대한 불안감이 이들 테오도시우스 황제 치하의 민심을 저상시켰고, 투자에의 요구는 당장 눈앞의 일이지만, 그로부터 생긴 이익이 전망은 멀고 완만한 유용사업 등에 노력하는 일을 기피케 했을 것이다. 사실 빈발하는 파산과 몰락의 실례는, 그 언제 탐욕스러운 고트인의 먹이가 될는지도 모를 세습재산의 절약 따위를 생각하게 할 환경이 못되게 하였다. 난파선의 경우나 포위공격전 같은 소동에서 볼 수 있는 저 광기어린 낭비현상이 바로 그대로 이 몰락하는 국가공포의 악몽 속에서 진행되었던 것이다.

궁정과 도시를 막론하고 이런 곳에 침투한 유약사치풍조는 언젠지도 모르게 로마군단의 막사 안까지 파멸적인 독소로서 침윤되고 있었다. 이와 같은 타락상은 고대 로마군율의 참된 모습을 정확히 연구하던 군사연구가(다음에 나오는 베게티우스를 말하는 것)의 붓에 의하여 훌륭하게 묘사되었다. 그것에 의하면, 로마 건국 이래 그라티아누스 황제(Gratianus, 재위 375~383) 치하에 이르기까지 로마군 보병대는 항상 방신용 중갑옷으로 신체가 보위되어 있었다는 것이 베게티우스(Vegetius, Flavius Renatus. 4세기 후반의 군사학자. 그의 군사학 강요<Epitoma lei militaris> 4권은 군의 편성, 병사의 훈련 등을 기술한 것으로서 당대 군사학을 전하는 유일에 가까운 저서로 평가되고 있다)의 중요한 지적이다. 그런데 군기의 이완과 훈련부족으로, 군무의 피로를 견더낼 수 있는 병사들의 체력이 저하되었고, 또 그런 것을 싫어하게 된 것이다. 갑옷이 너무 무겁다 하여 거의 사용하지 않게 되었고, 흉갑(胸甲)과 투구 등을 폐지하는 허가도 순차적으로 받아냈다. 선조들이 사용한 중량무기와 바로 이것으로 세계를 정복해 온 단검과 무서운 투창(pilum)도 언젠지도 모르게 그들의 섬세한 손에서 떠나고 없었다. 방패와 활의 사용은 양립되기 힘들다는 감정을 가지고 내키지 않는 기분으로 전쟁터에 나가게 되면, 그들은 거기서 전상(戰傷)의 고통을 받든가 아니면 도망치는 수치의 길을 택하는 도리밖에 없었다. 이 두 가지 중 언제나 선택한 방법은 도망치는 길이었다. 이에 반하여 고트족·훈족·알라니족의 기병대는 호신용 갑주의 장점을 알고서는 자진하여 그것을 착용한 것이다. 더욱이 그들은 날으는 도구류의 조작술도 탁월했으므로 발가벗은거나 마찬가지의 호신방비구도 없이 벌벌 떨면서 전진해오는 로마군단 따위를 별로 힘드리지 않고 압도하였고, 그들의 머리와 가슴 등은 만족들의 화살의 좋은 표적이 되었다. 군의 손해, 도시의 파괴 그리고 로마군의 이름이 받은 불명예는 당연히 그라티아누스 이후의 후계 황제들로 하여금 또다시 투구와 흉갑의 사용을 보병대에 요구케 하였으나 그것도 효과는 없었다. 이미 무기력해진 병사들은 자기 자신의 호신 뿐만 아니라 국가의 방위까지 포기해 버린 것이다. 그리고 이와 같은 겁많은 그들의 나태성이야말로 로마제국 몰락의 직접 원인이었다고 생각해도 좋지 않을까.

재위 황제표(제Ⅳ권분)

이름에 이어지는 숫자는 출생 연대와 괄호안은 재위 연대를 나타낸 것. 그 뒤에 이어진 「東·西」라는 문자는 로마제국이 동서로 분리(395년 이후)된 이후의 통치영역을 나타낸 것.

율리아누스 Julianus, Flavius Claudius. 332~363(361~363). 콘스탄티우스 2세 황제의 병사(361)로 국민의 환호리에 새 황제로서 콘스탄티노플에 입성(361. 12)했다는 대목까지는 제Ⅲ권에서 다루었다. 수도에 입성한 후, 그의 치세는 겨우 20개월에 지나지 않았지만, 이교로의 귀의(때문에 기독교로부터는 「배교자」로 비난되고 있다)와, 군사·행정면에서의 치적에 대해서는 이 율리아누스 황제 만큼 진폭이 큰 군주도 드물다. 이단신앙에 대해서는 이미 공개성명으로 밝히고 있었지만, 그래도 자유·평등의 신교 관용령을 발포하여 전 국민에게 관용의 의태를 보여주었고, 또 한편에서는 유태교 신자들을 위하여 예루살렘 신전의 재건을 기도하기도 하였다. 기독교도들로부터 부와 지식과 그리고 권력 등의 우위성을 모두 빼앗으려고 의도했지만, 그에 앞서 숙적인 페르시아 토벌을 서둘러 363년 봄이 되자마자, 스스로 6만 5천의 대군을 이끌고 동방정토의 길에 올랐다. 갈리아 지방에 있었을 때와 마찬가지로 조의조식(粗衣粗食)에 만족하면서 언제나 진두에 나서 용감히 싸워 파죽지세로 유프라테스강을 건너 적의 수도인 크테시폰을 지호지간에 바라보는 지점까지 육박했으나, 적의 모략공작에 넘어가 오히려 불리해지자 총퇴각이 불가피하게 되었고, 적의 추격을 막으면서 철퇴하는 도중, 적병의 투창에 치명상을 입은 후 진중에서 낙명하였다. 363년 6월 26일의 일인데, 이것은 그의 자신과다증이 자초한 비극이었다고 할 수 있다.

요비아누스 Jovianus, Flavius (Claudius). 331~364(363~364). 율리아누스 황제의 페르시아 정토전에 친위대 부사령관으로 종군하고 있었는데, 율리아누스 황제의 갑작스런 전사가 있은 지 몇 시간 뒤에 전군의 추대를 받아 진중에서 제위에 올랐다. 첫번째로 할 일은 전군을 이끌고 무난히 귀국하는 문제였지만, 장병들의 피로와 식량부족, 적군의 급한 추격 등으로 말미암아 철수작전이 지극히 곤란하였다. 적의 추격전에도 로마군의 손해가 적지 않았다는 사실을 알게 된 황제는 페르시아왕 사포르로부터의 화의 제의가 있자, 광대한 동방영토의 할양이라는 굴욕적인 조건을 수락하고, 겨우 로마군을 위급한 처지에서 구해냈다. 기독교도임을 선언했지만 우유부단한 황제로 평가되었는데, 콘스탄티노플로 귀환도중에 급사하였다.

발렌티니아누스 1세 Valentinianus Ⅰ. 321~375(364~375). 西. 요비아누스 황제의 급서 후, 10일간의 공위기간을 거쳐 근위대 보병대 사령관에 선립되어 등극하였다. 독군(督軍)이던 아버지 그라티아누스의 명성과 공적에 더하여, 본인도 현명성과 정한성(精悍性)의 인상을 주는 풍모를 가졌고, 또 43세라는 남자의 한창 때라는 조건도 작용하여 황제로 선립되는 행운을 잡은 것이다. 그러나 황제가문 출신이 아니라는 것은 전제(前帝)와 마찬가지였다. 즉위한지 30일 후에 평범한 동생인 발렌스를 공치정제(共治正帝)로 지명하고, 제국을 양분해서 동방통치를 동생에게 맡긴다고 선언하였다(364년 6~7월경). 발렌티니아누스 1세의 치정(治政)은 기독교 각 파 간에 있었던 유혈사태에 수반된 격심한 대립항쟁 속에서 신교의 완전자유를 공인하고, 시종 온건·공정한 입장을 견지하였다. 다만 성직자들의 만족할 줄 모르는 화식욕(貨殖欲)을 억제하기 위하여 기진에 관한 금령을 내렸고, 이교에 대해서도 관용했지만 마법죄에 대한 심문은 엄격했다. 황제 자신이 간소·절제 생활에 힘씀으로써 콘스탄티우스 황제시대 이래의 악폐를 점차 개선했고, 궁중에서의 방탕열락행위도 대략 일소했는가 하면, 청소년에 대한 교육에도 열의를 보였다. 다만 극심한 뺏성쟁이로서, 그것이 때로는 재판할 때 엉터리 판결까지 내리게 하였다. 한편 용맹하기로 이름이 높았던 율리아누스 황제의 사후, 변경지역의 만족들이 브리타니아 속주, 상 다뉴브 지역, 아프리카 등지에서 활발한 움직임을 보였기 때문에, 황제 자신도 라인강변에서 게르만족을 격파하는 등 출정을 거듭하였는데, 다행하게도 독군인 테오도시우스(후일의 테오도시우스 황제의 아버지)의 동분서주에 의한 맹활약으로 만족들을 억누를 수 있었다. 후일 게르만족과의 분쟁이 일어났을 때, 그들의 사절을 접하던 중 갑자기 발작을 일으켜 급사하였다.

발렌스 Valens, Flavius. 329~378(364~378). 東. 전항에서 말한 발렌티니아누스 1세 황제의 친동생. 과거의 공적도 또 재능도 전혀 없지만 형의 지명으로 동방황제 자리에 올랐다. 지나칠 정도로 소심하고 박지약행(薄志弱行)한 위인으로서, 즉위한 다음 해에는 율리아누스 황제와 이종사촌간 된다고 일컬어진 동황제 휘하의 장군이던 프로코피우스가 죽지 않기 위하여 반란을 일으켜, 한때는 만족군의 응원으로 수도 콘스탄티노플을 점령당하는 등 지위도 위태로웠지만 겨우 이것을 진압할 수 있었다(365~366년간). 종교적으로는 형과는 달리 아리우스파에 속하여 가톨릭파를 박해했지만, 기타 다른 면에서는 형님 황제를 잘 섬기어 그의 충고와 응원으로 이럭저럭 황제자리를 지켜나갔다. 페르시아 및 만족군의 공세에는 끊임없이 괴로움을 당한 바, 아르메니아와 이베리아의 두 속방 왕국을 페르시아왕에게 빼앗겼고, 서고트족군의 교묘한 화전 양면작전에 말려들어 황제 자신이 출정했으나 전세가 불리하여 로마군의 2/3이상을 잃은 일대회전의 와중에 하드리아노폴리스 부근에서 전사했는데, 심지어 유체도 발견되지 못하리 만큼 참패당했다.

그라티아누스 Gratianus, Flavius Augustus. 359~383(375~383). 西. 발렌티니아누스 1세 황제의 장남으로 부황 재세중인 367년에 이미 정제(正帝) 칭호를 받았는데, 이때 그의 선립은 전 갈리아 군단의 동의를 얻었다. 부황이 급사했을 때 불과 17세였지만, 이미 온갖 미덕을 갖추었음을 과시함으로써 군대와 국민들로부터 높은 평가를 받았다. 그러나 군의 일부에서는 그라티아누스 황제의 이복동생인 겨우 4살된 발렌티니아누스(2세)를 옹립하고 그를 제위에서 추방하려는 강한 움직임이 있었다. 이때 만일 실수한다면 내란으로 치달을 정세였지만 다행하게도 그라티아누스가 현명하고도 온당하게 나갔으므로 내란만은 회피케 하였다. 즉, 동생이 제위에 오르는 것을 쾌히 승락하고 그를 그의 모후와 함께 평화로운 밀라노 궁전에 살게함으로써 이탈리아와 아프리카를 통치케 하고, 자신은 좀더 곤란한 알프스 산맥 이북의 각 속주 통치에 임하기로 하면서, 책모의 주모자들에 대한 처벌이나 해임은 사태가 안정을 되찾을 때까지 보류시키는 방침을 취한 것이다. 이리하여 얼마 동안은 전 로마제국의 통치가 동쪽의 발렌스 황제와 이 젊은 형제하고 3명의 연서(連署)로 행해지게 되었다. 그의 치세의 태반은 갈리아에서, 라인강 대안에서 침구할 기회만을 엿보고 있는 만족과의 대치에 쫓겨 다니는 군사작전으로 메꾸어졌는데, 이 때문에 동방

황제인 숙부 발렌스 황제가 패사했을 때도,구원차 달려가기에는 너무도 원격한 지역에 머물러 있었다. 숙부인 발렌스 황제가 사망한 지 5개월 간이나 공위로 남아 있던 동방황제자리에, 일찍이 황제인 자기보다 인기가 더 높다는 이유로 선제(先帝)대의 최대의 국가공훈자인 테오도시우스 장군을 사형에 처했던, 바로 그 사람의 아들인 테오도시우스를 지명함으로써 동 가문에 보상하고 또 속죄하는 동시에, 여기에 동서 로마를 통치할 체제를 갖추었다(379년 1월). 그라티아누스 황제는 만20세를 맞이할 때까지는 최고의 명성으로 찬양된 왕고(往古)의 여러 황제에 못지않을 정도로 인망이 높았었다. 타인에게 호감을 주는 그의 인품, 우아하기 이를 데 없는 그의 행동거지가 모두 국민의 마음을 크게 매료했던 것이다. 열심히 신을 믿는 가톨릭 교도라하여 교회측의 신망도 두터웠고, 문학에 대한 깊은 조예는 문인들 속에서 인기가 높았다. 그러나 20세 이후의 그는 아첨아부만을 일삼는 주변의 야심가들이 잘못 유도한 탓으로, 정무는 내팽개치고 수렵에만 몰두하는 등 차차 사람들의 빈축을 사게 되었고, 군대로부터도 지지도를 잃어갔다. 때마침 브리타니아 속주의 군사령관이던 막시무스가 그라티아누스 황제에게 불만을 품은 브리타니아 주둔군 장병들에의해 추대되어 황제를 참칭한 다음, 곧 갈리아 지방에 상륙 침입하였다(383년). 그라티아누스는 이것을 맞아서 싸우기 위해 급거 파리로 향했으나 휘하 장병들이 도망치자 황제도 도망치지 않을 수 없었다. 결국 리용에서 자객의 손에 걸려서 죽었다. 그때 그의 나이 24세였다.

발렌티니아누스 2세 Valentinianus Ⅱ. 371?~392(375~392). 西. 불과 4세로 이복형제간인 그라티아누스 황제와 공치제 형태로 이탈리아-아프리카 통치를 담당했다는 것은 상술한 바와 같다. 이 그라티아누스 황제가 횡사했을 때도 이 동생 황제는 아직 12세에 불과했다. 이후 다음 항에서 상술할 테오도시우스 1세 황제의 감은(感恩)의 애정과 또 야심이 없는 그의 커다란 포용력에 지탱되어 비록 나이는 어리지만 서로마 황제의 지위를 보존할 수 있었다. 그간 참제인 막시무스와의 전쟁은 있었는데, 이때는 수도에서 쫓겨나 외지로 망명한 신세로서, 그의 주역은 어디까지나 테오도시우스 황제였고,막시무스가 처형 멸망한 뒤는 복위하고 있었다. 여기에 아르보가스트(아르보가스테스)라는 프랑크족 출신 용장이 있었는데, 그는 그라티아누스 황제 치세 때부터 황제를 도와 기병대 총사령관의 지위에 올랐고,막시무스의 반란으로 황제가 횡사한 뒤에는 테오도시우스 황제 휘하로 넘어가 막시무스를 넘어뜨리는 전쟁에 크게 공헌했고, 전후에는 발렌티니아누스 2세 휘하에 갈리아군 총사령관 겸 정무총감에 임명되어 전권을 휘둘렀다. 그가 남몰래 서방제국을 지배하려는 야망를 품고 점차 독수를 뻗쳐 발렌티니아누스 황제의 측근에서 충직한 신료들을 모두 멀리하는 등 야망달성에 착착 준비를 진행시킨 다음, 드디어 이 젊은 발렌티니아누스 2세를 그의 방안에서 목졸라 죽인 다음, 에우게니우스라는 관방장관을 괴뢰로서 제위에 앉힌 후 배후 실력자가 되었다. 발렌티니아누스 2세가 교살됐을 때의 나이는 21세이고, 날짜는 392년 5월 15일이었다.

테오도시우스 1세(대제) Theodosius Ⅰ. 346~395(379~395). 東. 그라티아누스 황제에 의하여 처형된 테오도시우스 장군의 아들로서, 야인 생활 4개월만에 바로 그 그라티아누스 황제에 의하여 동방황제로 선임되었다. 스페인 출신으로서 그의 아버지 테오도시우스는 발렌티니아누스 1세 치하, 브리타니아 속주·상다뉴브 지방·아프리카 등지에서 독군으로 혁혁한 전공을 세움으로써 명성이 갑자기 올랐지만, 이것이 오히려 화근이 되어 실각 및 사형에 처해졌다. 이때 그의 아들인 테오도시우스(황제가 된 사람)도, 군의 한 사령관으로서 여러번 공훈을 세웠음에도 불구하고, 강제 전역 당한 후 고향인 스페인 벽지에서 아무런 야심도, 또 불만도 품음이 없이 유유자적의 은서생활을 즐기고 있었다. 그라티아누스 황제가 숙부인 발렌스 황제가 전사한 후 그 후계자를 누구로 지명할 것인지에 대하여 고민 끝에, 이 은서 중의 테오도시우스를 지명한 것은 상기와 같은 경위가 있는 만큼 얼마간 기이한 감도 있지만, 워낙 국가가 다사다난한 처지에 놓여있던 만큼, 그를 지명한 것은 테오도시우스 부자 2대가 세운 공훈과 명성, 그리고 그의 인물 됨됨이에 모든 것을 기탁할 생각 외에도 어떤 면에서는 속죄 보상하려는 심정도 있었던 것으로 보아도 무방할 것 같다. 당시 그의 나이 33세로서 국민이나 군도 놀랐지만 일제히 환호로서 그를 맞이하였다. 제위에 오른 황제는 용기와 지략으로 고트족군 침구에 대항함으로써 한때 거의 완전하게 상실했던 자신감을 로마군 장병들 사이에서 부활시켰다. 뿐만 아니라 끝내는 고트족의 노왕 아타나리쿠스(아타나릭)의 환심을 얻었고, 또 그를 성대하게 장사지내 주는(381년) 등으로 그들의 신용을 얻음으로써 기적적으로 전면적인 항복을 받은 바, 이것은 발렌스 황제가 패사한 지 불과 4년 후에 올린 성과이다.

383년에 그라티아누스 황제가 비운으로 갔을 때는, 사태가 너무도 급박했기 때문에 은인의 구원에 달려가지 못하고, 그후의 정세도 참제 막시무스의 세력이 너무 강했기 때문에 한때 부득이하게 나이 어린 황제인 발렌티니아누스 2세를 참가시켜 3제 공치의 형태로 로마제국을 분담통치하되, 다만 참제 막시무스에게는 알프스 북쪽 영토만으로 만족한다는 내용의 서약을 받아내어 타협하는 수밖에 없었다. 이리하여 일시 평화를 유지하게 된 테오도시우스는 제국 전 영역을 통하여 완전히 우상숭배를 폐기시키고 아리우스파를 이단으로 탄압하는 등 국내의 종교문제 개혁에 열의를 보였다. 참된 3위 일체의 신앙으로 세례를 받은(380년) 최초의 로마황제이기도 했다. 그런데 상기 막시무스는 자기에게 주어진 영역만으로 만족했더라면 오랫동안 3제 정립(鼎立) 형태가 계속되었을는지 모르나, 원래 야심만만한 그였던 만큼 387년에 이르러 알프스 산맥의 험한 고개를 속여서 넘은 다음, 약체 황제인 발렌티니아누스의 이탈리아에 침공해 들어갔다. 사태가 여기에 이르러 테오도시우스 황제도 궐기하지 않을 수 없게 되자, 양자 사이에 내전이 시작되었는데, 사태는 어이없이 끝났다(388년). 민심이 이미 참제에게서 떠나가 있었는데, 붙들린 막시무스는 격분한 병사들의 손에 의하여 참수되었다. 황제 치하에서는 불행하게도 또 한번 내전이 있었다. 그것은 위에서 말한 바, 아르보가스트(아르보가스테스)가 발렌티니아누스 2세를 시해했을 때인데, 이의 뒷처리로서 아르보가스트 장군은 프랑크족인 자기 자신이 제위에 오르는 데는 저항감이 많다고 생각하여 에우게니우스라는 로마인 수사학자에게 자의(紫衣)를 주고, 자기는 배후에서 실권을 장악하고 괴뢰인 에우게니우스를 조종했던 것이다. 이탈리아로 재차 침공해 들어가는 데는 상당한 주저도 했지만, 결국 테오도시우스는 2년간의 준비끝에 감연히 군을 진발시켜 악전고투끝에 신풍(神風)의 도움으로 결정적인 승리를 거두고 괴뢰참제인 에우게니우스는 참수로, 괴수 아르보가스트는 자진케 함으로써 사태를 마무리 지었다. 이어서 황제는 밀라노에 입성하여 시민들의 환호를 받았지만, 국사다망속에서 부지불식간에 침식되고 있던 황제의 건강은 전쟁의 피로가 겹쳐, 전승후 불과 4개월만에 국민의 통석속에 일생을 마쳤다. 당시의 나이 48세. 일찍이 이미 정제(正帝)칭호를 받고 있던 그의 두 공자들인 아르카디우스와 호노리우스가 각각 동과 서의 제국을 승계하게 된다.

찾 아 보 기

[ㅇ]

[ㅋ]

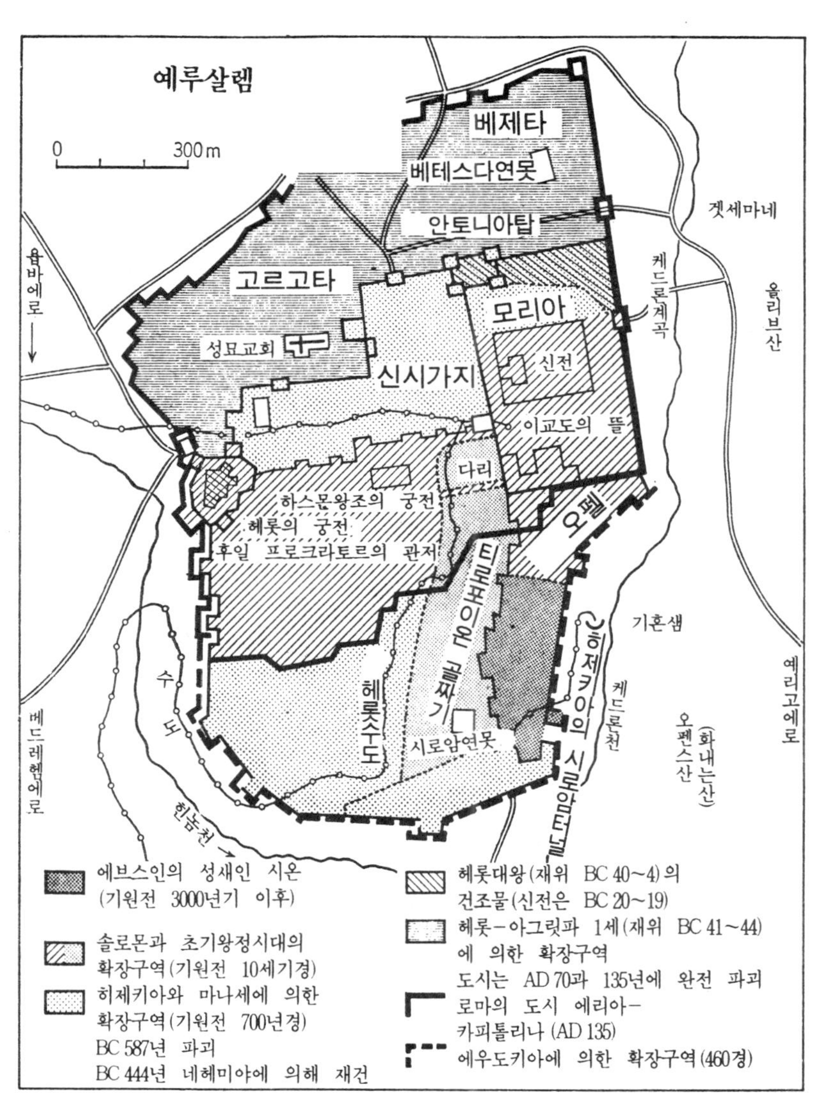
예루살렘
0
300 m
베제타
베테스다연못
안토니아탑
고르고타
욥바에로
성묘교회
모리아
신전
신시가지
이교도의 뜰
다리
하스몬왕조의 궁전
헤롯의 궁전
후일 프로크라토르의 관저
오펠
티로포이온 골짜기
헤롯수도
수도
시로암연못
히제키아의 시로암터널
기혼샘
겟세마네
케드론계곡
올리브산
예리고에로
케드론천
오펜스산
(화내는산)
베드레헴에로
힌놈천
에브스인의 성새인 시온
(기원전 3000년기 이후)
솔로몬과 초기왕정시대의
확장구역(기원전 10세기경)
히제키아와 마나세에 의한
확장구역(기원전 700년경)
BC 587년 파괴
BC 444년 네헤미야에 의해 재건
헤롯대왕(재위 BC 40~4)의
건조물(신전은 BC 20~19)
헤롯-아그립파 1세(재위 BC 41~44)
에 의한 확장구역
도시는 AD 70과 135년에 완전 파괴
로마의 도시 에리아-
카피톨리나 (AD 135)
에우도키아에 의한 확장구역(460경)

율리아누스 황제의 페르시아 원정약도 (→ 진로)

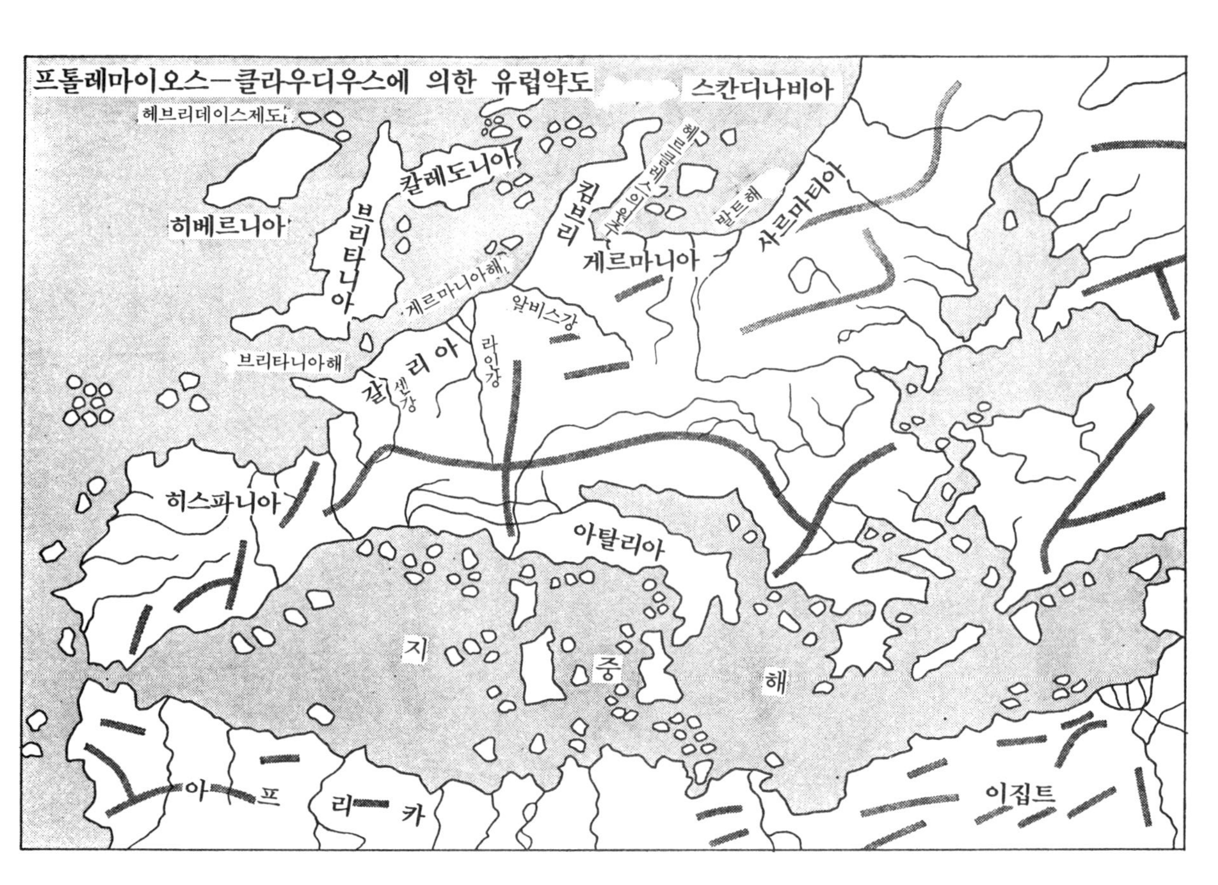
프톨레마이오스—클라우디우스에 의한 유럽약도
스칸디나비아
헤브리데이스제도
칼레도니아
히베르니아
브리타니아
킴브리
발트해
사르마티아
게르마니아
게르마니아해
알비스강
브리타니아해
갈리아
라인강
센강
히스파니아
아탈리아
지
중
해
아
프
리
카
이집트

로마제국쇠망사 Ⅳ 정가 13,000원

발행일 2011년 6월 20일 2쇄 인쇄
저 자 Edward Gibbon
역 자 김 영 진
발행인 김 구 연
발행처 도서출판 대광서림

서울특별시 광진구 구의동 242-133
TEL 02) 455-7818(代)
FAX 02) 452-8690
등 록 1972.11.30 25100-1972-2호
ISBN 978-89-384-5099-9 04920
978-89-384-5104-0 (전11권)